정조,

어머니와 원행을 다녀오다

처음 읽는 의궤 1

정조, 어머니와 원행을 다녀오다
원행을묘 정리의궤 園幸乙卯整理儀軌

초판 1쇄 발행 2022년 1월 28일

엮은이 | 김흥식

펴낸곳 | (주)태학사
등록 | 제406-2020-000008호
주소 | 경기도 파주시 광인사길 217
전화 | 031-955-7580
전송 | 031-955-0910
전자우편 | thspub@daum.net
홈페이지 | www.thaehaksa.com

편집 | 조윤형 여미숙 김선정
디자인 | 한지아
마케팅 | 김일신
경영지원 | 정충만
인쇄·제책 | 영신사

ⓒ 김흥식, 2022. Printed in Korea.

값 14,500원

ISBN 979-11-6810-037-4 (03910)

책임편집 | 조윤형
북디자인 | 이보아

처음
읽는
의궤

1

정조, 어머니와 원행을 다녀오다

원행을묘 정리의궤
園幸乙卯整理儀軌

김홍식 엮음

혜경궁 홍씨를 위한 정조의 특별 이벤트,
수원화성에서 열린 8일간의 성묘와 회갑연

태학사

머리말

'기록의 나라'였던 고려와 조선에서는 세계사에서도 찾기 힘든 귀한 기록을 남겼다. 그러나 안타깝게도 고려와 조선 전기의 기록은 모진 시대를 거치면서 대부분 사라졌다.

다행히 그러한 노력은 이어져, 임진왜란 이후 조선에서는 세계가 깜짝 놀랄 수많은 기록을 남겼다. 유네스코 세계기록유산에 등재된『조선왕조실록』은 물론, 그 외에도 다양한 기록이 오늘날에도 전하고 있다.

그러나 소중한 기록을 물려받은 우리는 그 기록을 통해 과거를 배우고 현재를 돌아보며 미래를 설계하고 있을까? 안타깝게도 그러한 노력은 충분하지 않은 게 현실이다.

그 가운데서도 대표적인 것이 '의궤' 기록이라고 할 수 있다.

'조선시대에 왕실이나 국가에 큰 행사가 있을 때 후세에 참고할 수 있도록 일체의 관련 사실을 그림과 문자로 정리한 책'인 의궤儀軌는, 크게는 한 도시의 설계에서 완공에 이르는 모든 기록을 담은 것부터, 작게는 나라에서 사용한 인장印章의 제조를 어떻게 했는지 상세한 과정을 기록한 것까지, 세계 어느 나라도 엄두 내지 못한 놀라운 내용을 품고 있다.

그러나 놀라우면서도 재미있고, 과거의 일이면서도 현재와 미래의 나침반인 '의궤'를, 21세기를 살아가는 시민들 대부분은 접할 기회조차 갖지 못한다. 우리는 이 안타까운 현실을 극복하고자 '처음 읽는 의궤' 시리즈를 출간한다.

모든 의궤가 오늘날 우리에게 나침반이 될 수는 없다. 시대는 변했고, 따라서 문물 역시 변했기 때문이다. 그러나 많은 의궤는 오늘날 우리의 삶뿐 아니라 상상력과 창조력에도 큰 영향을 미친다.

첫 번째로 출간하는 『정조, 어머니와 원행을 다녀오다』는 조선 제22대 왕인 정조(1752~1800, 재위 1776~1800)가 환갑을 맞은 어머니 혜경궁홍씨를 모시고 부친 사도세자(1735~1762)의 묘에 성묘를 다녀오고, 회갑연을 행한 기록을 담은 의궤 『원행을묘 정리의궤』를 시대에 맞게 풀어 엮은 것이다.

이 책을 읽는 독자 여러분께서는 '의궤'가 품고 있는 놀라운 내용과 의미를 한껏 음미하실 수 있을 것이다. 그리고 감탄하실 것이다. 기록의 중요성을 인식하고, 그 기록을 당대의 백성, 나아가 후대와 함께하고자 했던 조선의 지성을 확인할 수 있으므로.

이 책은 『원행을묘 정리의궤』를 완역, 출간한 수원시의 노력 덕분에 빛을 볼 수 있었다. 지방자치단체가 우리 문화에 기울이는 노력에 충심으로 감사를 드린다. 이후에도 우리는 주요한 의궤를 시민들께 전하는 작업을 계속할 것이다. 독자 여러분의 지속적인 관심을 바란다.

2022년 벽두
엮은이 김홍식

차례

III. 『원행을묘 정리의궤』내용 읽기

일러두기

이 책의 본문에 해당하는 「III.『원행을묘 정리의궤』내용 읽기」는 2015년 수원화성박물관
이 출판한 역주본『원행을묘정리의궤』를 저본으로 삼아, 엮은이가 저본에서 주요 내용을
간추리고, 각종 문서들을 날짜 순서로 재구성하고, 부속 자료들은 내용에 따라 재배치하고,
오늘날의 독자들의 눈높이에 맞게 가다듬었다.

I

의궤에 대하여

1
의궤란 무엇인가?

의궤는 한자로 儀軌다. 한자 뜻은 '의식 의, 법도 궤', 그러니까 '의식을 치르는 법도'라는 뜻이다.

'의식'은 '일정한 격식을 갖추어 치르는 행사나 예식'을 가리키니까, 어떤 행사나 예식의 법도를 기록한 것을 의궤라고 한다.

오늘날 일정 규모의 행사를 치르고자 하면 사전에 그 행사의 계획서를 작성하는 것이 기본 준비다. 특별히 계획서를 작성하지 않더라도, 머릿속으로라도 행사를 어떻게 진행하겠다는 생각을 품기 마련이다. 그런 계획이 없이는 행사를 치를 수 없기 때문이다. 언제 어디서 누가 어떻게 어떤 내용의 행사를 진행할 것인가, 그리고 그 행사를 치르는 데 필요한 비용은 얼마나 될 것이며 그 비용은 어디서 조달할 것인가 따위를 계획하는 것은 행사를 주관하는 사람의 기본 태도이다.

반면, 행사가 끝난 다음에 그 행사의 결과 보고서를 작성하는 경우는 매우 드물다. 행사를 무사히 치르는 것에 온 힘을 기울일 뿐, 행사가 끝난

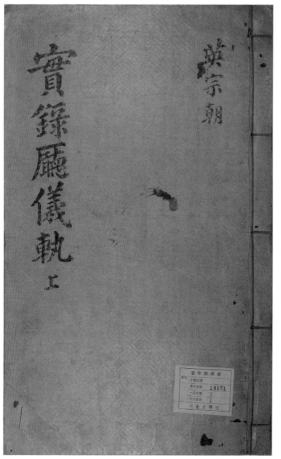
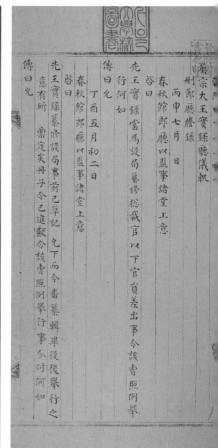

『영종대왕 실록청의궤』 표지와 내지

『영종대왕 실록청의궤』는 『영조실록』을 작성하는 전 과정을 기록한 의궤이다. 조선이라는 기록의 나라는 조정의 운영 및 나라의 역사를 기록하는 데 그치지 않고, 그것을 누가 어떻게 작성했는지에 대해서도 꼼꼼히 기록을 남겼다. 『영종대왕 실록청의궤』 첫 쪽에는 "병신년(1776, 정조 즉위년) 7월 일 춘추관 낭청春秋館 郎廳이 감춘추관사監春秋館事와 여러 당상의 뜻으로 아뢰기를, '선왕先王의 실록은 청廳을 설치해서 찬수해야 합니다. 총재관摠裁官 이하 관원을 차출하는 일에 대해 해당 조曹로 하여금 전례에 비추어 거행하도록 하는 것이 어떻겠습니까?' 하니, 윤허한다고 전교하였다."라는 내용이 나온다. 1776년 7월은 영조가 승하하고 뒤를 이어 정조가 즉위한 때이다.

다음에는 더 이상 그런 행사를 치르지 않을 것이라 여기기 때문이다.

하지만 관공서에서 주관하는 행사의 경우는 다르다. 대부분의 행사가 연례적으로 이루어지기 때문에 행사가 끝난 다음에 다음 행사를 더 낫게 치르기 위한 결과 보고서를 작성하는 것은 중요하다. 그뿐이 아니다. 행사에 소요된 비용 역시 개인이 지불하는 것이 아니라 국민의 세금이기 때문에 그 비용을 어떻게 사용했는지 근거를 남기는 것 역시 중요하다.

그럼에도 세계적으로 이런 내용을 기록으로 남긴 경우는 거의 없다. 사사로이 남긴 경우는 있을지라도 정부 차원에서 이런 기록을 남긴 경우는 찾아보기 힘들다.

그러나 기록의 왕국 조선은 달랐다.

전 세계에서도 유례가 없는, 조정의 모든 역사를 기록한『조선왕조실록』을 남긴 조선은, 비록 다른 나라의 눈에는 하찮은 것으로 보일지 모르는 작은 행사까지도 사전에 준비한 후, 행사 기간 내내 자료를 모으고, 사후에 보고서를 만들어 후손에 전했다. 바로 그 기록이 의궤다.

2
왜 의궤를 만들었을까?

그렇다면 왜 조선은 의궤를 만들었을까?

의궤를 보지 않은 사람들은 단순히 생각할 수도 있다.

"행사를 치렀으니 그 결과 보고서를 만드는 것은 당연하지 않을까요?"

그럴 수도 있다.

그러나 의궤를 한 번이라도 꼼꼼히 살펴보면 그렇게 쉽게 말하지 못할 것이다.

의궤를 보면 그 내용의 방대함과 세세함, 그리고 정확함에 혀를 내두를 수밖에 없다. 한 행사가 끝난 다음에 의궤를 만들기 위해서 정부는 의궤청이라는 기관을 세울 정도였다. 한마디로 행사의 결과 보고서를 만드는 조직을 임시로 둘 정도로 의궤를 만드는 데 심혈을 기울였다는 것이다. 그러니 의궤를 만드는 데는 그만큼 주요한 이유가 있었음이 분명하다.

의궤를 왜 만들었는지, 조선의 정부가 기록한 내용은 없다. 이는 『조선왕조실록』을 왜 만들었는지에 대한 기록이 없는 것과 마찬가지다. 그러므로 유추할 수밖에 없다.

먼저 후대에게 교훈을 삼기 위해 의궤를 작성했다는 데에는 의문의 여지가 없다.

모든 기록은 후대를 위해 남긴다는 사실, 그리고 의궤의 내용을 보면 후대에 교훈을 삼기 위해 기록하고 전했다는 사실은 분명하다. 수백 년 후를 사는 우리조차도 현재 전하는 의궤만 참고한다면 똑같은 행사를 쉽게 치를 수 있을 만큼 의궤는 상세한 정보를 담고 있다. 특정한 행사에 소요되는 비용은 말할 것도 없거니와 행사의 순서, 준비물, 필요한 인원, 일정에 이르기까지 의궤만 참고하면 당장 행사를 치르는 데 어려움이 없다. 이러한 사실을 보여 주는 사례가 있으니, 바로『화성성역의궤華城城役儀軌』다.

수원에 위치한 화성華城은 정조 18년(1794) 1월에 시작하여 정조 20년(1796) 8월에 공사를 마쳤다. 그 후 세월이 흐르면서 훼손, 멸실되었던 화성은 한국전쟁 동안 크게 파괴되었다. 그러나 1974년부터 5년에 걸쳐, 현재 전하는『화성성역의궤』에 근거하여 복원 공사를 마칠 수 있었고, 그 후 1997년에는 유네스코 세계문화유산에 등재되기에 이르렀다. 현대에 다시 세운 역사적 건축물을 세계문화유산으로 등재한 예는 흔치 않다. 그런데도 화성이 세계문화유산으로 등재될 수 있었던 것은 오늘날 전하는『화성성역의궤』에 의거, 문화유산을 원래 모습 그대로 복원했다는 의의를 유네스코가 인정했기 때문이다.

『화성성역의궤』외에도 조선시대 건물의 건축과 수리에 관한 의궤만 해도 52종이나 작성되어 전해 온다는 사실 또한 의궤의 역할이 무엇인지 잘 알려 준다고 하겠다.

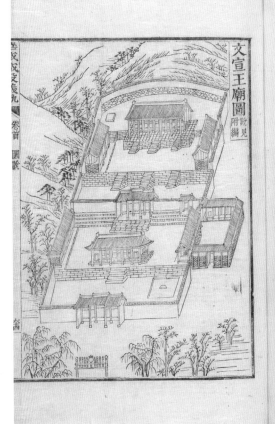

『화성성역의궤』에 수록된 <사직단도>(오른쪽)와 <문선왕묘도>(왼쪽)

『화성성역의궤』는 조선이 남긴 의궤 가운데 가장 놀라운 성과물 중 하나로 꼽힌다. 『화성성역의궤』의 내용
에 따라 파괴되어 훼손된 화성을 복원할 수 있었고, 결국 유네스코 세계문화유산으로 등재할 수 있었다. 그
만큼 내용이 실제와 부합했다는 말이다. 그림은 『화성성역의궤』에 나오는, 화성의 일부분인 문선왕묘[공자
를 모시는 사당]와 사직단[토지신과 곡물신을 모시던 곳] 건설 관련 그림으로, 『원행을묘 정리의궤』에 따르
면 원행圓幸[왕이나 왕비가 아닌, 왕족의 무덤에 행차하던 일]을 나서 화성행궁에 도착한 정조는 1795년 윤
2월 11일 이곳 문선왕묘에 성묘를 다녀온다.

Ⅰ 의궤에 대하여

다음으로 국왕과 나라의 권위를 세우기 위해 의궤를 편찬하고 남긴 것 역시 분명해 보인다.

이는 현재 전하는 의궤의 대부분이 국왕이 결정했거나 참여한 것, 그리고 국왕과 관련된 행사라는 점을 통해서도 확인할 수 있다.

남아 있는 의궤 가운데 그 종수가 가장 많은 것은 국왕 및 왕비, 세자 및 세자빈 등 왕족의 장례에 관한 것이다. 608종의 의궤 가운데 왕실의 장례와 관련된 것이 215종으로 35%에 이른다. 조선이라는 나라를 이끌어 가는 주역은 누가 뭐래도 국왕이다. 따라서 국왕과 그 가문의 장례 의식은 왕의 권위를 높이는 데 매우 중요한 일이다.

서적의 편찬과 수정에 관한 의궤도 106종으로, 전체의 17%에 이른다. 이때 서적은 대부분 왕조실록이며, 그 외의 서적 역시 왕과 관련된 것들이다. 그러므로 이 역시 국왕의 권위, 그리고 왕조의 권위를 높이기 위한 것이었다.

왕실의 공덕을 드러내기 위해 생전 또는 사후에 존호尊號[왕이나 왕비의 덕을 기리기 위해 올리는 칭호]를 올리는 일과 관련된 의궤도 전체의 10%에 달한다. 그 외에 시호諡號[왕이 죽은 뒤에 공덕을 칭송하여 붙인 이름]에 관한 것이 4종, 보인寶印 즉 국왕의 상징인 옥새 제작에 관한 것이 4종, 왕세자 책봉 의식인 책례冊禮에 관한 것이 22종, 왕족의 결혼인 가례嘉禮와 성인 식인 관례冠禮에 관한 것이 22종, 나라에 경사가 있을 때 궁중에서 벌이던 잔치인 진연進宴에 관한 것이 18종이다. 이 모든 의궤 역시 국왕의 정통성과 권위를 드러내기 위한 것이었음은 분명하다.

또 국왕이 직접 농사를 지음으로써 농업을 장려하는 뜻을 내보인 친경親耕 의식을 기록한 『친경의궤』나 양잠을 장려하기 위해 왕비가 직접 누에를 치는 의식을 기록한 『친잠의궤』, 그리고 왕이 직접 나서서 활을 쏘는 행사인 대사례大射禮[임금이 성균관에 행차하여 옛 성인들께 제향한 뒤에 활을 쏘던 의식]에 관한 『대사례의궤』 역시 왕실의 권위를 드러내기 위한 것이라고 할 수 있다.

백성들에게 국왕과 조정이 베푼 은혜에 대해 존경심과 고마움을 갖도록 하려는 의도도 있을 것이다.

앞서 살펴본 『친경의궤』나 『친잠의궤』는 국왕과 왕비가 백성들의 삶에 큰 관심을 가지고 있음을 드러내는 행사와 관련된 기록이다. 이렇게 명시적으로 드러난 것 외에도, 의궤의 내용을 자세히 살펴보면 그러한 의도를 더 찾아볼 수 있다.

우선 의궤에는 행사에 참여한 모든 백성들의 이름이 기록되어 있다. 우리가 이 책에서 살펴보려고 하는 『원행을묘 정리의궤』에도 위로는 행사의 전 과정을 진행한 재상부터 아래로는 창고지기, 기수, 짐꾼, 북 치는 이, 춤추는 여자 기생에 이르기까지 수천 명의 이름이 등장한다. 이렇게 행사에 참여하는 모든 이들의 이름을 기록하는 것이 무엇을 의미하는지는 기록의 중요함을 인지하고 있던 조선 조정이 가장 잘 알고 있었을 것이다.

또 의궤에는 의궤를 몇 부 작성하여 어느 기관에 몇 부, 누구에게 몇 부를 보급하라는 상세한 내용이 나온다. 이 또한 의궤의 배포를 통해 국왕과 조정에 대한 경외의 마음을 갖도록 한 일례라 할 수 있다.

그 외에 국왕과 조정의 전횡을 감독한다는 의미도 내포되어 있다고 보아야 할 것이다. 한 행사에 소요되는 비용과 물자, 그리고 그 행사의 총책

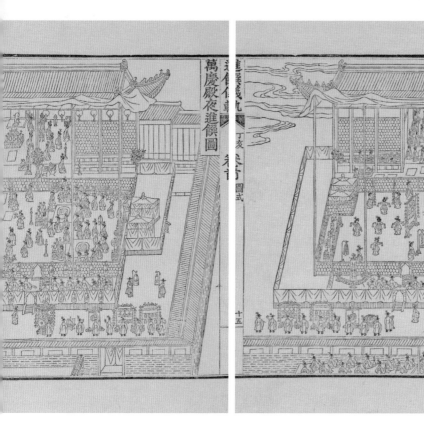

『**고종 정해년 진찬의궤**』에 수록된 〈만경전 야진찬도〉

궁중에서 벌인 잔치를 기록한 진찬의궤進饌儀軌 역시 왕조의 권위를 높이고 후대에 남기기 위한 목적으로 작성한 것이다. 고종 재위 기간 동안 작성한 진찬의궤는 모두 5종이다. 그 가운데 정해년丁亥年 진찬의궤는 1887년(정해년) 1월에, 헌종의 어머니인 신정왕후(조대비라는 별칭으로 잘 알려져 있다)의 팔순을 축하하기 위해 벌인 진찬을 기록한 것이다. 진찬은 창경궁 안의 만경전에서 열렸으며, 1월 27일에 시작하여 29일 밤에 마쳤다. 그림은 첫날 만경전에서 열린 대왕대비전 내진찬 모습이다.

임자인 국왕으로부터 각 분야를 맡아 진행한 말단 담당자들에 이르기까지 해당 직책과 업무를 상세히 기록한다면, 그 누구도 자신의 권한과 책임에서 자유로울 수 없기 때문이다.

이처럼 의궤는 단순한 행사 결과 보고서를 넘어, 조선이라고 하는 나라의 역사이자 그 시대를 살아간 모든 이들의 삶과 성과를 기록한 놀라운 기록이다.

3
의궤의 종류는 참으로 다양하다

그렇다면 의궤에는 어떤 종류가 있을까?

앞서 살펴본 것처럼 대다수 의궤는 국왕에 관한 것 또는 국왕이 주도한 행사와 관련한 것이다. 그 외에도 몇 가지 의궤가 전하는데, 현재 남아 있는 의궤는 모두 임진왜란 이후에 편찬한 것들이다.

임진왜란 이전에도 조선왕조에서는 의궤를 편찬한 것이 분명하다. 그 예로 『태종실록』을 보면 1411년 5월 11일자에 "종묘에 앵두를 올리는 것이 의궤儀軌에 실려 있는데, 반드시 5월 초하루와 보름 제사에 겸행하게 되어 있다."라고 기록되어 있다. 그 후에도 여러 번 의궤와 관련된 내용이 등장하는 것으로 보아 당시에 이미 다양한 의궤가 편찬된 것은 사실이다. 그러나 임진왜란 등 전쟁과 화재로 모두 소실된 것으로 보인다.

현재 전하는 의궤 가운데 가장 오래된 것은 1601년(선조 34) 제작한 『의인왕후 빈전혼전도감의궤』이다.

의인왕후는 조선 제14대 왕인 선조의 정비正妃 박 씨를 가리킨다. 의인왕후 박 씨는 1555년에 태어나 1569년 왕비에 책봉되었고, 1600년에 사망했다. 빈전殯殿은 국장國葬 즉 왕실의 장례 때 상여가 나갈 때까지 왕이나 왕비의 관을 모시던 전각을 가리킨다. 또한 혼전魂殿은 임금이나 왕비의 국장 뒤 3년 동안 위패를 모시던 전각을 가리킨다. 따라서 『의인왕후 빈전혼전도감의궤懿仁王后殯殿魂殿都監儀軌』란 '의인왕후께서 돌아가신 후 치른 장례와 3년상 동안 실행한 의례 내용을 기록한 보고서'인 셈이다.

전하는 것 가운데 가장 마지막 의궤는 1928년 편찬한 『순종효황제 순명효황후 부묘주감의궤純宗孝皇帝純明孝皇后祔廟主監儀軌』이다. 이 긴 이름의 의궤 또한 장례와 관련된 것인데, 내용은 조선 최후의 세자이자 대한제국 제2대 황제인 순종(1874~1926)과 순종의 첫 번째 부인인 순명황후(1872~1904)의 무덤을 합장合葬한 일에 대한 보고서다.

순명황후는 순종에 앞서 세상을 떠났기에 홀로 경기도 양주 용마산에 묻혀 있었다. 그 후 1926년 순종이 세상을 떠나자 유릉裕陵에 안장하면서 순명황후도 이곳으로 모셔 와 합장했는데, 이 행사를 기록한 것이 『순종효황제 순명효황후 부묘주감의궤』이다.

현재 전하는 의궤는 모두 608종으로, 그중 주요한 종류는 다음과 같다.

1) 태실 관련 의궤

태실胎室은 왕실에서 왕, 왕세자, 왕자, 왕세손 등이 왕자를 출산하면 그 태胎[태반이나 탯줄 등의 조직]를 봉안하던 곳을 가리킨다. 왕자는 후에 왕위에 오를 가능성이 있기 때문에 매우 소중한 존재다. 그러나 태어날 때부터 왕위에 오를지 여부를 결정할 수는 없기 때문에 처음 왕자를 출산하면 '장태의궤藏胎儀軌'를 작성한다. 원자란 '아직 왕세자에 책봉되지 아니한 임금의 맏아들'을 가리킨다. 그러니까 원자는 훗날 세자에 오를 가능성이 매우 높은 주요한 인물이기 때문에 그의 태를 묻는 과정을 의궤로 작성, 보관했던 것이다.

이후 원자가 왕위에 오르면 이미 조성한 원자의 태실 주변에 난간석과 표석 등 석물石物을 새로이 조성하는데, 이를 태실 가봉加封이라고 한다. 그리고 이 과정 또한 의궤로 만들어 남기기도 하는데, 이러한 의궤를 '태실석난간 조배의궤胎室石欄干造排儀軌'라고 한다. 그 뜻은 '태실에 돌로 만든 난간을 조성하는 과정을 기록한 의궤'이다.

2) 왕실의 결혼 관련 의궤

왕이나 세자의 결혼이 있을 때 작성하는 것이 '가례도감의궤嘉禮都監儀軌'이다. 현재 전하는 가례도감의궤 가운데 가장 오래된 것은 1627년에 있었던 소현세자와 강빈의 결혼을 기록한 『소현세자 가례도감의궤昭顯世子嘉禮都監儀軌』이다.

3) 왕실의 장례 관련 의궤

앞서 살펴본 것처럼 오늘날 전하는 의궤 가운데 가장 많은 비중을 차지하는 것이 왕실의 장례와 관련된 의궤, 즉 국장도감의궤國葬都監儀軌[1]이다.

---

1 왕이나 왕비가 아닌 경우에는 '국장' 대신 '예장禮葬'이라는 명칭을 사용했다.

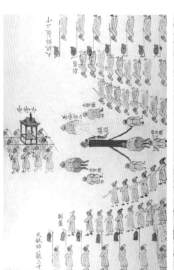

『영조 국장도감의궤』에 수록된 반차도(부분)

왕실의 장례에 관한 의궤는 오늘날 전하는 의궤 가운데 그 수가 가장 많다. 그만큼 왕실의 장례를 중시
했음을 알 수 있는데, 이는 조선왕조를 지탱한 유학 사상과 연관이 있을 것이다. 영조(1694~1776, 재위
1724~1776)는 조선왕조를 통틀어 가장 오랜 기간 왕위에 있었을 뿐 아니라 나라의 힘을 크게 키운 것으로
알려져 있다. 그런 만큼 그의 장례식이 장대한 규모로 치러졌을 것은 충분히 상상할 수 있다. 그림은 『영조
국장도감의궤』에 수록된 반차도班次圖[국가 의식에 모든 문관과 무관들이 늘어서는 차례와 행사 장면을 그
린 그림] 가운데 영조의 상여 부분이다. 반차도 그림에서 특이한 것은, 말을 탄 행렬은 뒤에서 본 모습으로 그
린 반면 그 밖의 행렬과 상여는 옆모습으로 그렸다는 점이다. 이를 통해 반차도를 보는 사람들은 말을 탄 행
렬의 구도와 함께 상여가 행렬의 어느 부분에 위치해 있는지, 형태는 어떤지 잘 알 수 있다.

Ⅰ 의궤에 대하여

한편 왕실의 장례 관련 의궤를 살펴보면 드는 궁금증 하나가, '장례와 관련된 의궤는 있는데 그보다 더 큰 행사인 임금의 즉위와 관련된 의궤는 왜 없는가' 하는 점이다.

이는 임금의 자리가 단 하루도 비어 있으면 안 된다는 사실과 연관이 있다. 즉, 전 임금이 승하하는 순간 세자, 즉 후임 임금은 즉시 즉위해야 한다. 그러다 보니 즉위식과 관련된 의궤는 거의 없다. 다만 조선의 왕으로 있다가 대한제국을 건국한 고종이 초대 황제에 오른 과정을 『고종대례의궤高宗大禮儀軌』로 작성했는데, 이것이 현재 전하는 유일한 즉위식 관련 의궤이다.

오늘날 전하는 장례 관련 의궤 가운데 가장 오래된 것은 『선조 국장도감의궤宣祖國葬都監儀軌』로, 선조가 사망한 1608년에 작성했다.

4) 종묘사직 관련 의궤

일반적으로 종묘사직宗廟社稷이라고 하면 왕실과 나라를 아울러 이르는 말이다. 종묘는 역대 임금과 왕비의 위패를 모시던 왕실의 사당을, 사직은 왕이 제사를 지내던 토지신과 곡식신을 가리킨다.

조선은 광해군 즉위년인 1608년에, 임진왜란 때 불탄 것을 대신해 오늘날의 종묘를 짓고 왕실의 제사를 지냈다. 또 사직단은 1394년에 세운 후 몇 차례에 걸쳐 중수했다.

종묘에서의 제도와 의례, 격식 등을 기록한 책이 바로 『종묘의궤』요, 사직단을 담당하는 사직서에서, 사직의 제도와 의식 절차, 관련 행사 등을 담아 만든 책이 『사직서의궤』이다. 조선은 유교국가인 만큼 종묘와 사직의 관리에 심혈을 기울였다. 그래서 종묘나 사직서 관련 의궤는 여러

권 전한다.

이와 관련해 하나 더 살펴볼 의궤가 '제기도감의궤祭器都監儀軌'이다. 제기도감의궤는 종묘사직 및 각 능에서 사용하는 제기祭器[제사에 사용하는 그릇]를 만든 과정을 기록한 것이다.

5) 보인 관련 의궤

보인寶印은 '보물 도장'이라는 뜻인데, 실제로는 어보御寶[국권의 상징으로, 국가적 문서에 사용하던 임금의 도장]와 관인官印[정부 기관에서 발행하는, 인증이 필요한 문서 따위에 찍는 도장]을 아울러 이른다.

누군가의 눈에는 한낱 도장에 불과할지 모르지만 조선 조정에서는 보인을 무척 중시했다. 그래서 보인을 새로 만들거나 고칠 때는 그 내용을 기록하여 의궤를 작성했다.

가장 최근에 제작된 보인 관련 의궤는 고종 13년(1876)에 작성된 『보인소의궤寶印所儀軌』이다.

6) 실록 편찬 관련 의궤

『조선왕조실록』은 모두가 알다시피 세계에 유례없는 한 나라 조정의 역사 기록이다. 그만큼 한 임금의 재위 관련 실록을 기록하는 일은 중요하고도 방대한 일이었다.

실록을 편찬하거나 수정할 때 그 전말을 기록한 책이 바로 '실록청의궤'이다. 실록청이란 실록 편찬을 위해 임시로 설치한 관청을 가리킨다.

7) 임금의 영정 관련 의궤

사진이 없던 시절 임금의 모습을 그린 초상화, 즉 어진御眞은 매우 소중했다. 임금의 모습은 함부로 그릴 수도 없었고, 그려서도 안 되었다. 의궤를 보면 임금의 가마를 표현한 그림이 등장하는데, 그 그림에는 하나같이 임금이 그려 있지 않은 채 비어 있다. 임금의 모습을 그리는 것이 성스러운 일이었기 때문인데, 따라서 함부로 그려서도 안 되었다.

당연히 임금의 영정을 그리는 것 또한 매우 중요한 일이었다. 그러나 임금의 영정을 그리는 과정을 기록한 의궤는 현재 남아 있지 않고, 이미 그린 왕의 초상화를 보수하거나 새로 모사[본을 떠서 똑같이 그림]하여 봉안하는 과정을 기록한 것이 '영정모사도감의궤影幀摹寫都監儀軌'이다. 현재 10종의 관련 의궤가 전하고 있다.

8) 궁중의 잔치 관련 의궤

조선시대에는 국가에 경사가 있을 때 궁중에서 큰 잔치를 베풀곤 했는데, 이를 진연進宴 또는 진찬進饌, 수작受爵[임금이 술잔을 받음], 진작進爵[궁중에서 임금에게 술잔을 올림]이라고 했다.

이러한 행사는 우리가 상상하는 것 이상이었다. 이런 잔치를 준비하고 베푸는 과정을 기록한 것을 통틀어 '진연의궤進宴儀軌' 또는 '진찬의궤進饌儀軌'라고 한다.

이 책에서 살펴보려는 『원행을묘 정리의궤』 가운데에도 진찬 의식을 기록한 부분이 있는데, 그 내용을 보면 조선시대에 만들어 먹던 음식 종류는 모두 나온다고 해도 무방할 만큼 상차림이 대단할 뿐 아니라, 그에 소요되는 식기, 가구 등의 규모 또한 매우 크다는 사실을 확인할 수 있다.

9) 악기 조성 관련 의궤

조선시대 궁중의 음악은 오늘날 우리가 즐기는 음악과는 전혀 다른 의미를 가지고 있었다. 이른바 아악雅樂은 궁중에서 의식을 거행할 때 사용하던 음악으로, 여가나 유흥이 아닌 의식과 제례를 위한 것이었다. 따라서 그에 사용하는 악기 역시 제사에 사용하는 제기만큼이나 소중한 물품이었다.

악기를 만들고 관리하는 전말을 기록한 의궤를 작성하는 것 역시 그러한 의미를 품고 있었다. 악기를 제조하기 위해 설치한 기관이 악기조성청인데, 그곳의 작업 전말을 기록한 책을 통틀어 '악기조성청의궤樂器造成廳儀軌'라고 부른다.

현재 전하는 것으로는 『인정전 악기조성청의궤』[영조 20년인 1744년 인정전의 화재로 불타 버린 악기와 물품을 다시 만들기 위해 설치한 악기조성청의 작업을 기록한 의궤], 『경모궁 악기조성청의궤』[정조 즉위년인 1776년에 작성한 의궤], 『사직궁 악기조성청의궤』[순조 3년인 1803년 사직고의 화재로 불타 버린 악기·풍물·관복 등을 다시 만들기 위해 설치한 악기조성청의 전말을 기록한 의궤] 등의 세 가지가 있다.

10) 건축 관련 의궤

국가가 주관한 건설공사 내용을 기록한 의궤는 '영건도감의궤營建都監儀軌'라고 부른다. '영건'은 오늘날의 '건축'에 해당하는 말로, '영조營造'라고도 한다. 영건도감의궤는 대부분 궁궐의 조성, 증·개축 등에 관한 내용을 담고 있는데, 대표적인 것이 『화성성역의궤』이다.

가장 오래된 영건 관련 의궤는 『창경궁 수리소의궤昌慶宮修理所儀

軌』(1633)이며, 최근의 것은 『경운궁 중건도감의궤慶運宮重建都監儀軌』
(1906)이다. 『창경궁 수리소의궤』는 인조반정과 이괄의 난 때 화재로 주
요 전각이 불탔던 것을 인조 11년에 수리한 기록이고, 『경운궁 중건도감
의궤』는 1904년 일어난 화재로 경운궁(덕수궁)의 주요 전각이 소실되었
던 것을 복구한 공사 기록이다.

11) 그 밖의 의궤

그 외에 특기할 만한 의궤로는, 임금이 성균관에 행차하여 옛 성인에
게 제향한 뒤에 활을 쏘던 의식인 대사례大射禮의 전말을 기록한 『대사
례의궤大射禮儀軌』가 있다. 현재 전하는 『대사례의궤』는 영조 19년(1743)
실시한 대사례 의식을 채색도와 함께 수록한 것이다.

또 '녹훈도감의궤錄勳都監儀軌'는 각종 모반이나 반란 사건을 평정한
후 그와 관련하여 공을 세운 이들에게 녹훈錄勳[공이 있는 사람들을 장부나
문서에 기록하는 것]한 내용을 기록한 것이다.

4
의궤는 누가 만들었나?

일반적으로 의궤에는 '○○도감의궤'라는 명칭이 붙는데, 이는 '○○도감이라는 조직에서 만든 의궤'라는 뜻이다. 도감都監은 특별한 행사를 치르기 위해 임시로 설치하는 기구였다.

예컨대 왕실의 혼례가 있을 때는 이를 담당하는 가례도감嘉禮都監을, 왕실의 책봉 의례 때는 책례도감冊禮都監을 설치했다. 또한 왕이나 왕비의 장례 때는 국장도감國葬都監을, 세자·세자빈·세손 등의 장례 때는 예장도감禮葬都監을, 왕과 왕비의 능 조성 시에는 산릉도감山陵都監을, 왕실의 능을 옮길 때는 천릉도감遷陵都監을, 존호를 올릴 때는 존호도감尊號都監을, 특별한 건축을 시행할 때는 영건도감營建都監을, 국가적 공신들의 공훈을 기록할 때는 녹훈도감錄勳都監을 두었다. 이처럼 그때그때마다 수많은 다양한 도감을 임시로 두어 행사를 주관케 했으며, 그 도감에서는 의궤를 작성하는 일도 함께 담당했다.

의궤를 만들어 기록으로 남기는 대상은 '조정의 특별한 행사'였다. 따라서 의궤를 전담하여 만드는 관청이 평소에 필요한 것은 아니었다.

조선의 조정은 특별한 행사나 사업을 시작할 때 의궤의 작성까지 염두에 두었다. 이 책에서 살펴볼 『원행을묘 정리의궤』 역시 특별한 행사였기에 행사를 기획하고 준비하면서 의궤를 작성하는 데 필요한 자료를 수집, 보관했을 것이다. 그리고 행사가 끝난 후인 1795년 윤2월 28일 의궤 편찬을 위한 정리의궤청을 설치한다.

　이처럼, 의궤는 행사 기간에 있었던 모든 자료를 수집, 보관한 후, 행사가 끝난 뒤 이를 토대로 하여 의궤 제작을 위해 임시로 설치한 관청에서 작성했다.

5
의궤는 어떻게 구성되어 있을까?

현재 전하는 의궤를 살펴보면 『원행을묘 정리의궤』나 『화성성역의궤』처럼 상당한 양으로 편찬한 의궤가 있는가 하면, 그 양이 얼마 되지 않는 것들도 있다.

그러나 그 양의 많고 적음을 떠나 대부분의 의궤는 일정한 양식을 구비하고 있는데, 이는 의궤에 담기는 내용이 격식을 갖추어야 하기 때문이다.

의궤를 구성하는 가장 중요한 요소는 임금과 신하 사이의 명령 및 보고 내용, 또는 관서들 사이에 오고 간 문서이다. 그리고 행사에 소요된 각종 물건이나 요소에 대한 상세한 내용 또한 중요하다. 그 외에 행사에 참여한 사람들의 명단, 소요된 비용의 조달, 비용에 대한 자세한 사용 내역도 반드시 필요하다.

한편 각종 행사의 모습을 구체적으로 전달하기 위해 그림을 넣는 경우가 많았는데, 그 대표적인 그림이 반차도이다. 반차도班次圖는 '나라의 의식에 문무백관이 늘어서는 차례와 행사 장면을 그린 그림'으로, 행사 전체의 모습을 한눈에 알아볼 수 있게 되어 있다. 그 외에 행사 또는 작업에 동원된 물품이나 집기 등을 그려 보여 주는 도설圖說도 포함되어 있다.

다음에는 『원행을묘 정리의궤』를 중심으로 의궤를 구성하는 요소들에 대해 살펴본다.

1) 택일擇日

일반적으로 택일은 '어떤 일을 치를 때 좋은 날을 선택하는 것'인데, 『원행을묘 정리의궤』의 첫머리에는 주요한 행사를 일자별로 정리해 놓았다. 이는 주요한 행사를 치를 때마다 좋은 날을 택일했기 때문에 그렇게 제목을 붙인 듯하다.

2) 좌목座目

좌목이란 차례나 서열을 뜻한다. 의궤에서는 행사를 주관한 관리들을 서열에 따라 나열해 놓은 목록을 가리킨다.

3) 도식圖式

행사를 나타내는 그림, 행사에 사용된 다양한 물건들의 그림 등을 두루 포함한다.

『원행을묘 정리의궤』의 도식편에는 임금이 화성에 당도해서 임시로 머무는 궁을 그린 '화성행궁도', 정조의 어머니인 혜경궁 홍씨에게 회갑 잔치를 올리는 모습을 그린 '봉수당 진찬도', 행사에 사용한 온갖 조화造

花의 모습을 그려 표현한 '채화도綵花圖', 행사 기간 내내 사용한 기물들을 그린 '기용도器用圖', 행사에 사용한 의복을 그린 '복식도服飾圖', 정조가 직접 낙남헌에서 노인들을 위해 베푼 경로잔치를 그린 '낙남헌 양로연도洛南軒養老宴圖', 정조가 수원향교에서 대성전에 나아가 참배하는 모습을 그린 '알성도謁聖圖', 낙남헌에서 문무과 별시別試를 실시한 후 합격자를 발표하는 모습을 그린 '낙남헌 방방도洛南軒放榜圖', 화성 서쪽 팔달산 정상에 있는 서장대에서 군사훈련을 참관하는 모습을 그린 '서장대 성조도西將臺城操圖', 득중정에서 활쏘기하는 모습을 그린 '득중정 어사도得中亭御射圖', 정조가 신풍루에 직접 나아가 백성들에게 쌀 나누어 주는 모습을 그린 '신풍루 사미도新豐樓賜米圖', 정조와 혜경궁 홍씨 등 왕족이 탄 가마의 상세한 모습을 그린 '가교도駕轎圖', 정조 일행이 임시로 만든 배다리를 이용해 한강 건너는 모습을 그린 '주교도舟轎圖', 정조 일행의 행렬을 그린 '반차도班次圖', 이후 혜경궁 홍씨의 회갑일을 맞아 서울 연희당에서 벌인 잔치를 그린 '연희당 진찬도延禧堂進饌圖', 마지막으로 혜경궁 홍씨의 회갑일을 맞아 서울 홍화문에서 백성들에게 쌀 나누어 주는 모습을 그린 '홍화문 사미도弘化門賜米圖'가 포함되어 있다.

4) 전교傳敎

전교란 임금이 내린 명령을 가리킨다. 의궤에서 전교는 행사와 관련해 임금이 내린 명령의 내용을 기록한 것이다.

5) 연설筵說

임금과 신하들이 모여 논의하는 자리에서 임금이 묻는 말에 답하여 올

리는 말이다. 이 또한 행사와 관련해 임금과 신하 사이에 오고 간 내용을
기록한 것이다.

6) 계사啓辭

임금에게 올리는 상주 문서를 가리킨다. 의궤에 등장하는 계사는 그
내용을 어느 관청에서 작성하여 올렸는지 기록되어 있다.

7) 이문移文

같은 급수의 관청 사이에 주고받은 공문서를 가리킨다.

『원행을묘 정리의궤』에는 행사 전체를 관장하기 위해 설치한 정리소
가 중앙 또는 지방의 각급 관청과 주고받은 문서가 두루 포함되어 있다.

8) 내관來關

본래는 상급 관청에서 내려온 공문을 가리킨다.

『원행을묘 정리의궤』에는 정리소가 다양한 관청들에 내려보낸 공문
이 두루 포함되어 있다.

9) 감결甘結

상급 관청에서 하급 관청에 내려보낸 공문을 가리킨다.

10) 의주儀註

나라에서 거행한 여러 가지 의식의 상세한 절차를 기록한 것을 가리
킨다. 의주의 내용은 매우 상세하여, 이를 보면 의식에 참가하지 않은 사

람이라도 마치 자신이 의식에 참가해서 그에 따른 행동을 하고 있는 듯
한 착각을 일으킬 정도이다.

11) 전령傳令

조정에서 아래의 관리에게 내리는 근무 명령서를 가리킨다.

12) 기타

이 외에도 각 행사에 따르는, 의궤에 필요한 내용을 작성하여 담는데,
그 내용은 다양한 문서일 수도 있고, 임금이 읊은 노래일 수도 있으며, 의
식에 담긴 무용의 형식 또는 음식의 종류 등 무수히 많다.

II

『원행을묘 정리의궤』에 대하여

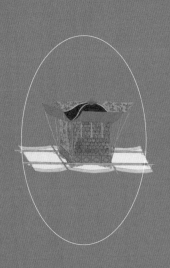

1
『원행을묘 정리의궤』는 어떤 의궤인가?

잘 알려져 있는 것처럼 조선 제22대 임금인 정조(1752~1800, 재위 1776~1800)는, 쌀뒤주 속에 갇힌 채 사망한 비운의 인물 사도세자思悼世 子(1735~1762)[2]의 아들이다. 그리고 그의 어머니이자 사도세자의 아내 인 혜경궁 홍씨惠慶宮洪氏(1735~1815)는 남편과 같은 나이로, 그의 나이 28세 되던 해에 남편을 잃고 차남[3] 정조와 두 딸 청연 군주와 청선 군주를 키웠다.

25세의 나이로 왕위에 오른 정조는 비극적인 삶의 주인공인 부모님을 극진히 모셨다. 돌아가신 부친을 위해서는 즉위 후 장헌세자로 추존한 후 본래 경기도 양주에 있던 무덤을 수원으로 이장하고, 그곳을 현륭원 顯隆園이라고 불렀다. 그런 후 정조는 자주 현륭원에 거둥하였는데, 그 시 절로서는 매우 힘든 길이었음에도 매년 찾은 것으로 알려져 있다.

1795년(을묘년)은 특별한 해였다. 돌아가신 아버지 사도세자와 살아

---

2 훗날 정조에 의해 장헌세자로 추존되었고, 1899년 고종은 그를 장조로 추증했다.
3 장남은 정조가 태어나던 해에 세 살의 나이로 요절했다.

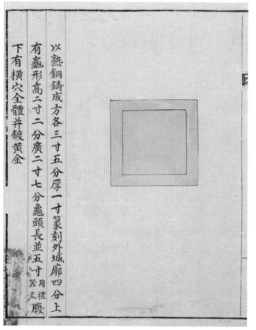
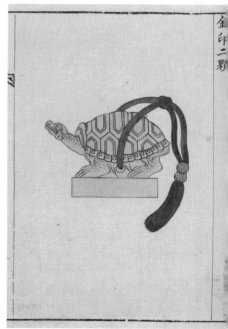

『장헌세자 상시봉원도감의궤』에 수록된 <금인 2과金印二顆>

정조는 즉위한 해인 1776년에 아버지 사도세자에게 '장헌莊獻'이라는 호를 추상존호追上尊號[선왕 등에게 나중에 존호를 올리는 것]하고 봉원封園[왕세자의 묘소로 지정하는 것]하였는데, 이 과정을 기록한 것이 『장헌세자 상시봉원도감의궤莊獻世子上諡封園都監儀軌』이다. 정조는 즉위 직후 부친인 사도세자에 대한 추숭追崇[왕위에 오르지 못하고 죽은 이에게 임금의 칭호를 주던 일] 작업을 실행하여, 1776년 3월 사도세자의 존호를 '장헌'으로 높이고, 묘소인 수은묘를 '영우원'으로, 궁호를 '경모궁'으로 정하였다. 그림은 『장헌세자 상시봉원도감의궤』에 나오는 장헌세자의 금인金印의 모습이다.

계신 어머니 혜경궁 홍씨 모두 환갑을 맞이하는 해였던 것이다.

　정조는 이를 기념하기 위해 특별히 어머니를 모시고 원행園幸[4], 즉 현릉원에 성묘를 가기로 했다. 편히 탈것도 없고 한강에 다리도 없던 그 시

4　왕이 궁을 나서서 밖으로 행차하는 것을 거둥 또는 행행幸行이라고 한다. 특히 거둥 가운데 왕과 왕비의 능에 가는 것을 능행陵幸, 세자의 무덤에 가는 것을 원행園幸이라고 한다. 한영우, 『정조의 화성행차』, 효형출판, 2007, 26쪽.

절 임금의 거둥은, 더군다나 환갑을 맞이할 만큼 연로한 어머니 혜경궁 홍씨를 모시고 먼 길을 다녀오기 위해서는 상당한 준비가 필요했다.

그리하여 1793년 1월 19일, 정조는 전·현직 대신들 앞에서 을묘년(1795)에 아버지 사도세자의 원침園寢[왕이나 왕비가 아닌, 왕세자나 세자빈 등 왕족의 무덤]을 참배하여 어머니 혜경궁 홍씨의 마음을 위로하고, 나아가 그해에 환갑을 맞이하는 어머니의 장수를 기원하는 행사를 갖겠다는 뜻을 피력한다. 따라서 이때부터 1795년의 행사는 시작한 것과 다름이 없었다.

『원행을묘 정리의궤』는 이렇게 계획된 행사인 을묘년의 성묘, 그리고 혜경궁 홍씨의 장수를 기원하는 잔치, 나아가 1795년 6월 18일 개최한 혜경궁 홍씨의 환갑잔치에 이르는 전 행사 내용을 기록한 것이다.

그런 까닭에 『원행을묘 정리의궤』에는 성묘 및 제사, 그리고 혜경궁 홍씨를 위해 연 잔치, 이 잔치를 축하하기 위해 함께 벌인 과거 시험, 군사훈련, 임금의 활쏘기 행사, 노인들을 위해 개최한 양로연養老宴, 임금이 백성들에게 쌀을 나누어 주는 사미賜米 행사 등 다양한 내용이 담겨 있다.

그래서 『원행을묘 정리의궤』 한 편을 보면 다른 의궤 몇 권을 보는 것과 같을 만큼 그 시대 조선 조정의 모습, 백성의 삶, 그리고 복식과 음식 문화 등 온갖 문화적 정보를 접할 수 있다.

2
『원행을묘 정리의궤』의 일정

을묘년 원행의 주요 일정은 『원행을묘 정리의궤』맨 앞에 다음과 같이 정리해 놓았다.

을묘년(1795) 윤2월 9일, 임금께서 자궁慈宮[혜경궁 홍씨]을 모시고 생부生父[친아버지] 사도세자의 무덤인 현륭원에 나아갈 때, 노량의 용양봉저정龍驤鳳翥亭에서 휴식과 점심을 취하고, 시흥행궁에서 숙박하였다.

같은 달 10일, 사근참행궁에서 휴식과 점심을 취하고, 화성행궁에서 숙박하였다.

같은 달 11일, 화성의 성묘聖廟[공자를 모신 사당으로, '문묘'라고도 한다]에 참배하였다. 낙남헌洛南軒[화성행궁에 있던 건물]에 돌아와 친히 문과와 무과 시험을 실시하고 아울러 시험 결과를 발표하였다. 봉수당奉壽堂[화성행궁에 있던 정당]에서 시행한 생모生母[친어머니] 혜경궁의 회갑을 축하하기 위한 잔치 연습에 친히 참석하였다.

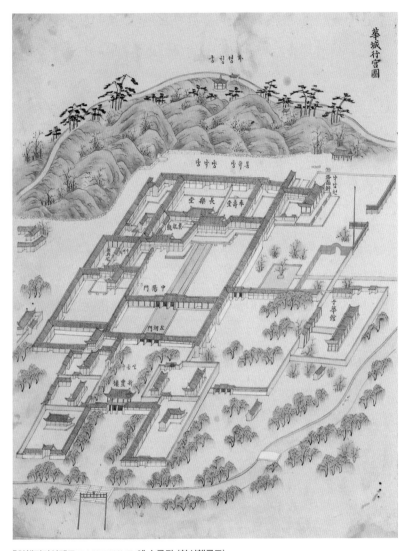

『원행정리의궤도園幸整理儀軌圖』에 수록된 〈화성행궁도〉

정조는 화성을 건설하면서 서울에서 수원에 이르는 주요 경유지에 과천행궁, 안양행궁, 사근참행궁, 시흥행궁, 안산행궁, 화성행궁을 건설했다. 그 가운데서도 화성행궁은 규모나 기능 면에서 으뜸인 대표적인 행궁이다. 화성행궁은 평시에 화성부 유수가 집무하는 공간으로 활용되었다. 을묘년 원행 시 정조와 혜경궁 홍씨가 머문 곳도 이곳이요, 주요 행사가 개최된 곳도 이곳이었다. 특히 봉수당은 혜경궁 홍씨의 진찬 행사가 열린 곳이다. 본래 명칭은 정남헌이었으나 혜경궁 홍씨 회갑연을 연 후 이를 기리기 위해 봉수당奉壽堂, 즉 만수무강을 받든다는 뜻으로 정조가 직접 이름을 붙였다. 『원행정리의궤도』는 『원행을묘 정리의궤』와는 별도로 을묘년 원행의 주요 장면을 그린 화첩식 의궤도로, 모든 그림에 채색을 했으며 금가루도 사용했다.

같은 달 12일, 임금께서 자궁을 모시고 현륭원에 나아가 참배하고 화성행궁으로 돌아왔다. 서장대西將臺에 친히 참석하여 성에서 실시하는 군사훈련과 야간의 군사훈련을 시행하였다.

같은 달 13일, 봉수당에서 자궁의 회갑을 축하하는 잔치를 베풀었다.[5]

같은 달 14일, 신풍루新豊樓[화성행궁 밖에 있던 건물]에서 사방의 백성들에게 쌀을 나누어 줄 때, 임금께서 이곳에 친히 참석하였다. 낙남헌에서 행한 노인들을 위한 잔치에 친히 참석하였다.

같은 달 15일, 임금께서 자궁을 모시고 대궐로 돌아올 때, 사근참행궁에서 휴식과 점심을 취하고 시흥행궁에서 숙박하였다.

같은 달 16일, 용양봉저정에서 휴식과 점심을 취하고 당일로 대궐에 돌아왔다.

5 혜경궁 홍씨의 생일은 6월 18일이다. 그러나 정조 일행은 윤2월 9일에 서울을 떠났고, 혜경궁 홍씨의 회갑연을 윤2월 13일 개최했다. 이는 정조의 아버지인 사도세자의 생일이 음력 1월 21일이라서 매년 1, 2월경에 성묘를 했기 때문이다.

3
『원행을묘 정리의궤』의 주요 행사

정조의 원침 참배 및 혜경궁 홍씨의 환갑잔치를 위해 계획한 원행은 앞서 살펴본 것처럼 몇 가지 주요 행사를 포함하고 있었다.

그 주요 행사들의 내용을 간략히 살펴보기로 한다.

1) 배다리 설치

다리가 없던 그 시대에 한강을 건너기 위해서는 배를 타는 방법 외에는 없었다. 그러나 엄청난 규모의 행렬과 더불어 말, 가마 등 수많은 물자를 배를 통해 건널 수는 없었다. 그래서 임금의 거둥이 한강을 건널 때는 배를 이용해 임시 다리 즉 배다리(주교舟橋)를 놓은 다음 그를 통해 건너는 것이 일반적이었다.

배다리를 놓는 것은 매우 큰일이어서, 을묘년 원행 때도 2월 13일 배다리 설치를 시작하여 2월 24일 완성했고, 원행이 끝난 후인 윤2월 17일 배다리를 철거했다.

『원행을묘 정리의궤』에는 정조가 직접 배다리를 놓는 방법과 후에 다시 배다리를 놓을 때 사용할 수 있도록 배와 자재를 관리하는 방법 등을 지시한 내용인 「어제주교지남御製舟橋指南」[임금이 직접 만든 배다리 지침서]이 실려 있다.

이 내용은 을묘년 원행보다 5년 앞선 1790년에 작성한 것이라서 을묘년에 만든 배다리와는 차이가 나지만, 그 방침은 이미 그때 설정한 것이다.

「어제주교지남」에는 배다리를 놓는 상세한 내용이 실려 있는데, 주요 내용은 다음과 같다.

- 배다리를 놓기에 적당한 곳은 노량진 지역이다.
- 배다리를 놓는 데 필요한 배의 수는 약 60척이다.
- 배다리를 놓을 때는 배의 가운데는 높고 가장자리로 갈수록 낮아지는 것이 보기에도 좋을 뿐 아니라 실용적이다. 따라서 사전에 동원할 배의 높이와 너비를 기록한 후에 필요한 배를 동원하도록 한다.
- 배다리를 놓을 때 배와 배를 연결하는 나무가 배마다 5개가 필요하고, 따라서 총 300개가 필요하다.
- 배와 배를 연결하여 길을 만드는 가로판은 1,800장이 필요하다. 그리고 이만큼의 가로판을 만들기 위해서는 소나무 750그루가 필요하다.
- 가로판 위에는 잔디를 깐다.
- 임금이 지나는 판 옆으로는 난간 150여 개를 세운다.
- 배다리에 필요한 자재는 사용한 후에 어디에 사용하는 몇 번째 기구라는 내용을 새겨서 창고에 보관했다가 다시 사용하면 시간도 절약하고 일도 간편할 것이다.

- 배다리를 놓을 때는 군사제도에서 사용하는 대오를 결성하고 명령 체계를 세워야 한다.
- 배다리에 동원하는 배의 선주들에게는 그에 걸맞은 이익을 내려야 한다.

그리고 이 지침에 따라 을묘년에 배다리를 건설한 결과 11일 만에 일을 마칠 수 있었다.

2) 가교駕轎 제작

가교는 임금이 타는 가마로, 두 마리의 말을 앞뒤에 배치하고 안장의 좌우에 가마채의 끝을 걸어 멍에 지우고, 앞뒤 양쪽에 각각 경마 잡는 자를 배치하여 가마가 흔들리지 않도록 누르며 가는 가마를 가리킨다.

정조는 어머니 혜경궁 홍씨를 위해 특별히 가교를 새로 제작할 것을 명령한다.

『원행을묘 정리의궤』에는 원행에 사용할 가마들의 제작에 관한 상세한 내용이 담겨 있는데, 혜경궁 홍씨가 탈 가교 외에 정조의 여동생들이 탈 6인교 두 개도 만들 것을 명령한다.

3) 현륭원 참배

을묘년 원행의 가장 큰 행사를 두 가지 꼽으라면 하나는 사도세자 묘소 성묘이고, 다른 하나는 혜경궁 홍씨의 환갑잔치이다.

현륭원 참배는 1795년 윤2월 12일 이루어졌다. 혜경궁 홍씨가 현륭원을 참배한 것은 이때가 처음으로, 혜경궁 홍씨는 슬픔을 억누르지 못해

울음소리가 모두에게 들릴 만큼 비통해했다고 한다.

4) 군사훈련 실시 및 참관

현릉원 참배가 끝난 날 오후에 정조는 화성 서장대에 올라 군사훈련을 참관했다. 또 같은 날 밤에는 야간 군사훈련을 참관했다.

5) 혜경궁 홍씨 진찬[6] 의식

혜경궁 홍씨의 정확한 환갑일은 1795년 6월 18일이다. 그러나 현릉원 참배에 맞추어 원행을 한 까닭에 1795년 윤2월 13일에 화성행궁에서 먼저 진찬 의식을 거행하고, 후에 환갑날을 맞이해서 다시 궁에서 환갑잔치를 열었다.

진찬 의식은 매우 성대하게 거행했는데, 그 자세한 내용은 본문에 나온다.

6) 사미賜米 행사

1795년 윤2월 14일, 정조는 혜경궁 홍씨의 환갑을 백성과 함께 축하하기 위해 백성들에게 쌀을 나누어 주는 행사를 개최한다.

이 행사는 일반 백성들에게 쌀을 나누어 주는 행사와 굶주린 백성들에게 죽을 나누어 주는 행사로 이루어졌는데, 정조는 나누어 주는 죽 맛을 직접 볼 정도로 정성을 기울였다.

---

6 사전적으로는 '진연(進宴)보다 규모가 작고 의식이 간단한 궁중의 잔치'를 가리키는데, 혜경궁 홍씨를 위한 잔치는 매우 성대하게 치렀기 때문에, 사전적 의미와는 달리 진연과 비슷한 잔치를 가리킨다고 보아야 할 것이다.

7) 양로연養老宴

1795년 윤2월 14일, 정조는 자신을 호종扈從[임금이 탄 수레를 호위하여 따름]하고 온 노인 관리 15명과 화성 지역의 노인 384명을 초청하여 양로연을 개최한다.

이 행사에서 정조는 모든 이들에게 황주건黃紬巾[누런 비단 두건]을 나누어 주어 지팡이에 묶도록 하는 동시에 비단 한 단씩을 하사했다. 그런 후 전날 혜경궁 홍씨의 환갑잔치에 사용한 음식을 나누어 먹도록 하고, 그 가운데 남은 음식은 싸 가지고 돌아가도록 했다.

8) 활쏘기 행사

양로연이 개최된 윤2월 14일 오후, 정조는 득중정得中亭에 나아가 대신들과 함께 활쏘기 행사를 실시했다. 이 행사에서 정조가 가장 성적이 좋았다.

III

『원행을묘 정리의궤』
내용 읽기

읽기 전에

『원행을묘 정리의궤』는 그 내용이 무척 방대하다. 원서는 권수卷首[책의 앞머리] 1책, 본편本編 5책, 부편附編 4책으로 모두 8책으로 이루어져 있으며, 반차도 등 상당한 양의 그림이 포함되어 있다. 게다가 그 내용 또한 무척 상세해서 일반인들이 읽기에는 부담스럽다.

예를 들면, 8일에 걸친 원행 기간에 임금을 비롯한 왕족들이 먹을 식단만 해도 100쪽을 쉽게 넘길 만큼 상세히 기록하고 있다. 또한 혜경궁 홍씨가 타고 갈 가마의 제작과 관련해서도 그 상세한 내용을 기록한 것이 10여 쪽에 이른다. 그 내용 가운데 일부만 살펴보면 다음과 같다.

전체 가교를 만드는 데 들어가는 것이 추판楸板[가래나무로 켠 널빤지] 8립, 가판[유자나무로 켠 널빤지] 10립, 2년 된 나무 2개, 정근正筋[소의 심줄] 55근 2냥, 아교 41근 1냥 7돈이다. 칠은 모두 3말로, 매 칠에 1말 6되 5홉이며, 왜주홍倭朱紅[선명한 빨간 물감]은 3냥 4근이다. 포장에 드는 저포苧布[모시]는 56척 5촌이다. 거재去滓[찌꺼기를 추려 버리는 것]에 드는 저포는 20척 6촌이다. 풀솜[실을 켤 수 없는 허드레 고치를 삶아서 늘여 만든 솜] 1근 12냥, 골회骨灰[동물의 뼈에서 아교질이나 지방질을 빼고 난 후에 태워서 얻은 흰 가루] 2말, 여러 가지 문끈에 들어갈 자주색 사슴 가죽 1장, 붉은 베실 2냥이다.

물건을 싸서 봉하는 데 쓸 백지는 3권 3장이다.

두석[구리에 아연을 10~45% 넣어 만든 합금] 장식 취련吹鍊[광석을 용광로에 넣고 녹여서 함유한 금속을 분리·추출하여 정제하는 일]에 드는 비용으로 제련된 숙동熟銅[구리의 일종]은 69근 15냥, 함석은 34근 12냥이다. 정철精鐵[잘 불려서 단련한 좋은 쇠붙이] 장식에는 파구철破舊鐵을 두드려 만든 무게 45근으로, 매 근에 열품劣品[품질이 정해진 기준보다 떨어지는 물건] 2근과 135근을 합한다.

놋쇠 4근과 송진을 서로 섞어서 쓴다. 황밀黃蜜[벌통에서 떠낸 꿀] 1근 13냥과 송진 2근 7냥을 무역해 두고 사용한다. 은실 6냥 2전 1푼에는 열품 천은天銀[품질이 가장 좋은 은] 6냥 5전 3푼과 탄炭 8석, 아청색 면사 4근, 강철 6근, 송진 8근 6냥이 들어간다.

이후로도 가교에 사용하는 온갖 물품들의 목록이 끝없이 이어진다.

의궤가 조선이 남겨 놓은 가장 위대한 기록유산 가운데 하나인 것은 분명하지만 그 전부를 살펴보기에는 무리가 있다.

그런 까닭에 이 책에서는 『원행을묘 정리의궤』 가운데 우리가 반드시 알아야 할 내용만을 간추려 싣는다. 이 내용만 살펴보아도 조선 기록의 꽃인 의궤가 어떻게 작성되었고, 어떤 내용을 품고 있으며, 어떤 의미를 갖는지 독자들은 충분히 판단할 수 있을 것이다.

참고로『원행을묘 정리의궤』 원서에서 그 내용은 각종 문서별로 구분하여 정리, 수록했다. 그러나 이 책에서는, 독자들이 을묘년 원행을 한눈에 이해할 수 있도록 주요한 문서 내용을 날짜 순서로 재구성했다. 그리고 행사를 이해하는 데 필요한 부속 자료들은 관련 내용 중간중간에 수록했다.

1

2년 전부터
원행을 준비하다

1793년 1월 19일 ~
1795년 윤2월 7일

연설筵說

임금께서 영춘헌迎春軒[정조가 집무실로 사용하던 창경궁 내의 건물]에 오시
니 전·현직 대신들이 입시入侍[대궐에 들어가서 임금을 뵘]하였다.

임금께서 선혜 당상宣惠堂上[선혜청의 우두머리. 선혜청은 대동미와 대동목,
대동포 따위의 출납을 맡아보던 관아이다] 정민시鄭民始에게 하교下敎[윗사람이
아랫사람에게 가르침을 베풂]하셨다.

"내후년은 우리나라 초유의 큰 경사가 있는 해로, 내가 천재일우로 만
나는 기회이다. 하賀[축하함], 호號[존호를 올림], 연宴[잔치를 벌임]의 세 가지
의례는 국가가 마땅히 행해야 할 의식인데, 축하의 의식은 내년에 먼저
보령寶齡[임금의 나이를 높여 부르는 것. 여기서는 정조의 어머니인 혜경궁 홍씨의
나이를 가리킨다] 예순에 대한 하례賀禮[축하하여 예를 차림]를 할 것이고, 호
를 올리는 의식은 자전慈殿[임금의 어머니. 여기서는 정조의 할아버지 영조의 계
비인 정순왕후 김씨를 가리킨다]과 종묘에 삼가 나아가 올릴 것인데, 연회의

의식은 우리 자궁慈宮[왕세자가 왕위에 오르기 전에 죽고 왕세손이 즉위하였을 때, 죽은 왕세자의 빈을 이르던 말. 여기서는 정조의 친어머니인 혜경궁 홍씨로, 『원행을묘 정리의궤』 전체를 통해 등장하는 자궁은 모두 혜경궁 홍씨를 가리킨다]의 겸손한 덕으로 인해 옛 슬픔의 마음과 모든 백성들이 함께 즐기는 행사를 청하기가 쉽지 않다.

그리하여 내가 마음속에 생각해 둔 것이 있다. 이해가 거듭 돌아오는 것은 나의 풍수지감風樹之感[효도를 다하지 못한 채 어버이를 여읜 자식의 슬픔을 이르는 말]만이 아니어서, 우리 자궁을 모시고 원침園寢[왕세자나 세자빈 및 왕의 친척 등의 묘. 여기서는 정조의 아버지인 사도세자의 묘를 가리킨다]을 참배하여 한편으로는 자궁의 마음을 위로하고, 다른 한편으로는 아들로서의 정성을 조금이나마 펼치려 하니, 이는 곧 하늘의 도리와 인정으로 그만둘 수 없는 바이다.

난여鸞輿[임금의 수레]가 돌아오는 길에 행궁行宮[임금이 나들이 때 머물던 별궁]에 모시고 나아가 간략하게 진찬進饌[의식이 간단한 궁중의 잔치로, 진연에 비해 작은 규모. 여기서는 정조가 겸손의 뜻으로 진찬이라고 표현했다]의 예를 마련하여 장수를 기원하는 정성을 조금이나마 펼칠 것이다.

예는 의로써 일으키고, 정은 예를 인연으로 해서 펼쳐진다. 이해의 이러한 경사, 이곳의 이러한 예는 자궁의 마음을 감동시켜 돌릴 것이니, 어찌 일거양득의 도리를 얻는 것이 아니겠는가?

다만, 자궁이 원소園所[왕이나 왕비가 아닌, 왕세자나 세자빈 등 왕족의 무덤]를 참배함은 매년 있는 원행園幸[왕세자나 세자빈 등의 산소에 가는 것]에 비할 바가 아니나, 관청은 반드시 번다한 비용 지출이 없어야 하고 사람들은 일을 시키는 고통을 알지 못해야 할 것이니, 비록 병졸이나 가마를 메는 하인이라 하더라도 모두 흔쾌히 생각하여 기쁘게 참여해야 비로소 자궁의 덕을 본받아 내 마음이 편안해질 것이다.

호조戶曹[육조 가운데 호구戶口, 조세, 나라의 재산 등에 관한 일을 맡아보던 관아]의 경비는 말할 것도 없으며, 혹시 한 가지 일이나 한 가지 물건이라도 감영과 마을에서 모으거나 마련해서 준비하는 일이 있다면, 생략하고 절약하려는 본뜻에 크게 어긋나는 것이다.

도감都監[나라의 일이 있을 때 임시로 설치하던 관아]을 설치하는 것과 같은 폐단은 내가 이미 알고 있는 바이나, 따로 한 직책을 두어 그 일을 전담시켜 효과적으로 일을 처리하게 하여 일을 키우는 폐단을 없애는 것이 어떠하겠는가?

모든 일은 사전에 대비해야 하는 것이니 경등은 내 뜻을 알아서 확실히 검토, 추진하여 이해를 기다려 행사를 거행하라."
하셨다.

연설

임금께서 영춘헌에 들어오시니, 장용영壯勇營[조선 정조 17(1793)에 왕
권 강화를 목적으로 설치한 금위 조직] 제조提調[중앙에서 각 사司 또는 청廳의 우
두머리가 아니면서 각 관아의 일을 다스리던 직책]가 입시하였다.

임금께서 장용영 제조 정민시에게 하교하셨다.

"내년 원행에 드는 비용에 대해 일찍이 경과 의논한 바 있다. 임금에게
바치는 음식 외에 임금을 수행하는 군병의 노자에 쓰이는 자금 또한 호
조를 번거롭게 하지 않아야 할 것이니, 비록 절약한다고 하더라도 그 양
이 많지 않을까 염려된다. 자금이 얼마나 있어야 비용에 충당할 수 있겠
는가?"

정민시가 대답하였다.

"내년은 천년에 한 번 있을 특별한 경사로, 전하께서 즐거운 마음으로
정성을 다하여 통촉하시는 효심과 봉양이 매우 극진하십니다. 그러나 잇

단 하교가 참으로 자궁의 마음을 본받으려는 성덕에서 나와, 경비를 다루는 자들을 괴롭히지 않게 하고 은혜로운 생각이 말단에까지 미치시니 신등은 우러러 사모함을 이기지 못하겠습니다.

받아들일 자금이 얼마나 되는지 정확하게는 알지 못하오나, 10만 냥은 넘을 듯하므로 대략 정리해서 조치한 바 있습니다."

임금께서 말씀하셨다.

"반드시 백성의 힘을 수고롭지 않게 하고 고을에 폐를 끼치지 말도록 하며, 근거가 타당하고 물품이 간편해야만 생략하고 절약하려는 본뜻에 부응할 수 있다."

이에 정민시가 보고하였다.

"작년 호남 지방의 농사는 크게 풍년이라 쌀값이 매우 저렴합니다. 영모미[감영에서 운영한 환곡과 세곡의 이자로 늘어난 쌀] 14,800석과 영저역가[각 감영에 속하여 감영과 각 고을 사이의 연락을 취하던 벼슬아치인 영저리에게 주는 보수] 10,000석은 예전처럼 곡식 대신 돈으로 환산해서 결재할 것인데, 상정가詳定價[나라에서 곡식을 사들이기 위해 심사 결정한 공시가]로 사고팔 것입니다.

또 신이, 해당 도에서 선무전選武錢[선무, 즉 양인의 자제 중 새로 임명된 군관에게 불리던 세금], 어세전漁稅錢[고기잡이에 물리던 세금], 결전結錢[조선 후기에, 균역법의 실시에 따른 나라 재정의 부족을 메우기 위해 논밭의 세금에 덧붙여 거두어들이던 돈]으로 납부할 것 가운데 분할해서 낼 것을 곡식으로 거둔 후 가을에 영모미와 함께 돈으로 바꾸면 그 상정 원가를 제한 나머지가 약 3만 수천 냥이 됩니다.

또 관서 지방의 철산 등 세 고을의 포곡逋穀[받아들인 환곡의 이자가 원래의 액수와 그 수량이 맞지 않는 부족분] 10,000여 석을 돈으로 거두어들인 것, 그리고 덕천의 환곡 5,000석을 백성들이 원하는 바에 따라 돈으로 거둔 것 가운데 쓸 곳이 없어서 사용해도 무방한 것이 45,000냥 이상입니다. 그 외에도 화성 시민에게 진휼賑恤[흉년에 곤궁한 백성을 도와줌]을 위해 빌려준 65,000냥의 기간 연장에 따른 4년 이자가 25,000냥이 됩니다. 이를 모두 합하면 103,000냥 이상이 될 것입니다.

이는 모두 경비 이외의 것이라서 고을과는 무관하므로, 이를 가지고 사용하면 편리하고 마땅하겠습니다."

임금께서 말씀하셨다.

"경이 상주上奏[임금에게 말씀을 아룀]한 바는 필경 짐작하여 헤아린 것일 터이니, 다시 잘 헤아려서 확정하여야 사리에 맞을 것이다."

노자[먼 길을 떠나 오가는 데 드는 비용]

(하교에 의거하여 내외빈[내빈은 여자 손님, 외빈은 남자 손님]으로부터 각 사司의 수행관원 및 하급관리, 군병에 이르기까지 모두 정리소整理所에서 노자를 나누어 지급하되 8일치를 마련한다.)

- 내빈에게는 모두 696냥을 지급한다.

  (청연군주방[사도세자의 첫째 딸이자 정조의 여동생], 청선군주방[사도세자의 둘째딸]은 각기 1백 냥을 되돌려 준다. 고故 판서 조엄의 처 홍씨, 동돈령 홍용한[혜경궁 홍씨의 작은아버지]의 처 송씨, 고故 참판 홍낙인[혜경궁 홍씨의 큰오빠]의 처 민씨, 동돈령 홍낙신[혜경궁 홍씨의 둘째 오빠]의 처 이씨, 동돈령 홍낙임[혜경궁 홍씨의 셋째 오빠]의 처 정씨, 사복첨정 조진규의 처 홍씨에게 각각 옷값으로 70냥씩, 유학 심능정의 처 홍씨, 유학 유기주의 처 홍씨, 유학 이종익의 처 홍씨에게 각각 옷값으로 50냥씩, 부사직 홍의영의 처 심씨, 유학 홍세영의 처 김씨에게 각각 옷값으로 30냥씩 지급하고, 종인從人 각 3명에게 노자 2냥씩 지급한다.)

- 외빈에게는 1,240냥을 지급한다.
- 나인궁속[궁중의 궁녀들]에게는 1,705냥 5전 9푼을 지급한다.
- 종묘서宗廟署[종묘의 수위를 맡아보던 관아]는 6냥 4전이다.
- 경모궁景慕宮[장헌세자와 그의 빈 혜경궁 홍씨의 신위를 모신 사당]은 6냥 4전이다.
- 종친부宗親府[역대 왕의 계보와 초상화를 보관하고, 왕과 왕비의 의복을 관리하며 종반宗班을 다스리는 일을 맡아보던 관아]는 60냥이다.

- 의정부議政府[행정부의 최고 기관. 영의정·좌의정·우의정이 있어 이들의 합의에 따라 국가 정책을 결정하였다]는 161냥 6전이다.

- 중추부中樞府[현직이 없는 당상관들을 속하게 하여 대우하던 관아]는 122냥이다.

- 돈령부敦寧府[왕실 친척들의 친목을 위한 사무를 맡아보던 관아]는 64냥 8전이다.

- 의빈부儀賓府[부마에 관한 일을 맡아보던 관아]는 39냥 2전이다.

- 규장각奎章閣[왕실 도서관]은 176냥 8전이다.

- 비변사備邊司[군국의 사무를 맡아보던 관아]는 29냥 6전이다.

- 의금부義禁府[임금의 명을 받들어 중죄인의 신문을 맡아보던 관아]는 1백 냥이다.

- 도총부都摠府[오위의 군무를 맡아보던 관아]는 73냥 6전이다.

- 이조吏曹는 90냥 4전이다.

- 호조戶曹는 117냥 6전이다.

- 예조禮曹는 66냥 4전이다.

- 병조兵曹는 545냥 1전이다.

- 형조刑曹는 76냥 8전이다.

- 공조工曹는 61냥 6전이다.

- 승정원承政院[왕명의 출납을 맡아보던 관아]은 278냥 4전이다.

- 홍문관弘文館[궁중의 경서, 문서 등을 관리하고 임금의 자문에 응하는 일을 맡아보던 관아]은 43냥 2전이다.

- 예문관藝文館[임금의 말이나 명령을 담은 문서 작성을 담당하던 관아]은 44냥 8전이다.

- 사헌부司憲府[정사를 논의하고 풍속을 바로잡으며 관리의 비행을 조사하던 관아]는 57냥 6전이다.

- 사간원司諫院[임금에게 잘못된 일을 고치도록 의견을 올리던 관아]은 30냥 4전이다.

- 내의원內醫院[궁중의 의약에 관한 일을 맡아보던 관아]은 148냥이다.

- 상서원尙瑞院[임금의 옥쇄와 옥보·마패 등을 맡아보던 관아]은 19냥 2전이다.

- 상의원尙衣院[임금의 의복과 궁내의 일용품, 보물 따위의 관리를 맡아보던 관아]은 4냥 8전이다.

- 통례원通禮院[조회와 제사에 관한 의식을 맡아보던 관아]은 113냥 6전이다.

- 장악원掌樂院[궁중의 음악을 가르치는 일을 맡아보던 관아]은 1,796냥 4전이다. (전악典樂[장악원에서 음악에 관한 일을 맡아보던 정6품 잡직] 4인은 14일치 각각 4냥 2전, 말 4필 세貰 각각 8냥이며, 각색 예졸隷卒[하급 병졸] 18명은 14일치 각각 4냥 2전, 양로연養老宴 등가登歌[궁궐의 섬돌 위와 같이 높은 곳에서 연주하는 것] 차비差備[특별한 사무를 맡기려고 임시로 임명한 벼슬] 6인은 각각 17냥, 서울 여령 2명은 각각 60냥이며 14명은 각각 50냥이고, 화성 여령 15명은 각각 50냥씩이다.)

- 군직청軍職廳[무관이 집무하던 관아]은 22냥 4전이다.

- 별군직청別軍職廳[별군직 군관에 관한 일을 맡아보던 관아]은 53냥 6전이다.

- 선전관청宣傳官廳[병조에 속하여 시위·전령·부신의 출납 따위를 맡아보던 관아]은 261냥 6전이다.

- 봉상시奉常寺[제사와 시호에 관한 일을 맡아보던 관아]는 41냥 4전이다.

- 사복시司僕寺[궁중의 가마나 말에 관한 일을 맡아보던 관아]는 991냥이다.

- 내자시內資寺[호조에 속하여 대궐에서 쓰는 여러 가지 식품, 옷감 제조와 잔

치에 관한 일을 맡아보던 관아]는 4냥 8전이다.

- 예빈시禮賓寺[빈객의 접대와 종친, 외척의 음식을 맡아보던 관아]는 6냥 4전이다.

- 제용감濟用監[각종 직물 따위를 진상하고 하사하는 일이나 채색이나 염색, 직조하는 일 따위를 맡아보던 관아]은 4냥 8전이다.

- 향실香室[교서관에 속하여 나라의 제사에 쓰는 향과 축문에 관한 일을 맡아보던 곳]은 23냥 2전이다.

- 충의청忠義廳[충훈부에 속하여, 공신 자손에 관한 사안을 담당한 기관]은 61냥 6전이다.

- 내수사內需司[왕실 재정의 관리를 맡아보던 관아]는 4냥 8전이다.

- 내시부內侍府[내시를 관할하던 관아]는 143냥 2전이다.

- 액정서掖庭署[내시부에 속하여 왕명의 전달 및 안내, 궁궐 관리 따위를 맡아보던 관아]는 571냥 6전, 무명 28필이다.

- 의장고儀仗庫[궁전의 위용과 의식을 갖추는 부斧·월鉞·개蓋·선扇 따위의 의장을 넣어 두던 창고]는 8냥 6전이다.

- 장용영壯勇營[왕권 강화를 목적으로 설치한 금위 조직]은 돈 1,257냥 4전 5푼, 쌀 252석 4말 2되, 콩[말먹이] 50석 3말 2되이다.

- 용호영龍虎營[숙직하며 대궐을 경호하고 임금의 가마 곁을 따라 모시는 일을 맡아보던 군영]은 돈 118냥 3전 1푼, 쌀 33석 2말 7되로 돈으로 환산하면 165냥 9전, 말먹이 콩 18석 5말 2되로 돈으로 환산하면 36냥 6전 9푼이니, 모두 320냥 9전이다.

- 훈련도감訓鍊都監[오군영의 하나로, 수도 경비와 포수·살수·사수의 삼수군 양성을 맡아보던 군영]은 돈 535냥 8전 9푼, 쌀 162석 7말 7되로 돈으

로 환산하면 812냥 5전 7푼, 말먹이 콩 52석으로 돈으로 환산하면 104냥이니, 모두 1,452냥 4전 6푼이다.

- 금위영禁衛營[오군영의 하나로, 서울을 지키던 군영]은 돈 18냥 5전 2푼, 쌀 8석 4말 7되로 돈으로 환산하면 41냥 5전 6푼, 말먹이 콩 5석 1말 4되로 돈으로 환산하면 10냥 1전 8푼, 기장 4석으로 돈으로 환산하면 4냥이니, 모두 74냥 2전 6푼이다.

- 어영청御營廳[오군영의 하나로, 왕을 호위하는 군영]은 돈 63냥 6전 8푼, 쌀 20석 6말 3되로 돈으로 환산하면 102냥 1전, 말먹이 콩 10석 6되로 돈으로 환산하면 20냥 8푼, 기장 3석 6되로 돈으로 환산하면 3냥 4푼이니, 모두 188냥 9전이다.

- 수어청守禦廳[오군영의 하나로, 남한산성을 지키고 경기도 광주·죽산·양주 등지의 여러 진을 다스리던 군영]은 돈 30냥 2전 1푼, 쌀 6석 8말 7되로 돈으로 환산하면 32냥 9전, 말먹이 콩은 1석 1말로 돈으로 환산하면 2냥 1전 3푼이니, 모두 65냥 2전 4푼이다.

- 총융청摠戎廳[오군영의 하나로, 경기 지역의 군무를 맡아보던 군영]은 돈 23냥 1푼, 쌀 6석 8말 7되로 돈으로 환산하면 32냥 9전, 말먹이 콩 1석 1말로 돈으로 환산하면 2냥 1전 3푼이니, 모두 58냥 4푼이다.

- 좌우포청左右捕廳[좌포청과 우포청을 아울러 이르던 말]은 19냥 2전이다.

- 경기 감영京畿監營[감영은 관찰사가 직무를 보던 관아]은 522냥 8전이다.

- 화성 궐리사闕里祠[공자를 모신 사당] 제관祭官은 38냥이다.

이상 모두 14,218냥 9전 4푼이며, 무명은 28필이다.

연설

임금께서 영춘헌에 들어오시어 사복시司僕寺[궁중의 가마나 말에 관한 일을 맡아보던 관아] 당상堂上[정3품 이상의 품계에 해당하는 벼슬을 통틀어 이르는 말]과 낭청郎廳[실록청·도감 등의 임시 기구에서 실무를 맡아보던 당하관 벼슬]에게 새로 만든 가교駕轎[임금이 타던 가마]를 뜰에 받들어 올리라고 명하셨다.

가마의 안팎을 살피고 나서 임금께서 말씀하시기를, "내년에 자궁의 수레가 원소에 나아갈 때 비록 의장儀章과 형식은 미미하나 반드시 정성을 들여 물건을 준비하고자 하는 까닭은 조금이나마 나의 정성을 다하기 위해서이다. 더구나 백 리 가까이 행행行幸[임금이 대궐 밖으로 거둥함]함은 처음 있는 일이며,[7] 가교를 새로 만든 것은 오로지 편안하게 받들어 모시기 위함일 뿐 새로 꾸민 것을 다른 사람에게 보여 주고자 함이 아니다. 이

---

7 혜경궁 홍씨가 처음으로 먼 거리를 여행한다는 뜻이다.

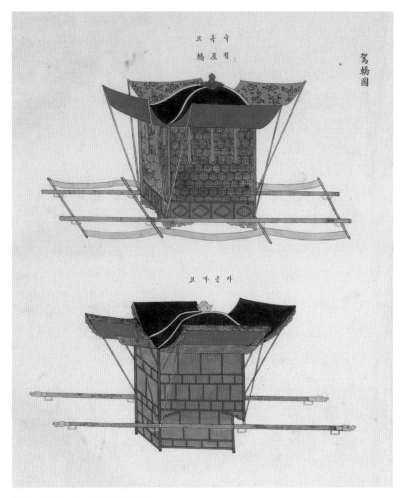

혜경궁 홍씨를 위해 제작한 두 대의 가마

을묘년 원행을 위해 정조는 혜경궁 홍씨를 위한 두 대의 가마를 제작하도록 이른다. 그 하나는 자궁용 가마로, 한양에서 화성까지 타고 갈 것이었다. 이를 제작하는 데는 2,785냥의 비용이 소요되었다. 다른 하나는 사도세자의 묘소인 현륭원에 내려 말이 끄는 가마가 올라갈 수 없는 무덤까지 타고 갈 가마로, 이는 사람이 어깨에 메고 갔다. 그림 중 자궁가교(아래)가 한양에서 화성까지 타고 갈 가마이고, 유옥교有屋轎(위) 즉 덮개가 있는 가마라는 것이 사람이 메고 가는 가마였다. 이 가마를 만드는 데는 732냥이 들었다. 이 외에도 정조의 두 누이가 타고 갈 6인교 두 개도 만들어야 했다. 반면에 정조 자신은 비용을 절감한다는 뜻에 따라 전에 타고 다니던 것을 수리해서 타기로 했지만, 실제로는 가마 대신 말을 타고 갔다. 그림은 『원행정리의궤도』에 수록된 〈가교도〉이다.

가마를 보니 안이 넓고 밖이 가벼우며, 크기가 법도에 맞고 발과 휘장, 가마 덮개가 정교하고 매우 촘촘하니, 경등이 공장工匠을 감독한 수고로움이 가상하다 할 수 있다." 하셨다.

이에 사복시 제조 서유방徐有防이 말하기를, "내년 정월 21일, 세 전하[8]께서 장차 종묘에 나아갈 수레를 마땅히 지금까지 만들어야 했습니다." 하였다.

임금께서 말씀하시기를, "전후에 자궁이 하교하시기를 매번 떠벌리는 것을 경계하였으나, 가교를 만드는 데 비용이 적지 않았다. 정월에 어가御駕[임금이 타던 수레]가 움직이는 것은 그날 환궁하는 것에 불과한데 어찌하여 꼭 새로 만들어야 하는가? 이것을 그대로 사용하여 자궁의 마음을 본받도록 하라." 하시고, 이어 두 군주郡主[왕세자의 정실에서 태어난 딸에게 내리던 정2품 외명부의 품계]의 쌍교雙轎[쌍가마]는 완주 감영에서 만들어 보내고, 6인교[여섯 명의 가마꾼이 드는 가마]는 태복시太僕寺[궁중의 수레와 말을 관리하는 일을 맡아보던 관아. 명칭이 사복시와 번갈아 여러 번 바뀌었다]에서 조성하도록 명하셨다.

---

8 정조, 정순왕후 김씨, 혜경궁 홍씨를 가리킨다.

Ⅲ『원행을묘 정리의궤』내용 읽기

1794년
12월 10일

연설

임금께서 영춘헌에 오시니 사복시 제조 서유방, 경기 감사 서용보, 정례 당상定例堂上 윤행임이 입시하였다.

임금께서 말씀하셨다.

"경축의 예를 여러 신하가 이미 시작하였으니 지금 바로 준청準請[신하들이 청하는 것을 임금이 윤허하던 일]하겠다. 내년 원행에 자궁의 어가를 받들어 모시기 위하여 지난봄, 한 직책을 별도로 두어 전담해서 거행하라고 하교하였는데, 행정적인 일이 지금쯤은 이루어져서 설치되어야 한다. 능원陵園[왕이나 왕비의 무덤인 '능'과 왕세자나 세자빈 등 왕족의 무덤인 '원'을 아울러 이르는 말]의 행행은 호조 판서가 그 일을 담당해 왔는데 정리사整理使라 불렀고, 지금도 그 이름을 그대로 사용하니 정리소整理所를 설치하는 것이 가장 합당하고 편리하겠다. 이름을 바로 하는 것이 먼저고 사람을 얻는 것이 다음이다. 경등이 맡고 있는 직책을 들어서 알고 있겠지만,

나는 자궁의 마음으로 내 마음을 삼으려는 뜻인데, 성심을 다하여 봉행할 것이지 어찌 내 말을 기대하는가?"

서유방 등이 말하기를, "신등은 천년에 한 번 있는 경사로운 해를 만나 외람되게도 호종하여 모시는 끄트머리 장수로 참여하니 기뻐 뛰어다닐 틈도 내지 못하는데, 더구나 집사執事[나라의 제사나 큰 잔치 때 의식을 진행시키는 사람]로 참여하는 영광이야 오죽하겠습니까? 오직 몸과 마음을 다하여 전하의 효심을 널리 알리는 것이 신등의 소원입니다." 하였다.

임금께서 말씀하셨다.

"선배가 일을 행함이 주도면밀하였는데, 후배가 일을 행함이 너무 소홀하다. 지금 사람은 일을 만나면 세부 절차만을 전념하고 큰 틀에 어두우니, 전체를 총괄하는 것이 제대로 이루어지지 않고 있다. 이를 경등이 바르게 생각해야 할 것이다."

임금께서 말씀하시기를,

"작년에 경등이 청한 바는 곧 호號, 연宴, 하賀 3례였다. 축하의 의식은 이미 봄 사이에 거행하였고, 연회의 의식은 동시에 거행하는 것이 어렵다는 자궁의 하교가 계시어, 감히 성덕을 본받아 오는 가을까지 보류하여 기다리지 않을 수 없었다. 오직 내년은 다른 해와 달라서, 조금이나마 정성을 드리는 방도는 원행에 어가를 모시어 축하의 잔을 올리는 데 있다. 이는 실로 예전에 없던 초유의 행사이다. 그러나 혹시 일을 크게 벌인다면 연례宴禮를 늦추어 기다리는 본래 뜻에 어긋나므로 비용을 절약하고 계획하여 다스리는 특별한 조치가 있어야 할 것이다.

그러나 백 리에 가까운 행행이고 또 많은 날짜가 소요될 것이니, 여러 가지 일을 거행하는 데 전담해서 관리할 직임職任이 있어야 할 것이다.

능행 때의 정리사 아래 따로 정리소를 설치하였으니, 당상과 낭청 몇 사람을 차출하여 그들로 하여금 앞서 준비하고 일에 따라 구체적인 시행 방법을 의논케 한다면 일의 이치가 명과 실이 상부할 것이다.

오늘은 곧 경사로운 예를 윤허하는 날이다. 정리소의 설치를, 어찌 날짜를 넘길 수 있겠는가? 이조 판서가 이미 나왔으니 당상을 먼저 차출하라." 하셨다.

잠시 후 정리 당상整理堂上을 임명한 후 함께 입시하였다. 정리 당상 심이지, 서유방, 서유대, 서용보, 윤행임이 차례대로 나아가 엎드렸다.

임금께서 말씀하셨다.

"어느 해인들 원행이 없겠는가마는, 내년에 모시고 참배함은 그 일이 막중하여 정리소를 특별히 설치하여 이로 하여금 전담하여 거행토록 하는 것이니, 책임이 보통 직무에 비할 수 없게 크다. 호조 판서가 모든 일을 주관하여, 가마와 말은 사복시 제조에게 맡기고, 배다리는 해당 관청의 당상에 위촉하며, 장용영에서의 거행은 내사內司[왕실 재정의 관리를 맡아보던 관아]가 준비할 것이다. 부제조는 서열이 가장 낮으니 마땅히 구관당상句管堂上[비변사에 속하여 각 도의 군무를 맡아보던 벼슬]을 삼고, 낭청의 업무 분장은 경등이 능력에 따라 나누어 배치하여 일에 따라 미리 준비하게 하라."

계사啓辭

빈청賓廳[비변사 대신이나 당상관이 정기적으로 모여 회의하던 곳]

"신등이 자궁과 자전께 존호尊號[임금이나 왕비의 덕을 기리기 위하여 올리는 칭호][9]와 축하 잔치[10]를 올릴 것을 오늘도 요청하고 있는데, 이것이 어찌 그만둘 수 있는 것이겠습니까? 존호와 축하 잔치를 올리는 것은 그 예법으로 말할 것 같으면 당연히 행해야 할 아름다운 법도이고, 그 일로 말하더라도 이미 허락하신 명령입니다.

그러나 올해 흉년이 들었기 때문에 특히 자궁과 자전께서 근심 중이라, 빈청에서 연이어 아뢰어도 존호와 축하 잔치를 사양하시는 두 분의 겸손하신 마음을 돌릴 수 없었습니다. 임금께서 직접 두 분께 들어가 아뢰겠다는 분부를 듣고 며칠을 간절히 기다렸는데, 아직 허락을 받지 못했다는 비답批答[상소에 대한 임금의 대답]이 어제 아침에 또 내려왔습니다.

우리 임금께서는 어버이의 연세가 점점 들어 가는 것을 항상 마음에 두고 잠시도 봉양을 게을리하지 않는 지극한 효심으로 두 분의 겸손한 마음을 되돌리고자 온 정성을 다하셨을 것으로 생각합니다. 그러니 두 분의 자애로운 덕으로서 어찌 임금님의 지극한 효심과 깊은 사랑에 감동하지 않았겠습니까? 그러나 단지 신등의 정성이 부족하고 언사가 졸렬한 까닭에, 하루 이틀이 지나도 두 분의 허락이 떨어지지 않고 있으니 실

---

9 신하들의 요청에 의해 혜경궁 홍씨에게는 '휘목徽穆', 정순왕후 김씨에게는 '수경綏慶'이라는 존호를 올렸다.
10 이듬해에 혜경궁 홍씨가 회갑을 맞고 정순왕후 김씨가 망륙望六(사람의 나이가 예순을 바라본다는 뜻으로, 쉰한 살을 이르는 말)을 맞으므로, 이를 축하하기 위해 잔치를 열자는 요청이다.

로 답답한 마음을 이길 수가 없습니다.

아, 아름답습니다. 두 분은 여인의 몸으로 깊은 구중궁궐에 사시면서도 뭇 백성들을 염려하여, 만물을 도와 키워 주는 어진 덕으로써 한 사람이라도 살 곳을 얻지 못할까 근심하십니다. 이와 같은 두 분의 두터운 덕과 겸손한 마음을 누가 흠모하며 찬탄하지 않겠습니까?

그러나 엎드려 생각건대, 전부터 경사스런 일을 만나면 그 기쁨을 표현하는 일을 거행하였는데, 이런 일이 반드시 풍년에만 있었던 것은 아닙니다. 비록 선왕 때의 전례典例[전거가 되는 선례]를 가지고 말하더라도, 축하 잔치를 올리는 예식이 더러는 전국에 흉년이 들어 여러 도에 진휼을 베풀 때 있기도 하였습니다. 이는 커다란 경사는 해를 넘길 수 없고, 성대한 예식은 때를 지체해서는 안 되었기 때문입니다. 하물며 지금은 혜택이 두루두루 미치고, 세금을 덜어 주며 백성을 구휼救恤[재난을 당한 백성들에게 금품을 주어 구제함]하는 등의 은전恩典이 고루 미쳐서 만백성이 풍년을 맞은 것과 같습니다.

태평성대의 기운이 바야흐로 도달하고 상서로운 화기가 두루두루 흡족하며, 납일臘日[민간이나 조정에서 조상이나 종묘 또는 사직에 제사 지내던 날] 전에 눈이 내려 이미 내년의 풍년을 점칠 수 있습니다. 또한 두 분을 위한 행사에 필요한 도감의 경비는 이미 담당 관서에서 마련해 놓았으므로, 이 행사에 필요한 갖가지 물건들을 마련하기 위해 백성의 힘을 동원해야 하는 번거로움은 조금도 없을 것입니다.

이런 상황에서 어찌 일정하지도 않은 한때의 풍년이나 흉년 때문에 천년에 한 번 만나기 힘든 경사스런 모임을 한다, 안 한다 할 수 있겠습니까?

신등은 다시 전례를 원용하여 번거롭게 하지는 않겠습니다. 그러나 청하건대 인정이나 예법으로 보아 꼭 허락하셔야만 하고, 또 일의 모습으로 보아도 반드시 수락을 받아야만 하는 이유를 다시 아뢰겠습니다.

부모의 나이를 막중하게 여기는 것은 예로부터 아름다운 일이라 칭송했으며, 어버이께서 회갑을 맞이하는 것은 사람들의 지극한 기쁨이었습니다. 이런 경우에는 비록 민간의 미천한 선비나 일반인이라 하더라도 반드시 음식을 마련해 잔치를 열고 손님을 불러 즐깁니다. 그리고 복을 빌고 아름다움을 칭송하면서 시문을 구하여 그 잔치를 화려하게 장식하곤 합니다.

하물며 우리 임금께서 타고나신 효심과 두 분이 산과 같이 장수하시기를 바라는 소원을 가지고 일국의 부귀로써 두 분을 봉양하며 밤낮으로 손꼽아 기다린 것이 바로 오늘입니다. 그러므로 비록 뽕나무 가지로 바닷가 집의 나뭇가지가 다할 만큼 두 분의 한량없는 장수를 기원하고, 곤륜산崑崙山[중국의 전설적인 성산聖山]의 옥을 모두 모아서 두 분의 훌륭하신 덕을 찬양하는 귀한 책에 아로새기며, 강남의 벼를 다 가져다가 술을 빚고 천하의 진미를 다 갖추어 음식을 장만한다고 해도, 임금께서 어버이의 은혜에 보답하려는 정성에는 오히려 부족해 보이실 것입니다.

그런데 지금 당연히 행해야 할 전례典禮[왕실이나 나라에 경사나 상사가 났을 때 행하는 의식]까지도 허락하지 않으신다면 장차 임금께서는 어디에서 그 정성과 예를 펼 수 있겠습니까? 이것이 반드시 허락을 하셔야 하는 첫 번째 이유입니다.

돌아보건대 지금 두 분께서 베풀어 주신 교화가 모든 곳의 백성들을 감싸 안으며, 자애롭게 덮어 주는 은택은 뭇 생명들을 기름지게 기르고 있습니다. 이에 7만여 명이나 되는 지팡이 짚은 노인들과 4백 고을의 백성들이 목을 빼고 발꿈치를 들고서 하루를 1년같이 기다리며 말하기를, '내년의 경사는 우리나라에 처음 있는 일이다. 왕실의 아름다움을 널리 알리고 모두 함께 축수祝壽[오래 살기를 빎]를 드려 우리 자전과 자궁의 덕에 만분의 일이나마 보답해야 할 것이다.'라고 합니다. 인심이 함께하는 것을 하늘이 꼭 따르니, 이것이 반드시 허락하셔야 하는 두 번째 이유입니다.

삼가 작년(1793) 겨울, 뜰에서 호소할 때 내리신 자전의 비답을 상고해 보건대, 그 내용은 대체로 '내년은 자궁의 나이가 회갑이 되며, 임금이 왕위에 오른 지 20년이 되는 해이다. 나라의 커다란 경사 중에서 이보다 큰 것이 있겠는가? 경등이 오늘 요청하는 것을 내년에 다시 요청한다면 내가 들어주겠다. 그렇게 된 다음에는 자궁도 당연히 축하 잔치와 존호를 받을 것이며, 임금도 등극 20년을 축하하는 의식을 받을 것이다. 그렇게 된다면 내가 어찌 사양하겠는가?' 하는 것이었습니다.

신등은 곧 자성慈聖[임금의 어머니를 이르는 말로, 정순왕후 김씨를 가리킨다]의 어린 자식입니다. 지금 갑자기 작년에 허락하신 것을 어렵게 여기신다면, 속임이 없음을 항상 보여 주어야 한다는 의리에 흠이 있지 않겠습니까? 이것이 또한 반드시 허락하셔야 하는 세 번째 이유입니다.

우리 자전의 연세가 60을 바라보는 51세에 이르렀으니 영고寧考[재위 기간에 세상을 편안하게 하고 돌아가신 부왕이라는 뜻으로, 여기서는 정조의 할아버지 영조를 가리킨다]의 갑자년 나이와 딱 들어맞습니다. 그리고 갑자년부터 올해가 마침 또 51년이니 전후가 똑같은 것이 우연한 일이 아닙니다. 이 경사스런 예는 선대의 일을 계승하는 빛나는 일일 뿐만이 아닙니다.

엎드려 생각건대 비궁閟宮[정조의 아버지인 사도세자를 가리켜 이르는 말]에 존호를 올릴 길일을 택함으로써 임금님의 효성이 깊이 드러났습니다. 이는 여러 사람들의 마음을 매우 기쁘게 하였습니다. 바로 이때 자전과 자궁에게 올릴 전례典禮를 함께 거행하여 아름다움을 크게 드날리고, 잘 갖추어진 의식을 시행하여, 임금께서는 자전과 자궁에게 옥을 받들어 올리며 축하하고 손자는 차례대로 춤추며 술잔을 올린다면 넘치는 화기가 천지 사이에 충만할 것입니다. 이것이 진실로 태평만세太平萬歲이니, 이보다 큰 즐거움이 없는 경사일 것입니다.

엎드려 생각건대, 우리 자전과 자궁께서 만약 생각이 여기에 이르신다면 신등의 말을 기다릴 것도 없이 허락하실 것입니다. 신등이 지난번에 한 일을 말하자면 부끄럽고 송구스럽습니다. 그때는 신등의 작은 정성이나마 드러내지 못했고, 또한 본분도 제대로 지키지 못했습니다. 그런데 지금 만약 불충하고 못난 신등이 다시 자전과 자궁에 관한 막중한 전례에 대하여 정성과 본분을 다하지 못한다면 그 죄를 더욱 씻을 수 없게 될 것입니다. 이에 신등은 뜬눈으로 밤을 새우고 서로 이끌고 와서 거듭 호소합니다.

엎드려 원하건대, 전하께서는 우러러 하늘의 경사에 답하시고 사람들의 마음을 굽어 따르시어, 다시 자전과 자궁께 여쭈어 빨리 허락을 내리게 하소서. 그래서 한결같이 작년에 내리셨던 명령에 따라 길한 날을 택해 거행한다면 천만다행이겠습니다." (이에 전교가 있다)

우승지 이만수가 아뢰기를, "현릉원 행차를 준비하기 위해 원행 정리 당상을 차출하라고 명령하셨습니다. 능행정리사陵行整理使[임금이 선왕이나 선왕비의 무덤인 능에 행차하는 행사를 맡아 하는 관직]의 예에 의해 이조로 하여금 보고해 결재를 받도록 하는 것이 어떻겠습니까?" 하니 임금께서

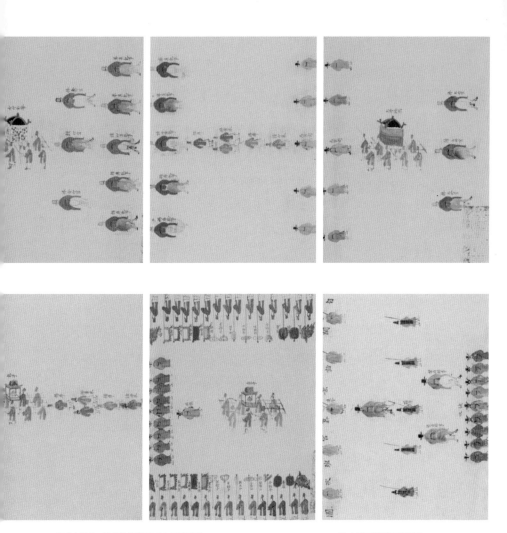

『정순왕후 장헌세자 혜빈 존호도감의궤貞純王后莊獻世子惠嬪尊號都監儀軌』에 수록된 반차도(부분)
1795년, 즉 을묘년 원행을 가던 해에 제작된 의궤로, 영조의 비妃인 정순왕후와 장헌세자(사도세자), 그리고
정조의 어머니인 혜경궁 홍씨에게 존호를 올리는 내용을 담고 있다. 이 의궤의 반차도를 보면 알 수 있듯이,
존호尊號를 올리는 행사는 단순히 호를 올리는 것이 아니라 매우 큰 행사였다.

이르시기를, "아뢴 대로 하라. 차원差員[어떤 임무를 맡겨 다른 곳에 파견하던 벼슬아치]과 낭청을 차출한 다음에는 해당 당상으로 하여금 거행할 조목을 보고해 결재를 받도록 하라." 하셨다.

정리 당상 심이지가 아뢰기를, "정리소의 여러 당상들이 지금 막 회동하였습니다. 그러므로 낭청을 먼저 차출해야 합니다. 현륭원 영令 구웅, 호조 정랑正郞[육조에 둔 정5품 벼슬] 정동교, 사복 첨정僉正[각 관아의 낭청에 속한 종4품 벼슬] 조진규, 형조 좌랑佐郞[육조에 둔 정6품 벼슬] 김용순, 전 전적典籍[성균관에 속하여 성균관의 학생을 지도하는 일을 맡아보던 정6품 벼슬] 홍대영을 차출하여 낭청에 임명하는 것이 어떻겠습니까?" 하니 임금께서 "아뢴 대로 하라." 하셨다.

심이지가 또 아뢰기를 "지금 아뢴 사람 중에, 김용순은 마침 사송詞訟[민사소송]의 임무를 담당하고 있으니 일이 서로 방해가 될 것 같습니다. 김용순을 형조에서 다른 관서로 옮기는 것이 어떻겠습니까?" 하니 임금께서 이르시기를, "아뢴 대로 하라." 하였다.

연설

임금께서 영춘헌에 오시니 정리 당상 윤행임이 입시하였다. 이때 임금께서 윤행임에게 하교하시기를, "원행에 쓸 자금을 선혜청에 저축한 것이 103,000여 냥이 된다고 전 제조 정민시가 말하였다. 이제 자금의 증감이 없는가?" 하니 윤행임이 말하기를, "과연 그 수가 맞습니다." 하였다.

임금께서 말씀하시기를, "이것이 비록 정부 예산으로 쓸 것은 아니라 하더라도 공금이라는 면에서는 같은 것이다. 진실로 쓰고 남는 것이 있을 것이니 자연 나라에 도움이 있어야 할 것이다. 더구나 자궁의 뜻이 일마다 반드시 절약할 것을 하교하신 것이 한두 번이 아니지 않는가. 여러 당상은 모름지기 우러러 본받을 방도를 생각하여 모든 일을 준비할 때 생략하고 절감하기에 힘써서 조금이라도 사치하게 하지 말라." 하셨다.

이어 선혜청에 저축해 둔 돈 100,000냥을 정리소에 귀속시키라고 명하고, 윤행임이 전담 관리하여 출납하도록 명하셨다.

좌목座目

장용영의 조방朝房[조정 신료들이 조회를 기다리는 장소]에 정리소를 설치하다.(1794년 12월 11일 회동하다)

• 총리대신

우의정 채제공(1795년 2월 8일 임금의 특별 명령으로 우의정과 정리소 총리대신을 겸임하다)

• 정리사整理使

호조 판서 심이지(1794년 12월 10일 호조 판서로서 정리사에 임명되다. 1795년
  1월 27일 파직되었다가 2월 12일 장악원 제조로서 정리사에 다시 임명되다.)

부사직 서유방(1794년 12월 10일 사복시 제조로서 정리사에 임명되다. 1795년
  1월 17일 경기 관찰사가 되어서도 그대로 정리사에 임명되다.)

호조 판서 이시수(1795년 1월 28일 호조 판서, 사복시 제조로서 정리사에 임명되다.)

부사직 서유대(1794년 12월 10일 장용사로서 정리사에 임명되다.)

경기 관찰사 서용보(1794년 12월 10일 경기 관찰사로서 정리사에 임명되다.
  1795년 1월 27일 총융사가 되어서도 그대로 정리사에 임명되다.)

부사직 윤행임(1794년 12월 10일 비국 부제조 정례 당상으로서 정리사에 임명
  되다.)

• 낭청郎廳

부사과 홍수영

Ⅲ 『원행을묘 정리의궤』 내용 읽기

현륭원[사도세자의 묘] 영슈[원에 배속되었던 종5품 벼슬] 구응

부사과 이노수

부사과 홍대영

제용감[각종 직물 따위를 진상하고 하사하는 일, 채색이나 염색, 직조하는 일 따위를 맡아보던 관아] 판관 김용순

• 감관監官[각 관아나 궁방에서 금전, 곡식의 출납을 맡아보거나 중앙정부를 대신하여 특정 업무의 진행을 감독하고 관리하던 벼슬아치]

전 오위장[중앙 군사 조직 오위의 군사를 거느리던 장수] 변세의

절충[정3품 무관의 품계] 홍낙좌

• 장교將校[각 군영과 지방 관아의 군무에 종사하던 낮은 벼슬아치]

절충 정도관

절충 왕도원

출신[과거 시험에 합격하고 미처 벼슬에 나서지 못한 사람] 여현장

절충 김진철

한량[무과에 합격하고 아무런 직책을 맡지 않은 사람] 성봉문

한량 최도흥

출신 강한범

출신 임복기

출신 송대운

출신 황린경

한량 한대언

• **서리**書吏[중앙 관아에 속하여 문서의 기록과 관리를 맡아보던 하급 구실아치]

　장운익

　이후근

　윤인환

　김윤문

　최도식

　이성각

　윤용득

　노수일

　지원규

　김치덕

　고유겸

　박희복

　유원영

　백홍익

　박윤묵

　하경노

• **서사**書寫[서리의 하나로, 글씨를 베껴 쓰는 일을 담당하던 사람]

　조언식

• **창고지기**

　이규상

김경묵

김성진

- **사령**使令[각 관아에서 심부름하던 사람]

  서정우

  유지생

  최성순

  이창복

  진복득

- **기수**旗手[깃발을 드는 일을 맡던 군병]

  성정광 등 68명

- **문서지기**

  성손 등 4명

- **사환군**[관청의 잔심부름을 하던 사람]

  삼송 등 3명

연설

임금께서 성정각誠正閣[창덕궁 동궁에 딸린 전각으로 세자가 학문을 익히던 곳이며, 한때 내의원으로 사용되기도 하였다]에 인견引見[임금이 의식을 갖추고 영의정, 좌의정, 우의정 따위의 관리를 만나 보던 일]하고자 들어오시니 대신, 비국 당상備局堂上[비변사의 당상관을 이르던 말. 통정대부 이상의 벼슬아치를 이른다]이 입시하였다.

이때 임금께서 좌의정 김이소에게 하교하셨다.

"정리소에 낭관郎官[관청의 당하관 벼슬아치]을 설치한 것은 각 고을에 인원을 차출하여 업무를 분장시키는 데서 오는 폐단을 없애려는 것이다. 거행할 즈음에 그릇 하나부터 음식 한 그릇 등 작은 것이라도 개인적으로 마련하여 준비하는 것이 있다면 이는 개인이 헌납하는 것이다. 몇 해 전 원행 때 이미 과천 등의 고을에 법과 규정을 만들어 내걸었다. 더구나 금년의 행행을 반드시 간략하게 치르고자 하는 뜻이 있지 않은가? 우선 시행하라는 뜻으로 여러 낭중에게 이러한 칙유勅諭[임금이 몸소 이름]가 있었던 것이다. 김용순은 곧 경의 가까운 친척이니, 먼저 경의 집안사람들에게 엄히 타이른 다음에야 다른 낭청들이 경계할 바를 알 것이다. 그리고 또 죄를 범하면 국가의 체면과 조정의 기강에 관련될 것이니, 경은 물러가서 이러한 점을 말해 주어라."

이문移文

상고相考[서로 견주어 고찰함]**할 일**

정리소 → 수원부

내년 봄 원행하시어 선온宣醞[임금이 신하에게 술을 내리던 일]하실 때 사용할 술 단지와 잔은 본소[정리소. 이 책에서의 '본소'는 을묘년 원행을 담당하기 위해 임시로 설치한 정리소를 가리킨다]에서 마땅히 만들어 보낼 것이며, 초노抄奴[대궐 안에서 심부름을 하던 하인의 하나]의 건복巾服[웃옷과 갓을 아울러 이르는 말. 흔히 예전에 남자가 정식으로 갖추던 옷차림을 이른다]은 예에 따라 호조에서 준비하여 내리도록 한다. 지금 이후는 호조에서 대령[미리 준비하고 기다림]할 건복은 면제하되, 같은 초노가 입을 것은 본소에서 편리하게 마련토록 한다. 이후는 이를 정식으로 삼아 시행함이 마땅하다.

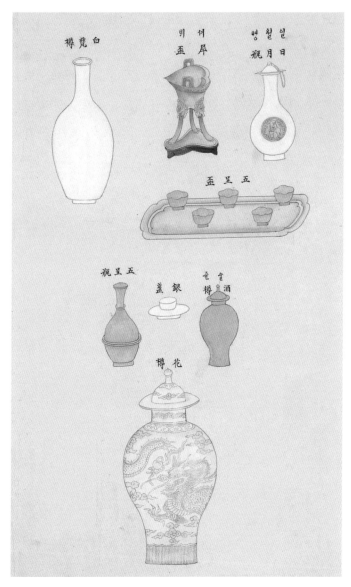

樽覽白
盂서屖
병월일瓶月日
盂呈五
瓶呈五
盖銀
준술樽酒
樽花

을묘년 원행에서 사용한 술병 및 술잔들

을묘년 원행 때는 다양한 행사가 개최된 까닭에 이에 소요되는 물품 또한 매우 많았다. 그 가운데 술병은 이
행사를 주관한 정리소에서 직접 제작했다. 그림은 『원행정리의궤도』에 수록된 〈기용도器用圖〉의 일부이다.

상고할 일

정리소 → 장용영

본소에서 수용할 물력物力[온갖 물건의 재료와 노력]은 이미 구분하여 처리하였으나, 힘써 일하지 못한 부분은 다시 보고할 때 본영의 창고에 남아 있는 돈 가운데 1만 냥을 먼저 빌려 내리니 일을 당하였을 때 가져다 쓰도록 할 것.

이문

상고할 일

정리소 → 통영

내년 봄 임금께서 원행하실 때 본소에서 사용할 여러 모양의 칼을 준비하지 않을 수 없으므로, 견본으로 나무칼 9자루를 만들어 보낸다. 칼의 수효는 견본의 나무칼에 적었으니 반드시 좋은 품질의 철로 충분히 단련할 것이며, 이 수에 의거하여 만들되 갈아서 윤을 내지 말고 평균적으로만 때려서 만들 것. 내년 정월까지 진성陳省[지방 관아에서 중앙 관아에 올리는 각종 보고서]을 올려 보낼 것이며, 행사에 사용할 석항도錫項刀 50자루를 또한 정밀히 제조하여 일체를 상납할 것이며, 물력物力은 공곡公穀[나라나 관청이 가지고 있는 곡식]으로 회감會減[서로 주고받을 것을 셈 쳐 보고 남은 것을 셈함]함이 마땅함.(각종 칼 110자루)

1794년
12월 27일

이문

상고할 일

정리소 → 전라 감영

내년 봄 원행하실 때 사용할 유반상鍮盤床[놋쇠로 만든 쟁반 모양의 상]
10개를 각별히 정밀하게 제조하여 내년 정월까지 본소에 올려 보내되,
하나같이 내려 보내는 견본 나무에 의거하여 만들고, 들어간 물력은 도道
의 공곡으로 형편에 따라 회감하며, 기명器皿[온갖 그릇]의 수효는 공문 뒤
에 기록하니 상고하여 시행할 것.

유란반상鍮卵盤床 5부部[부는 세는 단위]에 들어가는 주발 5좌座[좌는 일
정한 물체를 세는 단위], 대접 5좌, 탕기湯器[국이나 찌개 따위를 떠 놓는 자그마한
그릇] 5좌, 조치기 5좌, 이상은 모두 갖추어짐. 보시기[김치나 깍두기 따위를
담는 반찬 그릇의 하나] 5좌, 접시 25입, 종지 10입, 쟁반 5좌.

유첩벽구반상鍮貼壁口盤床 5부에 들어가는 주발 5좌, 대접 5좌, 탕기

5좌, 조치기 5좌, 이상은 모두 갖추어짐. 보시기 5좌, 접시 25입, 종지 10입, 쟁반 5좌.

1795년(을묘)
1월 10일

전교

구두로 하교하시기를, "이달 21일 자전과 자궁을 모시고 거동할 때 마땅히 반차도班次圖가 있어야 할 것이니, 내일부터 예방승지禮房承旨[승정원의 예방을 맡아보던 우승지]와 병방승지兵房承旨[승정원의 병방을 맡아보던 승지]는 나에게 상의하여 반차도를 작성하도록 하고, 서울 외의 거동은 행례行禮[예식을 행함]할 때와 다름이 없으니, 홀기笏記[혼례나 제례 때 의식의 순서를 적은 글] 절차를 정리소로부터 마련해 아뢰도록 하라." 하였다.

계사

수원 유수 조심태가 아뢰기를, "날짜는 아직 결정하지 않았다고 하지만, 현륭원에 행차하신다는 명령은 이미 내리셨습니다. 이에 장용영 외영外營[장용영은 내영과 외영으로 구성되는데, 내영은 서울 지역의 장용영으로서 장용대장의 관할하에 왕의 호위를 담당하였다. 외영은 수원 지역의 장용영으로서 현륭원의 호위가 직접적인 창설 동기였으며, 수원 유수가 관할하였다]의 보군步軍[보병]들이 절목節目[특정한 업무를 수행하는 데 필요한 세부 지침]에 의거해 장소에서 대기해야 합니다. 작년에는 3초哨[초는 약 100명을 단위로 하던 군대의 편제로, 따라서 3초는 약 300명의 부대]로 마련했기 때문에 바깥 담장을 빙 둘러서서 호위하는 등의 절목이 구차하고 꼼꼼하지 못했습니다. 이번에는 5초로 늘려 명령에 대비하게 하고, 작년의 예에 의해 임금님의 거둥 때 앞에 서는 전위대로 수행하게 하는 것이 어떻겠습니까?" 하니 임금께서 이르시기를, "아뢴 대로 하라." 하였다.

수원 유수 조심태가 또다시 아뢰기를, "보군으로서 임금님의 수레를 수행하는 초 수가 5초로 결정되었습니다. 친군위親軍衛[장용영에 속한, 300명으로 이루어진 기마병]와 별군관別軍官[훈련도감·금위영·어영청·수어청 따위에 속한 하급 무관]의 경우 작년에는 선발하여 배속시키고, 수원부 안의 고을 입구에 머무르게 하였습니다. 이번에는 대략 활의 시위를 잡아당기는 정도만 가지고 선발하는 것으로 하여 친군위에 배속하여 앞에 서는 기마대를 구성하도록 하고, 별군관은 외사外使[지방의 군마를 거느리던 무관]로써 후방을 호위하는 군사로 삼는 것이 어떻겠습니까?" 하니 임금께서 이르시기를, "아뢴 대로 하라." 하였다.

수원 유수 조심태가 또다시 아뢰기를, "보군과 기마병 부대가 임금님의 수레를 수행하면서 호위하는 방법을 이제 결정하여 허락을 받았습니다. 그러나 군병의 거취는 관계된 일이 가볍지 않습니다. 그러니 서울 지역 군사 수에 관한 명단의 예에 의거해 별도 문서로써 그때그때 보고하게 하는 것이 어떻겠습니까?" 하니 임금께서 이르시기를, "아뢴 대로 하라." 하였다.

수원 유수 조심태가 또다시 아뢰기를, "수원 경내의 척후와 매복에 필요한 군사는 임금님의 수레를 수행하는 병사 중에 예비 병력을 마련하여 차출해 쓰는 것이 어떻겠습니까?" 하니 임금께서 이르시기를, "수레를 수행하는 초군哨軍 안에서 차출하여 쓰도록 하라." 하였다.

수원 유수 조심태가 또다시 아뢰기를, "현륭원에 행차하실 때마다, 전에는 장용영의 군병 가운데 서울에 올라와 근무하는 지방 군인들이 나루터에서 대기하곤 하였습니다. 그런데 그 수를 2초로 하는지 1초로 하는지 그때그때 명령을 받았습니다. 이번에 현륭원에 행차하실 때는 몇 초의 군병으로 마련해야 합니까?" 하니 임금께서 이르시기를, "이번에는 서울에 올라와 근무하고 있는 군병 가운데 1초를 차출하는 것 외에 또 2초의 병사들을 차출하여 쓰도록 하라." 하였다.

수원 유수 조심태가 또다시 아뢰기를, "수원성을 쌓는 일이 비록 모두 끝나지는 않았지만 남북 문루門樓는 이미 세웠고, 평지의 성벽과 성가퀴 역시 완성하였습니다. 임금께서 수원부에 들어오실 때 수원성을 지키기 위한 예비 병력이 성타城垛[적의 화살을 피할 수 있도록 성 위에 세워 놓은 방패 모양의 구조물]에 늘어서서 임금님을 영접하는 등의 절차를 전례에 의해 거행해야 합니다. 그런데 성에서 행하는 주간과 야간 군사훈련이 임금께서 수원부에 들어오신 나흘째에 있습니다. 그러니 첫날부터 모여서 대기한다면 여러 날을 머무르게 되어 걱정이 없지 않습니다. 임금께서 수원성에 들어오시는 날에는 단지 수원성 부근 마을에 있는 군병 약간만을 모아서 북쪽 성 위에 죽 늘어서서 영접하도록 하고, 문기門旗[진영의 문 밖에 세우던 군기]와 각기角旗[진중에서 방위를 표시하던 군기], 그리고 타장기垛長旗[타장은 다섯 성가퀴를 수비하는 군사 중의 우두머리로, 따라서 타장기는 다섯 성가퀴마다 세우는 타장의 기]와 같은 깃발은 수원성의 4대문을 담당하는 성장城將[성을 지키는 장수]이 수령하여 각자가 책임진 장소를 따라 골고루 꽂은 다음 대기하도록 하고, 정식으로 군사훈련을 할 때는 하루 전에 모여 대기하게 하는 것이 어떻겠습니까?" 하니 임금께서 이르시기를, "아뢴 대로 하라. 수원부에 들어가는 날에는 단지 수원성 안과 밖의 몇 리 이내에 거주하는 사람들만 차출하여 쓰도록 하라." 하였다.

1795년
1월 28일

전교

임금께서 명령하시기를, "원행이 가까워 옴에 따라 배다리 공사를 시작하려면 주관할 사람을 갖추어야 할 것이다. 호조의 막중한 임무 또한 오래 비워 둘 수 없다. 예의와 염치의 도를 중히 함에 있어 부신[나뭇조각이나 두꺼운 종이에 글자를 기록하고 증거 도장을 찍은 뒤에, 두 조각으로 쪼개어 한 조각은 상대자에게 주고 다른 한 조각은 자기가 가지고 있다가 나중에 서로 맞추어서 증거로 삼던 물건]을 재촉하여 받게 함은 예로써 부리는 도가 아니다. 병조 판서 이시수를 호조의 직무로 옮겨라. 재주와 능력이 그 자리에 잘 어울리니 가히 사람을 얻었다 할 것이다. 곧 불러 직책에 임하도록 하라. 총융사摠戎使[총융청의 으뜸 벼슬로, 종2품 무관] 서용보를 주교 당상舟橋堂上에 임명하라." 하셨다.

계사

정리소의 낭청이 당상의 뜻으로 아뢰기를, "이번 현륭원에 행차하실 때의 군령에 의하면 일정이 다음과 같습니다. 궁궐을 떠나는 첫째 날에 는 노량진에서 휴식과 점심을 취하고, 시흥에서 숙박합니다. 둘째 날에 는 사근평에서 휴식과 점심을 취하고, 수원에서 숙박합니다. 셋째 날에 는 현륭원을 참배하고 다시 수원으로 돌아와서 숙박합니다. 넷째 날에 는 혜경궁의 회갑을 축하하는 잔치를 열게 됩니다. 다섯째 날에는 문과 와 무과의 시험을 실시합니다. 여섯째 날에는 사근평에서 휴식과 점심을 취하고, 시흥에서 숙박합니다. 일곱째 날에는 노량진에서 휴식과 점심을 취하고, 당일로 궁궐에 돌아옵니다. 이렇게 마련한다는 것을 병조에 분 부하시는 것이 어떻겠습니까?" 하니 전교하시기를, "허락한다. 날짜는 그 때 가서 다시 보고하여 명령을 받은 후에 예조에 분부하여 그 날짜를 고 르도록 하라." 하셨다.

정리소의 낭청이 당상의 뜻으로 아뢰기를, "이번 현륭원에 행차하실 때, 임금님의 수레를 수행할 백관과 군병은 전례에 의해 먼저 강가로 나갈 것을 이조와 병조 그리고 각 해당 군영에 분부하는 것이 어떻겠습니까?" 하니 전교하시기를, "허락한다. 이번 행차할 때 나에게 올릴 음식물도 간략하게 하도록 한 것은 폐단을 덜어 보자는 자궁과 자전 두 분의 지극한 뜻을 우러러 따랐기 때문이다. 하물며 여러 신하들과 군병들이 먹을 음식을 검소하게 해야 할 것은 더 말할 나위도 없다. 작년에 내린 명령이 지극히 엄중한데, 암행어사에게 적발된다면 이는 명령을 내린 후에 어기는 것이 된다. 그러므로 이런 경우에는 두 배의 처벌을 면하기 어렵게 될 것이다. 미리 엄하게 경고하여 약속된 사항을 분명하게 하도록 하라." 하였다.

계사

정리소의 당상 윤행임이 아뢰기를, "현륭원에 행차하실 때, 시흥에서 현륭원 무덤에 이를 때까지 도중에 있는 각 참站[중앙 관아의 공문을 지방 관아에 전달하며 외국 사신의 왕래, 벼슬아치의 여행과 부임 때 마필을 공급하던 곳. 주요 도로에 대개 25리마다 하나씩 두었다]의 뜰아래에 깔 돗자리를 양을 참작하여 수량을 정해야 합니다. 그런데 각 참에서는 장흥고長興庫[돗자리·종이·기름종이 따위의 관리를 맡아보던 관아]에서 내려 주는 것을 가지고 전례에 따라 모든 돗자리를 수송해 두었다가 3년이 지난 다음에 공인貢人[국가로부터 대동미를 대가로 받고 물품을 납품하던 사람]들에게 돌려주는데, 이런 사실들이 정례定例[일정하게 정해진 규칙이나 관례]에 실려 있습니다. 이번에는 각 참에서 사용될 돗자리가 전에 비해 많을 것 같습니다. 그러니 정례에 정해진 것 외에 필요한 수량을 더하여 주고, 호조로 하여금 적당히 가격을 주도록 하는 것이 사리에 마땅할 듯합니다. 감히 이를 우러러 아룁니

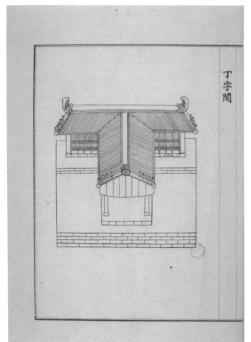
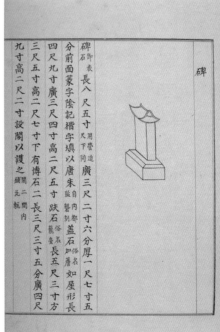

丁字閣

碑

御
碑石表 長八尺五寸 用礬造尺下同 廣三尺二寸六分厚一尺七寸五
分前面篆字陰記楷字填以唐朱 自內辦竪刻 蓋石俗名如屋形長
四尺九寸廣三尺四寸高二尺五寸趺石俗名龍臺 長五尺三寸方
三尺五寸高二尺七寸下有博石二長三尺三寸五分廣四尺
九寸高二尺二寸設閣以護之 閣二間內鋪玉軌

『장헌세자 현륭원 원소도감의궤莊獻世子顯隆園園所都監儀軌』에 수록된 현륭원의 비碑(오른쪽)와 정자각丁字閣(왼쪽)

정조는 즉위 후 아버지 사도세자를 장헌세자로 추존하고, 사도세자의 묘소 또한 수은묘에서 영우원으로 고쳐 불렀다. 그리고 다시 1789년에는 새로 조성한 화성에 현륭원顯隆園을 조성하고 이곳으로 이장했다. 『장헌세자 현륭원 원소도감의궤』는 이에 관한 상세한 내용을 기록한 의궤이다. 그림은 의궤에 수록된, 현륭원 조성 시 세운 누각과 비의 모습이다.

다." 하니 임금께서 이르시기를, "아뢴 대로 하라." 하였다.

경기 감사 서유방이 아뢰기를, "사근참에 돗자리를 반드시 기한에 맞추어 깔아야 합니다. 그런데 마침 경기 감영에 준비해 둔 것이 있으므로, 이것을 가져다가 쓰는 것이 좋을 듯합니다. 그러므로 이를 우러러 아룁니다." 하니 임금께서 이르시기를, "아뢴 대로 하라." 하였다.

경기 감사 서유방이 또 아뢰기를, "각 참에 사용될 돗자리는 각각 그 고을로 하여금 사용될 양에 따라 그만큼 납입하도록 하고, 나중에 그 값을 본 정리소에서 지급해 주는 것이 어떻겠습니까?" 하니 임금께서 이르시기를, "아뢴 대로 하라." 하였다.

계사

정리소의 낭청이 당상의 뜻으로 아뢰기를,

"현륭원에 행차하실 때, 관계되는 모든 일은 본 정리소에서 주관하여 거행합니다. 그런데 배다리 놓는 일은 관계된 바가 더욱 긴요합니다. 따라서 며칠 사이 날씨를 보아 따뜻해지면 일을 시작하려고 합니다. 그러나 수많은 뱃사람들에게 날마다 일을 시킨다고 하더라도 20일 가까이 걸려야 끝마칠 수 있을 것입니다. 이는 절목節目에서 그사이에 관련된 일들의 자세한 규칙을 정하지 않아서 그런 것입니다.

무릇 일의 시작부터 끝까지 모두 조리가 있으면 일은 반만 하고도 실적은 두 배를 거둘 수 있습니다.

이번에 배다리를 설치하는 데 필요한 배가 모두 36척에 이릅니다. 따라서 이들 각각의 배에 가로세로 판을 대고, 그 배에 모두 숫자 표기와 글자 표지를 달도록 하여 서로 바뀌지 않도록 해서, 지금부터 이를 법식으로 삼아야 합니다. 그리고 일이 끝난 후에는 해당 영장領將[지방 관아에 속한 하급 장교]이 자신이 관장하던 배들을 그 글자 표지에 따라 차례대로 창고에 넣도록 해야 합니다. 그렇게 하여 첫 번째 배에 깔았던 판자는 각각 모아서 한 묶음으로 하고, 두 번째, 세 번째 배 이하도 이렇게 각각 모아 둡니다. 그리고 선박마다 깔았던 판자를 쌓아 둔 곳에 '몇 번째 배'라고 표를 써서 달아 놓는다면, 몇 년이 지나더라도 창고를 열고 들어가 살펴보면 분명히 알 수 있을 것입니다.

그렇게 하면 다시 일을 시작할 때도 첫 번째 배의 깔판부터 차례대로 각각 해당 배에 나누어 실은 후, 각자가 책임진 구역으로 고기비늘처럼 차례대로 보냅니다. 그리고 선박을 배치한 다음에는 각자가 그 배에 실린 것을 가져다가 세로로 놓을 것은 세로로 놓고, 가로로 놓을 것은 가로로 놓아 이음새를 끼우고 밧줄로 묶어 당긴다면 하루도 걸리지 않아 배다리를 완성할 수 있을 것입니다. 이렇게 한다면 서로 복잡하게 뒤엉키는 폐단을 피할 수 있을 것입니다.

그런데 작년에 배에 쓴 깔판들을 창고에 넣어 둘 때 이미 조리를 잃어 버렸습니다. 따라서 이번에 일을 쉽게 시작하기가 어려울 듯합니다. 올해 배다리를 철거할 때부터는 처음부터 위의 방법에 따라서 하고, 이 방법을 어기거나 제멋대로 하는 일이 없도록 주교사舟橋司[임금이 거둥할 때 한강에 배다리를 놓는 일을 맡아보던 관아]에 엄히 경계하시는 것이 어떻겠습니까?"

하니 전교하시기를, "허락한다." 하였다.

주교舟橋

(옛 사례에, 행행 시 강을 건널 때는 용주龍舟[임금이 타는 배]를 사용하였다. 원근의 배들을 모아 배다리를 만들었다. 우리 임금 경술년의 일에 드는 비용과 백성들의 폐단을 생각하여, 처음으로 배다리 제도를 만들어 여러 유사有司들에게 지남指南[『어제주교지남』, 즉 '임금이 지은 배다리 만드는 법'이라는 책을 가리킴]을 하사하였다. 편의를 헤아려서 제도를 품정稟政[웃어른이나 상사에게 여쭈어 의논해서 결정함]하여 매년 원행할 때 사용한다. 준천사濬川司를 주교사舟橋司로 고치고, 당상관을 두었다. 또한 주사대장舟師大將을 두어서 일의 거행을 주관하게 하였다. 노량진의 진사鎭舍[진이 머물던 관아]는 주교사에 소속시키고, 별도로 창고 70칸을 지어 배다리를 놓는 데 사용하는 여러 도구를 보관하였다.)

어제주교지남御製舟橋指南

배다리 제도는 『시경詩經』에 실려 있으며 역사책에도 나타나 있어서, 그것이 시작된 지는 오래되었다. 그러나 우리나라는 지역이 외지고 막혀서 오늘날까지 시행되지 못하였다. 이에 내가 그것을 실행할 뜻을 가지고 의정부에 자문하고 부로父老[나이 많은 어른]들에게까지 물어본 것이 부지런하고도 정성스럽지 않은가?

임금의 명을 백성에게 전하고 시행하는 지위에 있는 자들이 일찍이 분수[分], 숫자[數], 분명함[明]의 세 글자를 마음속에 두고 착수한 적이 없었다. 그러므로 그들의 일을 계획하고 처리하는 것이, 대충 계획하고 건성으로 하는 것에서 나왔다.

물의 폭은 총 400~500발[발은 길이의 단위로 6척 정도. 1척은 약 30cm이므로 400~500발은 720~900m]이며, 배는 모두 80~90척이고, 필요한 재목은 모두 4,000~5,000주이며, 일꾼은 모두 500~600명이다.

배를 묶을 때는 한 배가 나아가서 배의 높낮이를 재고, 맞지 않으면 물러난다. 배 한 척을 연결시키는 데 반나절이 걸린다. 다리를 만드는 데 배 100척이 연결되는데, 차례로 배정되는 것을 기다리다 남으면 물러난다. 그러니 배 100척이 생업을 할 수 없는 기간이 거의 수개월이나 된다.

재목을 베는 일은 각 도의 백성들을 재촉하므로 고을이 곤핍해졌고, 역정役丁[공사장에서 삯일하는 사람]을 군교軍校[각 군영과 지방 관아의 군무에 종사하던 낮은 벼슬아치]에게 감독하게 함으로써 오직 공갈치고 꾸짖는 소리만 있었으니, 어찌 숨어서 간교히 속이는 것이 없겠는가?

잔디를 까는 일은 하찮은 일이라 핑계 대고 설치하려는 뜻이 없다. 배다리 제도는, 명칭은 비록 전례에 따라 살필 수 있을지라도 한 번의 파도가 치면 이내 어지럽고 떠들썩해지니, 이와 같은데도 일 처리를 잘했다고 하겠는가?

배다리 설치는 매년 행행 시에 필수 불가결한 것이니 금석처럼 한결같이 확고부동한 법식에 해당한다. 이제 그 요체를 강구해 본다면 결국 분수, 숫자, 분명함 세 가지에 불과할 뿐이다.

한가로운 때 생각나는 대로 보좌하는 유사有司들에게 기록하게 하여 배다리 제도의 제정을 품지稟旨[임금께 아뢰어서 교지를 받는 일]케 하였다. 위로는 경상비용을 보충하고 밑으로는 백성의 폐단을 제거시켰으니 어찌 다만 옛것만을 말한 것이리오. 일거에 양득이 있으니 곧 배다리 제도라고 말할 수 있겠다.

경술 맹추孟秋[음력 7월]에 쓰다.[11]

첫째, 지형에 관한 것이다.

배다리를 놓을 만한 지형은 동호東湖[한강 가운데 뚝섬에서 옥수동에 이르는 곳] 아래 노량이 가장 적합한 곳이다. 왜냐하면, 동호는 물살이 느리고 강 언덕이 높은 것은 취할 만하나, 강폭이 넓고 길을 우회하는 것이 불편하다. 빙호氷湖[현 서빙고동, 동빙고동 지역]는 강폭이 좁아 취할 만하나, 남쪽 언덕이 평평하고 멀어서 물이 겨우 1자만 불어도 언덕은 10자나 물러나게 된다. 1자 정도의 얕은 물에는 나머지 배를 끌어들여 보충할 수 없으므로 형편상 배다리를 더 넓혀야 하겠으나, 밀물이 들이닥쳐 침수되면 원래 쌓은 제방도 지탱하지 못하는데, 더구나 새로 쌓아서야 되겠는가.

건너야 할 날짜는 이미 다가왔는데 물 흐름의 증감을 측량하기 어려워 한나절 동안이나 강가에서 행차를 멈추었던 지난해의 일을 거울삼아야 한다. 또 강물의 성질이 여울목의 흐름과 달라서 달리는 힘이 매우 세차고 새 물결에 충격을 받은 파도가 연결된 배에 미치게 되므로 빙호는 더욱 이용할 수 없다.

그러므로 이와 같이 몇 가지 좋은 점을 갖추고 있으면서 동시에 결점

---

11 이 내용은 1790년에 정조가 편찬해 발표한 『어제주교지남』의 내용을 의궤에 다시 수록한 것이다. 따라서 1795년에 실시한 원행 때는 이 내용에 따라 배다리를 제작했을 것이다.

이 없는 곳으로는 노량만 한 곳이 없다. 다만 밀물과 썰물의 형세가 상당히 높아 배다리를 옛 제도대로 쓸 수 없는 점이 결점이다. 그러나 이것 또한 좋은 제도가 있는 만큼 염려할 필요는 없다. 이제 이미 노량으로 정한 이상 마땅히 노량의 지형을 살피고 역량을 헤아려 논의해야 할 것이다.

둘째, 강폭에 관한 것이다.

필요한 배의 수를 알려면 먼저 강폭이 얼마인가를 산정해야 한다. 노량의 강폭이 약 200 수십 발이 되나 강물이란 진퇴가 있으므로 여유를 두어야 하니 대략 300발로 기준을 삼아야 한다. 배의 수를 논하는 데는 그 강물의 길이와 너비에 따라 적당히 늘이고 줄여야 무방할 것이다.

셋째, 배의 선택에 관한 것이다.

지금의 의논에 의하면 장차 아산의 조운선漕運船[현물로 받아들인 각 지방의 조세를 서울까지 운반하던 배]과 훈련도감의 배 수십 척을 가져다가 강복판에 쓰고 양쪽 가장자리에는 소금배로 충당해 쓰겠다고 하나, 소금배는 뱃전이 얕고 밑바닥이 좁아서 쓸모가 없다. 그러므로 5개 강[서울 근처의 중요한 나루가 있던, 다섯 군데의 강가 마을. 한강, 용산, 마포, 현호, 서강을 이른다]의 배를 통괄하여 그 수용할 수를 헤아리고, 배의 높낮이와 순서를 나누어 완전하고 좋은 배를 골라, 일정한 기호를 정해 놓고 훼손될 때마다 보수하며 편의에 따라 대처하느니만 못할 것이다.

넷째, 배의 수효에 관한 것이다.

여러 가지 재료에 소요되는 경비를 알려면 반드시 배의 수효를 먼저 산정해야 하고, 배의 수효를 정하려면 반드시 배 하나하나의 폭이 얼마인가를 헤아려야 한다.

가령 '갑'이란 배의 폭이 30자라면(5발로 계산한다) '을'이라는 배의 폭은 29자가 되며, '병'과 '정'도 차례차례 재어서 등급을 나누어 연결하고 통틀어 계산하여, 강폭 1,800자에(300발로 계산한다) 맞춘다면 배가 얼마나 필요한가를 알 수 있고, 각종 재료의 경비 또한 추정할 수 있다. 지금 경강[한강]에 있는 배의 폭을 30자로(만약 5발 미만인 것이 있으면 그 척수에 따라 배의 수를 더해 주어야 한다) 계산한다면, 강폭 300발 안에 당연히 60척을 수용할 수 있을 것이다.

다섯째, 배의 높이에 관한 것이다.

대체로 배다리의 제도는 한복판이 높고 양쪽은 차차 낮아야만 미관상 아름다울 뿐만 아니라 실용에도 합당하다(작은 배는 얕아야 하고 큰 배는 깊어야 한다). 높고 낮은 형세를 살피려면 먼저 선체의 높낮이를 산정해야 한다. 가령 중앙에 있는 '갑'이라는 배의 높이가 12자라면(2발로 계산한다) 좌우에 있는 '을'이라는 배의 높이는 11자 9치가 되며, 그 좌우 '병'과 '정'의 배 또한 각각 몇 푼 몇 치씩 점차 낮아지게 함으로써 층차가 현저히 다르게 하지 말아야 한다.

우선 배 하나하나의 높이가 얼마라는 것을 배열해 놓는다면 한 장의 종이 위에 차례로 나누어 배열할 수 있으며, 만일 군영의 대오를 정렬한 것처럼 한눈에 들어오게 한다면 문밖을 나가지 않아도 배다리는 손바닥 위에 올려놓고 환하게 볼 수 있는 것과 같다.

그러나 만약 1푼 1치를 따져 조금씩 줄이지 않다가 갑자기 높아지거나 낮아지게 된다면 미관상 좋지 않을 뿐만 아니라 그 층차가 나는 곳은 메우기가 힘들고, 파자笆子[대·갈대·수수깡·싸리 따위로 발처럼 엮거나 결어서 만든 물건. 울타리를 만드는 데 쓰인다]를 쳐서 미봉해야 할 것이다.

지난해 파자 비용이 1,000냥이 넘었는데 매년 이 비용 또한 감당하기 어렵다. 지금 이 방법을 쓴다면 빈 가마니로 덮는 정도에 불과하니, 어찌 비용을 줄이는 한 가지 방법이 되지 않겠는가? 다만 배의 높이와 폭을 기록해 두어야 제때에 가져다 쓸 수 있다.

3월 이후에는 각처의 배가 각자 떠나 바람을 따라 이리저리 다니다 보면 붙잡아서 쓸 수 없으니, 지금 마땅히 5강의 선주들로 하여금 각기 자기 선박이 정박해 있는 곳을 알리라고 하여 그것을 기록하여 책으로 만들어야 한다. 가령 이가의 배는 호남의 어느 고을에 가 있고 김가의 배는 호서 어느 고을에 가 있다는 것을 일일이 파악한 후에, 특별히 근실하고 청렴한 사람(여러 사람이면 폐단이 있을 수 있으므로 한두 사람이면 된다)을 골라 배가 정박해 있는 곳을 돌며 책에 기록된 것을 조사하여, 그 배의 높이와 폭의 척수를 재어 아무개의 이름과 아무개의 배라는 것을 일일이 적어 가지고 오게 한다.

배의 높이를 재는 방법은 두 가지가 있다.

하나는 물속으로 들어간 높이이고 또 하나는 물 밖으로 나온 높이이니, 이것을 정밀하게 하지 않으면 어긋나기 쉽다. 물 밖으로 나온 높이는 수직선으로 재야 하고, 물속으로 들어간 높이는 곡척曲尺[나무나 쇠를 이용하여 90도 각도로 꺾이게 만든 'ㄱ' 자 모양의 자]으로 재야 하며, 완전한가 완전하지 않은가에 대해서도 또한 충분히 살펴서 공정하게 기록해야 한다.

이와 같이 한 다음에 조사한 이가 돌아오기를 기다려서 만든 책을 대조 검열하고 넓고 좁음을 헤아려 배가 몇 척이 필요한가를 정하고, 높고 낮음을 헤아려 차례차례 배열할 순서를 정하며, 완전한가 낡았는가를 따져서 취사선택의 기준을 정한다.

그리하면 곧 어떤 갑선甲船, 어떤 을선乙船 몇 척이면 배다리를 놓을 수 있는지 정할 수 있다.

명목이 이미 정해진 다음에는 각 선주들에게 알려서 배가 뽑힌 사유를 알리고, 각처에 공문을 띄워 발송 기일을 독촉하면 담당 관리가 한 번 장부를 상고함으로써 배는 기일을 맞추어 모여들게 되고, 다리는 하루도 걸리지 않아 완성할 수 있다.

여섯째, 종량縱梁[배 위에 세로로 연결하는 나무판]에 관한 것이다.

돛대를 종량으로 쓰면 세 가지 결함이 있다. 대체로 돛대는 아래는 굵고 위는 가늘어서 연결할 때 자연히 울룩불룩하게 되고, 판자를 그 위에 놓을 때 고르지 못한 것이 첫째 결함이다.

돛대를 연결할 때 많은 배를 잇달아 걸쳐 놓기 때문에 만일 한 척의 배라도 고장이 나면(파손되거나 물에 잠기게 될 때) 혹 옆의 배가 피해를 받아 다시 보수하기가 불편한 것이 둘째 결함이다.

그리고 돛대는 곧 상인들의 개인 물건이므로 혹 꺾이기라도 하면 또한 백성들에게 폐단을 끼치게 되는 것이 셋째 결함이다.

지금 논의에 따르면 별도로 긴 나무를 깎아서 쓰는 것이 편리하다고 한다. 그러나 이와 같이 할 경우 두 가지 결함은 구제할 수 있지만 한 척의 배가 고장이 났을 때 옆의 배가 피해를 받는 폐단은 여전하다.

또 긴 장대는 다른 데서 구할 수 없고 오직 호남의 섬에서 나무를 찍어 베어 와야 하는데, 바다로 운반할 때는 강물에서와 같이 뗏목에 매어 물에 떠내려 보낼 수 없으므로 부득이 큰 배에 싣게 된다. 그러나 한 척의 배를 가로지르는 긴 나무라서 많이 실을 수 없다. 혹은 배의 옆에다 달아매기도 하고, 혹은 뱃머리에 매달기도 하는데, 배 한 척에 많아야 수십 개를 끌고 오는 것에 불과하다. 천 리의 바닷길을 항해하여 무사히 도착하는 것도 기대하기 어렵거니와, 또 그 중간에 농간을 부리는 폐단이 속출하여 여러 고을의 소란은 필연적이다.

그래서 이번에는 긴 장대를 쓰지 않고, 많은 배를 연결할 때 다만 배마다 장대 1개씩 쓰기를 기준으로 삼는다.

배의 폭이 5발이면 종량의 길이는 7발로 기준을 삼아 그 2발의 나머지 길이가 뱃전 양편에 걸치게 하면, 곧 갑선의 종량이 을선의 종량과 서로 맞붙기가 1발씩 되게 하고, 병선의 종량과 맞붙어서 1발씩 되게 한다. 또 갑선의 종량 끝부분이 을선의 가룡목駕龍木(배 안에 가로지른 나무로서, 배 안에 버텨 놓아 한 칸, 두 칸으로 나누는 것) 위에 맞닿아 을선의 종량과 서로 합하게 하고, 을선의 종량 끝부분이 갑선의 가룡목과 맞닿아 갑선의 종량과 서로 합하게 한 다음 칡으로 만든 밧줄로 동이고, 탕개 [버팀 지주]로 조인다.

모든 다리를 차례차례 이런 식으로 만든다면 건들건들 움직일 리가 없다. 그러나 논자들은 오히려 튼튼한 긴 장대만 못하다고 할 수 있을 것이다. 그렇다면 또 두 종량이 서로 맞닿는 곳에 구멍을 뚫어 빗장을 질러 놓으면 더욱 안전해질 것이다. 그렇게 되면 한 척의 배가 고장 난다 하더라도 양쪽에 동인 밧줄만 풀면 고장 난 배를 고칠 수 있으니, 어찌 장대를 길게 놓아 많은 배가 피해를 받겠는가?(또 도구를 창고에 출납할 때도 매우 간편할 것이다)

어로御路[임금이 걷는 길]의 폭을 4발로 정하였다면 1발 사이마다 1개의 종량을 놓아야 한다. 그렇게 되면 배마다 5개의 종량이 필요할 것이며, 60척의 배에 들어가는 것은 300개가 될 것이다. 장대마다 길이가 7발에 불과해 1척의 배에 100개는 충분히 실을 것이며, 따라서 3척의 운반선이면 충분히 실어 나를 수 있으므로 바다를 항해하느라 겪는 폐단도 사라진다.

종량의 크기는 네모로 깎되 면마다 1자로 기준을 삼으면 쓰기에 알맞을 것이다.

일곱째, 가로 판에 관한 것이다.

어로의 폭이 4발이면 가로 판의 길이도 또한 4발이다. 가로 판의 폭은 1자 이상으로 기준을 삼고, 두께는 3치로 기준을 삼는다. 그리고 강폭 1,800자에 맞추자면 가로 판 또한 1,800장이 들어야 한다.

그 수송 방법은, 배 1척이 300개를 충분히 실을 수 있다면 불과 6척의 조운선으로 넉넉하게 실어 나를 수 있다.

그런데 지금 논의에 따르면 종량과 가로 판에 쓰일 소나무가 적어도 5,000그루에 밑돌지 않는다 하고, 계사計士[호조에 속하여 회계 실무를 맡아보던 종8품 벼슬]들과 간사들은 그것도 부족하다고 한다. 이것이 이른바 계산에 밝지 못하고 간교한 폐단이 속출하는 이유이다.

위에서 배정한 숫자로 계산하면 보통 소나무 1그루당 종량 1개가 나오고, 큰 소나무 1그루당 가로 판 4장이 나오게 되니, 보통 소나무는 300그루이며 큰 소나무는 450그루다(이는 모두 여유 있게 잡은 것이다). 모두 합하여 750그루면 충분하게 여유가 있으니 5,000그루가 든다는 말이 어찌 타당하다 하겠는가.

종량에 쓸 나무는 장산곶에서도 베어 올 수 있으나, 가로 판에 쓸 나무는 마땅히 안면도에서 베어 와야 한다. 대개 큰 소나무는 1그루당 판자가 4개만 나오지는 않는다. 설사 몸통이 작은 것이라도 길이가 8~9발은 넉넉히 되니, 그 절반을 잘라 두 토막으로 만들고 또 그 절반을 톱으로 켜면 1그루에 가로 판 4개는 나오고도 남음이 있다.

대개 소나무를 벌목할 때 농간을 부리는 폐단이 한두 가지가 아니다. 아전은 이익을 얻기 위하여 사사로운 정을 이용하고, 상인은 이를 계기로 이익을 추구한다. 그러므로 해당 수령을 엄중히 경계하여 직접 검사하고 낙인을 찍어서 훗날 잘못을 분간할 때의 증거로 삼아야 한다. 그리고 가로 판은 반드시 큰 소나무를 베어 쓰고 어린 소나무는 잘 길러, 오래된 것을 쓰고 어린 것을 기르는 방법을 지켜야 한다.

종량에 쓰는 나무로 말하면 그 몸통은 작은 기둥에 불과하고, 길이는 7발에 불과하며, 나무는 300주에 불과하므로, 서울 근교의 어느 산에서나 편리하게 베어다 써도 될 것이다.

여덟째, 잔디를 까는 일에 관한 것이다.

배다리를 놓는 방법을 강구한 지 오래되었으나 아직까지 잔디를 까는 일을 걱정해 본 적이 없으니 이는 몹시 소홀한 처사이다. 대개 잔디는 다른 풀과 달라서 한 해에 몽땅 떼어 내면 5년 동안은 되살아나지 않는다. 지난해 공사의 첫날에는 5보 이내의 간격으로 떼어 냈고, 이튿날에는 10보 이내의 간격으로 떼어 냈는데, 이튿날 공력의 성과가 첫날의 절반밖에 되지 않았다. 이런 식으로 미루어 금년에 100보 밖에서 떼어 내고 내년에 수백 보 밖에서 떼어 내면 그 공사 비용 또한 당연히 몇 배로 늘어날 것이다.

또 일꾼을 모집하는 방법도 본디 낭비가 많다. 더구나 오합지졸을 일일이 감독할 수 없는 데다, 잡다하게 모여 혼잡하고 소란한 가운데 아전들의 농간이 늘어나게 된다. 매년 배다리 부역 중에 잔디를 까는 일이 첫째 폐단이 된다.

각자의 배를 하나씩 연결하는 방법을 쓰는 이상, 각 배가 모이기 전에, 또 서로 연결하기 전에 배 위에 깔 잔디가 몇 장이나 들겠는가를 계산하게 한다. 그런 다음 미리 지나는 길에(양화나 서강 등) 각 배의 사공들이 힘을 합쳐 떼어 내어 각자의 배에 싣고 갔다가 배를 연결한 후 각자의 배에 깔도록 미리 규정을 정하여 그 선주들이 거행하도록 한다면, 만인이 힘을 합치면 하루도 못 되어 완성한다는 격이 될 것이다.

어떤 사람은 배에 종사하는 사람들을 수고롭게 해서는 안 된다고 하나, 이미 대오를 편성한 데다가 이익까지 보게 되었으니 형편상 마다할 수 없는 일이다. 그리고 삼태기나 가래와 같은 도구는 관청에서 마련하여 각 배에 나누어 주고, 혹시 그 배가 바뀌게 되면 즉시 인계하여 영구히 맡아서 사용하되 연한을 정해야 한다. 혹시 기한 내에 분실할 경우 각자 변상 조치하도록 일정한 규정을 만들어야 한다.

아홉째, 난간에 관한 것이다.

III 『원행을묘 정리의궤』 내용 읽기

난간은 어로의 가장자리에 말뚝을 세워 만드는 것이다. 1발마다 말뚝 1개씩 박는다면 좌우편에 드는 말뚝이 선창까지 700개에 지나지 않는다. 그리고 작은 대발로 둘러치는데, 대발마다 5발로 기준을 삼는다면 좌우편에 드는 대발이 선창까지 150~160부에 불과하다.

열째, 닻 내리는 일에 관한 것이다.

지난해 공사 때는 닻을 내리는 것이 난잡하여 각 배의 닻줄이 서로 엉켰는데, 만일 바람이라도 불어 파도가 친다면 파손되기 쉽다. 닻을 내릴 때는 의당 갑의 닻줄은 갑의 뱃머리에 닿게 하고, 을의 닻줄은 을의 뱃머리에 닿게 하여 간격을 정연하게 한다면, 설사 풍랑이 인다 하더라도 뒤엉킬 염려는 없을 것이다.

열한째, 기구의 보관에 관한 일이다.

배마다 크기가 서로 같지 않으니 각 배의 기구 또한 일정하지 않다. 그러므로 나누어 줄 때마다 쉽게 구별하지 못한다. 따라서 마땅히 기구마다 그 위에 대오의 몇 번째, 어떤 색깔, 몇 번째 기구라고 새겨서 각각 종류별로 모아 구별하여 새로 지은 창고에 간직하고, 별도로 한 사람을 두어 그 출납을 맡아보게 하며, 또 각 대오로 하여금 인계인수를 명확하게 하면, 자연 분실하거나 혼란한 폐단이 없을 것이다.

열두째, 대오 결성에 관한 일이다.

대체로 군사제도에 있어서 대오를 편성하여 질서 있게 차례대로 통제하는 법이 없다면, 호령을 시행할 수 없고 상벌을 명확하게 밝힐 수 없다. 지금 열 사람이 한 배를 타도 사공이 있어 그 배를 지휘하는데, 하물며 100척의 배가 하나의 다리로 묶인 상황에서 도맡아 통솔하는 사람이 없어서야 되겠는가?

모이는 시간이 일정하지 않을 때 누가 그 독촉을 맡으며, 순서가 어그러질 때 누가 그 정돈을 맡으며, 공사가 부진할 때 누가 그 감독을 맡으며, 기구가 분실될 때 누가 그 추징을 맡으며, 파괴된 것을 보수하지 않을 때 누가 그 규찰을 맡으며, 한 사람이 죄를 지고 백 사람이 서로 미룰 때 누가 그 벌책을 맡겠는가.

그러니 먼저 배의 수효를 정하고 고루 나누어 대오를 결성해야 한다. 가령 60척의 배로 하나의 다리를 만든다면 마땅히 제일 큰 배 한 척을 강 복판에 높이 세워 상선上船으로 삼고, 여섯으로 나누어 10척의 배로 각각 1대를 만드는데, 상선 북쪽에 있는 30척을 좌측의 3대로 삼고, 상선 남쪽에 있는 30척을 우측의 3대로 삼는다(배의 수효에 따라 고르게 나누어 명칭을 붙이고 편리하게 대오를 결성한다).

다음에는 3대 중에서 제1, 제2, 제3의 번호를 붙이고, 그다음에는 1대 중에서 제1, 제2로부터 제9, 제10까지 번호를 붙인다. 그리고 1대마다 1명의 대장을 정하여(사공이나 선주 가운데서 선택하여 정한다) 10척을 통솔하게 하며, 1부마다 1명의 부장을 정하여(군교나 한산閑散[직무가 없는 벼슬아치] 중에서 선택하여 정한다) 3대를 통솔하게 하며, 따로 별감관 1명을 정하여(경력이 있고 일을 맡아 처리할 수 있는 사람으로 정한다) 상선에 자리 잡고 배다리에 대한 전체의 일을 총괄하게 한다.

그리하여 각기 그들로 하여금 질서 있게 통제하게 하고, 만약 잘못한 일이 있으면 곤장이나 태장을 맞게 한다. 1개의 배에 잘못이 있으면 곧 그 대장이 책임을 지고, 1개 대에 잘못이 있으면 곧 그 부장이 책임을 지며, 혹시 배다리 전체에 잘못이 있으면 도감관이 책임을 진다. 그리하면 배다리 안에는 자연 군사제도가 이루어져 호령이 엄격하고 모든 사람들이 자기 일을 열심히 할 것이다.

거둥의 명이 있을 때는 법대로 거행할 뿐 조정에서 다시 경계할 필요가 없다. 그리하여 하루아침에 북을 울리고 떠나기만 하면 무지개 같은 배다리는 이미 완성된다. 무엇 때문에 시끄럽게 모여 의논하며 알리기에 급급하여 수많은 사람을 소란하게 하고 많은 돈을 낭비할 필요가 있겠는가?

열셋째, 상벌에 관한 것이다.

배다리 공사는 매우 중대한 일로, 많은 사람들이 참가하고 많은 사람들이 쳐다본다. 상벌이 있어 권장하고 징계하지 않는다면 어떻게 일을 추진해 나갈 것인가? 지금 마땅히 한강 포구의 선주들을 불러 모아 놓고 선박 생활에서의 큰 소원과 큰 이익을 얻기 위해 앞을 다투어 서로 쟁취하려는 것이 무엇인가를 물어야 한다.

가령 삼남三南[충청도, 전라도, 경상도]의 세곡稅穀[나라에 조세로 바치는 곡식] 운반선과 해서海西[황해도]의 소금 운반선 등에서 가장 하고 싶어 하는 일을 선택하게 하고, 배마다 일단 주교안舟橋案[임금의 거둥 시 주교 즉 배다리에 편성될 배의 숫자를 기록한 장부]에 들어가 대오에 편성될 경우 첩문[나라에서 만들어 준 증명서]을 만들어 주고 전적으로 이권을 차지하도록 허락한다면(마땅히 한계를 정하여 벗어나지 못하게 한다. 혹시라도 세력을 믿고 위반하는 일이 발각될 경우에는 경중에 따라 처벌한다), 백성들이 자연스럽게 권장하게 될 것이다.

일단 범죄가 있을 경우 즉시 배 장부에서 그 명단을 제거하고 다른 배로 충당하게 하면, 이익이 있는 곳에 벌칙 또한 적지 않으므로 형벌을 쓰지 않아도 백성들을 자연히 징계하게 될 것이다.

이와 같이 할 경우 5강의 뱃사람들은 배다리에 편성되는 것을 영광스럽게 받들게 되어, 그 기회를 얻지 못한 자는 걱정하고 이미 얻은 자는 혹시라도 잃을까 걱정하면서, 혹시라도 남에게 뒤질세라 힘을 다해 일에 참가할 것이다. 은혜를 베풀면서도 낭비하지 않고, 수고롭게 하면서도 원망을 사지 않고, 위엄을 보여도 사납지 않은 것이 바로 이것을 두고 한 말이다.

또 그 부장이나 대장은 몇 번의 행차를 겪고 나면 변경邊境의 장수나 둔감屯監[관아의 둔전을 관리하던 벼슬]으로 기용하도록 규정을 정하여 시행하면, 더욱 격려하고 권장하는 방법이 될 것이다.

열넷째, 기한 내에 배를 모으는 일에 관한 것이다.

경강선京江船[주교사에서 관리하여 한강의 수운에 사용하던 개인의 배. 임금이 수원에 행차할 때 한강에 임시 다리를 놓을 때 사용하거나, 전라도, 충청도에서 올라오는 세곡을 운반하는 일에 사용하였다]은 언제나 9~10월 사이에 각처로 나가 정박하여 겨울을 지내면서 봄에 조운漕運[현물로 받아들인 각 지방의 조세를 서울까지 배로 운반하던 일]할 때를 기다리는데, 이는 남보다 앞서 이익을 취하기 위해서다.

그런데 지금은 배다리의 명목에 원래 정해진 곳이 있어 이익을 독차지하도록 허락해 주었으므로 애당초 남과 이익을 경쟁할 일이 없다. 무엇 때문에 앞질러 가서 겨울을 지내겠는가? 봄 거동은 정월 그믐께나

2월 초순에 하도록 정해졌는데, 비록 3월이 되도록 그대로 머물러 있다가 행차가 지나간 뒤에 조용히 바다로 나간다 하더라도 바람이 순할 때를 만나는 것은 오히려 이르다 할 것이다(그대로 1년 내 떠다니면서 장사해도 지장이 없다). 가을 거동 때는 8월 10일께나 보름께 일제히 와서 대기하도록 특별히 조항을 만들어 놓고 영구히 지키게 해야 할 것이다.

열다섯째, 선창다리[물가에 다리처럼 만들어 배가 닿을 수 있게 한 곳]에 관한 것이다.

지금 논의에 선창은 다리로 대신 건축하는 것이 상책이라고 한다. 그러나 이 방법은 얕은 물을 다리 밑으로 흘려보내어 그 물이 언덕을 깎아 무너뜨릴 염려가 없게 할 뿐이다. 만약 새로 불은 물이 갑자기 닥쳐와서 물결이 몇 자나 더 불어나게 되면, 배다리는 물에 떠서 역시 몇 자나 높아지고, 선창 배는 그 자리에 박혀 움직이지 않은 채 물을 따라 오르내리지 못하므로 배다리를 쳐다보는 것이 마치 뜰에서 지붕을 쳐다보는 것과 같을 것이니, 장차 이를 어찌하겠는가?

그 대책이라고는 어쩔 수 없이 배 1척을 뽑아 내어 선창머리와 배다리의 머리 사이가 좀 떨어지게 한 다음 긴 판자를 깔아서 길을 연결하여 오르내리게 하는 것인데, 지나치게 급하지 않게 하는 정도에 불과하다. 이 어찌 위태롭고 군색하지 않겠는가?

지금 장소를 노량으로 정하였는데, 노량의 밀물은 언제나 세차서 거의 3~4척의 높이나 되며, 아침저녁으로 드나드는 바람에 갑자기 높아졌다 낮아졌다 하여 접응 시기를 예측할 수 없으므로 그 계책 또한 시행할 수 없다.

여기에 한 가지 방법이 있다. 누군가는 실용적이지 않다 하겠지만 실은 아주 안전한 것이다. 대개 그 효능으로 말하면 선창다리가 물을 따라 오르내려 배다리와 서로 오르락내리락하게 하는 것이니, 물결이 1장丈 [장은 길이의 단위. 1장은 1자의 10배로, 약 3미터에 해당한다]이나 더 불어나더라도 항상 배다리와 떨어지지 않고 함께 서로 유지하는 것이다. 이 어찌 좋은 방법이 아니겠는가?

먼저 길고 두꺼운 판자 수십 장을 엮되, 긴 빗장과 은잠銀簪[은으로 만든 뒤꽂이]으로 연결하고(배의 밑창을 만들듯이), 다음은 큰 나무를 둘러 아래위로 맞대고(배의 문을 만들듯이), 다음은 긴 판자로 뱃전을 각각 2층으로 둘러막은 다음(나룻배를 만들듯이) 헌솜으로 틈을 막아 물이 새어들지 못하게 하기를 꼭 배를 만드는 것처럼 한다. 그러고 나서는 그 머리를 배다리 밑에 닿게 하여 수면에 뜨게 하고, 그 꼬리는 밀물의 흔적이 있는 경계를 지나서 언덕 위에 붙여 놓는데, 이를 부판浮板[뜨는 나무판]이라 한다.

다음은 그 위에 규정대로 다리를 만들되, 그 높이와 폭은 배다리로 기준을 삼아 배다리와 선창다리의 두 머리가 꼭 맞게 하여 평면으로 만

정조 일행이 배다리를 통해 한강을 건너는 모습
오늘날의 노량진 부근에 세운 배다리는 을묘년 원행 행사 가운데서도 가장 큰 일이었다. 그 무렵 임금의 거동 때 놓는 배다리 건설은 많은 비용과 인력이 투입되는 큰 행사였다. 이에 정조는 그 전인 1790년에 이미 『어제주교지남』이라는 지시 보고서를 작성하여 내려보낸 바 있다. 1795년 배다리 건설은 이 보고서에 따라 진행되었으며, 그에 따라 빠른 시일 내에 배다리를 이룰 수 있었다.
이때 건설된 배다리에는 36척의 배가 동원되었으며, 입구와 중간, 출구, 세 곳에 홍전문紅箭門[능·원·묘·궁전 또는 관아 따위의 정면에 세우는 붉은 칠을 한 나무문으로, 홍살문이라고도 한다]을 세웠다.
한편 배다리 건설 및 철수의 총괄 책임은 정조가 주교 당상에 임명한 서용보가 맡았다. 서용보는 이 일 외에도 원행 내내 정리사整理使로서 다양한 업무를 담당했다. 그림은 〈정조대왕 능행도〉 8폭 병풍 가운데 '노량주교도섭도露梁舟橋渡涉圖'이다.

III 『원행을묘 정리의궤』 내용 읽기

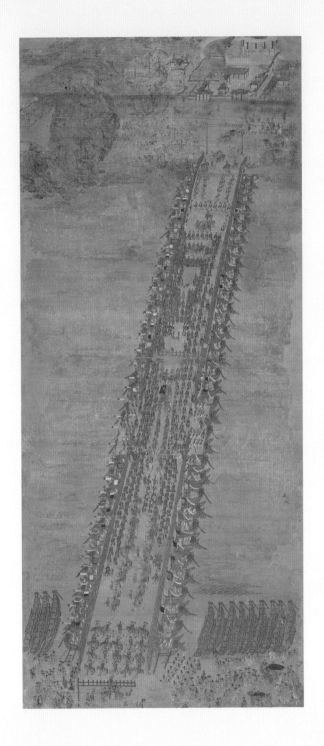

123

들어서(이전 제도처럼 빈틈이 나게 해서는 안 된다) 그 길을 연결해 놓으면, 물을 따라 높아졌다 낮아졌다 하여 배와 다름이 없을 것이다.

어떤 사람은 말하기를 "배다리는 많은 배를 연결하여 그 세력이 서로 버티기 때문에 발로 차고 밟아도 움직이지 않지만, 부판은 단순하고 머리가 가벼운 만큼 큰 다리로 내리누르고 많은 말이 밟으면 떴다 잠겼다 하지 않을 수 있겠는가?" 하지만, 그렇지 않다.

대개 물에 뜨는 이치는 물체의 밑창이 클수록 물의 압력을 많이 받는다. 지금 부판은 수십 개의 큰 판자를 가로로 연결하여 물에 띄워 놓은 만큼 그 물의 힘을 받는 것은 몇만 근 정도가 아니다.

그러나 또 한 가지 명백하여 의심의 여지가 없는 방법이 있다. 먼저 '아Y'자 형의 큰 나무 두 그루를 베어다가 두 개의 기둥을 만들어 선창다리의 좌우 머리에 마주 세워 놓고, 굵은 밧줄로 배다리 배(가장 가에 있는, 선창다리와 맞닿은 배)의 가룡목에 동여맨다(물이 불을 때 주교의 배가 높아졌다 낮아졌다 하면 역시 편리한 대로 고쳐 동여맨다).

다음은 아주 굵은 밧줄로 부판의 머리를 매어(좌우를 다 그렇게 한다) 세워 놓은 기둥의 두 가닥진 위에 올려 걸고, 밧줄 끝에 큰 주머니를 달아매고 많은 돌덩이를 주머니 속에 채워서 늘어뜨려 추로 만든다. 그리고 추의 무게는 반드시 늦춰지지도 않고 끌어당기지도 않게 하는 것을 법도로 한다. 늦추어지지 않게 한다는 것은 사람과 말이 선창을 밟아도 부판이 조금도 잠기지 않음을 뜻하고, 끌어당기지 않는다는 것은 부판이 저절로 들리지 않음을 뜻한다.

그렇다면 이 판자는 이따금 떠오를 때는 있어도(물이 불을 때) 잠길 때는 없을 것이니, 이 어찌 안전하고 또 안전하지 않겠는가.

조수가 밀려오는 곳이나 세찬 물이 불어날 때 이 방법을 제외하고는 선창다리와 배다리가 수시로 높아졌다 낮아졌다 하는 걱정을 없앨 수 없을 것이다. 그리고 부판을 운반하는 방법은 부판의 밑창에 바퀴를 6개나 8개쯤 달면 5~6인이 끌어도 언덕에 올릴 수 있을 것이다. 또 물체가 커서 보관하기가 불편하다면 그것을 2척 혹은 3척으로 나누었다가(가죽 과녁을 나누었다 합쳤다 하는 것과 같이) 필요할 때 다시 합친다면 무엇이 폐단이라고 할 수 있겠는가.

이상에서 논의한 여러 가지 일은 넉넉히 여유를 두고 대충 말한 것에 불과하다. 만일 실제 일에 부닥쳐 조치하되 분수를 참작한다면 또 얼마간의 수를 줄일 수 있으며, 선창다리와 부판에 필요한 수요도 역시 충분히 그 속에서 나올 수 있을 것이다.

전교

임금께서 명령하셨다.

"교량은 비록 정리소에서 경비를 지급한다고 하나 명확하지 않은 구석이 많다. 그러나 이번에는 특례로 할 것이니 참고할 사례로 삼을 것이며, 또한 경비를 지급함에 있어서도 초기草記[서울 각 관아에서 행정에 그리 중요하지 아니한 사실을 간단히 적어 임금에게 올리던 상주문]하라."

또 말씀하시기를,

"남양 지역과 화성부 구포 사이의 접경에서 물자를 운반할 때 그곳 백성들의 노고가 컸을 것이다. 그곳 마을의 무예가 있는 사람들에게는 초시初試[과거의 맨 첫 시험]가 끝난 후에 별도의 명단을 작성하여 유엽전柳葉箭[살촉이 버들잎처럼 생긴 화살] 일순一巡[활쏘기 시험에서 각 사람이 각각 화살 5대까지 쏘는 한 바퀴]에 2중中[화살을 2대 맞히는 것] 이상을 맞춘 사람을 뽑아 수정된 명단을 상부에 보내면 등급을 나누어 전시殿試[2차 시험인 복시에서 선발된 사람에게 임금이 친히 치르게 하던 과거] 및 초시에 부칠 것이다. 8개 읍에서 식목에 동원된 장교, 서리, 군인 등도 초시에 응시할 수 있도록 허락할 것이며, 시험 규정은 초시의 규정에 의거하여 뽑아라. 그 가운데 계속해서 부역에 나온 사람은 구포 사람들에게 한 것처럼 초시를 면제해 줄 것을 곧 정리소와 병조에 잘 알려서 행하도록 하라."

하였다.

이문

정리소 → 평안 감영

상고할 일

임금께서 원행하실 때 본소에서 사용할 각 색실을 공문 뒤에 적어 보내니, 본영은 필히 색이 선명하고 품질이 좋은 것으로 각별히 택하여 사들여서 올려 보낼 것이며, 값은 공곡으로 회감함이 마땅함.

아청갑사鴉靑甲紗[검푸른빛의 품질 좋은 비단] 2필, 천청갑사天靑甲紗[하늘빛의 품질 좋은 비단] 2필, 남운문단사藍雲紋緞紗[쪽빛의 구름무늬를 놓아서 짠 얇은 비단] 3필, 다홍운문단사多紅雲紋緞紗[다홍빛의 구름무늬를 놓아서 짠 얇은 비단] 2필.

장계狀啓[왕명을 받고 지방에 나가 있는 신하가 자기 관하의 중요한 일을 왕에게
보고하던 문서]

수원부 유수 조심태의 장계

본부에서 무과 초시를 개장하여 시험을 치른 연유는 이미 보고서를 올
렸습니다. 당일 2,300인 가운데 활쏘기 시험에서 2중 이상으로 합격한
사람은 65인입니다. 이러한 연유로 보고합니다.

계사

정리소의 낭청이 당상의 뜻으로 아뢰기를, "본 정리소에서 올린 초기
草記에 대하여 답을 내리셨는데, 그중에 '전에는 수레를 수행한 군병의
수가 적었기 때문에 그럴 수 있었다. 올해는 다른 때와는 다르니 쌀과 돈

으로 나누어 줄 것이다. 그러니 이에 관련된 예를 전의 사례에서 찾아서 마련하여 초기하도록 하라. 그리고 여기에 소용되는 물품은 행차했다가 궁궐로 돌아온 다음에 정리소에서 나누어 주도록 하라.'고 명령하셨습니다. 수레를 수행할 각 군영의 군병을 먹이는 일은, 각 군병 수마다 쌀 2되와 돈 2전으로 넉넉하게 마련하여 행차에서 서울로 돌아오신 다음에 본 정리소에서 나누어 주고자 합니다. 감히 아룁니다." 하니 전교하시기를, "알았다." 하였다.

정리소의 낭청이 당상의 뜻으로 아뢰기를, "이번 화성부에서 자궁의 회갑을 축하하는 잔치를 올릴 때, 춤을 출 정재呈才[대궐 안의 잔치 때 벌이던 춤과 노래] 여령女伶[궁중에서 베푸는 각종 잔치에서 춤을 추고 노래를 하던 여자]들을 각 도에서 선발해 올리는 것을 생략하여 이번의 행차를 간소하게 하시고자 하는 뜻을 보이게 하라는 사항에 대하여, 이미 명령을 받들었습니다. 필요한 여령들을 배치하기 위해 본 수원부의 여령들을 분배하였지만 수가 부족합니다. 내의원內醫院[3의원의 하나로, 궁중의 의약을 맡아보던 관아]과 혜민서惠民署[3의원의 하나로, 가난한 백성을 무료로 치료하고 여자들에게 침술 가르치는 일을 맡아보던 관아]의 여의女醫 및 공조工曹와 상방尙方[임금의 의복과 궁내의 일용품, 보물 따위의 관리를 맡아보던 관아]의 침비針婢[바느질하는 노비] 가운데 몇 명을 수원부에 옮겨 보내도록 분부하시는 것이 어떻겠습니까?" 하니 전교하시기를, "허락한다." 하였다.

1795년
2월 13일

장계

수원부 유수 조심태의 장계

이번 달 10일 본부의 무과 초시에서 활쏘기 시험에 응시한 사람 중 합격한 사람의 수는 이미 보고하였습니다. 또한 당일 시험 본 1,501인 가운데 활쏘기 시험에서 2중 이상으로 합격한 사람은 24인입니다. 이러한 연유로 보고합니다.

전교

임금께서 명령하시기를,

"8개 읍의 식목 군교, 서리, 군인 및 구포 백성들에게 초시의 응시를 허락한 후 8개 읍에 먼저 시험한 가운데 2중中 한 사람이 단지 1인뿐이라 하고, 구포 사람은 합격한 사람이 1중中[화살을 하나만 맞힌 것] 5인이라고 한다. 그러나 시험 규정에 못 미친다고 탈락시키면 이 어찌 우대하여 특별히 응시케 한 뜻이 있겠는가? 변邊[과녁의 복판이 아닌 바깥 부분] 1중 이상은 별도로 추려내어 명단을 만들어 정리소에 보고하여 내게 알리도록 급히 행회行會[관아의 우두머리가 조정의 지시와 명령을 부하들에게 알리고 그 실행 방법을 의논하여 정하기 위하여 모이던 일]하라.

그러나 정리소의 여러 당상이 호조 판서 이외에 모두 남산과 북악 사이에 있으니 이 일을 시행하는 문제를 하교하려고 하나 매우 지체될 것이다. 초기草記 및 구두로 분부하는 일로 여러 당상의 업무가 마비될 것이니, 이 교서가 내려가면 매우 곤란한 문제가 있다. 이 명령에 대해 곧 집이 가까운 호조 판서에게 행회토록 하여 군사들을 해산시키기 전에 시행되도록 하라."

하였다.

임금께서 명령하시기를,

"이번 원행할 때 화성부 진찬일에 나아가 화성 지방의 모든 백성들에게 쌀을 특별히 지급하고 굶주린 백성들에게 한 차례 식사 제공을 실시함에 있어서, 백성은 될수록 광범위하게 뽑고, 굶주린 백성은 될수록 덧붙여 주라는 하교가 이미 있었다.

지금부터 급히 서둘러 거행해야만 일이 완벽하게 추진될 수 있을 것이다. 그런데 요사이 듣기로는 화성부의 지방관이 일을 거행함에 있어 소홀함을 면치 못한다 하니 지극히 놀랍다. 조정의 명령이 지엄함을 안다면 어찌 감히 마을을 두루 살펴 하인배들의 농간을 근절시키지 않고 있는가?

마땅히 엄히 처벌할 것이지만 행차 일정이 가까워 우선 십분 참작하는 것이니, 정리소로 하여금 곧 긴급히 행회토록 하라. 내일부터 판관이 직접 나서서 일을 진행하도록 하고, 이어 총리대신으로 하여금 이를 잘 알아서 특별히 조사하도록 하라.

다시 일의 불성실한 단서를 적발하게 되면, 대신은 이미 총리와 판관이 또 보좌하니, 대신은 매일 각사에 먼저 나아가 사무를 보면서 잡아들여다가 엄히 곤장을 때려 성실치 못한 버릇을 고치게 하라.

백성에게 양곡을 지급하고 굶주린 자를 구호하는 시행 방법은, 또한 총리대신에게 서울 지역에서 백성에게 양곡을 지급한 것과 지방에서 굶주린 백성을 구호한 전례를 참고하여 진휼賑恤에 관한 더 구체적인 세부 지침을 마련해서 논리를 기록하여 나의 명령을 받으라.

응입곡應入穀[해당 사업 예산에 들어갈 경상수입으로서의 곡물. 여기서는 원행에 소요되는 비용을 가리킨다]은 모두 내하전內下錢[임금이 신하에게 내려 주는 돈으로, 내탕금이라고도 한다]으로 충당할 것이니, 이러한 뜻을 또한 잘 알아서 마련케 하라."

하였다.

계사

정리소의 낭청이 당상의 뜻으로 아뢰기를, "이번 현륭원에 행차하실 때 화성의 사방 백성들에게 가까운 신하를 보내서 쌀을 나누어 주도록 명령하셨습니다. 쌀을 나누어 주는 날짜를 어느 날로 합니까? 그리고 쌀을 나누어 줄 장소는 마땅히 네 곳으로 해야 한다고 합니다. 가까운 신하를 화성에 내려보내는 사항에 관해서 승정원의 지시를 받아서 거행하도록 하는 것이 어떻겠습니까?" 하니 전교하시기를, "화성의 사방 백성들에게 쌀을 나누어 주는 날짜는 자궁의 회갑을 축하하는 잔칫날로 하라. 그리고 쌀을 나누어 줄 장소는 진남루 앞으로 정하도록 하라. 그 밖의 네 곳에는 이튿날 가까운 신하를 보내어 나누어 주도록 하라. 그리고 파견할 가까운 신하에 관해서는 승정원의 해당 승지에게 그때 가서 지시를 받도록 하라." 하였다.

계목

정리소와 장용영에서 점목粘目[보고 사항 가운데 서로 관계되는 계목을 연결하여 올리는 것]하여 아뢰기를, "이번 현륭원에 행차하실 때 임금님의 수레를 수행할 장수와 장교, 그리고 군병들이 목적지까지 갔다가 돌아오는 데 소요되는 시간은 8일로, 모두 20끼니에 해당합니다. 이 기간에 필요한 군량을 마련하여 기록한바, 이를 정리소에서 지급할 것에 관한 일입니다." 하니 임금께서 허락하시기를, "아뢴 대로 하라." 하였다.

임금님의 수레를 수행할 장수와 장교, 그리고 군병 1,854명 각자가 현륭원을 왕복하는 데 소요되는 기간은 8일로 모두 20끼니, 별장別將[용호영의 종2품 버슬] 1명에게 쌀 2말, 파총把摠[각 군영에 둔 종4품 무관 버슬] 2명에게 쌀 4말, 선기장善騎將[말을 잘 타는 부대인 선기대의 무장으로, 정3품 버슬] 2명에게 쌀 4말, 초관哨官[1초를 거느리던 종9품 무관 버슬] 5명에게 쌀 10말,

난후초관攔後哨官[임금의 행차 때 후방에 일렬로 서서 호위하는 부대] 1명에게 쌀 2말, 지구관知彀官[훈련도감과 총리영에 둔 장교] 15명에게 쌀 2석石[석은 부피의 단위. 1석은 1말의 10배로, 약 180리터에 해당한다], 교련관敎鍊官[현대식 군제에 따라 군대를 교련하는 일을 맡아보던 무관 벼슬] 17명에게 쌀 2석 4말, 장용위壯勇衛[국왕을 호위하던 부대. 정조 9년(1785)에 설치한 것으로, 정조 17년 (1793)에 장용영으로 확대 개편하였다] 100명에게 쌀 13석 5말, 별무사別武士[훈련도감의 마병, 금위영과 어영청의 기마병들 가운데 뽑혀 윗자리 벼슬을 받던 병졸] 22명에게 쌀 2석 14말, 시마초차지미부무사柴馬草次知未付武士[말에게 먹일 풀 등을 담당하던 무사] 4명에게 쌀 8말, 기찰장미부무사譏察將未付武士[군사의 동태를 감시하던 무사] 10명에게 쌀 1석 5말, 선기대善騎隊[말을 잘 타는 부대로, 좌·우 2초로 편성되어 임금이 탄 쌍교 앞뒤의 호위를 담당했다] 230명에게 쌀 30석 10말, 뇌자牢子[군대에서 죄인을 다루는 일을 맡아보던 병졸] 71명에게 쌀 9석 7말, 순령수巡令手[대장의 전령과 호위를 맡고 기를 받들던 군사] 55명에게 쌀 7석 5말, 취고수吹鼓手[관악기와 타악기를 연주하던 군사] 83명에게 쌀 11석 1말, 대기수大旗手[대기치 따위를 들던 군사] 68명에게 쌀 9석 1말, 당보수塘報手[척후의 임무를 맡아보던 군사] 46명에게 쌀 6석 2말, 등롱군燈籠軍[의식이나 행사가 있을 때 등롱을 들고 다니던 사람] 54명에게 쌀 7석 3말, 장막군帳幕軍[장막을 담당하던 군사] 44명에게 쌀 5석 13말, 아병牙兵[본영에서 대장을 수행하던 병사] 57명에게 쌀 7석 9말, 도제조 배기수都提調陪旗手[도제조의 깃발 담당 군사] 5명에게 쌀 10말, 향색배기수餉色陪旗手[군사들의 식량을 공급하는 책임자를 따르는 기수] 18명에게 쌀 2석 6말, 종사관배기수從事官陪旗手[각 군영의 주장을 보좌하는 종사관을 따르던 기수] 10명에게 쌀 1석 5말, 별장 취수別將吹手[별장을 보좌하던 나팔수] 35명에게 쌀 4석

10말, 좌사 취수左使吹手 36명에게 쌀 4석 12말, 중사 취수中使吹手 34명에게 쌀 4석 8말, 선기장 표하군標下軍[대장이나 장수에게 속한 군사] 16명에게 쌀 2석 2말, 장관청將官廳 서기 2명에게 쌀 4말, 장용위청 서기 2명에게 쌀 4말, 중사 중초군 114명에게 쌀 15석 3말, 후초군後哨軍[부대의 뒤쪽을 담당한 병사] 114명에게 쌀 15석 3말, 좌사左使 삼초향군 381명에게 쌀 50석 12말, 각초색 복마군卜馬軍[각초를 담당한 책임자에게 딸린 짐말과 짐꾼들] 66명에게 쌀 8석 12말, 사후군伺候軍[척후병] 68명에게 쌀 9석 1말, 치중 복마군輜重卜馬軍[무기나 군량을 운반하는 짐말과 짐꾼들] 40명에게 쌀 5석 5말, 공장 아병工匠牙兵 26명에게 쌀 3석 7말, 좌사 삼초군 381명이 진두에서 2끼니 먹는데 이때 각자에게 매 끼니마다 각각 쌀 1되씩, 각각의 초哨는 각각 9대로 편성되는데, 2끼니 동안의 시가전柴價錢[땔나무 값]은 각각의 대에 매 끼니마다 6푼씩, 짐말은 9필로서 2끼니 동안의 초가전草價錢[말이 먹을 풀을 구입하는 데 드는 비용]은 각각의 말에게 매 끼니마다 2푼이고, 시가전柴價錢은 각각의 말에게 매 끼니마다 1푼씩.

연설

임금께서 자궁을 모시고 가교 예행연습을 행하기 위해 오셨다.

이때 좌승지 이만수, 우승지 이익운, 동부승지 이조원, 가주서[승정원에서 주로『승정원일기』의 기록을 맡아보던 주서가 사고를 당할 때 그 일을 대신 맡아보게 하기 위해 정원 외로 둔 벼슬] 구득노, 기주관[춘추관에 속하여 사료가 될 시정기록을 맡아보던 벼슬] 김양척, 기사관[춘추관에 속하여, 실록을 편찬할 때 기초 자료로 삼았던 시정기 기록을 맡아보던 벼슬] 오태증, 정리 당상 심이지·서유방·이시수·서용보·서유대·운행임이 차례로 시립侍立[윗사람을 모시고 섬]하였다.

사복시에서는 자궁의 가교를 만팔문萬八門 안에 받들어 올렸다.

묘시卯時[오전 5~7시]에 자궁이 영춘헌 앞뜰에서 가마에 올랐다. 임금께서 군복을 갖추고 걸어서 따르다가 연생문延生門 밖에 이르러 말을 타고 친히 자궁의 가교 뒤를 따르며 모시었다. 정리사 이하가, 임금님의 수

面

後面 乙 甲
丙
壬
部 縢

駕轎分圖

前面 北 壬
寅 卯
辰
己
午
未
亥
甲
乙
戌

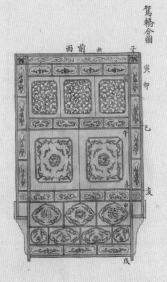

左 右
甲
乙
丙 丁
戊 己
庚
辛

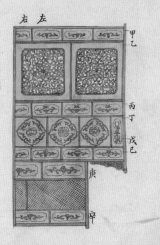

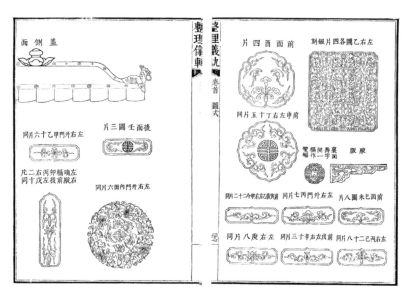

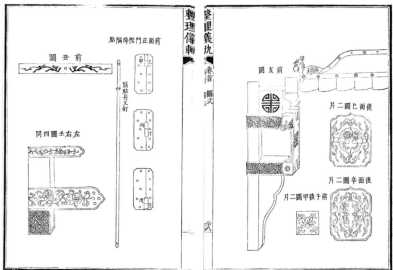

혜경궁 홍씨가 처음 타 본 가마의 세부 모습들(139~140쪽)

1795년 2월 25일, 혜경궁 홍씨는 을묘년 원행을 위해 특별히 제작한 가마를 창덕궁 경내에서 처음 타 본다. 가마는 두 대로, 한 대는 한양에서 화성까지 타고 가는 말이 끄는 가교駕轎이고, 다른 하나는 현륭원 묘소에 오를 때 타는 유옥교였다. 창덕궁 경내에서 타 본 가마는 가교로, 『원행정리의궤도』(139쪽)와 『원행을묘 정리의궤』(140쪽)에 수록된 그림에 나오듯 작은 부속품 하나까지 사전에 설계한 대로 정교하게 제작한 화려하면서도 튼튼한 것이었다.

III 『원행을묘 정리의궤』 내용 읽기

레를 따를 때 입는 차림으로 자신의 자리에서 말을 타고 따랐다. 청연 군주와 청선 군주[12]가 쌍교를 타고 뒤를 따랐다.

명광문明光門과 청양문靑陽門을 지나 산 윗길에서 산 가운뎃길로 다시 접어들었다. 길이 조금 옆으로 경사진 곳에서는 매번 임금께서 말에서 내려 가마 곁으로 나아가 안부를 물었다. 옥류천 동쪽 입구에 이르러 자궁께서 가마에서 내려 보여步輿[노인이나 다리가 불편한 사람을 위한 가마. 앞과 뒤에서 사람이 메도록 되어 있다]로 농산정籠山亭에 들어가시자 점심식사와 차를 올렸는데, 임금께서 몸소 심사하고 이어 소차小次[거둥할 때 임금이 잠깐 쉬기 위하여 막을 쳐 놓은 곳]를 나와 어가를 따르는 여러 신하 및 군교, 서리와 하인들에게 음식을 내렸고, 향악과 당악의 합주로 여민락與民樂[임금의 거둥 때나 궁중의 잔치 때 연주하던 아악곡]을 번갈아 연주하도록 하였다.

임금께서 말씀하시기를, "근년 원행이 여러 날 걸릴 예정이고, 가교가 연여輦輿[임금이 타는 연輦과 임금의 가까운 친척이 타는 여輿를 아울러 이르는 말]와는 다르기에 친히 모시고 예행연습의 행사가 있었다. 궁궐 안뜰 산길은 원행하는 도로와 같이 평탄하지 않아 수고롭게 움직이셨는데도 자궁께서 강녕하시고 일기마저 이와 같이 청명하여 8일의 행행이 태평하고 편안할 것이라 예상할 수 있으니, 내 마음속의 기쁨과 행복을 무엇에 비유할 것인가?" 하시니 심이지 등이 말하기를, "성스러운 효심이 미치지 않는 바가 없으니 신등의 기리고 축하하는 마음 그지없을 뿐입니다." 하였다.

---

12 청연 군주와 청선 군주는 모두 사도세자와 혜경궁 홍씨 사이에 태어난 정조의 여동생들이다. 이들은 세자의 딸이었기 때문에 왕의 딸인 공주가 아니라 군주로 불렸다. 고종 대에 와서 공주로 추증되었다.

계목

정리소와 장용영에서 점목하여 아뢰기를, "이번 현륭원에 행차하실 때 임금님의 수레를 수행할 도제조와 제조대장 이하의 군마 및 각초색 복마 卜馬[짐 싣는 말]가 목적지까지 갔다가 돌아오는 데 소요되는 기간이 8일로서 모두 14끼니에 해당합니다. 이에 소용되는 말먹이를 마련하여 뒤에 기록한바, 정리소에서 지급할 것에 관한 일입니다." 하니 임금께서 허락하시기를, "보고한 대로 하라. 그리고 여분을 대령하도록 하라." 하였다.

임금님의 수레를 수행할 장수와 장교, 그리고 군병들이 탈 가마와 짐을 실을 짐말의 실제 수 538필이 현륭원을 왕래하는 데 소요되는 기간이 8일로서 모두 14끼니에 해당.

도제조 1명에게 말 1필과 콩 1말 4되, 제조 1명에게 말 1필과 콩 1말 4되, 대장 1명에게 말 1필과 인갑마印甲馬[도장을 싣는 말] 2필 하여 말은 합하여 3필이고 콩은 4말 2되, 종사관從事官 1명에게 말 1필과 콩 1말 4되, 별장 1명에게 말 1필과 갑마 1필 하여 말은 합하여 2필이고 콩은 2말 8되, 파총把摠 2명에게 말 2필과 갑마甲馬[갑옷을 입힌 말] 2필 하여 말은 합하여 4필이고 콩은 5말 6되, 초관 5명에게 말 5필과 콩 7말, 난후초관 1명에게 말 1필과 콩 1말 4되, 시마초차지초관 1명에게 말 1필과 콩 1말 4되, 별수가장관別隨駕將官[임금의 어가를 수행하는 장관] 18명에게 말 18필과 콩 1석 10말 2되, 감관監官 4명에게 말 4필과 콩 5말 6되, 별부료別付料[경상비가 아닌 다른 항목에서 봉급을 주는 군관이라는 뜻으로, 총융청·용호영에 속한 무관을 이르던 말] 2명에게 말 2필과 콩 2말 8되, 통장統長 2명에게 말 2필과 콩 2말 8되, 지구관知數官 15명에게 말 15필과 콩 1석 6말, 도제조 군관 1명에게 말 1필과 콩 1말 4되, 교련관 17명에게 말 17필과 콩 1석 8말 8되, 제본사除本仕[벼슬아치가 어떤 직무를 겸임하게 되었을 때, 잠시 본직의 사무를 보지 않도록 면제하여 주던 일] 패장牌將[관아나 일터에서 일꾼을 거느리던 사람] 7명에게 말 7필과 콩 9말 8되, 약방藥房[3의원의 하나로, 궁중의 의약을 맡아보던 관아] 1명에게 말 1필과 콩 1말 4되, 침의鍼醫 1명에게 말 1필과 콩 1말 4되, 화원畫員 1명에게 말 1필과 콩 1말 4되, 사자관寫字官[승문원과 규장각에서 문서를 정서正書하는 일을 맡아보던 벼슬] 1명에게 말 1필과 콩 1말 4되, 장용위 100명에게 말 100필과 콩 9석 5말, 별무사別武士 22명에게 말 22필과 콩 2석 8되, 선기대善騎隊 좌우초左右哨 230명에게 말 230필과 콩 21석 7말, 여러 군데 여러 복마 32필과 콩 3석 9말 6되, 중사 삼초 복마中司三哨卜馬[중사 안의 삼초에 속한 짐말] 27필과 콩 2석 7말 8되, 좌사左使 삼초 복마 27필과 콩 2석 7말 8되.

계사

정리소 낭청이 총리대신의 뜻으로 아뢰기를,

"화성의 사방 백성들에게 쌀을 나누어 줄 때, 이를 시행하는 데 필요한 규칙은 해당 판관이 그에 관한 일체의 사항을 조사, 정리하여 보고하기를 기다렸다가 본 정리소에서 다시 마련하여 보고해서 결재를 받도록 할 것을 이미 초기했습니다.

지금 화성 유수 조심태가 보고한 책을 접수해 보니, 화성 지역 안의 백성은 총 1,027명입니다. 그 가운데 쌀을 받을 대상은 435명입니다. 나머지 백성은 숫자상으로 592명입니다.

선조先朝[바로 앞의 조상. 여기서는 정조의 할아버지인 영조를 가리킨다] 때 서울 지역의 백성들에게 쌀을 나누어 주었을 때 그 양이 어느 때는 많고 어느 때는 적어서 일정하지가 않았습니다. 그러나 가장 많이 나누어 주었을 때도 그 양은 다섯 말을 넘지 않았습니다. 그리고 고아라 하더라도 두 말을 덜어 내고 서 말을 주었는데, 이는 나이가 10세 안팎에 지나지 않기 때문이었습니다.

그런데 임금께서 명령하신 내용 가운데 조금 더하여 마련하라고 하신 것이 있습니다. 그리고 전번에 쌀을 나누어 주는 일에 관한 규칙에서도 각각 한 되를 더해 주는 것으로 여쭈어서 허락을 받았습니다. 그러므로 이번에만 백성들에게 다르게 할 수가 없습니다. 따라서 전년에 비해서 사람마다 각각 한 말을 더해 주는 것으로 하여, 다섯 말을 받은 사람은 여섯 말을, 서 말을 받은 사람은 네 말을 받는 것으로 한다면 백성 모두에게 전에 없던 특별한 혜택이 될 것입니다.

또한 내탕금으로 내려 주신 돈이 이미 많습니다. 그러므로 이처럼 한 말씩 더해서 준다고 하더라도 굶주린 백성들과 다른 백성들에게 나누어 줄 것이 넉넉해서 오히려 남을 것입니다.

따라서 한 말씩 더해 주는 것으로 규칙을 정해서 거행하도록 화성 유수에게 분부하시는 것이 사리에 맞을 듯합니다. 그 외에 굶주린 백성들을 구휼하는 사항에 관한 규칙은 이미 결재를 받아서 일을 보고 있으므로 더 이상 보탤 것이 없습니다.

지금 화성의 백성들에게 쌀을 나누어 주고 또한 특별 순시에서 굶주린 백성들을 구휼하기 위해서는 적당한 양의 쌀이 있어야 합니다. 이에 필요한 쌀이 얼마나 될지 수원부로 하여금 조목조목 구별하여 문서로 작성해 보고할 것을 다시 분부하시는 것이 어떻겠습니까?"

하니 전교하시기를, "허락한다. 종과 북을 치고 피리를 부는 이유는 여러 사람들과 함께 즐거움을 기뻐하고자 해서이다. 하물며 자궁의 회갑을 축하하는 잔치를 여는 경사스러운 때를 맞이하여 자궁의 은혜를 넉넉히 시행하는 이유는 여러 사람들과 즐거움을 함께하고자인 것은 말할 나위가 없다. 특별히 내탕전을 하사하여 따로 조치하도록 한 이유도 바로 이런 뜻이 있었기 때문이다. 화성 유수에게 엄히 경계하여 곡물을 정밀하게 준비하도록 하라. 그리고 행궁 문밖에는 형세를 보아 마땅히 직접 참석할 생각이다. 그 외의 네 곳에는 승지가 가 보아야 할 것이다." 하였다.

이문

정리소 → 수원부

상고할 일

이번에 원행하실 때 각 참에서 바치는 음식과 덧붙여 마련할 음식상의 수효를 뒤에 기록하니 본부에서도 기록에 덧붙여 준비하여 그때에 미치지 못하는 폐단이 없도록 하며, 들어간 물력은 추후에 마련하여 보낼 것이니 자세히 알아서 거행함이 마땅함.

내빈상內賓床[대궐 잔치에 참예하는 봉작을 받은 부인들을 위한 상] **대령**

밥 6그릇, 탕 6그릇, 반찬 4그릇, 침채沈菜[배추·무·오이 따위를 소금에 절여서 고춧가루·파·마늘·생강·젓갈 따위의 양념을 넣고 버무려서 담가 놓고 먹는 우리나라 고유의 반찬] 한 그릇.

정리사整理使 6인, 각신閣臣[규장각의 벼슬아치] 3인, 향색제조餉色提調[임금을 호위하는 군인들의 군량을 담당하는 벼슬아치] 1인, 총관摠管[오위도총부의 도총관과 부총관을 가리킴] 1인, 정리낭청[정리소의 낭청] 2인, 이상 각 밥

1그릇, 탕 1그릇, 반찬 1그릇, 침채 1그릇, 장醬 1그릇.

검서관檢書官[규장각의 벼슬아치] 2인, 각리閣吏[규장각의 아전] 2인, 이상 각 밥 1그릇, 침채 1그릇.

감관監官[각 관아나 궁방에서 금전·곡식의 출납을 맡아보거나 중앙정부를 대신하여 특정 업무의 진행을 감독하고 관리하던 벼슬아치] 2인, 각 밥 1그릇, 탕 1그릇.

별수가장관別隨駕將官 20인, 합해서 밥 2행담行擔[길 가는 데에 가지고 다니는 작은 상자. 흔히 싸리나 버들 따위를 걸어 만든다], 탕 2동이, 침채 2항아리.

정리소 장교 11인, 합해서 밥 1행담, 탕 1동이.

서리書吏 16인, 서사書寫 1인, 창고지기 3인, 이상 합해서 밥 2행담, 탕 1동이.

계사

정리소의 낭청이 당상의 뜻으로 아뢰기를,

"이번 화성부에서 군병들에게 음식을 먹일 때, 성을 쌓는 일을 감독한 패장牌將 이하 장모匠募[성을 쌓기 위해 모집한 기술자]까지 모두 음식을 먹이라는 명령을 이미 받았습니다. 이런 뜻을 수원부에 분부하시는 것이 어떻겠습니까?"

하니 전교하시기를,

"허락한다. 자궁의 회갑을 축하하는 잔치를 열고 군병들에게 음식을 먹일 때 쇠고기는 절대 남용하지 말라고 이미 수원 유수에게 직접 경계하였다. 그런데 지금 다시 생각해 보니, 이제 농사철이 시작했으므로 더욱 범상히 보아서 대충 넘어갈 수가 없다. 소는 열 마리를 한도로 하여 사다가 쓰도록 하라. 그리고 이후에 비록 한 마리라도 더 도살한다면, 지방 수령은 엄히 문책할 것이며 장교와 서리는 도살을 남용한 죄로 처벌할 것이다. 그러니 이에 관한 사항을 각별히 글로 표현하여 세 고을의 수령들에게 경계시키는 공문을 발송하도록 하라. 내일부터 간사한 일을 하는 자들을 조사하는 관리들을 여러 차례 파견하라는 명령을 이미 내렸다. 만일 이와 같은 일이 적발된다면, 비록 축하 잔치 때 이미 익혀서 상에 차려 놓은 것이라고 하더라도 쓰지 않을 것이다. 이로써 명령대로 실천하겠다는 의지를 보여 줄 것이다.

또한 궁중에서 여는 잔치로 말한다면, 진연進宴[나라에 경사가 있을 때 궁중에서 베풀던 잔치] 때는 의례히 쇠고기를 사용하지 않았다. 그러나 같은 잔치라고 하더라도 진찬進饌[진연보다 규모가 작고 의식이 간단한 궁중의 잔치]에서는 쇠고기를 올린 전례가 있으므로 어쩔 수 없이 허락한 것이다. 이런데도 불구하고 쇠고기를 쓰도록 허락한 것을 빙자하여 도살을 남용한다면, 이것이 어찌 일마다 생략하여 간단히 하라고 한 본뜻이겠는가? 지방 수령이 된 자가 만약 이와 같은 본뜻을 생각한다면, 어찌 겉으로만 꾸며대고 실제로는 나의 본뜻을 실천할 바를 생각지 않을 수 있겠는가? 이 뜻 또한 모두 엄히 훈계시키도록 하라. 군병들에게 음식을 먹일 때 필요한 떡과 국, 그리고 대구 이외에 쇠고기구이는 생략하도록 하라. 이 일을 거듭 밝혀서 통지하도록 하라."

하였다.

1795년
윤2월 3일

계사

정리소의 낭청이 당상의 뜻으로 아뢰기를,

"이번 현륭원에 행차하실 때, 수레를 수행할 군사들은 장용위의 군병 100명, 가전별초駕前別抄[임금이 행차할 때 그 수레 앞에 서던 시위병 이외에 따로 앞서던 군대] 50명, 가후금군駕後禁軍[임금이 행차할 때 그 가교 뒤를 따르던 시위병] 50명, 선기대善騎隊 2초[약 200명], 마병馬兵[훈련도감에 속한 기마병] 2초, 친군위親軍衛 200명, 별군관別軍官 100명, 장용영 내외영의 보군步軍 10초, 훈련도감의 보군 2초, 화성에서 군사훈련을 행할 때 참여할 장교와 병졸 등 3,700여 명, 각 군영의 표하군標下軍[대장이나 각 장관에 속한 군사] 1,000여 명입니다. 또한 태복시에서 차출한 말이 199필, 병조에서 차출한 역마가 15필, 경기도에서 차출한 역마가 67필입니다.

그러나 이것을 제외하고도 이번 행차를 수행하는 사람들이 타야 할 말이 얼마나 될지 모르지만 100필 이상이 될 것입니다. 이처럼 많은 군마

III 『원행을묘 정리의궤』 내용 읽기

를 수원부의 좌우군영에 모두 수용하기는 어려울 것 같습니다. 어떻게 할까요? 감히 여쭙사옵니다."

하니 전교하시기를,

"병마와 짐말의 수효가 많으니 이들에게 들어가는 땔나무와 말먹이를 제대로 주는 것도 작은 문제가 아니다. 또한 1,000명의 기마병이 임금의 왕릉 행차를 수행하는 일도 전례 없이 너무 많다. 기마병 1초를 생략하도록 하라. 이번에는 대궐을 떠나 밖에서 지내야 할 날짜가 많으니 당마塘馬[말을 타고 척후의 임무를 맡아보던 군사]에도 주의를 기울여야 한다. 따라서 한강을 넘어선 지역의 각 당塘[척후소]에는 각각 세 사람을 보충하도록 하고, 여기에 필요한 인원은, 수레를 수행하는 군병 중 제외되는 1초의 병사들 중에서 차출하여 쓰도록 분부하라. 한강 이북 또한 이에 의해서 파수대把守隊를 더하도록 하고, 이에 관련된 사안은 금위영과 어영청에서 나누어 담당하도록 분부하라."

하였다.

1795년
윤2월 7일

전교

임금께서 명령하시기를,

"각 참의 거행擧行[의식이나 행사 따위를 치름]에 명령을 어기고 함부로
사람을 거느리고 오는 폐단이 많은 것 같다. 타이른다는 뜻에서 잠시 하
교하지 않았다. 해당 낭청은 마땅히 실정에 따라 대가大駕[임금이 타는 수
레]가 행궁에 도착한 후 장전帳殿[임시로 꾸민 임금의 자리]에 붙잡아다가 곧
장 20대를 엄히 때려 그 자리에서 다스리도록 하라. 찬품饌品[음식의 종류]
은 일체 높이 괴지 말고, 일은 일체 크게 벌이지 말 것이며, 따라다니는
사람은 지나치게 데리고 다니지 말라는 뜻을 정리소에서 엄히 공문을 내
어 각 참의 낭청에 분부하라.

수원참은 도제조 및 낭청 판관의 처소에서 가장 폐단이 심한 자가 누
구인지 명령을 내려 알리도록 하라. 유수 내아內衙[지방 관아에 있던 안채]
의 일은 어가가 도착한 후 먼저 내가 직접 살피고, 각 참 수라간의 수라를

올릴 때 또한 직접 살핀다는 것은 이미 하교가 있었다.

　만약 직접 살필 때 털끝만치라도 사치가 있거나 분수에 넘치는 절차가 있어서 만에 하나라도 적발된다면 유수 이외에 조심하지 않은 도제조 역시 그 실책을 면치 못할 것이다. 각별히 공문의 글귀를 다듬어 내려보내라. 찬안상饌案床[임금께 드리는 음식상] 역시 높이 괴지 말라는 뜻을 각별히 타일러라.”

하였다.

2

8일간의 원행을 다녀오다

1795년 윤2월 9일 ~
1795년 윤2월 16일

1795년
윤2월 9일

연설

임금께서 자궁을 모시고 시흥행궁에 머무셨다.

묘시卯時에 임금께서 자궁을 모시고 현륭원에 가기 위해 거둥하셨다. 이때 도승지 이조원, 좌승지 이만수, 우승지 이익운, 우부승지 유한녕, 동부승지 이조원, 가주서 유원명·구득노, 기주관 김양척, 기사관 오태증, 정리 당상 심이지·서유방·이시수·서용보·윤행임, 검교 직각檢校直閣[직각은 규장각의 실질적 책임자로서 역대 국왕의 친필 문헌과 서화, 왕실 도서의 관리 책임을 맡아보던 벼슬이고, 검교는 이러한 벼슬의 임시직을 뜻하는 말이다] 남공철, 검교 대교檢校待敎[직각과 함께 규장각의 핵심 관원으로서, 역대 국왕의 친필 문헌과 서화, 왕실 도서의 관리 책임을 맡아보던 실무 담당 부책임자] 서유구 등이 차례로 시립하였다.

임금께서 영춘헌에 오시어 하교하시기를, "궁을 떠나기 전에 마땅히 들어가 자전을 뵈어야 하니, 시위侍衛[임금을 모시어 호위하는 사람들]는 먼저 합문閤門[임금이 평상시 거처하는 편전의 앞문]에 나아가 반차[의식에서 늘 어서는 차례] 정제하여 기다리게 하라." 하셨다. 이어 말을 타고 수정전에 인사하시고 조금 있다가 영춘헌에 돌아오시어 윤행임에게 하교하시기를, "지금 자궁의 어가를 모시고 화성에 가는 도정이 거의 100리에 가깝고, 갔다가 돌아오는 데에도 8일이 넘을 것 같아 내 마음이 매우 걱정스러워서 감히 마음을 놓을 수가 없다. 각 참의 수라, 구들에 불을 넣는 것, 제사상 차리는 등의 일에 각각 분장이 있으니, 혹시라도 방심하지 말도록 미리 영을 내려 단단히 타일러 경계하라." 하셨다.

묘시 정각에 이르러 행군의 구령을 내리자, 임금께서 곤룡철릭袞龍帖裏[임금이 입던, 앞뒤와 양어깨에 용을 수놓은 공복]을 입고 탄 말과 자궁이 탄 가교가 영춘문, 천오문, 만팔문, 보정문, 숭지문, 집례문, 경화문, 동룡문, 건양문, 숙장문, 진선문을 지나서 돈화문, 숭례문을 나와, 율원현 앞길에 이르러, 백성들이 좁은 길에서 구경하는 것을 금하지 말라고 명하셨다.

만천교를 지나 노량 배다리에 이르러 중홍전문中紅箭門에 나아가셨다. 임금께서 말에서 내려 자궁의 가교 앞에 나아가 문안을 드리시고, 이어 용양봉저정에 먼저 나아가 자궁이 주무실 방의 온돌 및 수라, 반찬을 친히 돌아보시고 막차幕次[의식이나 거동 때 임시로 장막을 쳐서, 왕이나 고관들이 잠깐 머무르게 하던 곳]로 다시 나와 자궁의 어가를 맞이하여 내차內次[대문 안에 있는 의복을 정제하는 곳]로 따라 들어가셨다.

정리사가 점심식사를 올리자 임금께서 몸소 살펴보시고 자궁께 올리셨다.

오시午時[오전 11시~오후 1시] 초2각初二刻[각은 시간의 단위로, 1각은 약

15분]에 삼취三吹[군대가 출발할 때 세 차례 나팔을 부는 것]하였다. 때가 되자 임금께서 군복으로 갈아입은 후에 자궁의 어가를 모시고 출발하셨다. 만안현을 지나 문성동 앞길에 이르러 청포장[푸른 천으로 만든 휘장]을 설치하라고 명하시어 자궁의 어가를 모시고 잠시 머물며 문안을 드렸다.

정리사가 미음 쟁반을 올리자 임금께서 자궁의 가마 안에 손수 받들어 올리시고는 윤행임에게 하교하시기를, "그대는 먼저 주정소晝停所[임금이 거둥하다가 점심식사를 위해 머무는 곳]에 나아가 행궁의 여러 일을 점검하도록 하라. 이후의 매 참 역시 모두 이와 같이 하라." 하였다.

조금 있다가 하교하시기를, "내가 행궁에 먼저 나아가 친히 살필 것이니, 시위 및 백관은 전과 같이 자궁의 어가를 따르고, 다만 병방승지兵房承旨[승정원에 속한, 병방을 맡아보던 승지]와 사관史官[역사의 편찬을 맡아 초고를 쓰는 벼슬아치]은 뒤를 따르라." 하셨다.

이어 시흥행궁에 나아가 두루 살피시고 막차로 다시 나와, 장용영에 명하여 당마塘馬[척후의 임무를 맡은 말 탄 군사]를 줄지어 늘어서게 하여 자궁의 어가가 도착하는 곳을 차례차례 전달해 오도록 하였다.

자궁의 가교가 현문縣門[현으로 들어서는 입구의 문] 밖에 이르자 임금께서 맞아 내차로 따라 들어가셨다.

정리사가 저녁식사를 올리자 임금께서 몸소 살펴보시고 자궁께 올리셨다. 조금 있다가 막차로 나와 하교하시기를, "일기가 화창하고 자궁의 몸과 마음이 모두 건강하여 경사롭고 다행한 마음을 이기지 못하겠다." 하셨다.

이어 승지, 사관, 각신閣臣[규장각 관원]과 임금님을 모신 여러 신하들에게 음식을 내리시고 하교하시기를, "이는 자궁께서 내리신 것이니 각자

마음껏 들어라." 하셨다.

임금께서 매번 각 참마다 중간에 자궁의 어가를 받들어 맞아 잠시 머물러서 친히 미음 쟁반을 올리시고, 참에 도착할 때는 반드시 먼저 나아가 두루 살피시며, 음식을 올릴 때마다 직접 자신이 살펴보시고 올리시는 것이 모두 시흥참에서와 같았다.

연설

임금께서 자궁을 모시고 화성행궁에 머무셨다.

묘시에 임금께서 자궁을 모시고 시흥현에서 화성으로 가기 위해 거둥하셨다. 이때 임금께서 시흥행궁에 왕림하시어 하교하시기를, "비가 오려고 잔뜩 흐리니 어쩔 수 없이 일찌감치 출발할 것인바, 시위 군병은 즉시 정돈하고 대기하라." 하셨다.

묘시 정3각에 삼취하였다. 때가 되자 임금께서 군복을 갖추고 탄 말과 자궁이 탄 가교가 출발하였다.

대박산 벌판을 지나 안양참 앞길에 이르자 자궁의 어가를 받들어 잠시 머물러 미음 쟁반을 올린 다음, 장산 모퉁이를 지나 청천 들에 이르러 임금께서 말에서 내려 자궁의 어가 앞에 나아가 문안을 드렸다. 이어 원동천을 지나서는 사근참행궁에 먼저 나아가 자궁의 어가를 맞이하여 내차로 따라 들어가 점심식사를 올리시고 하교하시기를, "빗발이 비록 그칠 것 같지는 않더라도 행궁의 새로 건축한 방이 얕고 드러난 곳이 많아 받들어 모시고 하룻밤 지내기에 어려움이 있으며, 또 백관과 군병이 한데에서 비를 적시니 당장 염려되는 점이 많다. 이곳에서 화성까지의 거리가 1사舍[50~60리 되는 거리]도 못 되니 때맞추어 들어갈 수 있을 것이다. 조금 있다가 바로 삼취를 하달하라."고 명하셨다.

임금께서 우비 차림으로 자궁의 어가를 모시고 출발하셨는데, 미륵현에 이르러서는 도로가 예상외로 매우 질고 미끄러웠다. 임금께서 말에서 내려 자궁 앞에 나아가 문안을 드렸다.

괴목정 다리를 지나 진목정에 이르자 총리대신 채제공이 길 왼편에서 맞이하고, 외영外營의 친군위親軍衛가 좁은 길에서 어가를 맞이하였으며, 고취鼓吹[궁중 의식이나 임금이 나들이할 때 타악기와 취주 악기로 아뢰는 음악을 연주하던 악대], 여령女伶 역시 나와 기다렸다.

임금께서 자궁의 어가를 받들어 잠시 머물러서 미음 쟁반을 올리셨다.

조금 있다가 출발하여 장안문 몇 리를 남기고 병조 판서 심환지에게 하교하시기를, "어가가 화성 성문에 도착하면 군문에 들어가는 절차가 있어야 할 것이니, 경은 여러 장수, 신하들이 있는 영접소에 먼저 가 있으라." 하셨다.

이어 막차의 설치를 명하여 갑주甲胄[갑옷과 투구]로 고쳐 입고 출발하시어 작문作門[파수병을 두어 출입을 단속하는 군영의 문] 안으로 들어가시니, 여러 장수, 신하 및 화성 유수 조심태가 장수 이하를 인솔하여 길 왼편에서 무릎을 꿇고 영접하였다.

대가가 장안문으로 들어가 종가從駕[임금이 탄 수레를 모시고 따르던 일]

좌우 군영의 앞길과 신풍루, 좌익문을 지나 중앙문으로 들어서서 화성행궁의 봉수당에 이르러 말에서 내리시어 자궁의 어가를 따라 장락당으로 들어가 저녁식사를 올리셨다.

임금께서 유여택維與宅[화성행궁 안에 있는 건물로, 평상시에는 화성 유수의 처소로 쓰였다]에 드시어 따르는 신하들에게 하교하시기를, "오늘 비에 젖음이 미안하기는 하나 나는 또한 스스로 마음에 걸리는 것이 없다고 여긴다. 모든 일에 완전한 것만을 구할 수는 없다. 어제 이미 날씨가 화창하고 따뜻해졌고, 내일 또 경사스러운 예식이 많으며, 수십 리 사이에 잠깐 비가 왔다 맑게 개니 역시 다행이라 하겠다. 더구나 농사일이 앞으로 시작되는데 밭두둑을 흠뻑 적셨으니 어찌 농부들의 경사가 아니겠는가?" 하시고, 암행어사 홍병신을 입시시킨 후 명하여 말씀하시기를, "각 영과 각 아문에서 모두 정해진 예를 잘 지켜, 혹시라도 위반함이 없고, 액속掖屬[액정서에 속하여 궁중의 궂은일을 맡아보던 사람을 통틀어 이르던 말], 군병의 무리들은 말썽을 일으키지 않으며, 지방관 역시 백성들을 부리는 일이 없는가?" 하시니 홍병신이 대답하기를, "비단 정해진 예가 있을뿐더러 전후의 칙교飭敎[임금이 단단히 일러서 다잡거나 경계하던 지시]를 거듭 반복하였으므로, 안으로는 각 사司와 밖으로는 화성부가 감히 위반하는 일이 없었습니다." 하였다.

장계

유도대신留都大臣[임금이 서울을 떠나 거둥할 때, 서울에 머물러 정무를 맡아보던 대신] **판중추부사**判中樞府事 **김희, 수궁대장**守宮大將[임금이 성문 밖에 거둥하였을 때 대궐을 지키던 임시 무관 벼슬] **사직**司直 **조종현, 유도대장**[임금이 서울을 떠나 거둥할 때, 도성 안을 지키던 대장] **사직 김지묵, 유영**留營[영문에 머물고 있음] **어영대장**御營大將[어영청의 으뜸 벼슬] **이한풍, 유주**留駐[서울에 주둔하고 있음] **전 총융사 신대현의 장계**

신 희는 금일 문을 연 뒤 유도留都[도읍에 머물고 있음] 당상 3품 이상의 관리를 거느리고 왕대비전王大妃殿[정순왕후 김씨가 거처하는 곳]과 중궁전中宮殿[정조의 왕비인 효의왕후가 거처하는 곳]에 문안드리니 안녕하다고 하셨습니다. 어제 비변사 낭청 및 호위군관을 분견分遣[구성원의 일부를 떼 내어서 보냄]하는 일 외에 각 사司 외성문外城門, 각 영營 유진留陣[머물고 있는 진], 궁장宮牆[궁궐을 둘러싼 성벽] 밖의 각 군보軍堡[군대가 주둔하던 곳] 척후 등의 곳을 일일이 캐어 살폈는데, 모두 탈이 없었습니다. 순라[순라군이 경계하느라고 일정한 지역을 돌아다니거나 지키던 일], 야금夜禁[밤에 통행을 금지하던 일] 등의 일은 각별히 엄하게 조심하였습니다.

신 종현은 궁궐 안의 각 처를 숙위宿衛[숙직하면서 지킴]하였는데, 신과 종사관從事官 정이수, 병조낭청 최시순은 순찰하여 살피고 조사한즉 모두 아무 탈이 없었습니다. 잡인이 난입하는 등의 일은 각 문 수문장 등에게 각별히 엄히 조심하도록 하였습니다.

신 지묵은 지난밤 유도 군병의 일을 담당한바 무사하였습니다. 궁장 밖의 각 소所 숙직 군병, 각 군보 요령搖鈴[놋쇠로 만든 종 모양의 큰 방울. 위에 짧은 쇠자루가 있고 안에 작은 쇠뭉치가 달린 것으로, 군령이나 경고 신호에 쓴다] 장졸將卒, 각 처 유영留營 및 도성 9문 성 내외 도순라都巡邏[각 군영의 순라를 조사하는 것], 가항순찰街巷巡察[거리를 순찰하는 것], 궁장 밖의 별순라別巡邏[특별히 행하는 순라] 등은 모두 무사합니다.

신 한풍은 지난밤 유영留營 여러 장수, 장교, 군병, 척후, 장졸 모두 아무 일이 없었으며, 궁장 바깥 및 각 처 또한 탈이 없습니다.

신 대현은 어제 임금님의 수레가 궁을 나가신 뒤 각 문 및 궁장 밖의 주간과 야간 순찰을 몸소 점검하고 조사하였는데 모두 무사합니다. 유주留駐[머물러 주둔함] 군병의 일 또한 탈이 없습니다. 이러한 연유로 아울러 보고합니다. (11일부터 15일까지의 장계에 글을 모두 거듭하여 싣지 않았다. 하루 걸러 각 전殿의 문안 인사말이 있었다)

연설

임금께서 자궁을 모시고 화성행궁에 계셨다.

묘시에 임금께서 화성 성묘聖廟에 참배하려고 거둥하셨다. 이때 임금
께서 화성행궁에 드시어 동부승지 이조원에게 하교하시기를, "승지는 먼
저 우화관에 가서 유생들을 입장시키고, 시관試官[과거 시험에 관계되는 시
험관을 통틀어 이르던 말]이 예식을 행하거나 시험문제를 내거는 것은 내가
환궁할 때를 기다려 행하게 하라." 하셨다.

정조 일행이 화성 성묘에 참배하는 모습
정조는 화성에 도착한 이튿날인 1795년 윤2월 11일 묘시卯時[오전 5~7시]에 일어나 화성 성묘聖廟[공자를
모신 사당. 원래 선사묘先師廟라고 하였다가 중국 명나라 성조 때 문묘文廟 또는 성묘聖廟라고 하였으며, 청
나라 이후 공자묘孔子廟라 하였다]에 참배하였다. 을묘년 원행 때 거행한 행사 가운데 썩 눈에 띄지 않는 성
묘 참배를 가장 먼저 했다는 사실은, 조선이 유학을 숭상하는 나라임을 알려 줌과 동시에 정조가 학문을 귀
하게 여겼다는 사실 또한 전하는 상징적인 행사라고 할 수 있다. 그림은 〈정조대왕 능행도〉 8폭 병풍 가운데
'화성 성묘 전배도華城聖廟展拜圖'이다.

임금께서 낙남헌에 드시어 문무과 정시庭試[나라에 경사가 있을 때 대궐 안에서 보던 과거 시험]에 친히 참석하셨다.

임금께서 병조 판서 심환지, 부사직 이병정에게 명하시어 어제御題[임금이 친히 과거장에 나와서 보이던 과거의 글제]를 '근상천천세부謹上千千歲賦'라 쓰게 하시고, 좌의정 유언호에게 하교하시기를, "이는 치사致詞[경사가 있을 때 임금에게 올리던 송덕의 글]의 말이니, 이 점을 알고 잘 지으라는 뜻을 응시하는 여러 유생들에게 알아듣게 하고, 시관은 이 글제를 가지고 우화관에 나아가 받들어 올리고 오라." 하셨다.

이어 무과에 응시하여 활 쏘는 이들을 차례로 호명하라 명하셨다. 활 쏘기가 끝나자 임금께서 말씀하시기를, "화성부 교리校吏[군교와 서리]가 무과 응시자 중 합격에 든 사람에게서 활과 화살을 빼앗았다고 하는데, 유수에게 분부하여 일일이 찾아서 내주도록 하라." 하셨다.

잠시 후 과차科次[과거에 급제한 사람들의 성적 등급]를 가지고 입시하니 임금께서 말씀하시기를, "화성에서 2인을 뽑고, 시흥과 과천에서 각 1인을 뽑아라." 하셨다.

채점해서 합격자 명단을 뜯으니, 문과에서 최지성 등 5인을 뽑고, 무과

낙남헌에서 시행한 임시 과거 시험
방방放榜이란 과거 시험에 급제한 사람들에게 합격증서를 주는 것을 가리킨다. 정조는 을묘년 원행을 기념하여 1795년 윤2월 11일, 그러니까 혜경궁 홍씨의 진찬이 있기 하루 전 문무과 정시庭試 별시別試[나라에 경사가 있을 때 실시하던 임시 과거 시험]를 시행하였는데, 그 자리에 직접 참석하였다. 이때 시험문제 역시 정조가 직접 출제했는데, 정조가 내린 과거 시험의 글 제목은 '근상천천세부謹上千千歲賦'였다. 뜻은 '만수무강하시기를 빌며 올리는 글'로, 혜경궁 홍씨의 장수를 비는 노래를 지어 올리라는 것이었다. 과거 시험의 결과 문과에서 최지성 등 5인, 무과에서 김관 등 56인이 급제하였으며, 이들에게 직접 합격증서를 내려 주었다. 그림은 『원행정리의궤도』에 수록된 <방방도>이다.

放榜圖
금제창방도

에서 김관 등 56인을 뽑아 미시未時[오후 1~3시] 정3각에 합격증서를 내리셨다.

전교

임금께서 명령하셨다.

"장용외사壯勇外使[정조 때 수원에 두었던 장용외영壯勇外營의 주장主將으로, 유수留守가 겸임했다] 소관의 친군위 및 보군은 처음으로 경숙經宿[임금이 대궐 밖으로 거둥하여 하룻밤을 묵음]에 관한 경호 업무를 맡았는데, 앉고 일어섬, 돌진의 절도가 숙달되고 익숙하였으며, 공로가 매우 컸다. 더구나 이번 행행은 상황이 남다르니 내영內營[대궐 안에 있던 병영] 및 화성부에 있는 향군鄕軍[지방에서 뽑아 올리던 군병]과 더불어 모두 환궁 후에 외사外使[지방의 군마를 거느리던 무관]로 하여금 각각 유엽전과 조총 중 한 기술을 시험케 하여 그 합격한 수효를 장문狀聞[임금에게 아룀]하되, 3중中[화살을 3대 맞히는 것] 이상은 방목榜目[과거 합격자 명부]을 기다려 시상하고, 활쏘기 및 총쏘기에서 2중은 각각 무명 1필씩, 활쏘기에서 1중은 각각 화살대 100개씩, 총쏘기에서 1중은 각각 쌀 2말씩을, 그들이 과거를 치르던 곳에 있을 때 외탕고外帑庫[지방에 있는, 임금의 사사로운 재물을 넣어 두는 곳간]에서 직접 나누어 시상할 것을 분부하라." 하셨다.

장계

유도대신 판중추부사 김희의 장계

방금 받은 유영留營 어영대장御營大將 이한풍이 보고한 바에 따르면, 동도참군東道參軍[참군은 서울 주위의 네 산을 지키던 무관으로, 동도참군은 그 가운데 동쪽을 지켰다] 이장옥의 보고서에 본청 담당 구역 혜화문 북쪽 가장자리 응봉 근처 성채 4간 반쯤이 금일 신시申時[오후 3~5시]경에 허물어졌다고 하였기에 즉시 장교를 파견하여 살폈는데, 과연 보고한 바와 같으므로 병조에서 지시한 본 아병牙兵[대장을 수행하는 본진에 있는 병사] 20명, 초관哨官[각 군영에 속해 한 초를 거느리던 종9품 무관] 1명을 시켜 거느리고 수축修築[건물이나 다리 따위의 헐어진 곳을 고쳐 짓거나 보수함]하는 동안에 돌아가면서 더욱 엄하게 파수를 하였다 하오며, 유도대장 또한 보고하여 왔으므로 신이 유도소留都所에서 호위군관扈衛軍官[궁중의 호위를 맡아보던 호위청의 군관]을 별도로 파견하여 그곳을 살피고 파수 등을 각별히 엄하게 조사하였습니다. 이러한 연유로 보고합니다.

연설

임금께서 자궁을 모시고 화성행궁에 계셨다.

인시寅時[오전 3~5시]에 임금께서 자궁을 모시고 현륭원에 나아가기 위해 거둥하셨다.

이때 임금께서 화성행궁에 드시어 하교하시기를, "좌승지는 향과 축문祝文[제사 지낼 때 신명에게 고하는 글]을 받들고 먼저 산소에 나아가 자궁의 소차小次를 검사하고 가교가 도착할 때까지 대기하도록 하라." 하셨다.

인시 정3각에 삼취하였다. 때에 이르자 임금께서 군복을 갖추어 말을 타시고 자궁은 가교에 올라 출발하셨다. 중앙문, 좌익문, 신풍루를 지나서 팔달문으로 나와 상류천 가게 앞길에 이르시어 자궁의 어가를 잠시 쉬도록 하고 미음 쟁반을 올리셨다.

약방 제조 심환지를 앞으로 나오라 명하시어 하교하시기를, "자궁의 몸이 도중에는 한결같이 강녕하시어 참으로 다행하더니, 조금 전 가마 앞에서 문안드렸을 때는 목소리가 조화롭지 못하시다. 자궁께서 몸이 편치 않으신 것을 알 수 있으니 민망하기 짝이 없는 일이다. 경은 먼저 산소에 나아가 자궁께 드릴 삼령다蔘苓茶[인삼과 복령을 넣어 다린 차] 한 첩을 즉시 달여 놓고 기다리도록 하라." 하셨다.

이어 출발하시어 하류천, 황교, 옹봉, 대황교, 유첨현을 지나 유근교 앞 길에 이르러 여러 신하 및 장수 이하에게 모두 말에서 내리라고 명하셨다. 만년제萬年堤[정조가 화성 신도시를 건설하면서 현륭원 바로 아래에 축조한 제방]를 지나 동네 입구에 이르러 하교하시기를, "시위하는 사람과 말은 화소火巢[산불을 막기 위해 능, 원, 묘의 해자 밖에 있는 초목을 불살라 버린 곳] 근처에 함부로 난입하여 나무를 손상시키지 말게 하라." 하셨다.

임금께서 먼저 재실齋室[제사 지내는 집] 밖 막차에 나가시어 자궁의 어가를 맞이하여 재실로 들어가셨다.

임금께서 친히 삼령다를 받들어 자궁께 올리셨다. 정리사가 미음을 올리니 임금께서 말씀하시기를, "자궁의 심기가 좋지 않아 겨우 삼령다를 올렸다. 미음은 올리기가 어려우니 잠시 두어두어라." 하셨다.

임금께서 막차에서 참포黲袍[제사 지낼 때 임금이 입던 옅은 청색의 옷]와 오서대烏犀帶[코뿔소의 뿔로 장식한 허리띠. 조선시대에는 주로 상복에 착용하였다]를 갖추고 나와 소여小輿[작은 가마]를 타시고, 자궁께서는 유옥소여有屋小輿[지붕이 있는 작은 가마]에 올라 원園 위로 나아가셨다.

두 군주郡主가 자궁을 따라서 휘장 안으로 들어가자마자 비통함을 절제하지 못하여 울음소리가 휘장 밖에까지 들려 나왔다.

임금께서 정리소에 명하여 삼령다를 올렸는데 자궁께서 복용을 허락하지 않으셨고, 임금께서 또한 몹시 조급하고 당황해하는 빛이 역력하셨다.

정리사 등이 휘장 밖에서 아뢰기를, "성상께서 슬픈 감회를 억제하기 어려울 것이오나, 자궁의 마음을 더욱 비통에 젖게 하여 자궁께서 혹시라도 병환이라도 나시면 어찌하려고 하십니까? 더구나 날이 이미 저물었으니, 엎드려 바라옵건대 극진히 위로하시기에 힘쓰셔서 어서 환궁하도록 명하소서." 하였다.

임금께서 말씀하시기를, "출궁할 때는 자궁께서 십분 너그러이 억제하겠다는 하교의 말씀이 계셨다. 여기에 도착하니 비창悲愴한 감회가 저절로 마음속에서 솟아나 나 자신이 이미 억제할 수가 없었으니, 하물며 자궁의 마음이야 어떠하시겠는가?" 하시고, 이어 찻잔을 친히 받들어 권해 올리셨다.

잠시 지나서 자궁의 어가를 모시고 홍살문紅箭門[능·원·묘·대궐·관아 따위의 정면에 세우는, 붉은 칠을 한 문] 밖에 이르시자, 가마를 멈추라고 명하여 원園 위를 바라보시고, 조금 있다가 비로소 환궁을 명하셨다.

임금께서 군복으로 갈아입으신 후 말을 타고, 자궁은 가교에 올라 재실 앞에 이르셨다.

대가가 마을 입구를 나와 하류천에 이르자 자궁의 어가를 잠시 머물게 하여 미음을 올리시고, 각신, 승지, 사관에게 식사를 제공하였다.

이어 출발하여 팔달문으로 들어가 신풍루, 좌익문, 중양문을 지나 봉수당에 나아가 자궁을 모시고 장락당으로 들어가셨다.

신시申時에 임금께서 화성 장대華城將臺에 친히 임하시자, 성조城操[성

안에서 하는 군사훈련], 야조夜操[야간 군사훈련]의 관계자들이 입시하였다.

임금께서 화성행궁에 오셔서 하교하시기를, "친림 습조親臨習操[임금이 친히 임하여 하는 훈련] 시에는 대신 이하가 모두 무기와 복장을 갖추고 따라 올라가는 것이 곧 『오례의』에 실려 있는 바이니, 오늘 여러 대신 및 별운검[임금의 좌우에 서서 호위하는 임시 벼슬]에게 갑옷과 투구를 갖추고 들어오게 하라." 하셨다.

또 하교하시기를, "전 승지 이유경을 가승지假承旨[임시로 승정원에 속하여 왕명의 출납을 맡아보던 벼슬]로 임명하라. 금일 성조 시 거행할 군사를 분방分房[여러 벼슬아치에게 일을 나누어 맡기던 일]하는 것은 출궁出官 전 1각刻이다." 하셨다.

임금께서 갑옷과 투구를 갖추고 낙남헌에 나와 계시다가, 신정초각申正初刻[신시의 한가운데로, 오후 4시]에 손뼉을 세 번 치니 임금께서 말을 타고 행궁 문밖을 나와 장춘각藏春閣, 우화관于華觀과 미로한정未老閑亭 앞길을 지나 장대將臺에 도착하여 말에서 내려 자리에 오르시고, 병조 판서 심환지, 장용외사壯勇外使 조심태 등이 차례대로 참현參現[참가하여 나타남]하였다.

대신 이하에게 입시를 명하시어 임금께서 말씀하시기를, "여러 대신은 모두 노인이니 참현 입시에서 제외시키도록 하라." 하시니, 영의정 홍낙성, 좌의정 유언호, 우의정 채제공, 영돈령 김이소金屬素, 판부사判府事 이병모李秉模가 앞으로 나아갔다.

홍낙성이 아뢰기를, "신이 이 지방을 지나다닌 것이 매우 여러 번인데 이와 같은 보장지지保障之地[장애나 위험이 없는 안전한 곳]가 되는 줄 아직 몰랐다가, 지금 주위 형국이 두루 좋고, 규모가 넓고 큰 것을 보니 비로소

하늘이 만든 뛰어난 산이 오늘을 기다리고 있었음을 알겠나이다. 높지
도 않고 낮지도 않아 공수攻守에 모두 편하여 바로 삼남三南의 요충에 해
당하며 근엄함이 경기 지방을 제압할 수 있으니, 참으로 이른바 '만세토
록 영원히 힘입을 터'라 하겠습니다." 하니 임금께서 말씀하시기를, "원
침園寢을 수호하는 것을 중요하게 여겨 특별히 축적한 예산을 헤아려 이
와 같은 토목 공사가 있었으나, 만약 땅의 이로움과 좋은 형국을 얻지 못
하였다면 또한 어찌 일을 크게 벌일 수 있었겠는가? 사람은 모든 일에 매
번 역량이 없음을 근심하기 마련인데, 어찌 뜻이 있다면 이루지 못하는
것이 있겠는가? 다만 우리나라 사람들은 평소 성제城制에 매우 열심이
나, 공사가 이와 같이 매우 거대한데도 수년 사이에 거의 다 완공하였으
니 또한 처음에는 나의 헤아림이 미치지 못하였다." 하셨다.

채제공이 아뢰기를, "구획을 나누어 공사를 진행함은 결단코 신충宸衷
[임금의 속마음]으로부터 나온 것으로, 경비에 번거로움이 없었고 백성의
힘을 수고롭게 하지 않았으니 신은 실로 우러러 사모함을 이기지 못하

정조가 서장대에서 야간 군사훈련을 참관하는 모습
수원시 팔달산 정상에 있는 서장대는, 정조가 왕권 강화 및 부친 사도세자와 모친 혜경궁 홍씨에 대한 효심
의 발현, 나아가 상업을 중심으로 새롭게 다가오는 세상을 준비하기 위한 미래 도시를 목적으로 건설한 조선
의 신도시 화성을 방어하는 성곽에 설치한 누각이다. 화성華城이라는 명칭에는 '성곽'이라는 뜻도 담겨 있
다. 결국 화성 건설은 신도시 화성과 화성의 방어, 나아가 수도 서울에 대한 방어까지 염두에 둔 성곽 건설로
이루어진 셈이다. 장대將臺는 '장수가 지휘하는 곳'이라는 뜻으로, 화성에는 서장대와 동장대, 두 곳이 있었
다. 서장대는 정면 3칸, 측면 3칸의 중층 누각으로, 상층은 정면과 측면이 각각 1칸의 모임지붕으로 되어 있
다. 뒤편에는 쇠뇌를 쏘는 군사인 노수弩手가 머물던 곳이 있다. 서장대에 오르면 화성의 안팎이 한눈에 들
어와 장수가 지휘하기에 알맞은 곳이었다. 서장대에 있는 편액 '화성장대華城將臺'는 정조가 직접 쓴 것이다.
<서장대 성조도>는 <서장대 야조도>라고도 하는데, 윤2월 12일 오후 7시에 시작한 야간 훈련의 모습을 그
린 것이다. 이날 훈련은 오후와 밤, 두 차례에 걸쳐 이루어졌는데, 그림에는 햇불을 밝히고 있다. 이날 훈련에
는 약 3,700여 명의 군사가 참여했다. 그림은 〈정조대왕 능행도〉 8폭 병풍 가운데 〈서장대 성조도西將臺城
操圖〉이다.

겠습니다. 그리고 외사外使가 시종 공사를 감독함에 있어서 자신이 도구를 직접 조종하다시피 하여 그 수고로움을 꺼리지 않은 것은 또한 가히 그에 알맞은 사람을 얻은 보람임을 알 수 있습니다." 하니 임금께서 말씀하시기를, "경이 모든 걸 관장한 수고로움 또한 많다."고 하셨다. 채제공이 아뢰기를, "신이 어찌 그간에 공로가 있었다 하겠습니까마는, 다만 우충愚衷['우둔한 충성'이라는 뜻으로, 자신을 낮추어 이르는 말]에 동동거릴 뿐입니다. 성부城府의 제도는 거의 두루 갖추어졌으나, 촌락이 아직 즐비함을 이루지 못하고 재화의 이익이 아직 유통되지 않고 있습니다. 왕도王道의 장려한 규모는 3~4년에 이루어짐을 구하기가 어려우니 공사의 나머지 일이 매우 걱정입니다." 하니 임금께서 말씀하시기를, "고을이 되고 도읍이 되는 것은 아직 2년, 3년의 기간이 있으며, 지금부터 앞으로 이용후생利用厚生[백성이 사용하는 기구 등을 편리하게 하고 의식을 풍부하게 하며, 생계에 부족함이 없도록 함]의 방도를 점차 갖추어 나가면 돈이 몰려들 것이니, 백성들이 많지 않음은 걱정할 일이 아니다." 하셨다. 이어 좌승지 이만수에게 어제시御製詩를 써서 내려 여러 신하로 하여금 답하도록 명하셨다. 임금께서 이유경李儒敬에게 하교하시기를, "행궁이 아주 가까우니 포성이 높으면 안 된다. 신포信砲[신호용 화포]는 삼혈三穴[구멍이 3개인 포]로 대신하여 총수銃手로 하여금 성의 서북쪽 모퉁이에서 쏘게 하라." 하셨다. 성조와 야조를 전례와 같이 하도록 명하시고, 임금께서 말을 타고 낙남헌으로 돌아오셨다.

Ⅲ 『원행을묘 정리의궤』 내용 읽기

연설

임금께서 자궁을 모시고 화성행궁에 계셨다.

진시辰時[오전 7~9시]에 임금께서 봉수당에 나아가 자궁께 진찬을 드렸다. 정리사가 소속인들을 거느리고 의식을 벌이는 여러 일을 점검하였다.

진시 정3각에 진찬할 때가 되자 자궁께서 예복을 갖추어 자리에 오르고, 임금께서 융복戎服[철릭과 주립으로 된 옛 군복]을 갖추어서 절을 하기 위해 나아가셨다.

승지, 사관, 각신이 중양문 밖에 품계에 따라 서고, 외빈 영의정 홍낙성 등이 들어와 절을 하기 위해 나아가 진찬례進饌禮를 의식과 같이 행하였다.

첫째 잔과 둘째 잔은 임금께서 친히 수주정壽酒亭[나라에서 잔치를 벌일 때 술잔을 올려놓던 탁자]에 나아가 받들어 올리시고, 셋째 잔부터 일곱째 잔까지는 자궁의 전교로 명부命婦[작위를 받은 부인을 통틀어 이르는 말. 내명

177

부와 외명부의 구별이 있었다] 및 외빈 영의정 홍낙성, 광은 부위光恩副尉[부위는 군주郡主의 남편에게 내리는 의빈부의 정3품 벼슬로, 김기성은 청연 군주의 남편이었다] 김기성이 받들어 올렸다.

일곱째 잔 이외는 외빈 동돈령同敦寧[돈령부에 속한 종2품 벼슬로, 동지돈령부사를 가리킨다] 홍낙신 등 3인이 차례로 헌수獻壽[장수를 비는 뜻으로 술잔을 올림]하고, 내외빈척으로부터 예졸隸卒, 공령工伶[악공과 무동, 여령]에 이르기까지 모두 천세千歲[천추만세의 줄임말로, 만수무강을 기원하는 말]를 불렀다.

총리대신과 정리 당상, 낭청을 모두 들어오라 명하시고 임금께서 홍낙성 등에게 하교하시기를, "내가 몇 년을 축원한 것이 바로 오늘의 진찬인데 날씨가 화창하고 자궁의 심기가 강녕하시니 기쁘고 경사로운 정성을 무엇으로 표현하겠는가?" 하시니 홍낙성 등이 아뢰기를, "만년의 빛나는 축복이 금년 오늘에 더욱 간절하여 좋은 날짜를 잡아 의식을 순조로이 이루니 임금의 효심이 아닌 것이 없으며, 경사스러운 모임을 외람되이 모심은 신등의 행복입니다." 하였다.

백관에게 식사를 베풀고 꽃을 나누어 줄 것을 명하시니, 정리사 한 사람이 중양문 밖에 나가 먹을 것을 살피고, 승지 및 병조 판서가 동서로 줄지어 선 각 영의 교졸 및 각 사의 관리와 일꾼을 정돈시켜 차등 있게 모두 나누어 먹이고 각각 꽃을 하나씩 꽂게 하였다.

임금께서 승지, 사관, 각신에게 입시하라 명하시어 하교하시기를, "정리 당상, 낭청은 이미 외빈과 달라 그 진찬의 여러 절차를 바로잡아 참여를 허락하였으나, 나를 가까이 모시는 신하들만 홀로 참여하지 못하면 원망할 것이므로 경등을 특별히 불렀다. 경등은 모두 취하지 않고는 돌아가지 말라." 하셨다. 이어 좌승지 이만수에게 몸소 지은 시를 써서 내려 진연에 참여한 여러 신하들로 하여금 그 시에 화답하는 시를 지어 올리게 하라고 명하시고, 정리소의 여러 신하들에게 하교하시기를, "금일의 예식은 천년에 처음 있는 경사이나, 오는 갑자년(1804)은 자궁께서 칠순이 되시는데 그때 산소에 참배하고 진찬하는 것을 마땅히 또 오늘과 같이 해야 할 것이니, 오늘 사용한 식탁, 술잔 등의 도구는 화성부에 보관하여 10년 만에 거듭 돌아옴을 기다리라." 하셨다.

악장樂章

임금께서 지으신, 화성 봉수당 진찬 때 선창하는 악장

즐거운 잔치가 태평시대에 열렸으니 태평함을 나타내는 상象이 있도다. 그 상이 어떠한고? 노인성老人星이 중천에 빛나도다. (궁宮)

기쁨이 나에게 머무르니 길이 즐거운 봄이요, 성수聖壽를 빌러 온 여인은 화봉인華封人[고대 중국 요임금 시대에 화 땅에 봉해진 사람으로, 장수와 부귀, 자손 번창의 세 가지로 요임금을 축원했다고 함]이로다. (상商)

길고 긴 봄날 장락궁長樂宮[대왕대비 또는 대비가 머무는 곳]에 술잔치 열고 화봉인은 어머니께 삼수三壽[세 가지 장수, 즉 100세, 80세, 60세를 가리킨다]를 송축하도다. (각角)

아들을 돕고 손자에게 끼친 공이 얼마나 높으신지 넘치는 복록 밝게 빛나도다. (치徵)

함지咸池[요임금 때의 음악 이름]와 운문雲門[고대 중국 신화 시대의 임금인 황

제가 지은 악곡 이름]을 연주하고, 옥장玉漿[귀한 음식]과 경액瓊液[귀한 술]을
해마다 준비하도다. (우羽)

임금께서 지으신, 화성 봉수당 진찬 때 후창하는 악장

인자한 덕의 순수함이 두텁고 많아서 형용하기 어렵고, 묵묵한 운수와
넓은 사랑의 태평시대를 열었도다. (궁)

온갖 복이 바로 모이니 그 이름이 냇물과 같고, 자손들 번성하여 해마
다 경사로다. (상)

북두처럼 밝고 숭산嵩山[중국을 대표하는 5대 산 가운데 하나로, 중국 허난성
에 있다]처럼 높으며, 요책瑤冊[아름다운 책]은 상서로움을 기록하고 춘주春
酒[봄에 담근 술]는 나이를 따라 베풀도다. (각)

아! 아름답다, 인자하신 덕으로 화갑華甲을 맞이하셨도다. 지금 화성을
보니 온갖 만물이 사방에 즐비하도다. (치)

즐겁다, 새 읍이여! 백성들이 번성하기를 송축하노니, 억만 년 영원토
록 변함이 없으소서. (우)

치사致詞

화성 봉수당 잔치 때 친히 올린 치사

국왕 모某[임금의 이름을 직접 부르지 않는 관례에 따라 '모'라고 표기함]는 삼
가 건륭乾隆 60년(1795) 윤2월 13일을 맞이했습니다. 효강자희정선휘목
혜빈[혜경궁 홍씨의 공식 호칭] 저하邸下[본래는 왕세자를 가리키는 말인데, 여기

서는 혜경궁 홍씨를 가리킨다]께서는 왕실의 아름다운 덕을 계승하사 바다 같은 마음으로 장수를 누리시어 복이 자손에게 이어지고 경사가 어머니에게 미쳤습니다. 공손히 축하의 잔치에 모시고자 삼가 술잔을 올립니다. 부모의 연세를 아는 매우 기쁜 날이오니 칭송하는 소리가 산처럼 울립니다.

아! 즐거운 이 잔치에 만물이 모두 은혜를 입어서 봄의 화창한 기운을 맞이하여 하늘의 도우심에 보답합니다. 어머니께서는 더욱 오래 사시어 복을 크게 받으시고 오래오래 태평하시고 변함없이 영원하소서. 경사롭고 즐거운 마음을 이기지 못하여 삼가 천천세千千歲를 기원하는 축수잔을 올립니다.

(예문관 제학 이병정 지어 올림)

의주儀註

화성 봉수당에서 자궁께 드리는 진찬 의식

하루 전날 상침尙寢[내명부에 속한 정6품 벼슬]은 소속 나인들을 통솔하여 자궁의 좌석을 행궁 내전의 북쪽 벽에 남쪽을 향하여 설치하고, 인안印案[인장함을 올려놓는 책상]은 좌석 동쪽에, 향안香案[향로를 올려놓는 책상] 두 개는 앞 기둥 좌우에 설치한다. 임금님의 옥좌는 자궁의 좌석 동쪽에 설치하고 배위拜位[절을 하는 자리]는 계단 위에 북쪽을 향하여, 욕위褥位[요를 깔아 만들어 놓은 임금의 자리]는 내전 가운데에 북쪽을 향하여 설치한다.

여관女官(전찬典贊[조회 때 손님을 돕고 안내하며 연회를 준비하는 일을 맡아보던 정8품 내명부]을 가리킨다)은 내외명부들이 시위할 자리를 북쪽을 윗자리로 하여 앞 기둥 발 안쪽으로 서로 마주 보게 설치하고, 배위는 전殿 앞에 좌우로, 외위外位는 뜰 가운데에(땅의 지형을 따라 한다) 설치하되 북쪽을 향하여 서로 대할 수 있게 한다(내명부는 동편에, 외명부는 서편에 자리를 배치한다).

의식에 초대받은 부마駙馬[임금의 사위]나 척신戚臣들의 시위는 앞 기둥 발 밖에 북쪽을 윗자리로 삼아 좌우로 서로 마주 보게 설치하고, 배위는 전 앞에 좌우로 북쪽을 향해 상대할 수 있게 설치한다(실직[실제로 일정한 직을 맡아 근무하는 벼슬]에 있는 자는 동편에 서고, 군함[오위에 속한 무관 벼슬을 통틀어 이르던 말]인 자는 서편에 선다).

전의典儀는 배종 백관들의 선찬위[식사 자리]를 문밖에 북쪽을 윗자리로 하여 동서로 마주 보게 설치하고, 배위는 길을 동서로 늘어서서 북쪽

을 향하여 서로 대할 수 있게 한다(문관은 동편, 무관은 서편이다). 인의引儀
는 각기 외위를 평상시처럼 설치한다(의빈儀賓 척신은 중양문 밖에, 배종 백
관은 좌익문 밖에 선다).

의식이 시작되면 정리대신 이하 모두는 융복을 갖추고 시위대를 독
려하여 전문殿門 밖 뜰에 진열시키고, 의장은 전 뜰에 좌우로 진열시킨
다. 산선繖扇, 청개靑蓋[푸른 비단으로 된 의장], 홍개紅蓋[붉은 비단으로 만든
양산 모양의 의장], 정절旌節[심부름하는 자가 드는 의장], 봉선鳳扇[긴 대나무
자루가 달린 부채의 가장자리를 쇠로 두르고 녹색 실로 꿰매어 붉은 비단 바탕의 좌
우에 금색으로 봉황을 그리거나 수놓은 의장], 작선雀扇[대궐 안의 잔치에서 벌이
던 행사 때 쓰던 의장] 등은 각 2개씩을 앞 기둥 발 바깥에 동서 양편에
둔다.

여집사가 의식의 시작을 알리기 약 3각[1각은 약 15분] 전에 여관女官,
여집사, 여령女伶 등은 각기 의복을 갖추고 자기의 외위에 나아갔다가
잠시 후 각자의 자리에 위치한다. 정리사가 뜰 가운데에 북 등 악기를
진열시킨다. 의빈 척신과 배종 백관들은 융복(유생들은 청금복靑衿服[옥색
에 청색으로 깃·섶·밑단·수구·무를 장식한, 유생이 입던 옷]을 입는다)을 갖추고
각기 외위로 나아간다. 2각 전에 내외명부는 각기 예복을 갖추고 외위
로 나아가고, 인의는 배종 백관들을 나누어 인도하여 배위에 나아간다.
1각 전에 여관(여기서는 상궁을 말한다) 등은 모두 내합內閤[중궁전中宮殿의
앞문]에 가서 자궁을 예방하고 사후여관伺候女官(상의尙儀를 말한다)은 무
릎을 꿇고 내엄을 아뢰고, 조금 기다렸다가 다시 무릎을 꿇고 바깥에서
준비가 끝났음을 아뢴다.

자궁께서 예복을 갖추시고 여관(상궁을 말한다)의 인도로 나오면 여민

락령與民樂令[임금이 환궁할 때 아뢰던 여민락계의 한 음악]을 연주한다. 자리에 이미 오르시면 향로에 연기를 올리고 음악을 그친다. 여집사(통찬通贊[나라의 제사 때 의식의 순서를 담당하던 임시직]을 말한다)가 내합에다 무릎을 꿇고 엄 중임을 알린다. 여관(전찬을 말한다)은 내외명부를 이끌고 배위에 나아간다. 여관(사찬司贊[의식의 의례를 보조하던 관원]을 말한다)이 "재배하시오." 하고 말하면 낙양춘곡洛陽春曲[중국 송나라에서 들어온 제사 음악의 하나]을 연주한다. 여관(전찬을 말한다)이 "국궁[몸을 굽힘], 재배[두 번 절함], 흥[일어남], 평신[몸을 바르게 폄]"이라고 창唱하면 내외명부들은 국궁, 재배, 흥, 평신을 하고, 그것이 끝나면 음악을 그친다(대개 전찬의 창은 사찬의 말을 이어서 하며, 다음에도 같은 방식으로 하되 계단 아래에서는 사찬과 전찬의 창을 여집사가 발 밖에서 대신한다).

여관(전찬을 말한다)은 내외명부를 이끌고 시위에 나아가고, 여집사는 의빈 척신을 이끌고 배위에 나아간다. 여집사(통찬을 말한다)가 무릎을 꿇고 임금께 바깥 사정을 아뢰면, 임금께서는 융복을 갖추고 나오며, 이때 여민락령을 연주한다. 임금께서는 여집사(통찬을 말한다)의 인도로 배위에 나아가 북쪽을 바라보고 서면 음악을 멈춘다. 여집사(찬창贊唱[의식을 거행할 때, 의식의 순서를 맡아 읽는 사람이 순서에 따라 부르는 말을 그대로 받아서 큰 소리로 다시 외쳐 부르는 사람]을 말한다)가 "국궁, 재배, 흥, 평신"이라고 창하면 낙양춘곡을 연주한다. 임금이 국궁, 재배, 흥, 평신을 하면 의빈儀賓 척신과 배종 백관이 이를 따라 같이한다.

음악이 그치면(배종 백관의 경우는 인의가 창을 문밖으로 전한다) 여집사(찬창을 말한다)가 "궤跪[꿇어앉음]" 하고 창하면 임금께서는 무릎을 꿇고 앉으며, 의빈 척신과 배종 백관도 이를 따라 같이한다. 여관(전찬을 말한다)

이 "휘건을 올리시오." 하고 창하면(여집사가 창을 이어 가는 방식은 뒤에도 같게 한다) 정리사가 장막 밖에 지시하여 휘건을 받들어 드리며 여민락령을 연주한다. 내시가 이를 전달하여 여관(상식尙食[내명부 가운데 식사에 관한 일을 맡아보던 종5품 벼슬]을 말한다)에게 주고, 여관은 이를 전달받아 무릎을 꿇고 자궁의 자리 앞에 드린다.

음악이 그치면(전달하여 바치는 다음의 절차도 이와 같이 하면 된다) 찬안饌案[임금께 올리던 잔칫상]을 올리고 여민락만與民樂慢[임금이 납실 때 아뢰었던 여민락계의 한 음악]을 연주하고, 찬안 올리기가 끝나면 연주를 그친다. 꽃을 올리면 여민락령을 연주하고, 꽃 올리기가 끝나면 연주를 그친다. 여집사(찬창을 말한다)가 "부복俯伏[고개를 숙이고 엎드림], 흥, 평신"이라고 창하면 임금께서는 엎드렸다가 몸을 일으키고 몸을 바로 한다. 의빈 척신과 배종 백관들도 모두 이와 같이 한다.

여령 두 사람이 앞으로 나아가 발 밖의 가운데에서 동서편으로 나뉘어 북쪽을 향해 서서 장악장長樂章[장악은 5개의 장으로 구성되어 있다]을 창한다. 창이 끝나면 내려와 자기 자리로 돌아간다. 여집사(통찬을 말한다)가 임금을 인도하여 발 밖에 이르면 여관(상궁을 말한다)이 안내를 이어 수주정壽酒亭 남쪽에까지 모신다. 임금께서 북쪽을 향하여 서면 여민락령을 연주한다.

여관(상식을 말한다)이 수주壽酒[장수를 기원하고 축하하는 술]를 따라 임금에게 바치면 임금께서는 잔을 받아 자궁이 계신 자리 앞에 나아간다. 여관(전찬을 말한다)이 "궤" 하고 창하면 임금께서는 무릎을 꿇으며 의빈 척신과 배종 백관들도 모두 같이한다. 임금께서 잔을 여관(상식을 말한다)에게 주면 여관은 잔을 받들어 자궁의 자리 앞에 놓는다(작은 상이 있다). 여관(전찬을 말한다)이 "부복, 흥, 평신"이라고 창하면 임금께서는 부복, 흥, 평신을 하고 의빈 척신과 배종 백관들도 모두 같이한다.

음악이 그치면 여관(상궁을 말한다)이 임금을 인도하여 수주정을 나와 발 밖에 이르면 여집사(통찬을 말한다)가 앞을 인도하여 배위에 이르러 북쪽을 향해 선다. 여집사(찬창을 말한다)가 "궤" 하고 창하면 임금께서는 무릎을 꿇으며 의빈 척신과 배종 백관들도 모두 이와 같이 한다.

여집사(대치사代致詞[왕세자나 세자빈을 대신하여 임금에게 치사를 읽어 올리던 집사관]를 말한다)가 임금님의 배위 앞에 나아가 북쪽을 향하여 무릎을 꿇고 임금님을 대신하여 치사致詞[경사가 있을 때 임금에게 올리던 송덕의 글]를 읊고, 이를 끝내면 부복과 흥을 한 다음 내려와 자기 자리로 돌아온다. 여집사(찬창을 말한다)가 "부복, 흥, 평신"이라고 창하면 임금께서는 부복, 흥, 평신을 하고 의빈 척신과 배관 백관들도 모두 이와 같이 한다.

여집사(통찬을 말한다)가 임금을 인도하여 발 밖에 이르면 여관(상궁을 말한다)이 이어 전殿 안의 욕위褥位에까지 모신다. 여관(전찬을 말한다)이 "궤" 하고 창하면 임금께서는 무릎을 꿇으며 의빈 척신과 배종 백관들도 모두 이와 같이 한다.

여관(상의를 말한다)이 자궁 자리의 바로 앞까지 다가와 무릎을 꿇고 선지宣旨[임금의 명령을 널리 선포함]를 아뢴다. 부복과 흥을 하고 서쪽을 향해 무릎을 꿇은 다음 선지하여 말하되, "전하와 더불어 같이 경사롭습니다."라고 한다. 선지가 끝나면 자기 자리로 돌아온다.

자궁께서 잔을 들면 여민락 천세만세곡을 연주한다. 여관(상식을 말한다)이 나아가 빈 잔을 받들어 수주정에 도로 놓아둔다.

음악이 그치면 여관(전찬을 말한다)이 "부복, 흥, 평신"이라고 창하면 임금께서는 부복, 흥, 평신을 하고 의빈 척신과 배종 백관들도 모두 이와 같이 한다.

여관(상궁을 말한다)이 임금을 모시고 나와 발 밖에 이르면 여집사(통찬을 말한다)가 앞을 인도하여 배위로 간다. 여집사(찬창을 말한다)가 "궤" 하고 창하면 임금께서는 무릎을 꿇으며 의빈 척신과 배종 백관들도 모두 이와 같이 한다. "삼고두三叩頭[세 번 머리를 땅에 조아림]를 하시오." 하고 창하면 임금께서는 삼고두를 하며, 의빈 척신과 배종 백관들도 모두 이와 같이 한다. "산호山呼[나라의 중요 의식에서 신하들이 임금의 만수무강을 축원하여 두 손을 치켜들고 만세를 부르던 일]를 하시오." 하고 창하면 임금께서는 손을 모아 이마에 대며 "천세千歲"라고 하며, "산호를 하시오." 하고 창하면 "천세" 하며, 다시 "산호를 하시오." 하고 창하면 "천천세"라고 하며, 의빈 척신과 배종 백관들도 모두 이와 같이 한다(천세를 부를 때 명부 및 여관 이하는 모두 자기 자리에 서서 같은 소리로 호응한다).

여집사(찬창을 말한다)가 "부복, 흥, 재배, 흥, 평신"이라고 창하고 낙양춘곡을 연주하기 시작하면, 임금께서는 부복, 흥, 재배, 흥, 평신을 하고 의빈 척신과 배종 백관들도 모두 이와 같이 한다.

음악이 그치면 여집사(통찬을 말한다)가 임금을 인도하여 발 밖에 이르면 여관(상궁을 말한다)이 이어 받들어 전殿 안의 욕위에까지 모시어 서쪽을 향해 서시게 하고, 다른 여집사들은 의빈 척신들을 나누어 인도하여 각기 시위侍位[임금을 모시는 자리]에 이르도록 한다. 여관(전찬을 말한다)이 "궤" 하고 창하면 임금께서는 무릎을 꿇으며 내외명부와 의빈 척신 및 배종 백관들도 모두 이와 같이 한다.

정리사가 임금에게 휘건을 드리면(전달하여 받들어 드리는 의식은 앞의 의식과 같다) 여민락령을 연주하고, 드리는 절차가 끝나면 연주를 그친다. 이어서 찬안을 올리면 여민락만을 연주하고 찬안을 올리면 연주를 그친다. 다음 절차로 꽃을 올리면 여민락령을 연주하고 꽃을 올리고 나면 연주를 그친다.

여관(전빈典賓[궁중에서 접대나 영빈 따위의 일을 맡아보던 정7품 궁인직 벼슬]을 말한다)은 내외명부의 찬탁饌卓[반찬이나 반찬거리를 얹어 두는 긴 탁자]을 설치하고, 여집사는 의빈 척신의 찬탁을 설치한다. 여관과 여집사가 꽃을 뿌리면 집사자執事者는 술과 음식을 백관들에게 베풀고 꽃을 뿌린다(백관들은 자리를 떠나 술을 마시며, 끝나면 4배를 하는데, 전의典儀와 찬홀贊笏[의식이 있을 때 의식을 진행시키는 사람]과 인의引儀가 창을 전한다).

인의는 배종 백관들을 인도하여 나와 탕湯을 자궁께 드리면(전달하여 받들어 드리는 의식은 찬안을 받드는 의식과 같다) 여민락만을 연주하고, 탕을 다 올리면 연주를 그친다.

첫 번째 잔을 올리면 헌선도獻仙桃[당악 정재의 하나로, 정월 보름날 밤 임금의 만수무강을 기원하는 내용으로 추던 춤] 정재呈才[대궐 안의 잔치 때 벌이던 춤과 노래]를 연행하고, 여민락, 환환곡桓桓曲[세종 때, 태조의 용맹과 건국의 위업을 찬양하기 위하여 만든 악곡]이 연주되면 여관(상궁을 말한다)은 임금을 수주정에까지 모신다(내외명부 및 의빈 척신은 각각 본석 앞에서 국궁을 하고 있다가 임금께서 자리에 나아간 후 자기 자리로 돌아온다. 자궁께서 소차에 들어가실 때도 이와 같다).

여관(상식을 말한다)이 수주壽酒를 따라 무릎을 꿇은 채 임금에게 드리면 임금께서는 잔을 받아 자궁의 자리 앞에 나아간다. 여관(전찬을 말한

獻仙桃
헌
선
도

헌선도 공연 모습

고려 때 들어온 당악唐樂[중국 당송 이후에 우리나라에 들어온 중국의 속악俗樂을 통틀어 이르는 것으로, 당송 이후의 중국의 음률에 의거하여 제정한 음악] 정재呈才의 하나이다. 정월 보름날 밤 즐거운 모임에 군왕을 기리고 축하하기 위하여 선모仙母가 신선의 세계에서 내려와 선도仙桃[선경에 있다는 복숭아]를 주는 내용으로 되어 있다. 춤은 선모仙母 1명, 협무挾舞 2명, 죽간자竹竿子 2명, 봉탁奉卓 1명, 봉반奉盤 1명으로 구성되어 있고, 의장대가 따로 있다. 그림은 『원행정리의궤도』에 수록된 <헌선도>이다.

다)이 "궤" 하고 창하면 임금께서는 무릎을 꿇고 잔을 여관(상식을 말한다)에게 건넨다. 여관은 잔을 받아 자궁 앞에 가서 드린다. 자궁은 잔을 드신다. 이것을 마치면 잔을 여관(상식을 말한다)에게 주고, 여관은 이를 무릎을 꿇고 받아 임금에게 간다. 주정酒亭에서 술잔에 술을 따라 자궁 앞에 올리면 자궁께서는 술잔을 받은 다음 여관에게 주어 임금에게 전달하도록 한다. 임금께서는 술잔을 받아 마신다.

음복이 끝나고 여관(전찬을 말한다)이 "부복, 흥, 평신"이라고 창하면 임금께서는 술잔을 받들고 부복, 흥, 평신을 하고 주정에 이르면 여관이 무릎을 꿇고 술잔을 받는다. 임금께서 돌아와 자리에 나아가 행주行酒 [잔에 술을 부어 돌림]를 하면 여관(전빈典賓[궁중에서 접대나 영빈 따위의 일을 맡아보던 정7품 궁인직 벼슬]을 말한다)은 내외명부에게 술을 돌리고, 여집사는 의빈 척신에게 술을 돌린다(행주란 자리를 벗어나 무릎을 꿇고 술을 마신 후 다시 자리로 돌아오는 것이다). 임금에게 탕을 바친다.(전달하여 받들어 드리는 의식은 앞서의 의식과 같다) 여관과 여집사는 일을 나누어 내외명부와 의빈 척신에게 탕을 제공한다. 정재를 마치면 연주를 그친다.

두 번째 잔을 들 때는 금척金尺[궁중의 잔치 때, 금척사를 부르며 추던 춤] 정재와 수명명受明命[궁중 무용의 하나로, 회례연·동지·정조·양로연 따위에 쓰였다] 하황은荷皇恩[세종 때 지은 아악곡]을 연행한다. 여민락 청평악淸平樂 [정재 때 연주하던 풍류의 하나]이 연주되면 여관(전빈을 말한다)은 진작進爵 [진연 때 임금에게 술잔을 올리던 일] 명부를 인도하여 수주정으로 가서 남북으로 향하여 서게 하고, 여관(상식을 말한다)은 잔에 수주를 따라 명부에게 주면 명부는 이를 받아 자궁 앞에 가서 무릎을 꿇고 여관(상식을 말한다)에게 잔을 건넨다. 여관은 자궁께 잔을 바친다. 명부는 부복을 하고

夢金尺
몽금척

금척金尺(몽금척) 공연 모습

조선시대 초기에 만들어진 당악 정재의 하나인 금척은 몽금척이라고도 한다. 조선 태조 때 정도전이 태조의 공덕을 칭송하기 위해 만든 악장樂章인 '몽금척'을 춤으로 꾸민 것이다. 악장은 태조가 잠저[왕위에 오르기 전에 살던 집]에 있을 때 꿈에 신령이 금자[金尺]를 주면서 "이것을 가지고 국가를 정제하시오."라고 한 것을 내용으로 하고 있다. 그림은 『원행정리의궤도』에 수록된 <몽금척>이다.

하황은荷皇恩 공연 모습

조선 세종 때 지어진 당악 정재의 하나로, 『세종실록』에 의하면 조선 세종 1년 정월, 태종이 변계량에게 명하여 하황은곡荷皇恩曲을 짓게 하였다고 한다. 하황은은 세종이 명나라 황제에게 왕의 인준을 받아, 온 백성이 기뻐한다는 내용을 담고 있는 춤과 노래이다. 그림은 『원행정리의궤도』에 수록된 <하황은>이다.

자궁께서 잔을 든다. 이것이 끝나면 잔을 여관에게 주고, 여관은 빈 잔을 받아 명부에게 주면 명부는 잔을 받아 수주정에 놓는다. 여관이 명부를 이끌고 자기 자리로 되돌아오게 한다.

세 번째 잔에서 일곱 번째 잔에 이르기까지 명부와 의빈 척신 중 자궁의 뜻을 받은 자들은 이와 같은 의식으로 잔을 올리며, 나머지 의빈 척신들은 자궁의 차소次所에서 잔을 올리고, 주정에 가서 술을 따라 임금에게 잔을 올린다. 임금께서 잔을 들고 마신 후 잔을 돌려주고 주정으로 돌아오면 신하들은 자리에서 물러난다(탕을 올리는 것과 행주 의식은 첫 번째 잔의 의식과 같다). 매 잔마다 이와 같이 한다(정재가 끝나면 연주를 그친다).

여령 두 사람이 발 밖 중앙으로 나아가 동서로 나누어 북쪽을 향하여 서서 관화장觀華章[아름다운 덕으로 화갑을 맞으셨다는 내용의 악장]을 창한다. 창을 마치면 내려와 자기 자리로 돌아간다. 여관(상식을 말한다)이 자궁과 임금의 앞에 나아가 상을 치울 때 여민락만을 연주한다. 여관(전빈을 말한다) 및 여집사가 명부 및 의빈 척신의 탁자를 치우면 연주를 그친다.

여관(전찬을 말한다)이 "일어나도 좋습니다."라고 창하면 여관(상궁을 말한다)은 임금을 모시고 발 밖으로 나아가고, 여집사(통찬을 말한다)가 앞을 인도하여 배위에까지 모신다. 여집사는 의빈 척신을 이끌고 배위로 내려간다. 여집사(찬창을 말한다)가 "국궁, 재배, 흥, 평신"이라고 창하면 낙양춘곡을 연주한다. 임금께서 국궁, 재배, 흥, 평신을 하면 의빈 척신이 이를 함께하고 연주를 그친다.

여집사(통찬을 말한다)가 임금을 모시고 나오면 여민락령을 연주하고,

합閤[문] 안에 이르면 연주를 그친다. 여집사가 의빈 척신을 나누어 이끌고 나오면 여관(전빈을 말한다)은 내외명부를 나누어 이끌고 나와 배위로 돌아온다. 여관(전찬을 말한다)이 "국궁, 재배, 흥, 평신"이라고 창하면 낙양춘곡을 연주한다. 내외명부가 국궁, 재배, 흥, 평신을 하면 연주를 그친다.

여관(전찬을 말한다)이 자궁의 자리 앞에 나아가 무릎을 꿇고 예식을 다 마쳤다고 말한다(여관과 여집사가 창을 전한다). 여관(전빈을 말한다)이 내외명부를 나누어 이끌고 나오면 자궁께서는 자리에서 내려오며 여민락령을 연주한다. 자궁께서 돌아와 합 안에 이르면 연주를 그친다.

찬품饌品(진찬進饌)

자궁께 올리는 찬안饌案[음식 종류]

검은 칠의 족반足盤[궁중에서 사용하던 굽이 있는 소반]을 사용하여 자기로 70기[기는 음식을 그릇에 담을 때 그 분량을 세는 단위]를 올린다.

- **여러 가지 떡 1기**

고임 높이는 1자[1자는 약 30cm] 5치[1치는 약 3cm]이다. 재료 및 분량은 백미병白米餠[흰쌀로 만든 떡]에 멥쌀 4말, 찹쌀 1말, 검정콩 2말, 대추 7되, 밤 7되이고, 찹쌀떡에 찹쌀 3말, 녹두 1말 2되, 대추 4되, 밤 4되, 곶감 4곶이며, 쇠머리떡에 찹쌀 1말 5되, 검정콩 6되, 대추 3되, 밤 3되, 꿀 3되, 계핏가루 3냥[무게의 단위로 37.5그램]이고, 밀설기[시루떡의 하나로, 멥쌀가루를 켜를 얇게 잡아 켜마다 고물 대신 흰 종이를 깔고, 물 또는 설탕물을 내려서 시루에 안쳐 깨끗하게 쪄 낸다]에 멥쌀 5되, 찹쌀 3되, 대추 3되, 밤 2되, 꿀 2되, 건시 2곶, 잣 5홉[부피의 단위로 곡식·가루·액체 따위의 부피를 잴 때 쓴다. 1홉은 1되의 10분의 1로 약 180ml이다]이다. 석이병[석이버섯 가루와 멥쌀가루에 물과 꿀을 넣고 섞은 다음 굵은체에 내려서 대추·잣 등으로 고명을 올려 찐 떡]에 멥쌀 5되, 찹쌀 2되, 꿀 2되, 석이버섯 1말, 대추 3되, 밤 3되, 건시 2곶, 잣 3홉이고, 여러 색의 절편[떡살로 눌러 모나거나 둥글게 만든 떡]에 멥쌀 5되, 연지 1주발, 치자 1돈, 쑥 5홉, 김 2냥이며, 여러 가지 주악[웃기떡의 하나로, 찹쌀가루에 대추를 이겨 섞고 꿀에 반죽하여 깨소나 팥소를 넣어 송편처럼 만든 다음 기름에 지진다]에 찹쌀 5되, 참기름 5되, 검정콩 2되, 익힌 밤 2되, 참깨 2되, 송고[소나무나 잣나무에서 분비되는 끈적끈적한 액체] 10편, 치자 3돈, 쑥 5홉, 김 2냥, 잣 2홉, 꿀 1되 5홉이다. 여러 가지 산승[찹쌀가루를 반죽하여 얇게 밀어 모지거나 둥글게 만들어 기름에 지진 웃기떡]에 찹쌀 5되, 참기름 5되, 싱검초[승검초. 당귀의 뿌리] 5홉, 잣 2홉, 꿀 1되 5홉이고, 여러 가지 단자병[찹쌀가루를 쪄서 보에 싸 방망이로 치댄 다음 모양을 만들고 꿀과 잣가루 등으로 고물을 묻힌 떡]에 찹쌀 5되, 석이버섯 3되, 대추 3되, 익힌 밤 3되, 쑥 5홉, 잣 5홉, 꿀 1되 5홉, 계핏가루 3돈, 말린 생강 가루 2돈이다.

- **약밥**[찹쌀을 물에 불려 시루에 찐 뒤에 꿀 또는 흑설탕·참기름·대추·밤 따위를 넣고 다시 시루에 찐 밥] 1기

재료 및 분량은 찹쌀 5되, 대추 7되, 밤 7되, 참기름 7홉, 꿀 1되 5홉, 잣 2홉, 간장 1홉이다.

- **국수** 1기

재료 및 분량은 메밀가루 3되, 녹말 5홉, 간장 5홉, 꿩 2각[짐승을 잡아 그 고기를 나눌 때, 전체를 몇 등분한 것 가운데 한 부분], 쇠고기 안심육 3냥, 달걀 5개, 후춧가루 2작[부피의 단위로, 액체나 씨앗 따위의 양을 잴 때 쓴다. 1작은 1홉의 10분의 1로 약 18ml이다]이다.

- **대약과**大藥果[꿀과 기름을 섞은 밀가루 반죽을 판에 박아서 모양을 낸 후 기름에 지진 과자] 1기

고임 높이는 1자 5치이다. 약과 225개를 만드는데, 재료 및 분량은 밀가루 4말 5되, 꿀 1말 8되, 참기름 1말 8되, 잣 1되 5홉, 계핏가루 3돈, 후춧가루 3돈, 말린 생강 가루 1돈[무게의 단위로, 귀금속이나 한약재 따위의 무게를 잴 때 쓴다. 1돈은 1냥의 10분의 1이자 1푼의 10배로, 약 3.75g이다], 참

깨 2홉, 사탕 2원이다.

- **만두과**饅頭菓[밀가루에 참기름·꿀·생강즙·소주 따위를 넣고 반죽한 뒤 잘게 썬
  대추와 계핏가루를 섞은 소를 넣어 만두 모양으로 빚고, 이것을 기름에 튀긴 음식]
  1기

  고임 높이는 1자 5치이다. 재료 및 분량은 밀가루 3말, 꿀 1말 2되, 참
  기름 1말 2되, 대추 8되, **황률**黃栗[말려서 껍질과 보늬를 벗긴 밤] 가루 8되,
  건시 5곶, 잣 3되, 계핏가루 1냥, 후춧가루 5돈, 말린 생강 가루 2돈, 사
  탕 3원이다.

- **다식과**茶食菓[밀가루·꿀·기름·생강즙·소주 따위를 한데 반죽하여 다식판보다
  큰 판에 박아 내서 기름에 지져 만든 과자] 1기

  고임 높이는 1자 5치이다. 재료 및 분량은 밀가루 3말, 참기름 1말 2되,
  꿀 1말 2되, 말린 생강 가루 1돈, 계핏가루 3돈, 잣 5홉, 참깨 7홉, 후춧
  가루 2돈, 사탕 2원이다.

- **흑임자다식**[검은깨를 볶아서 찧어 굵은체에 쳐서 찐 다음 꿀이나 조청에 반죽하
  여 만든 다식] 1기

  고임 높이는 1자 5치이다. 재료 및 분량은 흑임자 4말, 꿀 8되이다.

- **송화다식**[송홧가루를 꿀에 반죽하여 판에 박아 낸 다식] 1기

  고임 높이는 1자 5치이다. 재료 및 분량은 송홧가루 3말 5되, 꿀 9되이다.

- **밤다식**[밤으로 만든 다식] 1기

  고임 높이는 1자 5치이다. 재료 및 분량은 황률 가루 4말, 꿀 9되이다.

- **산약다식**山藥茶食[마의 뿌리로 만든 다식] 1기

  고임 높이는 1자 5치이다. 재료 및 분량은 산약 30단, 꿀 9되이다.

- **홍갈분다식**紅葛粉茶食[칡뿌리를 짓찧어 물에 담근 뒤 가라앉은 앙금을 말린 가

루로 만든 다식] 1기

고임 높이는 1자 5치이다. 재료 및 분량은 갈분 2말, 녹말 1말 5되, 꿀 8되, 연지臙脂[자줏빛을 띤 빨간색 염료] 15주발, 오미자 5되이다.

- 홍매화紅梅花강정 [찰벼로 튀긴 튀밥을 꿀이나 조청에 묻혀 만든 과자로, 색깔에 따라 홍매화강정·백매화강정·황매화강정 등이 있다] 1기

고임 높이는 1자 5치이다. 재료 및 분량은 찹쌀 2말, 차조 7말, 참기름 1말 3되, 백당 5근, 술 2되, 꿀 2되, 지초[버섯의 일종] 2근이다.

- 백매화白梅花강정 1기

고임 높이는 1자 5치이다. 재료 및 분량은 찹쌀 2말, 차조 7말, 참기름 9되, 백당 5근, 술 2되, 꿀 2되이다.

- 황매화黃梅花강정 1기

고임 높이는 1자 5치이다. 재료 및 분량은 찹쌀 2말, 차조 7말, 참기름 9되, 백당 5근, 꿀 1되, 울금 8냥, 술 2되이다.

- 홍연사과紅軟絲果[연사과는 찹쌀가루에 술을 넣고 반죽해 네모지게 썰어 기름에 지진 후, 고물을 묻혀 만든 과자로, 색에 따라 홍연사과·백연사과·황연사과 등이 있다] 1기

고임 높이는 1자 5치이다. 재료 및 분량은 찹쌀 2말, 세건반細乾飯 1말 2되, 참기름 1말 2되, 백당 4근, 지초 2근, 소주 1 복자[액체를 되는 데 쓰는 그릇], 꿀 3되이다.

- 백연사과白軟絲果 1기

고임 높이는 1자 5치이다. 재료 및 분량은 찹쌀 2말, 세건반 1말 2되, 참기름 1말, 백당 4근, 소주 1 복자, 꿀 3되이다.

- 황연사과黃軟絲果 1기

고임 높이는 1자 5치이다. 재료 및 분량은 찹쌀 2말, 참기름 1말, 백당 4근, 잣 1말 4되, 소주 1복자, 꿀 3되이다.

• **홍감사과**紅甘沙菓[잘게 만든 강정에 아무 가루도 묻히지 않고 색소를 탄 조청을 발라 놓은 과자로, 색에 따라 홍감사과·백감사과 등이 있다] 1기

고임 높이는 1자 5치이다. 재료 및 분량은 찹쌀 2말, 참기름 9되, 백당 2근, 지초 1근 8냥, 술 2되, 꿀 2되이다.

• **백감사과**白甘沙菓 1기

고임 높이는 1자 5치이다. 재료 및 분량은 찹쌀 2말, 참기름 6되, 백당 2근, 술 2되, 꿀 2되이다.

• **홍료화**紅蓼花[요화는 밀가루에 기름과 꿀을 섞어 만든 과자로, 삼색 요화에 홍요화·백요화·황요화가 있다] 1기

고임 높이는 1자 5치이다. 재료 및 분량은 밀가루 2말, 건반乾飯[마른 밥] 1말 2되, 참기름 1말 3되, 백당 6근, 지초[지칫과의 여러해살이풀] 2근이다.

• **백료화**白蓼花 1기

고임 높이는 1자 5치이다. 재료 및 분량은 밀가루 2말, 건반 1말 2되, 참기름 1말, 백당 7근이다.

• **황료화**黃蓼花 1기

고임 높이는 1자 5치이다. 재료 및 분량은 밀가루 2말, 건반 1말 2되, 참기름 1말, 백당 7근, 송홧가루 3되이다.

• **각색 팔보당**八寶糖[설탕에 빛깔을 들여 졸인 다음, 꽃잎을 새긴 판에 부어 굳혀 만든 사탕] 1기

고임 높이는 1자 4치이다. 재료 및 분량은 팔보당 14근이다.

- 인삼당人蔘糖 1기

  고임 높이는 1자 3치이다. 재료 및 분량은 문동당[맥문동을 설탕에 조린 것], 인삼당[인삼을 설탕에 조려 말린 것], 빙당[겉모양이 얼음 조각처럼 된 사탕]을 합하여 13근으로 한다.

- 오화당五花糖 1기

  고임 높이는 1자 2치이다, 재료 및 분량은 옥춘당[쌀가루로 만든 사탕] 4근, 오화당[오색으로 물들여 만든 둥글납작한 사탕] 8근이다.

- 조란棗卵[대추를 쪄서 씨를 발라내고 설탕을 뿌려 다진 후, 다시 쪄 내어 꿀을 넣고 대추 모양으로 빚어 꼭지에 통잣을 박아 잣가루를 묻힌 것] 1기

  고임 높이는 1자이다. 재료 및 분량은 대추 2말, 황률 1말 5되, 잣 1말, 꿀 7되, 계핏가루 1냥이다.

- 율란栗卵[밤을 삶아 살만 파서 으깬 후 꿀을 넣고 밤 모양으로 빚어 계핏가루나 잣가루를 묻힌 것] 1기

  고임 높이는 1자이다. 재료 및 분량은 황률 2말 5되, 꿀 6되, 계핏가루 1냥, 후춧가루 3돈, 잣 8되, 사탕 3원이다.

- 강란薑卵[생강에 설탕을 넣고 졸이다가 생강 녹말과 꿀을 넣어 엉기게 한 후, 식혀서 생강 모양으로 빚어 잣가루를 묻힌 것] 1기

  고임 높이는 1자이다. 재료 및 분량은 생강 5말, 잣 1말, 꿀 7되, 백당 2근이다.

- 용안龍眼[용안나무의 열매] · 여지荔枝[여지나무의 열매] 1기

  고임 높이는 1자 4치이다. 재료 및 분량은 용안 7근, 여지 7근이다.

- 밀조蜜棗[꿀에 잰 대추] · 건포도 1기

  고임 높이는 1자 1치이다. 재료 및 분량은 밀조 5근, 포도 6근이다.

- 민강閩薑[생강을 설탕물에 조려 만든 과자] 1기

  고임 높이는 1자이다. 재료 및 분량은 민강 23근이다.

- 귤병橘餅[설탕이나 꿀에 졸인 귤] 1기

  고임 높이는 1자이다. 재료 및 분량은 귤병 320개이다.

- 유자 1기

  재료 및 분량은 유자 80개이다.

- 석류 1기

  재료 및 분량은 석류 80개이다.

- 배 1기

  재료 및 분량은 배 50개이다.

- 준시蹲柹[꼬챙이에 꿰지 않고 납작하게 말린 감] 1기

  고임 높이는 1자이다. 재료 및 분량은 준시 430개이다.

- 생률生栗[익히거나 말리지 않은 날밤] 1기

  재료 및 분량은 밤 3말 5되이다.

- 황률黃栗 1기

  재료 및 분량은 황률[말려서 껍질과 보늬를 벗긴 밤] 3말 5되이다.

- 대추 1기

  재료 및 분량은 대추 3말, 잣 5되이다.

- 대추찜 1기

  재료 및 분량은 대추 4말, 잣 3되이다.

- 호두 1기

  고임 높이는 1자이다. 재료 및 분량은 호두 3말 5되이다.

- 산약山藥 1기

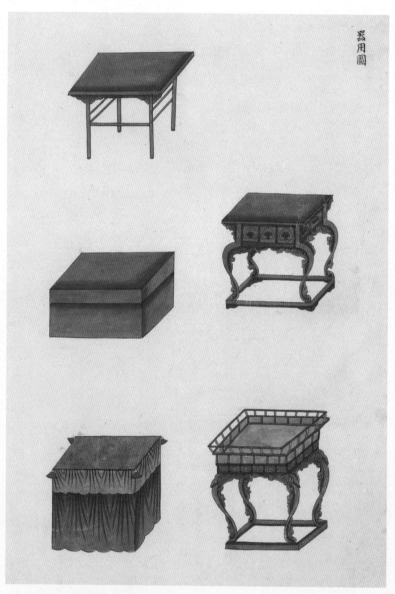

을묘년 원행 중 봉수당 진찬 때 사용한 다양한 상

혜경궁 홍씨에게 올리는 음식의 종류는 세기가 힘들 만큼 다양했고, 당연히 그에 따른 다양한 상이 필요했다. 그림은 『원행정리의궤도』에 수록된 〈기용도器用圖〉의 일부이다.

고임 높이는 7치이다. 재료 및 분량은 산약[마의 뿌리] 20단이다.

- 잣 1기

고임 높이는 1자이다. 재료 및 분량은 잣 2말이다.

- **각색 정과**正果[온갖 과일·생강·연근·인삼 따위를 꿀이나 설탕물에 조려 만든 음식] 1기

고임 높이는 7치이다. 재료 및 분량은 생강 2말, 모과 15개, 연근 1묶음, 산사 5되, 두충 3되, 동아 1편, 배 10개, 도라지 2단, 유자 8개, 감자 8개, 연지 2주발, 치자 4냥, 산사고山査膏[산사나무의 열매로 만든 과자] 3편, 꿀 8되이다.

- 수정과 1기

재료 및 분량은 석류 3개, 감자 2개, 유자 2개, 배 5개, 연지 1주발, 꿀 5홉, 잣 2홉이다.

- **배숙**[껍질을 벗겨 자른 배에 통후추를 박고 설탕물에 넣어 끓여 익힌 음료] 1기

재료 및 분량은 배 15개, 꿀 1되 5홉, 잣 2홉, 후추 3홉이다.

- **금중탕**錦中湯[닭고기·쇠고기·양·전복·해삼 등을 넣고 끓인 국] 1기

재료 및 분량은 묵은 닭 3마리, 쇠고기 4냥, 해삼 5개, 달걀 5개, 무 5개, 전복 5개, 박고지 1사리, 다시마 2립, 오이 2개, 표고버섯 1홉, 밀가루 1홉, 후춧가루 5작, 간장 1홉 5작이다.

- **완자탕**[완자를 넣고 끓인 국] 1기

재료 및 분량은 무 5개, 해삼 5개, 달걀 5개, 꿩 2마리, 쇠고기 4냥, 양 4냥, 돼지고기 4냥, 전복 5개, 곤자소니 2부, 오이 2개, 녹말 1홉, 표고버섯 1홉, 후춧가루 5작, 간장 1홉 5작이다.

- **저포탕**猪胞湯[저포는 돼지의 태반으로, 저포탕은 돼지 태반에 쇠고기를 넣고 닭

육수를 부어 끓인 탕] 1기

재료 및 분량은 저포 5부, 쇠고기 1근, 묵은 닭 2마리, 후춧가루 5작, 간
장 1홉 5작이다.

- 계탕鷄湯[닭고기를 넣고 끓인 국] 1기

재료 및 분량은 묵은 닭 3마리, 달걀 5개, 다시마 2립, 후춧가루 5작, 간
장 1홉 5작이다.

- 홍합탕 1기

재료 및 분량은 홍합 130개, 쇠고기 1근, 후춧가루 5작, 간장 1홉 5작
이다.

- 편육 1기

고임 높이는 1자이다. 재료 및 분량은 돼지고기 30근이다.

- 절육截肉[먹기 좋게 잘라 놓은 여러 가지 포] 1기

고임 높이는 1자 5치이다. 재료 및 분량은 황대구 13미, 건대구 13미,
홍어 7미, 상어 7미, 광어 10미, 문어 3미, 전복 7곶, 염포 7첩, 추복
5첩, 오징어 5첩, 건치 6수이다.

- 어전유화魚煎油花[생선전. 전유화는 얇게 저민 고기나 생선 따위에 밀가루를 묻
히고 달걀 푼 것을 씌워 기름에 지진 음식이다] 1기

고임 높이는 1자이다. 재료 및 분량은 숭어 2묶음, 달걀 170개, 참기름
8되, 녹말 4되, 소금 2홉이다.

- 생치전유화生雉煎油花[꿩전] 1기

고임 높이는 1자이다. 재료 및 분량은 꿩 10마리, 달걀 150개, 녹말
1되, 메밀가루 6되, 참기름 8되, 소금 1홉이다.

- 전치수全雉首[꿩을 통째로 구운 음식] 1기

재료 및 분량은 꿩 7마리, 참기름 1홉 5작, 소금 1홉 5작이다.

- **화양적**花陽炙[삶은 도라지, 쇠고기, 버섯 따위를 양념하여 볶은 후 꼬챙이에 꿰고, 끝에 삼색 사지絲紙를 감은 음식] 1기

  고임 높이는 7치이다. 재료 및 분량은 돼지고기 7근, 돼지고기 안심육 5근, 양 1/2부, 요골 5부, 곤자소니 5부, 숭어 1미, 달걀 50개, 전복 7개, 해삼 3곳, 밀가루 5되, 도라지 3묶음, 파 1단, 석이버섯 2되, 표고버섯 1되, 후춧가루 1돈 5푼, 간장 1홉, 소금 1홉이다.

- **생치숙**生雉熟[꿩찜] 1기

  재료 및 분량은 꿩 4마리, 쇠고기 1근, 후춧가루 1돈, 간장 1홉, 소금 1홉이다.

- **숭어찜** 1기

  재료 및 분량은 숭어 2미, 쇠고기 1근, 묵은 닭 1마리, 달걀 5개, 녹말 3홉, 간장 1홉이다.

- **해삼찜** 1기

  재료 및 분량은 해삼 1첩 7곳, 저각 3부, 쇠고기 3근, 달걀 80개, 밀가루 5되, 참기름 5되, 소금 2홉이다.

- **연저증**軟猪蒸[새끼 돼지찜] 1기

  재료 및 분량은 연저 3구, 묵은 닭 2마리, 꿩 2마리, 쇠고기 1근, 참기름 3되, 잣 5홉, 후춧가루 1홉, 생강 2홉, 간장 1홉 5작이다.

- **각색 만두** 1기

  고임 높이는 7치이다. 재료 및 분량은 처녑 3부, 양 5근, 돼지고기 2근, 쇠고기 2근, 녹말 2되, 참기름 7홉, 후춧가루 1홉 2작, 간장 1홉 2작, 소금 1홉 2작이다.

- 어만두魚饅頭[생선의 살로 피皮를 만들어 빚은 만두] 1기

  재료 및 분량은 숭어 6미, 저각 2부, 쇠고기 2근, 녹말 2되, 참기름 5홉, 후춧가루 1홉, 소금 1홉이다.

- 어채魚菜[생선·전복·해삼·곤자소니 따위를 녹말에 무쳐 끓는 물에 데친 숙회] 1기

  고임 높이는 4치이다. 재료 및 분량은 숭어 3미, 전복 5개, 양 2근, 돼지고기 2근, 해삼 3곶, 도라지 1/2단, 달걀 50개, 곤자소니 3부, 석이버섯 1되, 표고버섯 5홉, 녹말 5되, 연지 1주발이다.

- 어회魚膾[생선회] 1기

  재료 및 분량은 숭어 5미, 농어 1미이다.

- 숙합회熟蛤膾[조개 숙회] 1기

  재료 및 분량은 대합 3말 2되, 녹말 5되, 소금 1홉 5작이다.

- 숙란熟卵[삶은 계란] 1기

  재료 및 분량은 달걀 320개이다.

- 꿀 1기

  재료 및 분량은 꿀 7홉이다.

- 초장 1기

  재료 및 분량은 간장 5홉, 초 2홉, 잣 1작이다.

- 겨자 1기

  재료 및 분량은 겨자 7홉이다.

소별미小別味 한 상

12기로 한다.

- **미음 1기**

재료 및 분량은 맵쌀 1되, 대추 2되, 꿀 2홉이다.

- **여러 가지 떡 1기**

고임 높이는 5치이다. 재료 및 분량은 쇠머리떡에 찹쌀 4말, 검정콩
1되 6홉, 숙률 1되, 대추 1되, 계핏가루 5돈, 꿀 6홉이고, 각색 절병各色
切餠에 맵쌀 3되, 연지 1/2주발, 치자 1돈, 쑥 3홉, 김 3돈, 참기름 3작이
며, 건시주악병乾柹助岳餠에 찹쌀 3되, 건시 4곳, 검정콩 2되, 계핏가루
3돈, 꿀 5홉, 참기름 1되 5홉이다.

- **침채만두**[김치만두] **1기**

재료 및 분량은 맵쌀 2되, 메밀가루 7홉, 숭침채菘沈菜[배추김치] 1주먹,
꿩 2각, 쇠고기 3냥, 돼지고기 3냥, 두부 2모, 잣 3작, 참기름 1홉 5작,
간장 1홉 5작이다.

- **다식과·만두과 1기**

고임 높이는 5치이다. 재료 및 분량은 밀가루 5되, 대추 1되, 황률 1되,
건시 1곳, 꿀 2되, 참기름 2되, 잣 3홉, 말린 생강 가루 7푼, 후춧가루
7푼, 계핏가루 2돈, 사탕 1/2원이다.

- **홍백연사과紅白軟絲果 1기**

고임 높이는 5치이다. 재료 및 분량은 찹쌀 5되, 세건반 3되, 참기름
2되 5홉, 지초 2냥, 백당 1근 1냥 1돈, 잣 5홉, 소주 1잔, 꿀 7홉이다.

- **배·석류 1기**

재료 및 분량은 배 6개, 석류 9개이다.

- **대추·생밤 1기**

  재료 및 분량은 대추 2되, 밤 4되, 잣 1홉이다.

- **각색 정과 1기**

  고임 높이는 3치이다. 재료 및 분량은 연근 5뿌리, 생강 2되, 산사 2되, 감자 3개, 모과 3개, 유자 2개, 배 2개, 동아 3편, 두충 1되, 꿀 1되이다.

- **별잡탕**別雜湯[쇠고기·해삼·전복·채소 등 여러 재료를 넣고 끓인 국] **1기**

  재료 및 분량은 묵은 닭 2각, 쇠고기 2냥, 양 2냥, 저포 2냥, 곤자소니 1부, 숭어 1/2미, 달걀 5개, 전복 1개, 무 1개, 오이 1개, 해삼 2개, 두골 1/2부, 박고지 1주먹, 참기름 5홉, 녹말 3홉, 표고버섯 2작, 잣 2작, 후 춧가루 1작, 간장 2홉이다.

- **열구자탕**悅口資湯['입을 즐겁게 하는 탕'이라는 뜻으로, 신선로를 가리킨다] **1기**

  재료 및 분량은 꿩 2각, 묵은 닭 2각, 숭어 1/2미, 쇠고기 3냥, 곤자소 니 1부, 요골 1/2부, 돼지고기 2냥, 우설 2냥, 양 2냥, 숙저육 2냥, 저포 2냥, 달걀 15개, 전복 2개, 무 2개, 오이 2개, 추복 3조, 해삼 3개, 표고 버섯 1홉, 참기름 6홉, 녹말 3홉, 파 1단, 미나리 1/2단, 고사리 1주먹, 박고지 1주먹, 도라지 1주먹, 황률 5작, 대추 5작, 잣 5작, 간장 5홉이다.

- **어만두 1기**

  재료 및 분량은 숭어 2미, 숙육 5근, 숙저육 5냥, 묵은 닭 2각, 두부 2모, 생강 2홉, 잣 2홉, 참기름 2홉, 파 2주먹, 후춧가루 2작, 녹말 5홉, 소금 1홉이다.

- **저포**猪胞[돼지 태반으로 만든 찜] **1기**

재료 및 분량은 저포 5부이다.

- 꿀 1기

재료 및 분량은 꿀 2홉이다.

- 초장 1기

재료 및 분량은 간장 7작, 초 3작, 잣 1작이다.

- 상화床花[잔칫상에 꽂아 놓는 조화] 42개

대수파련大水波蓮[수파련은 종이로 만든 연꽃으로, 크기에 따라 대수파련·중수파련·소수파련이 있다] 1개, 중수파련 1개, 소수파련 2개, 삼색 목단화 3개, 월계 1개, 사계 1개, 홍도별삼지화紅桃別三枝花[홍도화는 궁중 연향 때 많이 사용하는 비단으로 만든 붉은 복숭아꽃으로, 홍도삼지화는 복숭아꽃이 세 갈래 가지에 달려 있는 것이고, 홍도별삼지화는 이보다 크고 화려한 겹꽃 모양의 꽃 위에 나비 한 마리를 수식한 것이다] 6개, 홍도별건화紅桃別建花[홍도건화보다 꽃이 크고 화려한 홍도화] 5개, 홍도건화紅桃建花[꽃과 잎이 무성한 홍도화] 15개, 홍도간화紅桃間花[꽃과 잎이 드문드문 있는 홍도화] 7개이다.

대전大殿[임금]께 올리는 찬안饌案

검은 칠의 족반足盤을 사용하여 자기로 20기를 올린다.

- 각색 병[떡] 1기

고임 높이는 8치이다, 재료 및 분량은 백미병에 멥쌀 2말, 찹쌀 5되, 검정콩 1말, 대추 4되, 밤 4되이고, 찹쌀떡에 찹쌀 1말 5되, 녹두 6되, 대추 2되, 밤 2되, 건시 2곶이며, 쇠머리떡에 찹쌀 8되, 검정콩 3되, 대추 1되 5홉, 밤 1되 5홉, 꿀 1되 5홉, 계핏가루 1냥 5돈이고, 밀설기에 멥

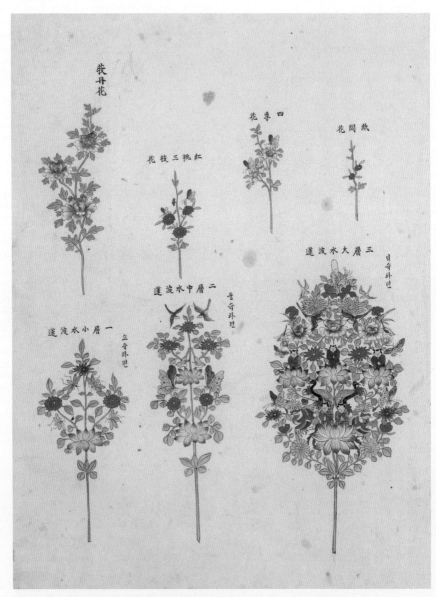

牧丹花

花枝三桃紅

花卒四

花間紙

蓮波水大層三

蓮波水中層二

蓮波水小層一

봉수당 진찬의 혜경궁 홍씨 회갑 잔칫상에 장식했던 상화床花

상화란 잔칫상에 장식을 위해 꽂는 조화를 일컫는다. 혜경궁 홍씨의 회갑 잔칫상에 사용한 상화는 종이나
비단으로 만들었는데, 그 종류는 연꽃, 복숭아꽃, 모란 등 부귀와 장수를 상징하는 꽃들이었고, 매우 화려하
게 정성을 다해 만들었음을 알 수 있다. 그림은 『원행정리의궤도』에 수록된 <채화도綵花圖> 중 일부이다.

쌀 3되, 찹쌀 1되 5홉, 대추 1되 5홉, 밤 1되, 꿀 1되, 건시 1곶, 잣 2홉이고, 석이병[석이버섯과 멥쌀로 만든 떡]에 멥쌀 3되, 찹쌀 1되, 꿀 1되, 석이버섯 5되, 대추 1되 5홉, 밤 1되 5홉, 건시 1곶, 잣 1홉 5작이며, 여러 가지 절편에 멥쌀 3되, 연지 1/2주발, 치자 7푼, 쑥 3홉, 김 1냥이다. 여러 가지 주악에 찹쌀 3되, 참기름 3되, 검정콩 1되, 익힌 밤 1되, 참깨 1되, 송고 5편, 치자 2돈, 쑥 3홉, 김 1냥, 꿀 8홉, 잣 1홉이고, 여러 가지 산승에 찹쌀 3되, 참기름 3되, 꿀 8홉, 싱검초 가루 3홉, 잣 1홉이며, 여러 가지 단자병에 찹쌀 3되, 석이버섯 1되, 대추 1되 5홉, 익힌 밤 1되 5홉, 쑥 3홉, 잣 3홉, 꿀 8홉, 계핏가루 2돈, 말린 생강 가루 1돈이다.

- 약반 1기
  재료 및 분량은 찹쌀 4되, 대추 6되, 밤 6되, 참기름 6홉, 꿀 1되 2홉, 잣 2홉, 간장 1홉이다.

- 국수 1기
  재료 및 분량은 메밀가루 3되, 녹말 5홉, 간장 5홉, 꿩 2각, 쇠고기 안심육 3냥, 달걀 5개, 후춧가루 2작이다.

- 대약과 1기
  고임 높이는 8치이다. 약과 115개를 만드는데, 재료 및 분량은 밀가루 2말 3되, 꿀 9되 2홉, 참기름 9되 2홉, 잣 8홉, 계핏가루 2돈, 후춧가루 1돈, 말린 생강 가루 6푼, 참깨 1홉, 사탕 1원이다.

- 각색 다식, 각색 연사과 1기
  고임 높이는 4치이다. 재료 및 분량은 찹쌀 8되, 참기름 4되, 잣 1되 6홉, 세건반 3되 2홉, 지초 4냥, 백당 2근, 갈분 3되, 황률 3되, 송홧가루 3되, 흑임자 3되, 꿀 3되, 연지 1주발, 오미자 2홉이다.

- 여러 가지 강정 1기

  고임 높이는 8치이다. 재료 및 분량은 찹쌀 1말, 세건반 6되, 참기름 6되, 참깨 3되, 흑임자 3되, 잣 3되, 송홧가루 2되, 백당 3근, 꿀 1되, 지초 6냥이다.

- 민강 1기

  고임 높이는 7치이다. 재료 및 분량은 민강 15근이다.

- 귤병 1기

  고임 높이는 7치이다. 재료 및 분량은 귤병 220개이다.

- 유자·석류 1기

  재료 및 분량은 유자 15개, 석류 15개이다.

- 배 1기

  재료 및 분량은 배 30개이다.

- 준시 1기

  고임 높이는 6치이다. 재료 및 분량은 준시 258개이다.

- 밤 1기

  재료 및 분량은 밤 1말 8되이다.

- 각색 정과 1기

  고임 높이는 5치이다. 재료 및 분량은 생강 1말 3되, 모과 10개, 연근 1/2묶음, 두충 2되, 산사 2되, 동아 1편, 배 7개, 도라지 1단, 유자 6개, 감자 6개, 연지 1주발, 치자 1냥, 산사고 2편, 꿀 5되이다.

- 수정과 1기

  재료 및 분량은 석류 2개, 유자 2개, 배 3개, 꿀 5홉, 잣 1홉이다.

- 금중탕 1기

재료 및 분량은 묵은 닭 3마리, 쇠고기 4냥, 돼지고기 4냥, 해삼 4개, 달걀 5개, 무 5개, 전복 3개, 박고지 1사리, 다시마 2립, 오이 2개, 표고버섯 1홉 5작, 밀가루 1홉 5작, 후춧가루 5작, 간장 1홉이다.

- **완자탕** 1기

재료 및 분량은 무 5개, 해삼 5개, 달걀 5개, 묵은 닭 2마리, 쇠고기 4냥, 양 4냥, 돼지고기 4냥, 전복 3개, 곤자소니 2부, 오이 2개, 녹말 1홉, 표고버섯 1홉, 후춧가루 5작, 간장 1홉이다.

- **편육** 1기

고임 높이는 6치이다. 재료 및 분량은 돼지고기 16근이다,

- **절육** 1기

고임 높이는 8치이다. 재료 및 분량은 황대구 7미, 건대구 7미, 홍어 4미, 상어 4미, 광어 6미, 문어 2미, 전복 4곳, 염포 4첩, 추복 3첩, 오징어 3첩, 건치 3수이다.

- **각색 전유화** 1기

고임 높이는 6치이다. 재료 및 분량은 숭어 6미, 꿩 4마리, 달걀 85개, 참기름 4되, 메밀가루 4되 5홉, 밀가루 3되, 소금 2홉 5작이다.

- **어회**[생선회] 1기

재료 및 분량은 숭어 5미, 농어 1미이다.

- **꿀** 1기

재료 및 분량은 꿀 7홉이다.

- **초장** 1기

재료 및 분량은 간장 4홉, 초 3홉이다.

- **겨자** 1기

재료 및 분량은 겨자 7홉이다.

소별미 한 상

9기로 한다.

• 미음 1기

재료 및 분량은 멥쌀 1되, 대추 2되, 꿀 2홉이다.

• 여러 가지 떡 1기

고임 높이는 5치이다. 재료 및 분량은 쇠머리떡에 찹쌀 4되, 검정콩 1되 6홉, 익힌 밤 1되, 대추 1되, 계핏가루 5돈, 꿀 6홉이고, 여러 가지 절편에 멥쌀 3되, 연지 1/2주발, 치자 1돈, 쑥 3홉, 김 3돈, 참기름 3작 이며, 건시주악병에 찹쌀 3되, 건시 4곶, 검정콩 2되, 계핏가루 3돈, 꿀 5홉, 참기름 1되이다.

• 침채만두 1기

재료 및 분량은 멥쌀 2되, 메밀가루 7홉, 숭침채 1주먹, 꿩 2각, 쇠고기 2냥, 돼지고기 2냥, 두부 2모, 잣 2작, 참기름 5작, 간장 1홉 5작이다.

• 다식과·만두과 1기

고임 높이는 5치이다. 재료 및 분량은 밀가루 5되, 대추 1되, 황률 1되, 건시 1곶, 꿀 2되, 참기름 2되, 잣 3홉, 말린 생강 가루 7푼, 후춧가루 7푼, 계핏가루 2돈, 사탕 1/2원이다.

• 대추·밤 1기

재료 및 분량은 대추 2되, 밤 4되, 잣 1홉이다.

• 각색 정과 1기

고임 높이는 3치이다. 재료 및 분량은 연근 5뿌리, 생강 2되, 산사 2되, 감자 3개, 모과 3개, 유자 2개, 배 2개, 동아 3편, 두충 1되, 꿀 1되이다.

- 별잡탕 1기

재료 및 분량은 묵은 닭 2각, 쇠고기 2냥, 양 2냥, 저포 2냥, 곤자소니 1부, 숭어 1/2미, 달걀 5개, 전복 1개, 무 1개, 오이 1개, 해삼 2개, 두골 1/2부, 박고지 1주먹, 참기름 5홉, 녹말 3홉, 표고버섯 2작, 잣 2작, 후 춧가루 1작, 간장 2홉이다.

- 열구자탕 1기

재료 및 분량은 꿩 2각, 묵은 닭 2각, 숭어 1/2미, 쇠고기 3냥, 곤자소니 1부, 요골 1/2부, 돼지고기 2냥, 우설 2냥, 양 2냥, 저포 2냥, 달걀 15개, 전복 2개, 무 2개, 오이 2개, 추복 3조, 해삼 3개, 표고버섯 1홉, 참기름 6홉, 녹말 3홉, 파 1단, 미나리 1/2단, 고사리 1주먹, 박고지 1주먹, 도 라지 1주먹, 황률 5작, 대추 5작, 잣 5작, 간장 2홉이다.

- 저포 1기

재료 및 분량은 저포 5부이다.

- 꿀 1기

재료 및 분량은 꿀 2홉이다.

- 초장 1기

재료 및 분량은 간장 7작, 초 3작이다.

- 상화 26개

대수파련 1개, 중수파련 1개, 소수파련 1개, 월계 1개, 사계 1개, 삼색 목단화 2개, 홍도별삼지화 4개, 홍도별건화 5개, 홍도별간화 10개이다.

배설排設[연회나 의식에 쓰는 물건을 차려 놓음]

봉수당 진찬 때 쓸 것들이다.

봉수당 온돌

• **마제 문馬蹄紋**[말굽무늬] **지의地衣**[가장자리를 헝겊으로 꾸미고 여러 개를 마주

  이어서 크게 만든 돗자리] **1부**[돗자리 따위를 세는 단위]

  호조의 수리 때 준비한 것을 그대로 쓴다.

• **하배 채화 지의下排彩花地衣**[밑에 까는 것을 채색으로 된 꽃무늬로 놓아 짜서

  만든 지의] **1부**

• **연 평상蓮平床**[연꽃을 조각한 나무로 만든 침상] **1좌**

• **채화 등매彩花登每**[꽃무늬 헝겊으로 가장자리 선을 두르고 뒤에 부들자리를 대

  서 꾸민 돗자리] **1좌**

• **상배 용문 단석上排龍紋單席**[위에 까는 것으로, 용의 문양을 놓아 짠 돗자리]

  1건

• **연화 방석**[연꽃무늬 방석] **1좌**

• **표피 방석**[범 가죽 방석] **1좌**

• **만화滿花**[온갖 꽃무늬] **안식案息**[벽에 세워 놓고 앉을 때 몸을 기대는 방석]

  1좌

• **남광직藍廣織**[광직은 중국 광동산 직물로, 그중 남색인 것] **안식 1좌**

• **십장생 병풍 1좌**

  이상은 본부에 있는 것을 가져다가 쓴다.

• **협방**[안방에 딸린 작은 방] **마제문 지의 1부**

- 대청 마제문 지의 1부

  이상은 호조의 수리 때 준비한 것을 그대로 쓴다.

- 표피 방석 30좌

  각 사司의 것을 돌려다 쓴다.

- 진채(진한 색상) 병풍 2좌

  본부에 있는 것을 취하여 쓴다.

전퇴前退[집채의 앞쪽에 다른 기둥을 세워 만든 조그마한 칸]

동향하여 어좌[임금이 앉는 자리]를 설치한다.

- 마제문 지의 1부

  호조의 수리 때 준비한 것을 그대로 쓴다.

- 하배 채화 지의 1부

- 연 평상 1좌

- 상배 용문 단석 1건

- 연화 방석 1좌

- 표피 방석 1좌

- 용문 안식 1좌

- 홍광직[붉은 광직] 안식 1좌

- 십장생 병풍 1좌

  이상은 본부에 있는 것을 가져다 쓴다.

- 대주렴[큰 붉은색 발] 6부

  선은 초록색 벼 줄기 무늬이고, 줄은 푸른 무명실 세 겹 바이다. 상방에
  있는 것을 돌려다 쓴다.

- 청사장靑紗帳[푸른 비단 장막] 3폭부三幅付[3폭을 붙인 것] 2건

  본소에서 마련한다.

- 보계補階[잔치나 큰 모임이 있을 때, 마루를 넓게 쓰려고 대청마루 앞에 좌판을

  잇대어 임시로 만든 자리] 64간

  동과 서에 8간, 남과 북에 8간이다. 백문 지의 25장 붙인 것 4부, 화문

  방석 20립, 마제문 방석 40립, 백문 방석 130립이 필요한데, 이상은 본

  부에 있는 것을 취하여 쓴다. 차일[햇볕을 가리기 위해 치는 포장] 및 3면의

  흰 무명 휘장은 배설방에서 명령을 기다린다.

- 노연상爐烟床[화로상] 1쌍

  향로 2좌, 향합[향을 담는 상자] 2좌, 홍주복[붉은색 명주 보자기] 2건, 상보

  [상을 덮는 보자기] 2건이 필요하다.

  이상은 본부에 있는 것을 취하여 쓴다. 심지와 향은 내국內局[궁중의 의

  약에 관한 일을 맡아보던 관아]에서 명령을 기다린다.

- 화룡촉華龍燭[용틀임을 그린 밀초] 1쌍

  유촉대 1쌍, 화촉 1쌍, 목기 1쌍이 있다.

봉수당에서 열린 혜경궁 홍씨의 회갑 잔치

을묘년 원행의 핵심 행사는 혜경궁 홍씨에게 드리는 진찬 의식이었다. 진찬 의식은 1795년 윤2월 13일 봉수당에서 열렸다. 봉수당奉壽堂은 '만수무강을 올리는 곳'이라는 뜻이다. 화성행궁의 정전正殿 건물이자 화성 유수부의 동헌 건물로, 장남헌壯南軒이라고도 한다. 진찬 의식을 위해 준비한 음식은 본문에도 나오지만 상상을 초월할 만큼 진귀하고 양도 많았다. <봉수당 진찬도>에는 진찬을 올리는 모습이 상세하게 묘사되어 있다. 화면 윗부분이 봉수당이고 가운데 중량문과 좌익문을 연결하는 행각과 담장으로 공간을 구획하여, 그 안쪽에 진찬 장면을 묘사했다. 봉수당 앞 계단에서 마루에 이르기까지 임시로 보계를 설치하고 흰 무명으로 장막을 둘러 공간을 구분했으며 그 위로 대형 차일을 쳤다. 봉수당에 마련되어 있는 혜경궁 홍씨와 내외명부內外命婦의 자리는 주렴으로 가려져 있고, 봉수당 건물 왼쪽에 병풍을 뒤로 하여 호피虎皮가 깔린 곳이 정조의 자리이다. 덧마루 위에는 융복 차림의 의빈儀賓[왕족의 신분이 아니면서 왕족과 통혼한 사람을 통틀어 이르는 말]과 척신戚臣들이 좌우로 나누어 앉아 있으며, 그 중앙에는 여령들이 음악에 맞추어 공연을 펼치고 있다. 그림은 <정조대왕 능행도> 8폭 병풍 가운데 '봉수당 진찬도'이다.

이상은 본소에서 마련한다.

- **준화**樽花[조화의 일종] 1쌍

  홍도 1뿌리, 앵두 1뿌리가 있다. 이상은 본소에서 준비한다. 용준龍樽
  [용을 그린 술그릇] 1쌍은 사옹원에서 명령을 기다린다. 얼기홍목[얽은 붉
  은 나무] 2필, 소성백미所盛白米[용준 속에 넣는 백미] 1섬 3말이 필요한데
  이상은 본부에서 명령을 기다린다.

- **수주정**壽酒亭[나라에서 잔치를 벌일 때 술잔을 올려놓던 탁자] 1좌

- **진작탁**進爵卓[진연進宴 때 임금에게 올리는 술잔을 놓던 탁자] 1좌

  서배犀杯[무소뿔로 만든 잔] 1좌는 임금이 내려 주신다. 은일월병銀日月餠
  2좌, 은잔 2좌가 있는데 이상은 본소에서 준비한다. 홍주복紅紬袱[홍색
  의 명주 보자기] 2건, 상보 2건이 있는데, 이상은 본부에 있는 것을 취하
  여 쓴다. 수주정은 상방에서 명령을 기다린다.

- **진화탁**進花卓[꽃을 꽂아 놓는 탁자] 1좌

  사권화絲圈花[조화의 일종] 2본이다. 본소에서 마련한다. 붉은 함 2부,
  홍주복 1건, 상보 1건이 있는데, 이상은 본부에 있는 것을 취하여 쓴다.

- **진휘건탁**進揮巾卓[휘건을 놓는 탁자로, 휘건은 음식을 먹을 때 무릎 위에 펴던
  수건이다] 1좌

  자적정주 3폭 갑휘건紫的鼎紬三幅甲揮巾[자주색의 무늬가 있는 비단 3폭으
  로 만든 휘건] 1건, 진홍저포眞紅苧布 3폭 갑휘건[진홍색의 모시 3폭으로 만
  든 휘건] 1건, 붉은 함 1부, 홍주복 1건, 상보 1건이 있는데, 이상은 본부
  에 있는 것을 취하여 쓴다.

- **명부**命婦[봉작封爵을 받은 부인을 통틀어 이르는 말] **주탁**酒卓[술을 놓는 탁자]
  1좌

- 내빈 주탁 1좌

  은병 1좌, 오정배五哐杯[5개의 술잔 세트] 1좌가 있는데, 이상은 본소에서 마련한다. 홍주복 2건, 상보 2건이 있는데, 이상은 본부에 있는 것을 취하여 쓴다.

- 외빈 주탁 1좌

  은병 1좌, 오정배 1좌가 있는데, 이상은 본소에서 마련한다. 홍주복 1건, 상보 1건이 있는데 이상은 본부에 있는 것을 취하여 쓴다.

- 제신諸臣[여러 신하] 주탁 1좌

  유병鍮甁[놋쇠로 만든 병] 3좌, 유배鍮盃[놋쇠 잔] 15좌, 홍주복 1건, 상보 1건이 있는데, 이상은 본부에 있는 것을 취하여 쓴다.

- 산화탁散花卓[꽃을 놓은 탁자] 1좌

  홍주복 1건, 상건 1건이 있는데, 이상은 본부에 있는 것을 취하여 쓴다. 꽃은 본소에서 마련한다.

  이상의 상탁床卓[상과 탁자]은 본부에서 명령을 기다린다.

연설

임금께서 자궁을 모시고 화성행궁에 계셨다.

묘시에 임금께서 백성들에게 쌀을 지급하고 굶주린 백성에게 죽을 먹이기 위해 신풍루에 들어오셨다.

이때 임금께서 유여택에 임하시어 하교하시기를, "배고픈 백성과 굶주린 백성의 수가 4,819인이라 하는데, 쌀을 나누어 줄 때 보낼 승지는 이미 임명하였다. 가승지 이유경은 사창社倉[각 고을에 환곡을 저장하여 두던 곳]으로 가고, 조진관은 산창[산에 있는 사창]으로 가며, 홍인호는 해창海倉[바닷가에 있는 사창]으로 가서 먼저 어제 하교한 내용을 가지고 일일이 알아듣게 타일러서 자궁의 은혜를 알게 할 것이며, 쌀과 죽을 모두 임금이 몸소 하는 것처럼 하여 혹시라도 빠진 사람이 없도록 하라. 성 내외의 백성 및 가난한 백성은 내가 마땅히 참석하여 나누어 줄 것이다." 하시고 또 하교하시기를, "굶주린 백성의 죽과 쌀은 일제히 거행하되, 쌀부대를 먼저 수송하여 신풍루 아래에 두었다가 나누어 줄 때 가서 시끄럽지 않게 하고, 시간이 아직 이르니 혹시라도 미처 오지 못한 자가 있으면 차례차례 알리게 하여 한 사람이라도 누락되는 일이 없도록 하라." 하셨다.

묘시 초3각에 삼취하여 때가 되자, 임금께서 융복을 갖추어 말을 타고 신풍루에 나와, 말에서 내려 자리에 오르시어 동부승지 이조원에게 하교하시기를, "너는 내려가서 쌀은 두 배로 지급하고 죽은 똑같이 나누어 먹여, 쌀을 나누고 죽을 먹임이 모두 자궁의 은혜에서 나왔다는 뜻을 뭇 백성들에게 알리라." 하시고 또 하교하시기를, "선전관은 죽 한 주발을 가져오라. 내 죽 맛이 어떠한가를 보겠다." 하셨다.

좌승지 이만수에게 하교하시기를, "지금 막 양로연養老宴[나라에서 노인을 공경하고 풍습을 바로잡기 위하여 베풀던 잔치]을 베풀었는데, 나이를 존중하는 도리에 있어 여러 노인들을 밖에서 오래 지체하여 기다리게 할 수 없다. 내가 낙남헌에 들어가려고 하니 경은 이곳에 남아 있다가 백성 가운데 와서 기다리는 자에게 일일이 죽을 먹이고, 혹시 나중에 와서 제시간에 대지 못한 자가 있더라도 일절 차가운 죽을 먹이지 말고 몸소 잘 살펴 혹시라도 소홀함이 없도록 하라." 하셨다.

영의정 홍낙성이 앞에 나아가자 임금께서 말씀하시기를, "근력이 비록 좋다 하나 80의 원로인데 어떻게 층계를 걸어서 올라오는가? 더구나 경은 여러 노인의 맨 앞자리니 먼저 내려가서 외반外班[대궐 안의 모든 문관과 무관이 늘어서는 반열의 바깥 언저리]을 정돈시키라." 하셨다. 조금 지나서 낙남헌으로 돌아오셨다.

新豊樓 賜米圖
신풍누사미어도

신풍루 앞에서 열린 쌀과 죽을 나누어 주는 행사

정조는 혜경궁 홍씨의 진찬이 마무리된 이튿날 백성들에게 사민사미四民賜米와 기민궤죽饑民饋粥 행사를
화성 신풍루에서 열었다. 사민사미는 '사방의 백성들에게 쌀을 나누어 줌'이고, 기민궤죽은 '굶주린 백성들에게
죽을 먹임'이다. 즉, 이 행사는 혜경궁 홍씨의 환갑을 백성과 함께 기뻐하겠다는 의도와 함께 정조 스스로 자신
의 선정을 백성들에게 알리고자 하는 뜻에서, 백성들에게 쌀을 나누어 주고 또 굶주린 백성들에게 죽을 먹이는
행사를 개최한 것이다. 이날 참가한 백성의 수는 4,819명으로 기록하고 있다. 1795년 윤2월 14일 5시 45분, 정
조는 직접 화성 신풍루에 나와 "쌀은 두 배로 지급하고 죽은 똑같이 나누어 먹여, 쌀을 나누고 죽을 먹임이 모두
자궁의 은혜에서 나왔다는 뜻을 뭇 백성들에게 알려라." 하며 모인 백성들에게 쌀을 나누어 주고 죽을 먹였다.
그림은 『원행정리의궤도』에 수록된 〈신풍루 사미도〉이다.

III 『원행을묘 정리의궤』 내용 읽기

진시에 임금이 낙남헌에 드시어 양로연養老宴을 행하였다. 이때 임금을 모시는 노인인 영의정 홍낙성 등 15인과 화성 노인인 전 참의 이석조 등 384인이 진연에 참여하였다.

진시 정1각에 시작을 알리는 북을 울리자 임금께서 융복을 갖추어 입으시고 나와 자리에 오르셨다. 임금께서 도승지 이조원에게 하교하시기를, "경은 여러 노인 가운데 한 사람이니 내려가서 반열에 참가하라." 하시고 이어 임금께서 앉을 자리에 걸상의 설치를 명하시고 하교하시기를, "내 마땅히 여러 노인을 위하여 흥으로 어른을 존경하는 뜻을 보이리니, 여러 노인들은 각각 자손들을 인솔하여 앞의 자리에 차례로 들어와 일좌재지一坐再至[한 번 꿇어앉아서 두 번 절함]의 예를 행하라." 하셨다.

영의정 홍낙성, 우의정 채제공, 영돈령 김이소, 판부사 이명식, 판돈령 이민보, 수어사 심이지, 도승지 이조원, 대사간 서유신, 호조 참판 조윤형이 지팡이를 짚고 전殿에 오르고, 나머지 여러 노인들이 모두 계단 아래에 벌여 앉으니, 임금께서 황주건을 나누어 주며 여러 노인들에게 지팡이 머리에 붙들어 매도록 명하시고 각각 비단 한 단씩을 하사하셨다.

홍낙성 등이 아뢰기를, "원컨대 뭇 노인들의 나이를 임금님과 원자元子[세자에 책봉되지 않은 임금의 맏아들]께 바칩니다." 하니 임금께서 말씀하시기를, "경등이 소반 위의 검은 콩을 한 움큼씩 집어 올리면 원자에게 보내리라." 하셨다. 홍낙성과 채제공이 한 움큼씩 올리니 임금께서 소반에 받아 놓고 하교하시기를, "내가 평소 술 마시는 것을 좋아하지 아니하나 오늘의 취함은 오로지 기쁨을 표하기 위한 것이니 경등도 흠뻑 취해야 할 것이다." 하셨다.

채제공이 아뢰기를, "옛사람이 이르되 '즐거워라. 이보다 더 큰 즐거움 없어라.' 하였으니, 오늘 저녁 신이 기뻐하며 축하하는 마음으로 삼가 취하지 않고는 돌아가지 않을 것입니다." 하였다.

임금께서 손수 쓴 시를 동부승지 이조원에게 내리기를 명하고, 홍낙성에게 낙남헌에 써서 걸어 놓으라고 명하셨다.

이어 잔치에 참석한 여러 신하에게 모두 갱진賡進[임금이 지은 시가에 화답하는 시가를 적어 임금에게 바치던 일]하라고 명하시고 하교하시기를, "화성부에 거주하는 노인 중에 장부에 오르지 않아 잔치에 참석하지 못한 사람을 파악하여 유수에게 모두 초청케 하고, 밖에서 구경하는 사람들 가운데 노인이 있으면 멀고 가깝고, 많고 적고를 불문하고 모두 술과 음식을 나누어 먹이라." 하셨다. 채제공이 아뢰기를, "전하의 행차를 우러러 보기 위해 먼 지방으로부터 온 노인들의 수를 이루 헤아릴 수 없으며, 주위에 담장을 이루고 있는 저 사람들 거의가 노인입니다." 하니 임금께서 말씀하시기를, "모두 하나같이 경사를 축하하는 것이니 많으면 많을수록 더욱 좋다. 어제 잔칫상의 남은 것을 나누어 주어, 자궁의 은덕으로 배불리 먹게 하면 좋겠다." 하셨다.

드디어 벌여 앉기를 명하시고, 윤행임에게 잔칫상 네 상을 가지고 그들 앞에 나아가 자궁의 은덕을 두루 알려 일일이 똑같이 나누어 주게 하니 모두 일어나 춤추고 천세千歲를 불렀다.

노인들에게 상을 거둘 것을 명하시니, 여러 노인들이 남은 음식 봉지를 받아 가지고 나갔다.

어제御製

화성 진찬일에 연회에 참여한 여러 신하들에게 시를 읊어 보이시고, 만년토록 건강하길 비는 정성을 나타내다

큰 복을 많이 받아서 운명을 맞이함이 새롭고
봉황이 저[가로로 부는 관악기를 통틀어 이르는 말]를 불고 난새가 피리 불
며 청춘을 붙잡도다.
땅의 상서로움으로 만든 관화곡觀華曲은 삼축三祝을 능가하고,
해가 무지개에 이르렀으니 육순이 되셨도다.
안팎의 빈객은 꽃나무로 모이고
문무 관원은 바로 꽃을 구경하는 자들이라.
해마다 오직 오늘 같기만 바라노니
장락당長樂堂에 잔치 술이 몇 순배가 되었는가.

(시에 화답한 외빈으로는 영의정 홍낙성 등 70인이고, 시에 화답한 여러 신하로는
좌의정 유언호 등 77인이다.)

낙남헌에서 양로연을 베풀었는데 70세 된 자와 61세 된 자가 참여했
다. 임금을 배알拜謁[지위가 높거나 존경하는 사람을 찾아가 뵘]하는 데는 한
자리에서 재배再拜하는 예를 행했다. 뭇 노인들이 장차 자리로 나아가려
고 하매, 나[임금]는 노인들을 위해서 일어섰다. 당堂으로 올라가서는, 술
잔을 세 번 돌리고 나서 뭇 노인들에게 시를 읊어 보이고 화답을 구했다.

흰 머리 비둘기 지팡이 가진 노인들이 앞뒤로 모이고

해동의 화창한 날씨에 낙남헌 잔치를 베풀었다.

원컨대 앞으로 뭇 노인들은 백세 향수享壽[오래 사는 복을 누림] 누리시고

어머니는 만만년 향수하시기를 절하고 비옵니다.

(시에 화답한 노인으로는 영의정 홍낙성 등 10인이고, 시에 화답한 여러 신하로는 정리사 서유방 등 19인이다.)

악장

화성 낙남헌 양로연 악장 화일곡化日曲

봄날은 더디고 더디며 구장[비둘기 형상을 머리에 새긴 지팡이로, 나라에서 공이 있는 늙은 신하에게 하사한다]은 느릿느릿

　혹은 조정의 벼슬아치 혹은 마을의 노인이라

　누런 머리털 흐트러지니 임금께서 웃으시며 보시도다.

　너희 무리가 어찌 알리오. 진실로 자궁께서 베푸신 잔치니라.

　자궁께서 천총天寵[임금의 사랑]을 입으시고 회갑을 맞으셨도다.

　그 기쁨을 백성에게 베푸나니, 집안의 노인과 아이에게도 미치도다.

　임금은 떳떳이 뜻을 순종하사 조상의 능을 받들어 보살피시도다.

　이미 귀한 음식을 올렸으니 은혜가 한 고을에 다했도다.

　뭇 늙은이는 취하고 배불러서 절하고 머리 조아리며 소원을 올리도다.

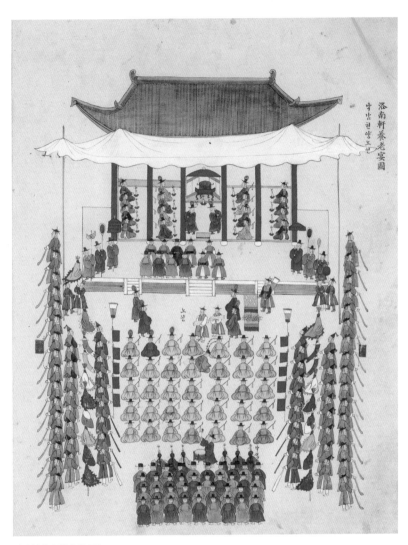

洛南軒養老宴圖

낙남헌에서 열린 양로연

그림 맨 위의 어좌에는 정조가 앉아 있으나 관례에 따라 그리지 않았다. 이날 양로연에 참가한 사람은 정조를 모시고 따라간 영의정 홍낙성 등 노인 관리 15인, 그리고 화성 지방의 노인인 전 참의 이석조 등 384인이었다. 1795년 윤2월 14일 오전 7시 15분, 정조가 입장하면서 잔치가 시작되었다. 그림에서 어좌 앞에 지팡이를 짚고 서 있는 사람들은 『원행을묘 정리의궤』에 따르면 영의정 홍낙성, 우의정 채제공, 영돈령 김이소, 판부사 이명식, 판돈령 이민보, 수어사 심이지, 도성지 이조원, 대사간 서유신, 호조 참판 조윤형이었다. 나머지 노인들은 전 아래 벌여 앉았다. 그림은 『원행정리의궤도』에 수록된 〈낙남헌 양로연도〉이다.

소원이 무엇인가, 북두와도 같고 남산과도 같으소서.

(우의정 채제공 지어 올림)

의주

화성에서 양로연 의식을 할 때의 절목(정리소, 예조)

- 양로연 장소는 낙남헌에 설치하여 행할 것.

- 배설排設하고 보계補階하는 등의 일은 화성부에 명하여 진배進拜
 [웃어른에게 나아가 절하고 뵙는 일]를 맡은 사약司鑰[액정서에 속하여 대
 전 및 각 문의 열쇠를 보관하는 일을 맡아보던 정6품 잡직]에게 알아서 거
 행하도록 할 것.

- 연회에 참가하는 노인들은 배종대신 이하 문관·음직·무관으로
 70세 이상이거나 당년 61세, 화성부 경내에 있는 조관朝官[조정에서
 벼슬살이를 하고 있는 신하]은 70세 이상이거나 61세, 선비나 서민은
 80세 이상이거나 61세를 자격으로 두되, 배종하는 참석자들은 수
 가관隨駕官[거둥할 때 임금을 모시고 따르던 관직]이 마련하기를 기다려
 정리소에서 별도 명단을 내리도록 하고, 화성부의 참석자는 화성
 부에서 미리 뽑아 아뢰도록 할 것.

- 연회에 참가하는 노인들의 복색服色[신분이나 직업에 따라 맞추어 차려
 입던 옷의 꾸밈새와 빛깔]은, 직책이 있는 자는 융복을 입고, 선비와 서
 민은 평상복을 입도록 할 것.

- 임금의 상에 올릴 술과 음식은 정리소에서 거행하도록 할 것.

- 노인들의 상에 올릴 술과 음식은 정리소에서 거행하도록 할 것.

- 임금의 진지는 정리소 총리대신과 내외사가 거행하되, 모두가 주원
 廚院[궁중의 음식에 관한 일을 맡아보던 관아]의 도제가 드는 예에 따라
 할 것.

- 연회에 참가하는 노인들의 진지는 화성부의 서리가 거행하되 복색
  은 군복으로 할 것.
- 잔과 탁자를 준비해야 할 인원 4명은 정리소 낭청으로 임명할 것.
- 연회에 참가하는 노인들은 조관인 경우 직위에 따라, 일반 선비나
  서민인 경우 나이에 따라 순서를 정할 것.
- 예식 때 어떤 음악을 사용할 것인가와 절차 등은 정리소에서 거행
  하도록 할 것.
- 미진한 조건은 추후에 마련할 것.

어사御射[임금이 활을 쏘는 것]

임금께서 화성의 득중정[화성행궁의 부속 건물. 1790년, 정조가 이곳에서 활을 쏘고 난 후 편액을 내렸으며, 1794년 가을에 노래당 뒤쪽으로 옮겨 지었다]**에서 유엽전**柳葉箭[화살촉이 버들잎처럼 생긴 화살. 조선 전기에는 별로 쓰이지 않다가 『속대전續大典』에서 정식으로 무과의 시험 과목이 되었다. 120보 거리에서 한 차례에 5발을 쏘도록 되어 있으나 실제로는 규정을 낮추어 5발 이하로 쏘는 경우가 많았다]**을 여섯 차례 쏘시다**

임금께서 활쏘기를 하시어 24발을 맞추어 28점을 얻었다. 제1순은 4발 명중, 제2순은 4발 명중에 5점, 제3순은 4발 명중에 5점, 제4순은 4발 명중에 5점, 제5순은 4발 명중에 5점, 제6순은 4발 명중하였다.

임금께서 화성의 득중정에서 유엽전을 무명으로 만든 작은 과녁에 다섯 차례 쏘시다

임금께서 활쏘기를 하시어 24발을 맞히셨다. 제1순은 5발 명중, 제2순은 5발 명중, 제3순은 5발 명중, 제4순은 5발 명중, 제5순은 4발 명중하였다.

임금께서 득중정에서 야간 활쏘기를 하시어 유엽전을 두 차례 쏘시다

임금께서 활쏘기를 하시어 5발을 맞추어 6점을 얻었다. 제1순은 3발 명중에 4점, 제2순은 2발 명중하였다.

득중정 어사도
得中亭
御射
圖

주듕뎡
득듕뎡

어사도

축군

축군

혁관

낙남헌에서 열린 활쏘기 행사

1795년 윤2월 14일 낙남헌에서 양로연을 마친 정조는 같은 날 오후 3시에 득중정에서 활쏘기를 했다. 이날 정조를 따라와 활을 쏜 사람은 영의정 홍낙성, 수어사 심이지, 경기 감사 서유방, 호조 판서 이시수 등 모두 18명이었다. 활쏘기는 유엽전柳葉箭을 여섯 차례 30발 쏘는 단계, 손바닥만 한 가죽 표적을 향해 3발을 쏘는 단계, 작은 무명 표적을 향해 25발을 쏘는 단계, 마지막으로 밤에 유엽전을 두 차례 쏘는 단계 등 모두 4회에 걸쳐 행하였다. 그날 활쏘기에서 성적이 가장 좋은 사람은 정조였다. 그로부터 이틀 후인 윤2월 16일, 정조는 서울로 돌아오는 길에 시흥현에 위치한 중흥정에서 다시 활쏘기를 했다. 그림은 『원행정리의궤도』에 수록된 〈득중정 어사도〉이다.

연설

임금께서 자궁을 모시고 시흥행궁의 숙소에 계셨다.

진시에 임금께서 자궁을 모시고 화성행궁에서 시흥행궁으로 돌아가기 위해 거둥하셨다.

진시 정3각에 삼취하여 때에 이르자 임금께서 군복을 갖추어 입으신 후 말을 타시고, 자궁은 가교를 타시고 복내당으로부터 중양문을 나와 좌익문, 신풍루를 지나서 장안문 밖에 이르러, 문무과에 새로 합격하여 맞이하는 이들에게, 꽃을 쓴 무동舞童[나라 잔치 때 춤추고 노래하는 아이]을 인솔하고 자궁의 어가 앞에 동서로 줄을 서서 가다가 5리쯤에 이르면 뒤떨어지라고 명하셨다.

어가가 진목정 다리에 이르자 자궁의 어가를 잠시 머물게 하여 미음 쟁반을 올리시고, 외사 조심태에게 앞으로 나오라고 명하시어 임금께서

말씀하시기를, "경은 이미 군사를 거느리고 여기까지 왔으니 어가를 더이상 따르는 것이 불가하다. 여기에서 영營으로 돌아가라." 하셨다.

이어 미륵현을 지나 사근행궁에 먼저 나아가 막차幕次에 드시어, 각 임무를 맡은 차사원差使員[임금이 중요한 임무를 위하여 파견하던 임시 벼슬] 광주부윤 서미수, 시흥 현령 홍경후, 과천 현감 김이유를 입시하라 명하시고, 지방의 잘못된 폐단이나 폐해를 물으셨다.

자궁의 어가가 이르자 임금께서 맞으시고 내차로 따라 들어가 점심식사를 올리셨다.

잠시 지나서 삼취를 바로 내리라고 명하셨다. 임금께서 말을 타시고 자궁의 어가를 모시고 출발하셨다. 안양교 앞길에 이르자 자궁의 어가를 모시고 잠시 머물러 미음 쟁반을 올리시고, 이어 출발하셨다.

임금께서 대박산 앞뜰을 지나 먼저 시흥행궁에 나아가, 자궁의 어가가 이르자 맞이하여 내차로 따라 들어가 저녁식사를 올리셨다.

정조 일행이 환궁 길에 시흥행궁에 들어서는 모습
1795년 윤2월 15일 정조는 어머니 혜경궁 홍씨를 모시고 화성행궁을 떠나 시흥행궁으로 향했다. 그림은 시흥행궁에 거의 다다른 거둥 행렬 모습으로, 중앙 위쪽에 푸른빛으로 감싼 부분이 혜경궁 홍씨의 가마이다. 중앙 바로 아래쪽에는 임금의 거둥을 알리는 용기龍旗[임금이 거둥할 때 행렬의 앞에 세우던 기. 누런 바탕의 기면旗面에 용틀임과 운기雲氣가 채색돼 있고, 가장자리에 붉은 화염이 그려져 있다]와 더불어 정조가 탄 가마의 모습이 보인다. 아래쪽에 보이는 것이 시흥행궁의 모습이다. 거둥 행렬 주위로는 수많은 백성들이 모여들어 구경하는 모습이 자세히 그려 있다. 임금의 거둥 행렬은 그 무렵 놀라운 구경거리였음이 분명하다. 그래서 수많은 백성들이 구경을 나섰는데, 이 그림에는 그러한 백성들의 모습이 고스란히 담겨 있다. 그림은 〈정조대왕 능행도〉 8폭 병풍 가운데 '시흥환어행렬도始興還御行列圖'이다.

연설

임금께서 자궁을 모시고 환궁하셨다.

묘시에 임금께서 자궁을 모시고 시흥현에서 궁으로 돌아가기 위해 거둥하셨다.

이때 임금께서 시흥행궁에 드시어 하교하시기를, "지방관은 경내의 부로父老[한 동네에서 나이가 많은 남자 어른을 높여 이르는 말]들을 인솔하고 가마가 지나가는 길의 광장에 와서 기다리라." 하셨다.

묘시 정3각에 삼취하여 때가 되자 임금께서 군복을 갖추어 말에 오르시고, 자궁은 가교를 타고 나오셨다.

문성동 앞길에 이르자 시흥 현령 홍경후가 백성들을 인솔하여 길 왼쪽에서 공경히 기다리고 있었다. 임금께서 말을 세우고 하교하시기를, "보통 때 어가가 지나가는 데에도 반드시 은혜를 베푸는 방도를 생각하게 되는데, 하물며 오늘 자궁을 모시어 시흥행궁에 두 번이나 묵게 되고 환궁이 매우 평안하니 나의 행복한 마음으로 백성들에게 무엇을 아끼겠는가? 반드시 그 백성들의 요역徭役[나라에서 성인 남자에게 시키던 노동]을 감면하고 그들의 폐해를 없애어 자궁의 은혜를 널리 알리고 백성들의 바람에 부응할 것이니, 너희들이 만일 할 말이 있으면 각자 숨기지 말고 말하라." 하시니 백성들이 아뢰기를, "성스러운 빛이 세상을 다행히 만나 한 벌의 옷과 한 끼의 밥이라도 임금님의 은혜 아닌 게 없으니 임금님의 귀를 번거롭게 할 만한 어려움은 없습니다." 하였다.

임금께서 말씀하시기를, "이러한 말들은 너희들의 겉치레 인사이다. 너희들은 모두 나의 자식이니 매양 은택을 내리지 못함을 걱정한다. 더구나 구중심처九重深處[겹겹이 문으로 막은 깊은 궁궐이라는 뜻으로, 임금이 있는 대궐 안을 이르는 말]에서 백성들의 질고疾苦[병으로 인한 괴로움]를 자세히 알 길이 없으니 지척의 어가 앞에서 생각들을 말하게 하여, 아뢰지 못하던 어려움을 아뢰게 하여 여러 백성들의 고충을 들어주고자 함인데, 너희들은 이렇게 말할 수 있는 기회를 만나 어찌 두려워하여 머뭇거리며 말을 못 하고 있는가?" 하시니 우승지 이익운이 임금의 하교를 여러 백성들에게 선포하고 다시 아뢰기를, "백성들이 실로 절박한 고충은 없는 것으로 여기오나 다만 호역戶役[집집마다 부과되는 부역]을 다시 징수함은 폐단이 되지 않을 수 없다고 할 수 있습니다." 하였다.

임금께서 비변사 당상 이시수에게 명하여 타이르시기를, "다른 때는 비상한 은혜를 두루 베풀지 못하더라도 금년에 어찌 특별하게 뜻을 보이지 않겠는가? 지난가을 환곡의 기한을 늦춘 것은 이미 전부 탕감시켰거니와, 호역은 비변사에서 방백과 수령에게 폐단을 줄이고 요역을 경감시킬 방도를 공문으로 물어, 별도의 방책을 강구해서 잘 변통하여 처리하도록 하라. 매년 정월 행행行幸할 때 거둥하는 길의 백성들이 눈을 쓸고 길을 닦는 것은 폐가 됨이 적지 않을 것이므로, 금년부터는 원행園幸 일자를 봄가을 농한기로 정하라. 이는 또한 백성들을 위한 고심에서 나온 것이니, 매번 어가가 지날 때마다 상세히 민정民情을 캐내어 마땅히 일에 따라 피해를 보상하는 조치가 있을 것이다. 너희들은 각자 그 점을 잘 알도록 하라." 하시니, 백성들이 모두 송축하며 물러갔다.

어느 한 백성이 먹을 것을 받기를 원하니, 임금이 이익운에게 명하여 그의 나이를 물으니 61세라고 대답하였다. 임금께서 말씀하시기를, "비록 그 사람이 외람되다고 생각되나, 기왕 그 나이를 물었으니 어찌 헛되이 물러가게 하겠는가? 그가 바라는 대로 쌀을 내려 주라." 하셨다.

임금께서 여러 신하들에게 하교하시기를, "8일간의 행행에 수고로운 거둥이 많았으나 자궁의 상태가 한결같이 강녕하시니, 지금 환궁을 맞아 더욱 경사스럽고 다행하여 마지않는다." 하시니 정리사 심이지 등이 아뢰기를, "초열흘날 비가 반나절에 불과했고, 열나흘날 비가 또 잔치 뒤에 있었으며, 출궁과 환궁 시의 날씨가 번번이 모두 맑고 화창하니, 또한 하늘의 마음도 기뻐함을 알 수 있습니다." 하였다.

임금께서 말씀하시기를, "원자는 내가 출궁하던 날부터 매일 두 번씩 글을 올려 문안하였는데, 지금 또 서찰이 도착하였으니 경등이 보라." 하시고, 이어 글 두 통을 꺼내 보였다. 그중 하나의 내용은 "봉수당 진찬 낙남헌 양로養老 산호山呼[나라의 중요 의식에서 신하들이 임금의 만수무강을 축원하여 두 손을 치켜들고 만세를 부르던 일], 산호, 재산호, 천세千歲, 천세, 삼천세." 하였고, 또 그중 하나의 내용은, "오늘 배알할 것이니 엎드려 기뻐합니다. 엎드려 기뻐합니다." 하였다.

여러 신하들이 서찰을 들어 올리며 환호하며 아뢰기를, "삼가 엎드려 밝은 글을 보오니 실로 우리나라의 무강無疆한 복운福運이옵니다." 하였다.

임금께서 주교 당상 서용보를 불러 하교하시기를, "8일간 미리 준비하고 기다릴 때 사공과 결꾼들의 노고가 많았을 것이니 각자에게 쌀을 주어서 보내라." 하시고 또 하교하시기를, "선박이 지금쯤은 내려갔을 것인즉 삼남의 선박 운송을 재개할 수 있겠는가?" 하시니 서용보가 아뢰기를, "염려 없습니다." 하였다.

임금께서 말씀하시기를, "내일부터 주교를 철거하여 내려보내고 뱃사람들이 혹시라도 지체하는 일이 없도록 하라." 하셨다.

잠시 후 임금께서 삼취를 직접 하달하시고 말을 타신 후 자궁의 어가를 모시어 배다리를 건너 출발하셨다. 숭례문으로 들어가 돈화문, 진선문, 숙장문, 건양문, 동룡문, 경화문, 집례문, 숭지문, 보정문, 만팔문, 천오문, 영춘문을 지나 대궐로 돌아오셨다.

의주儀註

임금께서 어머니 혜경궁 홍씨를 모시고 현륭원에 갈 때의 출궁 의식과 돌아올 때의 환궁 의식

액정서掖庭署[왕명을 전달하고 임금께 붓과 벼루를 공급하고 대궐 열쇠를 보관하는 등의 잡일을 맡아보던 기관]에서는 돈화문 바깥 도로 동쪽 부근에 천막을 서향하여 설치한다. 천막 앞에는 임금님을 공손하게 맞아들이는 지영祗迎[백관이 임금의 환행을 공경하여 맞음] 판위版位[신주를 모셔 두지 않은 빈 신위를 만들어 놓던 일]를 설치한다(땅의 상태에 따라 한다).

초엄初嚴[임금이 거동할 때 북을 쳐서 알리는 첫 번째 엄]을 치면 병조에서는 모든 호위관을 다스려 장비와 각종 노부鹵簿[임금이 나들이할 때 갖추던 의장 제도]를 인정문仁政門 밖에 진열하게 하고, 서울에 머물 백관은 모두 조방朝房[조정의 신하들이 조회 시간을 기다리며 쉬던 방]에 모이도록 하여 각기 평상시처럼 융복을 입되 검劍을 차게 한다(행차를 따라가는 백관들은 미리 강을 건너 각각 융복을 입고 검을 차고 깃을 꽂고, 강 건너편에 동서로 나누어 서서 대비한다).

2엄을 치면 각 호위관은 자기 부대를 들어오게 해 평상시처럼 줄을 세운다. 사복시司僕寺에서는 돈화문에 말을 대기시키고, 수레는 합문閤門 밖에, 가교駕轎는 내합문 밖에 대기시킨다.

서울에 머물 백관들은 돈화문 밖으로 나아가고, 가까이 모시는 시종과 모든 호위관들은 각자 복식을 갖추고 합문 밖에 나아가 분부를 기다린다. 좌통례左通禮[통례원에서 국가 의식에 관한 일을 맡아보던 으뜸 벼슬]는 합문 밖에 다가가 무릎을 꿇고 엄嚴 중임을 아뢴다.

3엄을 치고 북소리가 그치기를 기다려 안팎의 문을 열고, 좌통례는 무릎을 꿇고 바깥 사정을 아뢴다. 임금께서는 융복을 입고 깃을 꽂고(온 행[온천에 가던 것] 때의 예에 따라 평융복이나 군복을 입는다), 가마에 올라 출발하면 평상시의 의식처럼 산선繖扇[베로 우산같이 만든 의장. 임금이 거둥할 때 임금의 앞에 세우고 갔다]을 들고 시위를 한다. 좌우통례가 앞을 인도하고 상서원尙瑞院[옥새와 옥보·마패 등을 맡아보던 관아] 관원은 보寶[국권의 상징으로, 국가적 문서에 사용하던 임금의 도장]를 받들고 앞서서 간다(말에 오르기를 기다려 보를 말에 싣는다).

임금께서 돈화문 밖에 이르면 좌통례가 무릎을 꿇고 가마에서 내릴 것을 청하여 아뢰면 임금께서는 가마에서 내려 좌우통례가 인도하는 대로 천막에 들어간다. 상의尙儀[내명부의 정5품 벼슬]가 무릎을 꿇고 내엄內嚴[대궐 내에서 큰 의식이 있을 때 임금이 행차하는 것을 알리기 위해 북을 울리는 일]할 것을 아뢰어 청하고, 잠시 후 바깥의 준비 상태를 말한다(출궁과 환궁 때의 낮에 머무시는 곳과 주무시는 곳에서의 아뢰어 청함 또한 이와 같다).

자궁께서 가교를 타고 나오시면 평상시의 의식처럼 산선을 들고 호위한다. 백관들(궁궐 안에서 입직하는 백관을 말한다)은 국궁鞠躬[윗사람이나 위패 앞에서 존경하는 뜻으로 몸을 굽힘]하고, 행차가 지나가면 몸을 편 다음 시위대 뒤를 따라 돈화문 밖에 이른다(나중에 뒤떨어져서 각각 제 근무처를 지킨다).

자궁의 행차가 돈화문 밖에 이르면 좌통례가 무릎을 꿇고 임금께 천막에서 나오실 것을 아뢴다. 임금께서 나오시면 좌통례를 앞장세워 임금님을 맞아들이는 판위 앞에 서향하고 선 다음, 좌통례가 무릎을 꿇고 국궁하기를 임금께 아뢰면 임금께서 국궁하고, 지나간 후 몸을 펴라고

Ⅲ『원행을묘 정리의궤』 내용 읽기

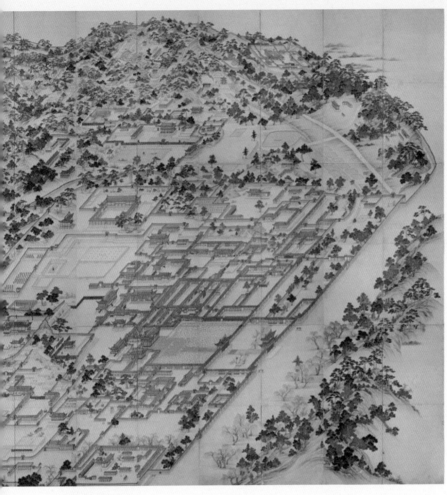

창덕궁과 창경궁의 모습

창덕궁은 북악산 왼쪽 봉우리인 응봉 자락에 자리 잡고 있는 조선의 궁궐이다. 1405년(태종 5) 경복궁의 이
궁으로 동쪽에 지은 창덕궁은 이웃한 창경궁과 별개의 용도로 사용되었으나 하나의 궁역을 이루고 있어 조
선시대에는 이 두 궁궐을 합하여 '동궐'이라 불렀다. 1592년(선조 25) 임진왜란으로 모든 궁궐이 소실된 후
광해군 때 재건된 창덕궁은 1867년 흥선대원군에 의해 경복궁이 중건되기 전까지 조선의 법궁法宮 역할을
했다. 정조 일행 역시 창덕궁에 머물다가 이곳을 나와 원행에 나섰다. 그림은 1830년경 그려진 〈동궐도〉이다.

아뢰면 임금께서 몸을 편다. 서울에 머물 모든 신하들도 똑같이 따라 한다.

좌통례가 무릎을 꿇고 말에 오르기를 청하면, 임금께서 말에 오르고 시위하는 신하들도 모두 말에 오른다. 좌통례가 무릎을 꿇고 출발하시기를 청하면 임금께서 출발하고, 서울에 머물 백관들은 국궁하고, 지나가면 몸을 편다. 서울에 머물 육조六曹의 당관과 낭관 각 1명씩이 시위대의 뒤를 따른다.

강 머리에 이르면 점심을 위해 머문다(노량진의 행궁이다). 장차 뒤를 따를 배종陪從[임금을 따라감] 백관들은 평상시와 같이 극진히 임금님을 맞이하고, 서울에 머물 백관들은 공경을 다하여 전송한다(행차와 떨어진 후에 백관들은 자신의 근무처를 지킨다).

자궁께서 천막으로 들어가시면 좌통례는 무릎을 꿇고 임금께 말에서 내리시기를 청한다. 임금께서 말에서 내려 천막으로 들어가시면 뒤따르던 백관들은 각기 제자리를 잡는다.

시흥 숙소로 가기 위해 자궁께서 가교를 타고 나오시면 좌통례는 무릎을 꿇고 임금께 천막에서 나오시기를 아뢰고, 임금께서 나오시면 좌통례는 무릎을 꿇고 말에 오르시기를 청한다. 임금께서 말에 오르시면 좌통례는 무릎을 꿇고 출발하시기를 청한다. 자궁과 임금께서 다가오면 배종 백관들은 국궁하였다가, 지나가면 몸을 펴고 차례대로 시위한다.

시흥에 도착하여 하마소下馬所[말에서 내리는 장소]에 이르러 자궁께서 대차大次[임금이 아침 일찍 제례에 임하여 시각이 되기를 기다리던 곳]로 들어가시면 좌통례는 무릎을 꿇고 임금께 말에서 내리시기를 청하고, 임금께서 말에서 내려 대차로 들어가시면 배종 백관들은 대차의 남쪽에 나아가 무릎을 꿇고 의례에 대한 교시를 내려 주시기를 말씀드린다. 뭇 신하들은 각자 숙소로 가고, 평상시와 같이 숙위宿衛한다(궁을 나오실 때와 돌아가실 때 화성과 시흥의 숙소에서 백관들의 숙위 또한 마찬가지다).

이튿날 주정소晝停所로 갈 때 초엄을 치면 병조에서는 행차 앞길에 시위대를 진열시키고, 배종 백관들은 융복을 입고 검을 차고 깃을 꽂고 동구 밖으로 나아간다. 2엄을 치면 좌통례가 무릎을 꿇고 엄 중임을 임금께 아뢴다. 3엄을 치면 다시 바깥 사정을 아뢰고, 자궁께서 가마에 올라 출발하시면 임금께서도 융복을 갖추고 깃을 꽂고 나오시고, 좌통례는 무릎을 꿇고 말에 오르시기를 청한다. 임금께서 말에 오르면 좌통례는 무릎을 꿇고 출발하시기를 청한다. 자궁과 임금께서 나타나시면 배종 백관들은 국궁하였다가, 지나가면 몸을 펴고 순서대로 시위한다.

주정소(사근행궁을 말한다)에 이르면 자궁께서 천막으로 들어가시고, 좌통례는 무릎을 꿇고 임금께 말에서 내리시기를 청한다. 임금께서 말에서 내려 천막으로 들어가시면(환궁 때의 사근행궁과 노량행궁의 주정 때도 역시 마찬가지로 한다) 뒤따르던 백관들은 각기 자기 자리로 간다.

화성으로 출발할 때가 되어 자궁께서 가교를 타고 나오시면 좌통례는 무릎을 꿇고 임금께 천막에서 나오시기를 아뢰고, 임금께서 나오시면 좌통례는 무릎을 꿇고 말에 오르시기를 청한다. 임금께서 말에 오르시면 좌통례는 무릎을 꿇고 출발하시기를 청한다. 자궁과 임금께서 다가오면 배종 백관들은 국궁하였다가, 지나가면 몸을 펴고 순서대로 시위한다.

화성의 하마소에 이르러 자궁께서 대차로 들어가시면 좌통례는 무

릎을 꿇고 임금께 말에서 내리시기를 청하고, 임금께서 말에서 내려 대
차로 들어가시면 배종 백관들은 다른 때와 마찬가지로 숙위한다.

이튿날 현륭원을 방문하실 때가 되어 초엄을 치면 병조에서는 행차
앞길에 시위대를 진열시키고, 배종 백관들은 융복을 입고 검은 차지만
깃은 빼고 동구 밖으로 나아간다. 2엄을 치면 좌통례가 무릎을 꿇고 엄
중임을 임금께 아뢴다. 3엄을 치면 다시 바깥 사정을 아뢰고, 자궁께서
가마에 올라 출발하시면 임금께서도 융복을 갖추고 깃을 뽑고 나오시
고, 좌통례는 무릎을 꿇고 말에 오르시기를 청한다. 임금께서 말에 오르
시면 좌통례는 무릎을 꿇고 출발하시기를 청한다. 자궁과 임금께서 보
이면 배종 백관들은 국궁하였다가, 지나가면 몸을 펴고, 순서대로 시위
한다.

현륭원의 하마소에 이르러 자궁께서 대차로 들어가시면 좌통례는
무릎을 꿇고 임금께 말에서 내려 가마를 타시기를 청한다. 임금께서 말
에서 내려 가마를 타시면 좌우통례가 인도하여 가마 내리는 곳인 강여
小降輿所에 와서 좌우통례가 무릎을 꿇고 가마에서 내리시기를 청한다.
임금께서 가마에서 내려 대차로 들어가시면 배종 백관들은 동구 밖에
서 떨어져 기다린다.

전알展謁[궁궐·종묘·문묘·능침 따위에 참배함]하고 제사 지낸 다음 사원辭
園[원을 떠날 때 절을 함]하는 절차를 아울러 모든 의례를 친히 마친 다음,
화성으로 다시 돌아올 때는, 초엄에 병조에서는 돌아오는 길을 향해 시
위대를 되들이고, 2엄을 치면 배종 백관들은 융복을 입고 검을 차고 깃
을 꽂고 임금을 공경히 맞아들이는 지영 판위에 나아간다. 좌통례는 무
릎을 꿇고 엄 중임을 임금에게 아뢴다. 3엄을 치면 다시 바깥 사정을 아

Ⅲ『원행을묘 정리의궤』 내용 읽기

된다.

자궁께서 가마에 올라 출발하시면, 임금도 융복을 다시 갖추고 깃을 꽂고 나오시고, 좌통례는 무릎을 꿇고 가마에 오르시기를 청한다. 임금께서 가마에 오르시면 좌우통례가 강여소까지 인도하고, 강여소에 이르면 좌통례는 무릎을 꿇고 가마에서 내려 말에 오르시기를 청한다. 임금께서 가마에서 내려 말에 오르시면 좌통례는 무릎을 꿇고 출발하시기를 청한다. 자궁과 임금이 보이면 배종 백관들은 국궁하였다가, 지나가면 몸을 펴고, 순서대로 시위한다.

화성에 이르러 자궁께서 대차로 들어가시면 좌통례는 무릎을 꿇고 임금께 말에서 내리시기를 청하고, 임금께서 말에서 내려 대차로 들어가시면 배종 백관들은 다른 때와 마찬가지로 제자리에서 숙위하는 일에 들어간다.

원행을 마치고 돌아오는 날 시흥 숙소로 갈 때 초엄을 치면 병조에서는 행차 앞길에 시위대를 진열시키고, 2엄 때 배종 백관들은 융복을 입고 검을 차고 깃을 꽂고 동구 밖으로 나아간다. 좌통례가 무릎을 꿇고 엄 중임을 임금께 아뢴다. 3엄을 치면 다시 바깥 사정을 아뢰고, 자궁께서 가마에 올라 출발하시면 임금께서도 융복을 갖추고 깃을 꽂고 나오시고, 좌통례는 무릎을 꿇고 말에 오르시기를 청한다. 임금께서 말에 오르시면 좌통례는 무릎을 꿇고 출발하시기를 청한다. 자궁과 임금이 보이면 배종 백관들은 국궁하였다가, 지나가면 몸을 펴고, 순서대로 시위한다.

시흥 하마소에 이르러 자궁께서 대차로 들어가시면 좌통례는 무릎을 꿇고 임금께 말에서 내리시기를 청하고, 임금께서 말에서 내려 대차

로 들어가시면 배종 백관들은 다른 때와 마찬가지로 숙소에 나아가 숙
위하는 일에 들어간다.

이튿날 환궁할 때 초엄을 치면 병조에서는 행차 앞길에 시위대를 진
열시키고, 2엄 때 배종 백관들은 융복을 입고 검을 차고 깃을 꽂고 동구
밖으로 나아간다. 좌통례가 무릎을 꿇고 엄 중임을 임금께 아뢴다. 3엄
을 치면 다시 바깥 사정을 아뢰고, 자궁께서 가마에 올라 출발하시면 임
금께서도 융복을 갖추고 깃을 꽂고 나오시고, 좌통례는 무릎을 꿇고 말
에 오르시기를 청한다. 임금께서 말에 오르시면 좌통례는 무릎을 꿇고
출발하시기를 청한다. 자궁과 임금이 보이면 배종 백관들은 국궁하였
다가, 지나가면 몸을 펴고, 순서대로 시위대의 뒤를 따른다.

서울에 머물러 있는 유도留都 백관들은 다른 때와 마찬가지로 융복
을 입지만 검만 차고, 강 머리에서 임금을 공경히 맞이한 후 배종 백관
들과 합하여 시위대의 뒤를 따른다. 환궁은 내의來儀[들어오는 의식]와 같
은 방식으로 한다. 좌통례는 무릎을 꿇고 해엄解嚴[경계나 단속을 풂]했음
을 임금께 알리며, 병조에서는 지시를 받들어 시위대를 해산시킨다.

전교

임금께서 명령하시기를, "이번 자궁께서 거둥하실 때 사근평 주정소의 지방관인 광주 부윤 서미수에게는 반숙마半熟馬[조금 길들인 말] 1필을 내어주고, 준비하고 기다린 군교, 서리는 정리소에서 시상하라. 경기 감사 서유방에게는 큰 표범 가죽 1령을 지급하고, 역인驛人[역리와 역졸을 통틀어 이르는 말]으로 말을 담당하는 찰방 이응엽은 수령의 자리가 나는 대로 등용하라." 하셨다.

장계

유도대신留都大臣 판중추부사 김희, 수궁대장守宮大將 사직 조종현, 유도대장留都大將 사직 김지묵, 유영留營 어영대장 이한풍, 유주留駐 전 총융사 신대현의 장계

궁성 내외의 숙위는 무사합니다.

신 희는 금일 문을 연 뒤 유도 당상 3품 이상의 관리를 거느리고 왕대비전과 중궁전에 문안하였사온데 안녕하다고 하셨으며, 어제 비변사 낭청 및 호위군관을 분견分遣한 일 외에 각 사司 외성문外城門 각 영 유진留陣 및 궁장 밖의 각 군보軍堡 척후 등의 곳을 일일이 살핀바 모두 탈이 없으며, 순라와 야금 등의 일은 각별히 엄히 타일렀습니다.

신 종현은 궁궐 내 각처를 숙위하였습니다. 신과 종사관 정이수, 병조 낭청 최시순이 순검하며 조사한즉 모두 아무 탈이 없었으며, 잡인이 난입하는 등의 일은 각 문의 수문장 등에게 각별히 엄하게 타일렀습니다.

신 지묵은 지난밤 유도留都 군병의 일을 담당하였는데 무사하였습니다. 궁장 밖의 각 소所 입직 군병, 각 군보 요령搖鈴 장졸, 각 처 유영留營 및 도성 9문과 성 안팎의 도순라, 가항순찰街巷巡察, 궁장 밖의 별순라 및 도성의 무너진 곳의 파수는 아울러 모두 무사합니다. 신전信箭[임금이 거둥할 때, 선전관을 시켜서 각 영에 군령을 전하는 데 쓰던 화살] 선전관宣傳官 이경덕의 구전 하교를 삼가 받들어 금일 환궁하실 때, 궁궐을 나가실 때의 예에 따라 유진대장留陣大將이 훈국訓局[오군영의 하나로, 수도 경비를 맡아보던 군영] 보군步軍 5초, 마군馬軍 2초를 거느리고 일찍 나루 북쪽 기슭에 나가서 후상後廂[임금이 행차할 때 뒤를 호위하던 군대]을 이루어 임금의 수레를 따르고, 중군中軍은 절목에 의하여 유도 본영本營 기사騎士 112인, 경표하京標下[서울 각 군영의 대장이 친히 거느리던 부하] 각색군 654명, 수어청 표하군 62명, 훈국 보군 5초, 각색군 515명을 거느리고 좌순청左巡廳[종각을 중심으로 하여 그 동쪽의 야간 순찰을 담당하던 관아] 앞길에 진을 물리었습니다.

신 한풍은 지난밤 유영의 여러 장수, 장교, 군병, 척후, 장졸을 담당하였는데 모두 무사하오며, 궁장 밖을 계속하여 직접 순찰하고 각 처 입직 및 도성의 무너진 곳 파수처를 일일이 조사한즉 또한 탈이 없으며, 금일 성문이 열릴 때를 기다려 전 대장 이방일과 교대한 후 배다리에 나가 기다렸습니다.

신 대현은 어제 각 문과 궁장 밖의 주간 순찰과 야간 순찰을 계속 직접 행하였는데, 모두 무사하옵니다. 유주 군병도 역시 탈이 없으며, 방금 받은 전 대장 이방일의 보고에 의하면 시대장時大將 이한풍과 유영留營을 교대하였다고 하옵니다. 이어서 받은 내금장內禁將[내금위의 으뜸 벼슬] 윤범서의 보고에 의하면 신전信箭 선전관 이경덕의 구전 하교에 따라 겸사복兼司僕[임금의 신변 보호를 담당한 군대] 일번장一番將 조운구가 유영 금군禁軍[궁중을 지키고 임금을 호위·경비하던 친위병] 100인을 거느리고 나루에 나가 기다린다고 하옵니다. 이러한 연유로 아울러 보고합니다.

3

원행을 다녀와서
의궤를 만들기까지
1795년 윤2월 17일 ~
1797년 3월 24일

1795년
윤2월 17일

계사

약방 부제조 이만수가 아뢰기를,

"그동안 임금님께서는 몸소 자궁을 모시고 현륭원을 참배하셨고, 일곱 번 술을 올리는 의식을 행하셨으며, 만수무강을 기원하는 예를 드렸으니, 갖가지 정성스런 예식이 모두 갖추어지고 아울러 임금님의 효성이 더욱 빛나게 되었습니다.

이 외에도 성묘 참배, 선비들의 과거 실시, 양로 잔치 개최, 백성들에게 쌀 나누어 주기 등 나라의 경사를 백성들과 함께하는 은전을 모두 거행하셨으니 실로 옛날에도 보기 드물었던 일입니다. 이런 일을 거행하시느라 궁궐을 떠나신 지 여드레나 되어 이제 돌아가실 때가 되었는데 모든 일이 안전하고 문제가 없으니 안팎의 모든 사람들이 춤추며 기뻐하고 있습니다.

지난밤 사이 불편하지 않으셨는지 모르겠습니다. 또 잠은 제대로 주무

셨는지, 식사는 괜찮으셨는지 모르겠습니다. 따라서 신이 어의御醫들을
거느리고 아침 일찍 들어가서 임금님의 건강 상태를 진찰해 보는 것이
합당할 듯합니다. 왕대비전[정순왕후 김씨]의 건강 상태는 어떠하신지요?
혜경궁 또한 여러 날을 수고롭게 움직인 끝인데, 건강 상태는 어떠하신
지요? 신은 구구하게 염려되는 마음을 이기지 못하여 감히 와서 문안을
올립니다. 아울러 우러러 이를 여쭈옵니다."

하니 임금께서 답하시기를, "알았다. 자전의 건강 상태는 여전하시다. 자
궁께서는 여러 날을 수고롭게 움직이셨지만 잠을 주무시는 것이나 식사
하시는 일, 그리고 기거하시는 일 등등이 모두 여전히 평안하시다. 두 분
이 이와 같으시니 나는 경사스럽고 다행스러움을 이기지 못하겠다. 그러
니 경등은 입시할 필요가 없다." 하였다.

계사

정리소의 낭청이 총리대신의 뜻으로 아뢰기를,

"정리소를 이미 혁파하였으므로, 의궤를 자세히 기록, 작성하여 후대의 문헌 자료로서 준비해 놓도록 해야 합니다. 당상 심이지와 낭청 홍수영을 차출하여 이에 관련된 일들을 거행하도록 하는 것이 어떻겠습니까?"

하니 전교하시기를,

"정리소의 경우는 의례적으로 설치하는 도감과는 조금 다른 경우이므로 꼭 의궤의 격식을 따를 필요는 없다. 그러나 이번의 경우 현륭원에 행차하는 일은 의義로써 시행한 것이고, 그에 관련된 갖가지 예禮 또한 인정에 따라서 거행한 것이므로, 마땅히 이를 증명할 만한 서적을 한 부 마련하여 후세 사람들에게 보여 주어야 한다.

따라서 이번의 경우에는 의궤이면서 동시에 관련 사항을 모두 수집하는 유취類聚[종류에 따라 모음]의 체제를 취하도록 하고, 활판인쇄로 넉넉히 만들어서 올리도록 하라.

그리고 책이 완성되면 사고史庫, 내각內閣, 홍문관, 호조, 예조, 병조, 각 군영, 화성, 경기 감영, 광주, 과천, 시흥에 각각 한 건씩 보관하도록 하고, 본 정리소의 당상과 낭청, 그리고 화성 유수 및 입직 승지와 사관에게는 각각 한 건씩 나누어 주도록 하라.

당상 가운데 사직 심이지는 이미 책을 편찬하는 일을 거행하기 위해 차출되었다. 이 외에 부사직 서용보, 윤행임과 승지 이만수는 그와 더불어 책을 편집하도록 하라. 그리고 공조 판서 이가환과 검서관 중에서 책 편찬에 대해 잘 아는 사람 한두 명을 차출하여 그들로 하여금 함께 책을 편집하도록 하라. 그러나 책을 편찬하는 기구는 의궤청이라 부르지 말고, 내각으로 하여금 이 일을 주관하게 하라. 이 책의 서문은 경이 직접 지어서 올리도록 하고, 책의 이름은 나중에 물어서 정하도록 하라."
하였다.

좌목

주자소에 의궤청을 설치하다.

(1795년 윤2월 28일 회동하다)

총리대신 좌의정 채제공

당상

좌참찬 정민시

상호군 심이지

예조 판서 민종현

경기 관찰사 서유방

호조 판서 이시수

호군 서용보

호군 이만수

부호군 윤행임

낭청
부사직 이시원
부사과 김근순

감관
전 동지 유명표

장교
가선 정도관
가선 왕도원
절충 김진철
절충 성봉문
출신 최도홍
절충 강한범
출신 임복기
출신 황린경
한량 한대언

서리
이후근
윤인환

김윤문

최도식

이성각

노수일

지원규

김치덕

고유겸

박희복

백홍익

박윤묵

하경로

백순

김성후

서사

조언식

한명희

창고지기

이규상

사령

서정우

한봉의

현태욱

기수

김인대 등 6명

문서지기

삼송 등 3명

계사

영의정 홍낙성이 아뢰기를,

"화성을 축성하는 일은 매우 중요한 사안입니다. 특히 자궁의 회갑을 축하하여 잔치를 올린 일은 더더욱 중요합니다. 따라서 신하들이 임금님의 효성을 드날리고 아울러 그 뜻을 받아서 행하기 위해서는 정성을 다하고 조금도 소홀함이 없어야 합니다. 그런데 어제 의궤청의 초기草記에는 각 영문에서 조정의 명령을 즉시 거행하지 않은 사실들이 많았습니다. 이 때문에 임금님께서 다시 하나하나 보고받고 결재를 하시느라 밤이 새도록 일을 하셨습니다. 일이 이 지경에 이르렀으니 나라의 기강을 생각하건대 놀랍기 그지없습니다. 의궤 당상 이시수·서용보·윤행임, 병조 판서 심환지, 금위대장 김지묵, 어영대장 이한풍 등을 모두 파직하는 것이 어떻겠습니까?"

하니 임금께서 이르시기를,

"모두 아뢴 대로 하라. 일이 화성을 축성하는 것에 관련되었으니 매우 중요한 사안이다. 특히 자궁의 회갑을 축하하기 위해 올린 잔치는 그 중요함이 어떠하겠는가? 그런데 처음에 일을 거행하는 것이 분명하지 못했고, 그 후에는 초기에 마음대로 어떤 것은 기록해 넣고 또 어떤 것은 생략하였으니, 정상적인 마음으로는 감히 할 수 없는 일들이다. 내가 이번에 이것저것 할 것 없이 나의 정성을 모두 다하여 힘을 기울인 이유는 그것이 매우 중요한 사안이었기 때문이다. 따라서 오늘날 신하된 자로서 조금이라도 소홀히 함이 있다면 과연 그가 도리를 안다고 할 수 있겠는가?

무릇 자신의 어버이를 사랑하는 사람은 남의 어버이도 무시하지 못하며, 자신의 어버이를 공경하는 사람은 남의 어버이에 대해서도 악하게 하지 못하는 법이다. 나의 친구나 내 아랫사람의 부모에 대해서도 이럴진대, 하물며 경대부卿大夫[높은 관직에 있는 벼슬아치를 이르던 말로, 경과 대부로 대표된다]의 반열에 있으며 지밀至密[아주 은밀함]한 곳을 출입하는 사람들이 가는 곳마다 태만하게 하고, 하는 일마다 무성의하고 게으르게 해서야 되겠는가! 백관들이 비록 이러하더라도 감히 조금이라도 보고 느끼게 해야 한다는 의리를 알았더라면 어떻게 감히 그 지경에까지 가게 할 수가 있겠는가. 의궤청 당상들을 파직하는 것은 참으로 가벼운 처벌이라 할 것이다.

진장鎭將[각 진영의 으뜸 벼슬. 정3품 벼슬로 중앙의 총융청·수어청·진무영에 속한 것과 각 도의 감영·병영에 속한 것 두 가지 계통이 있는데, 모두 지방 군대를 관리했다]을 금고禁錮[죄과가 있거나 신분상 허물이 있는 사람을 벼슬에 쓰지 않던 일] 시키기가 어렵다고 한다면 형세로 볼 때 이 정도로밖에는 처리할 수가 없을 것이니, 우선 아뢴 대로 하라고 한 것도 이 때문이다.

입장을 바꿔 놓고 보면 모두 마찬가지라고 말해서는 안 될 것이다. 어떤 일이건 단지 눈앞에서 거행된 일을 가지고서 잘하고 못한 것을 따지게 마련이다. 이렇게 보면 금위영이나 어영청이라고 해서 어찌 형편없이 처리한 일이 없다고 하겠는가마는, 상식적인 도리로 헤아려 본다면 고의로 규정을 범했다고야 하겠는가.

근래 습속을 보면 날이 갈수록 더욱 각박해지기만 하는데, 두 대장의 잘못된 태도 역시 이를 잘 조종하지 못해서 그렇게 된 것이라고 하겠다. 그러나 이런 식으로 임금을 섬긴다면 무슨 면목으로 돌아가 선조를 뵙겠는가. 연전에 제사를 지내 주고 비석을 세우게 한 것이 지금 와서는 더욱 후회가 된다. 이한풍과 김지묵이 이 분부를 듣고 나면 어찌 감히 선조의 묘소 아래로 달려가 땅에 엎드려서 자기의 허물을 헤아려 보지 않을 수 있겠는가.

병조 판서의 일은 조목조목 놀랍기만 하다고 하겠다. 그저께의 일을 겨우 마감하고 나자 어제 일이 또 터졌고, 어제 낮에 단속하는 분부를 내린 뒤에 또 어젯밤에 이르러 잘못 처리하는 일이 발생했다. 이는 너무 빨리 승진하여 관직이 워낙 높아진 데다가 겸직하는 일이 너무 많고 따라서 일도 소홀하게 처리하기 때문에 빚어진 것이다.

한편 용호영龍虎營[숙직하며 대궐을 경호하고 임금의 가마 곁을 따라 모시는 일을 맡아보던 군영]의 경우는 어떤 일이든 간에 별장別將[용호영의 종2품 벼슬]이 모두 주관하고 있는데, 하찮은 금군禁軍[궁중을 지키고 임금을 호위하던 부대]을 구전口傳[3품 이하의 관원을 선임할 때 이조나 병조에서 낙점을 거치지 않고 왕의 구두 명령을 받아 뽑는 일]하는 일에 있어서조차 제때 봉행하지 못했으

265

니, 별장만 유독 처벌에서 제외한다면 어찌 말이 되겠는가. 세 장수를 견
책하여 파직하라는 청을 이미 따른 이상 별장의 죄에 대해서도 똑같이
적용해야 할 것이다."
하였다.

전교

전교하시기를,

"물질로 어버이를 봉양하는 것은 마음으로 즐겁게 어버이를 봉양하는 것만 못한 것이다. 서민이 어버이를 섬김에 있어서도 오히려 이렇게 말하거늘, 하물며 왕위에 앉아 팔역八域[조선 전역]에 임하는 자[조선을 다스리는 임금]야 오죽하겠는가.

나는 오늘 하례도 감히 의식대로 못 하고 잔치도 풍성하게 올려 드리지 못하며, 진종일 정담을 나누는 것도 내외의 빈객, 척신戚臣[임금과 성은 다르지만 친척인 신하]에 한하는 것은 자궁의 뜻을 본받은 것이다.

내 오늘의 이 마음을 자궁의 존속과 동기에게 베풀지 않는다면, 어찌 마음을 즐겁게 봉양하는 것이 물질로 봉양하는 것보다 낫다는 뜻이겠는

---

13 이날이 혜경궁 홍씨의 환갑날이다.

가. 그러니 고故 판서 조엄의 부인 홍씨[혜경궁 홍씨의 고모]와 고故 참판 홍낙인의 부인 민씨[혜경궁 홍씨의 올케]에게 해당 부서로 하여금 옷감과 음식물을 실어 보내도록 하라. 그리고 부사직副司職 홍준한의 아들 유학幼學[벼슬하지 않은 유생儒生] 낙선[혜경궁 홍씨의 친조카]과 홍용한의 아들 유학 낙수[혜경궁 홍씨의 친조카]는 감역監役[선공감에서 토목이나 건축 공사를 감독하던 종9품의 벼슬]을 더 설치하여 단망單望[관리를 천거할 때 세 사람을 추천하는 3망의 관례를 따르지 않고 한 사람만을 추천하던 일]으로 뽑고, 동돈령 홍낙신과 홍낙임[홍낙신과 홍낙임은 혜경궁 홍씨의 남동생]은 도총관都摠管[오위도총부에서 군무를 총괄하던 정2품 벼슬]을 제수하여 먼저 사은한 뒤에 반열에 참여하도록 하라"

하였다.

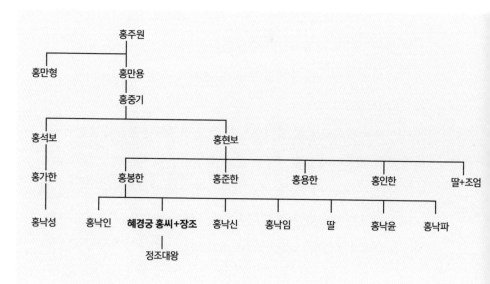

혜경궁 홍씨의 가계도

전교하시기를,

"자궁의 환갑 탄신일을 맞이하여 치사致辭[경사가 있을 때 임금에게 올리던 송덕의 글]와 전문箋文[임금이나 왕후, 태자에게 새해·생일 등 기념일에 맞추어 축하하는 목적으로 올리던 글]과 표리表裏[임금이 신하에게 내리거나 신하가 임금에게 바치던 옷의 겉감과 안감]를 드릴 때, 예방승지禮房承旨 황승원, 통례通禮[통례원에 속한 정3품 벼슬] 허질과 이주현에게는 자급資級[벼슬아치의 품계의 등급]을 올려 주고, 찬의贊儀[통례원에 속한 정5품 벼슬] 남공저, 인의引儀[통례원에 속하여, 의식에서 식순에 따라 구령을 외치는 일을 맡아보던 종6품 문관 벼슬] 최경진과 임속에게는 벼슬을 올려 주고, 그 나머지 대하臺下[낮은 직급] 전의典儀[나라의 큰 의식에서 모든 절차를 도맡아 진행하는 집사], 인의와 승문원承文院[외교 문서를 담당하던 관아], 제용감濟用監[각종 직물 따위를 진상하고 하사하는 일이나 채색·염색·직조의 일 따위를 맡아보던 관아]의 관원들에게는 각각 한 자급을 올려 주고, 자궁資窮[관리들의 정규적인 진급 상한선이었던 당하관의 최고 위계에 오름]한 자는 대가代加[품계가 오를 사람 대신 그의 아들이나 사위·동생·조카 등이 품계를 올려 받도록 하던 일]하도록 하라.

오늘 진찬에서는 비록 유사有司[단체의 사무를 맡아보던 직무]들을 번거롭게 하지 않았지만 올봄 화성의 진찬 때 당상과 낭청에게 모두 분담해서 거행하도록 하였으니, 당상에게는 반숙마半熟馬[조금 길들인 말] 1필을 하사하고, 대신에게는 숙마熟馬 1필을 하사하며, 낭청에게는 아마兒馬[길들지 않은 작은 말] 1필을 하사하노라. 그리고 그 나머지는 별단 판하別單判下[상주한 문서에 대한 임금의 허가]에 의하여 등급을 나누어 시상하며, 예방禮房[승정원에 속한 육방 가운데 예전禮典에 관한 일을 맡아보던 부서]에서 일을 거행한 도승지 조상진에게는 자급을 올려 주노라." 하셨다.

전교하시기를,

"세월이 흐르고 흘러 회갑 탄신일을 맞는 것이야말로 보기 드문 큰 경사이다. 어버이의 춘추가 여기에 이르게 되면 이를 경축하며 기쁨을 표시하는 것이 자식 된 도리로서 당연한 것이다. 정중하게 음식을 대접하며 술을 따라 올리는 것은 서민들이 하는 일이요, 잔치 자리를 마련하여 여러 집안 어른들을 초청하는 것은 경대부들이 하는 일이요, 정사를 하며 백성들과 즐거움을 함께하는 것은 임금이 하는 일이다.

나 소자小子[아들이 부모를 대하여 자기를 낮추어 이르는 1인칭 대명사]는 하늘과 조상의 보살핌을 받아 국조國朝[당대의 조정. 즉 정조가 즉위한 이래] 이래 처음 맞이하는 기회를 갖게 되었다. 연초부터 지금에 이르기까지 6~7개월 동안 어느 달이고 기쁘지 않은 날이 없었고, 어느 날이고 축하하지 않는 때가 없었다. 옥에 새기고 금으로 엮은 것은 자궁의 아름다운 덕을 드러내기 위함이었고, 남산을 바라보며 만세를 부른 것은 자궁께서 오래 사시기를 기원하기 위함이었으며, 창고에서 많은 곡식을 꺼내 섬과 육지의 백성들에게 두루 나누어 준 것은 자궁의 은혜를 널리 베풀기 위함이었고, 노인들과 사방 백성들에게 취하도록 마시고 배불리 먹게 한 것은 자궁의 은덕을 표시하기 위함이었다. 그러나 하늘과 같이 무궁하게 사시기를 기원하는 나의 처지에서는 늘 세월이 부족하다는 마음을 품을 수밖에 없었다. 더구나 자궁의 탄신일을 맞을 때 어찌 풍성하게 차려 성대하게 즐기는 일을 마다할 리가 있겠는가.

그러나 선조先朝[전대의 왕조] 정묘년에는 인원성모仁元聖母[숙종의 비妃 인원왕후]에게 승낙을 얻지 못했는데, 지금 와서는 우리 자궁에게 허락을 얻기가 어렵게 되었다. 그래서 축하하는 의식도 갖추지 못하고 음악

III 『원행을묘 정리의궤』 내용 읽기

홍화문에서 열린 사미 행사

원행에서 백성들에게 쌀을 나누어 주고 죽을 먹인 행사를 실시한 정조는 1795년 6월 19일, 어머니 혜경궁
홍씨의 환갑날을 맞아 서울 홍화문 앞에서 사미 행사를 다시 한번 실시한다. 그림은 그날의 행사를 그린 것
이다. 이날 백성들은 받은 쌀을 혹은 자루에 넣어 짊어지기도 하고 혹은 상자에 담아 이기도 하고서 노래를
부르며 춤을 추면서 돌아갔는데, 그들의 환호성이 우렛소리 같았다고 한다. 다시 정조는 "잔치 소문을 듣고
찾아온 걸인들이 거리를 메웠다 하니, 비록 두루 베풀기는 어려우나 어찌 맨입으로 돌아가게 하겠는가. 음식
과 먹을 것을 나누어 먹여 보내도록 하라." 하였다고 한다. 그림은 『원행정리의궤도』에 수록된 〈홍화문 사미
도〉이다.

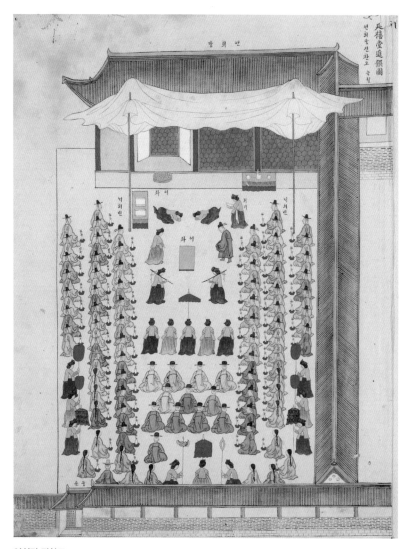

연희당 진찬도

1795년 6월 18일은 정조의 어머니 혜경궁 홍씨의 환갑 생일날이다. 이날 정조는 어머니를 위해 다시 한번 환갑잔치를 열었다. 그림은 『원행정리의궤도』에 수록된 이날의 진찬 의식을 그린 것으로, 『원행을묘 정리의 궤』에도 이 그림이 실려 있다.

도 제대로 연주하지 못한 채 그저 내외의 빈객, 척신들과 함께 조그마한 음식상을 공손히 올리면서 술잔을 올리게 되었다. 이것은 또한 즐거움을 끝까지 다하지 않고 여운을 남겨 두시려는 우리 자궁의 지극한 뜻을 우러러 본받은 것이다.

그러나 장황하게 일을 벌이지 않고 널리 베푸는 정사조차 오늘 행하지 않을 수 있겠는가. 그래서 반열에 참여한 군신 백관과 전문箋文을 올린 유생으로부터 아래로 군병과 하인들에 이르기까지 이날 술을 마시고 즐거움을 알게 하였다. 그리고 문관, 음관蔭官[과거를 거치지 않고 조상의 공덕에 의하여 맡은 벼슬], 무관으로서 61세가 되어 궁궐에 들어온 자들에게 각각 음식상을 별도로 차려 주었다.

그런데 내 생각에 서울의 빈한한 선비와 곤궁한 백성들도 소외당한 상태에서 배불리 먹기를 바라고 있을 것으로 여기니, 내가 홍화문에 나가서 미곡을 하사해야 하겠다.

그리고 죄명이 있는 자들에 대해서는 이조와 병조로 하여금 적어 들이게 하되, 도류徒流[도형과 유형을 아울러 이르는 말로, 도형은 죄인을 곤장과 징역으로 다스리던 형벌을, 유형은 귀양 보내던 형벌을 이른다]의 처벌을 받은 자 중에서도 석방에 합당한 자가 있거든 역시 승인을 받는 대로 시행토록 하라.

포흠逋欠[관청의 물건을 사사로이 써 버림]한 것을 탕감해 주고 요역을 면제해 주는 일을 초봄에 실시했는데, 내가 바야흐로 경축하며 기쁨을 나누려고 하는 이때에 어찌 중복된다고 이를 꺼리겠는가. 그러니 서울의 경우는 공인貢人[국가로부터 대동미를 대가로 받고 물품을 납품하던 상인]이 남겨 놓은 재물 2,000석과 저잣거리의 백성에게 부과된 요역 2개월분과 반

인泮人[대대로 성균관에 딸려 있는 사람으로, 주로 쇠고기 장사를 하는 이]의 속전
贖錢[죄를 면하기 위하여 바치는 돈]을 10일 기한으로 탕척蕩條[죄나 전과를 깨
끗이 씻어 줌]해 주고, 지방의 경우는 화성, 삼남을 대상으로 지난해에 정
퇴停退[기한을 뒤로 물림]하여 준 신공身貢[나라에서 장정에게 부과하던 공물]과
보미保米[여러 군보로부터 거두는 쌀], 보포保布[양인으로부터 군역을 면제해 주
는 대가로 거두어들이던 베나 무명], 보전保錢[보군保軍이 바치는 돈]을 일체 탕
감해 주도록 하라. 그리고 나머지 양도兩都[개성과 평양]와 4도[강원도·함경
도·평안도·황해도]의 경우는 오래된 환곡還穀 중 최근 1년의 조목을 대신
감해 주도록 하라.

이렇게 하는 것이 바로 자궁의 아름다운 덕을 드날리는 일이요, 자궁
의 장수를 기원하는 일이요, 자궁의 은혜를 널리 베푸는 일이요, 자궁의
은덕을 드러내는 일이다."

하였다.

전교

임금께서 명령하시기를, "『정리소의궤』를 교정하는 일이 끝났다고 알려 왔다. 만약『통고通考』의 교정 이후를 기다려 인쇄한다면 너무 늦어지게 될 것이 분명하다. 『의궤』의 인쇄를 먼저 시작하고 활자는 '생생자본生生字本'[조선 정조 16년(1792)에 중국 『강희자전』의 글자 모양을 본떠 만든 나무 활자]을 쓰라. 일을 시작하는 날짜는 길일을 택하여 알리고, 인쇄를 감독하는 담당자는 그대로 『의궤』 구관 당상 윤행임으로 하고, 『통고』의 교정 당상 이만수 또한 인쇄를 감독하는 일을 하도록 의궤청에 말하라." 하셨다.

擇日

乙卯閏二月初九日 大駕陪 慈宮詣 顯隆園時鴑
梁龍驤鳳翥畫停始興縣行宮所（時刻見下）
同月初十日肆觀坪行宮畫停華城府行宮宿所
同月十一日詣華城 聖廟還臨洛南軒設文武科仍行
放榜（扵于華收券文科收券） 親臨奉壽堂行進饌習儀
同月十二日 大駕陪 慈宮詣 顯隆園展謁還詣華
城行宮親臨西將臺行城操夜操
同月十三日奉壽堂進饌
同月十四日親臨新豐樓四民賑民賜米親臨洛南軒行
養老宴

整理儀軌乙　卷首　第十

始興縣行宮宿所
同月十六日龍驤鳳翥畫停當日還宮

各項月日子

乙卯二月初十日華城府設行武科初試
同月十三日舟橋始役
同月二十一日整理所設行進饌習儀養老宴習儀
同月二十四日舟橋畢役
同月二十五日親行駕轎習儀（依照設行）
同月二十九日親行駕轎慈臺習儀（依調馬例）
閏二月初四日親臨瑞慈臺試射
閏二月初四日舟橋渡涉習儀
同月十七日舟橋撤排

一

同月二十一日親臨春塘臺犒饋隨駕將士
三月十三日親臨春塘臺行各營中旬頒賞

座目

設整理所于壯勇營朝房（十二月同）
摠理大臣右議政蔡濟恭（乙卯十二月初一日特敎差下）
整理使行戶曹判書沈頤之（乙卯十二月二十七日以戶曹判書差下二月十二日）

以亨樂提調還差

行副司直徐有防（甲寅十二月初十日以司僕提調差下乙卯正月二十七日移拜京畿觀察使差下）
戶曹判書李時秀（乙卯正月二十八日移拜京畿觀察使調差下）
行副司直徐有大（甲寅十二月初十日以壯勇使差下）
京畿觀察使徐龍輔（甲寅十二月初十日以京畿觀察使差二月初一日以戶曹判書差下正月二十七日罷差二月十二日）

整理儀軌九　卷首　座目

差

行副司直尹行恁（甲寅十二月初十日以備局副提調定例上差下）
郎廳副司果洪守榮（甲寅十二月初十日以壯勇營從事官差下）
顯隆園令具㒥（甲寅十二月）
副司果李潞秀（甲寅十二月）
副司果洪大榮（甲寅十二月）
濟用監判官金龍淳（甲寅十二月）
監官前五衛將下世義（外黃應○以上壯勇營監官）
折衝洪樂佐（內禁）
將校折衝鄭道寬
折衝王道源
出身呂鉉長（以上壯勇敎鍊官）
折衝金鎭喆（敎鍊官）

二

『원행을묘 정리의궤』 앞머리 부분

『원행을묘 정리의궤』는 본문에 나오듯이 정조의 명령에 따라 생생자를 사용해 목판본으로 인쇄했다.

1795년
8월 16일

계사

정리의궤청의 낭청이 당상의 뜻으로 아뢰기를, "정리소 의궤를 활자로 인쇄해 내는 작업에 착수하기 위해, 작업에 적당한 길일을 골라서 초기草記할 것을 명령하셨습니다. 명령하신 바에 따라서 곧바로 일관日官[길일을 잡는 사람] 안규상으로 하여금 길일을 고르도록 했더니 이달 20일 진시辰時가 좋다고 합니다. 이 날짜에 인쇄 작업을 거행하고자 합니다. 이를 감히 아룁니다." 하니 전교하시기를, "전교권傳敎卷[전교 문서]과 중순권中旬卷[중순 문서] 중에 고쳐야 할 곳을 바로잡은 다음에야 인쇄 작업에 착수할 수 있을 것이다. 따라서 인쇄 작업에 착수할 수 있는 날짜는 이번 달 20일보다 며칠 더 필요할 것이니 이를 고려하여 다시 초기하도록 하라. 책을 편찬하는 작업은 이를 부지런히 감독해야 일의 두서가 잡힐 것이니, 내일부터 당상들은 더욱 명심하여 일의 진행 상황을 살펴보도록 하라. 그리고 몇 책이나 인쇄할 것인가는 하교를 기다려 거행하도록 하라."

하셨다.

　정리의궤청의 낭청이 당상의 뜻으로 아뢰기를, "정리소 의궤를 활자로 인쇄하는 작업 날짜를 이번 달 20일 진시로 길일을 골라 초기한 데 대하여 전교하시기를, '전교권과 중순권 중에 고쳐야 할 곳을 바로잡은 다음에야 인쇄 작업에 착수할 수 있을 것이다. 따라서 인쇄 작업에 착수할 수 있는 날짜는 이번 달 20일보다 며칠 더 필요할 것이니 이를 고려하여 다시 초기하도록 하라.'고 명령하셨습니다. 명령하신 바에 따라서 바로 일관 안규상에게 길일을 다시 고르도록 했더니 이번 달 27일 진시와 28일 묘시卯時가 모두 좋다고 합니다. 어느 날짜에 인쇄 작업을 시작하는 게 좋겠습니까? 감히 여쭙습니다." 하니 전교하시기를, "20일과 27일, 그리고 28일 중에서 편리한 대로 인쇄 작업을 시작한 다음에 초기하도록 하라." 하셨다(인쇄 작업은 하교 때문에 다시 기한을 뒤로 물렸다).

전교

　임금께서 명령하시기를, "『정리의궤』는 1건을 자궁께 올리고, 30건을 궁중에 들이라. 또 1건을 궁중에 들이고, 서고에 10건, 원관園官·궁사宮司[임금의 비빈妃嬪이나 왕족들이 거주하는 궁원宮院의 사무를 맡은 기관]·직소直所[숙직하는 곳]에 각 1건, 화성행궁, 내각, 외규장각, 사고史庫 5곳, 정리소, 승정원, 홍문관, 시강원, 비변사, 장용영, 훈련도감, 금위영, 어영청, 호조, 예조, 병조, 사복시, 경기 감영, 화성부, 광주부, 시흥현, 과천현에 각각 1건씩 보관하며, 총리대신 채제공, 정리 당상 서유방·이시수·서유대·서용보·윤행임, 정리 낭청 홍수영·구응·이노수·홍대영·김용순, 의궤 당상 정민시·민종현·이만수, 감인 각신監印閣臣[해당 업무에 관인을 찍는 신하] 김조순, 의궤 낭청 이시원·김근순, 외빈 영의정 홍낙성, 광은 부위光恩副尉 김기성, 전 동돈령 홍준한·홍용한, 전 도총관 홍낙임, 전 도정都正[종친부·돈령부·훈련원에 속하여, 종친·외척에 관한 사무를 맡아보던 정3품 벼슬] 홍낙윤,

어람용 의궤와 분상용 의궤

의궤는 어람용御覽用 즉 임금에게 바치는 것과, 분상용分上用 즉 관련 기관 및 관계자들에게 나누어 주는 것
을 구분하여 제작했다. 어람용은 녹색 비단으로 표지를 감싸고 흰색 비단에 의궤 제목을 써서 붙인 데 비해,
분상용은 홍목면(붉은 무명)으로 표지를 감싸고 표지에 바로 제목을 기입했다. 어람용과 분상용은 책 본문의
종이도 차이가 있는데, 어람용이 두껍고 우윳빛이 도는 초주지草注紙[임금에게 보고할 때 사용하던 종이를
쓴 데 비해, 분상용은 이보다 얇고 빛깔도 탁한 편인 저주지楮注紙[닥나무 껍질로 만든 두꺼운 종이의 하나]
를 사용했다. 그림은 어람용으로 제작한 『장렬왕후 존숭도감의궤』(왼쪽)와 분상용으로 제작한 『명성황후
홍릉 산릉도감의궤』(오른쪽)이다.

개성 유수 조진관, 돈령 직장敦寧直長 정의, 행궁 정리사 조심태, 화성 판
관華城判官 홍원섭, 성역 도청城役都廳 이유경, 교정 초계문신抄啓文臣[당
하관 문신 가운데 인재를 뽑아 임금에게 보고하고, 뽑힌 사람을 다시 교육한 뒤 시험
을 보게 하여 그 성적에 따라 중용한 문신] 신현·조석중·홍석주에게 각각 1건
씩 내리라." 하셨다.

KB168497

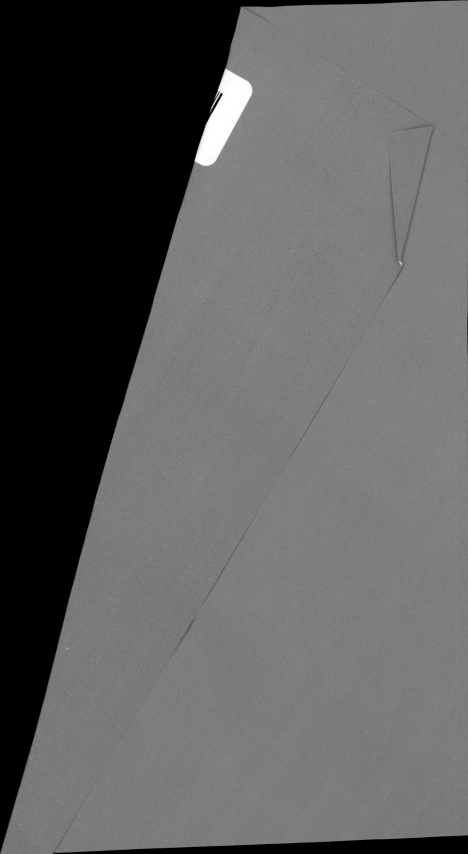

작품으로 읽는 한국 현대시사

작품으로 읽는 한국 현대시사

초판 1쇄 발행 2021년 10월 15일
초판 4쇄 발행 2024년 10월 18일

지은이 | 이승원

펴낸곳 | (주)태학사
등록 | 제406-2020-000008호
주소 | 경기도 파주시 광인사길 217(파주출판도시)
전화 | 031-955-7580
전송 | 031-955-0910
전자우편 | thspub@daum.net
홈페이지 | www.thaehaksa.com

편집 | 조윤형 여미숙 김태훈
마케팅 | 김일신
경영지원 | 김영지
인쇄·제책 | 신화프린팅

값 17,000원
ISBN 979-11-6810-016-9   93810

책임편집 | 조윤형
북디자인 | 이보아

작품으로 읽는 한국 현대시사

이숭원 지음

태학사

머리말

1920년대부터 1970년대까지 한국 현대시의 전개 과정을 약술하여 한 권의 책으로 묶는다. 엄격한 학문적 기획에 의해 객관적으로 역사를 기술한 것이 아니라, 나 자신의 문학적 태도와 감수성에 입각하여 시의 변화를 서술하였다. 내가 중요하게 생각하는 문학 현상을 두드러지게 서술했고, 작품의 해석에서도 주관적인 평가를 억제하지 않았다. 그렇다고 해서 독단에 치우친 편파적인 서술을 한 것은 아니다. 40년 이상 현대시를 탐구한 연구자로서의 균형감각과, 현대시를 평설해 온 비평가로서의 문학적 상식에 의존했다.

광복 이전과 이후의 시를 통틀어 현대시라고 칭한 것은 이유가 있다. 1920년대의 시도 오늘의 감각으로 읽어서 거리감이 느껴지지 않는 작품은 현대시로 보아도 무리가 없다는 것이 내 생각이다. 어떤 기준을 내세워, 1930년 이전의 작품, 혹은 광복 이전의 작품을 근대시라고 하고 그 이후의 작품을 현대시라고 칭하는 것은, 일반 독자에게는 별 의미가 없는 일이다. 작품을 향유하는 독자의 입장에서 현대시가 60년 동안 어떻게 변해 왔는가를 작품을 통해 설명하고자 했다. 작품의 변화를 보면 작품이 창작된 시대의 변화, 문학적 특성의 변화를 다 알 수 있기 때문이다.

학술적인 역사관을 내세우지는 않았지만, 일제강점기로부터 산업화의 시대까지 시의 역사를 기술하면서 나름의 역사적 관점을 유지했다. 한국 근대시는 국권 상실기에 형성되었고, 민족의 시련을 발판으로 그 외연이 확장되었다. 1910년부터 1945년까지는 국가가 없는 민족만의 역사 전개여서 민족주의적 시각을 통하지 않고서는 현상을 제대로 설명하기 어렵다. 이 시기에 관한 한 민족은 상상된 공동체가 아니라 역사를 지탱하는 뚜렷한 이념의 실체였다. 해방 이후 전쟁을 거치고 국가를 재건하는 과정에서도 민족 담론은 발전의 동력으로 작용했다. 그 결과 지금은 민족을 내세우지 않고서도 국가의 발전을 얼마든지 논의할 수 있는 상태가 되었다.

국가가 발전했다는 것은 국민의 삶이 인간적인 방향으로 확대되었다는 것을 의미한다. 이렇게 국가가 발전하는 데에는 국민의 힘이 종합적으로 작용한다. 거기에는 문학의 동력도 충분히 한몫을 차지한다. 나는 이 책에서 시가 인간의 삶을 어떻게 확대해 갔는가를 서술하려고 했다. 자유와 평등이라는 소중한 가치를 위해 시가 기여한 바가 무엇인가를 찾아 그 의의를 밝히려고 했다. 실리적 효용에 바탕을 둔 정치경제적 담론과는 달리 정서와 감성의 차원에서 시가 어떻게 인간의 삶을 윤기 있게 하고 역사 발전에 기여하였는가를 기술하고자 했다.

자료에 의하면, 내가 태어나던 1955년 대한민국의 1인당 국민소득은 65달러로, 아시아 최저 수준에 속했다. 동아시아의 변방 반도 지역에 개국하여 외적의 침입에 시달리다가, 제국주의 패권 시대에 일본에 강제 병합되어 35년간 식민 지배를 받고, 해방이 되자마자 국토가 분단되고 동족끼리 전쟁을 벌여 분단이 고착화된 상태로 지금에 이른 과정을 보면, 정말로 비극의 역사를 지닌 나라라 아니 할 수 없다. 그래도 자랑스러운 것은 정치적 파란을 넘어 자유민주주의 체제를 정립하고 세계 10위권의 경제대국으로 성장한 점이다. 독재의 고비가 여러 차례 있었으나 시민의 힘으로 난관을 극복하고 인간다운 삶의 영역을 확대해 온 점은 정말로 자랑스럽다. 그런 역사의 고비마다 시가 중요한 역할을 하였음을 중점적으로 밝히고자 했다.

그렇다고 해서 시의 사회적 목적성을 강조한 것은 절대로 아니다. 나는 목적에 복무하는 시를 좋아하지 않는다. 목적성을 내세우는 순간 시 창작은 실패하게 된다. 목적과 이념을 앞세우면 주제가 유형화되고, 개성적 창조가 억압되기 때문이다. 시인이 열린 마음으로 인생과 시대를 바라보면 언어로 표현하고 싶은 내면의 정동情動이 자연스럽게 떠오르고, 그것을 형상화할 수 있는 언어 형식과 구성이 결합하면 최선의 작품이 창조된다. 그 작품은 인생과 시대에 대해 언급하고자 했던 내용을 시의 화법 속에 무리 없이 용해하여 공감의 영역을 확보할 수 있다. 목적성이 창작의 전제가 될 때에는 정작 그 기능을 행사하지 못하고, 정해진 선행 의식 없이 창작의 절정을 향해 작가가 전력투구할 때 자연스럽게 그런 능력이 획득된다. 이것이 시의 영역에서 일어나는 창조의 신비다. 나는 가능한 한 그런 유형의 작품을 예로 들어 역사적 의의와 시의 가치를 평설하고자 했다.

이 책의 목적은 현재의 독자들이 작품을 통해 시의 변화 양상을 이해하는 것이다. 그러기 위해서는 과거의 시도 거리감 없이 현재의 감각으로 읽는 작업이 필요하다. 그래서 시를 인용할 때, 당시의 표기가 주는 거리감을 없애기 위해, 음성적 가치를 보존하는 선에서 현행 맞춤법 규정에 맞게 옮겨 적고, 한자는 꼭 필요한 경우에만 병기했다. 그러나 시인의 의도가 반영된 특별한 띄어쓰기나 시어 같은 경우는 원래의 표기대로 적었다. 이 책은 지금까지 내가 현대시에 대해 연구해 온 여러 결과를 집대성한 작업이다. 그래서 내가 쓴 저술의 크고 작은 부분들이 이 책에 수용되었다. 서술의 일관성을 살리기 위해 그 세부적 사실을 일일이 밝히지 않은 점을 양해해 주기 바란다.

이 책의 출간을 허락해 준 태학사 김연우 대표에게 감사드린다. 오랜 벗 지현구 회장의 후의에도 감사의 뜻을 전한다. 편집과 교정에 애를 쓴 조윤형 주간에게도 고마운 마음을 전한다. 그리고 무엇보다도 좋은 시를 남겨 한국 현대시사의 풍성한 흐름과 다양한 지류를 형성해 준 모든 시인들에게 깊은 감사의 인사를 올린다.

2021년 7월 15일

이숭원李崇源

차례

1

한국 현대시의 출발

— 1920년대 전기의 시

1. 현대시 구분의 맥락

일반적으로 거시적인 역사의 흐름은 고대, 중세, 근대로 구분된다. 각 시기를 나누는 기준에 대해서는 지역과 국가의 역사적·사회적 조건이 각기 다르기 때문에 고려해야 할 매개적 사항이 많아서 일괄적으로 설명하기 어렵다. 내가 이 책에서 서술하고자 하는 내용은 한국 현대시의 전개 양상이다. 그 전개 양상을 추상적으로 설명하지 않고 작품을 통해 구체적으로 제시하겠다는 것이 집필 의도다. 한국 현대문학 연구가 학문적 기반을 잡아 가던 시절, 한국 근대시의 기점에 대한 논의와 함께 근대시와 현대시의 분기점을 찾으려는 시도가 있었다. 사실의 변화를 과학적으로 정밀하게 설명하기 위해 미시적인 분석이 이루어진 것이다. 그러나 한국 현대시의 흐름을 작품 중심으로 고찰해 가려는 이 작업에 현학적인 분석의 틀을 적용할 생각은 없다. 근대의 기준에 대한 학술적 논의는 피하더라도 현대시의 개념과 범주에 대해서는 그 의미를 분명히 해 둘 필요가 있다. 건전한 문학적 상식의 차원에서 현대시의 개념에 대해 생각해 보겠다.

우선 문학의 근대성을 규정하는 필수 항목에 대해 생각해 보자. 중세가 아니라 근대의 문학이라고 한다면 작품이 독자에게 유통되는 통로가 열려 있어야 할 것이다. 읽고 싶은 작품이 있으면 누구든 그 작품을 읽을 수 있도록 사회 경제적 유통 구조가 갖추어져 있어야 근대사회라할 수 있고, 그러한 사회에서 유통되는 문학을 근대문학이라고 할 수있을 것이다. 자아의 발견, 개성의 표현, 자유와 평등의 추구 등 거창한개념은 이차적인 문제다. 우선 작품이 순조롭게 유통되고, 유통되는 작품을 독자가 용이하게 읽을 수 있어야 문학의 근대가 성립한다. 그러한토대 위에서 유통과 수용이 가속화될 때 비로소 자아, 개성, 이념 등의요소가 따라붙는다.

그런 점에서 근대문학이 성립되는 데 가장 중요한 역할을 한 것은 인쇄술의 개발이다. 구텐베르크의 금속활자를 이용한 인쇄기술이 15세기에 창제되었고 그 기술이 빠른 속도로 개발, 보완되어서 유럽 전역에전파되었다. 반세기가 안 되어 유럽에서 출판된 인쇄물이 2천만 종에달했다고 역사가 기록하고 있다. 책을 찍어 내고 책을 사 보려면 돈이있어야 한다. 다행히 유럽의 15세기는 돈이 도는 시대였다. 신대륙 발견과 신항로 개척으로 상업자본이 크게 발달하여 자본주의로의 이행이시작되었다. 유럽의 근대는 자본제 생산양식이 정착되는 과정이다. 이시기에 신문과 잡지가 많이 간행되었고 거기 실린 문학작품은 고상한유한 계층의 지적 호기심을 충족시키는 역할을 했다. 지적으로 계몽된상업 자본가들이 도시의 신흥 세력으로 부상하면서 시민혁명의 주역이되어 봉건 계급을 무너뜨리고 자유와 평등을 정치 이념으로 삼는 사회를 건설하고자 했다. 이런 과정을 거쳐 문학작품의 소통도 자유와 평등의 토대 위에 놓이게 되었다. 유럽을 기준으로 볼 때 근대문학의 성립은 인쇄술의 발달, 자본주의 정착, 시민사회 형성, 이 세 가지가 중요한 역할을 했다.

19세기 이전까지 우리나라의 사회적 환경은 이 세 가지 기준을 충족하지 못했다. 금속활자를 이용한 인쇄술이 서양보다 80년 앞섰으나 보편화되지 못했고, 조선 후기에 농업과 상업에 자본의 맹아가 보였으나 맹아로만 그쳤다. 자유와 평등의 정치적 실현도 지배계급의 억압에 의해 차단되었다. 1897년 망해 가던 조선의 국왕 고종은 마지막 사업으로 대한제국의 국호를 내걸었으나, 근대의 토대를 갖추지 못한 대한제국은 1910년 일본에 주권을 빼앗김으로써 소멸했다.

1910년 일본은 대한제국의 영토를 일본의 영토로 수용하면서 1897년에 역사에서 사라진 '조선'이라는 명칭을 재건하여 '조선총독부'라는 통치 기구를 설치했다. 향후 '조선'이라는 명칭을 쓸 뿐, '한국'이나 '대한'이라는 말은 쓰지 못하도록 금지했다.[1] '조선총독부는 한반도 내의 모든 권력을 독점하고 일본의 식민지 경영 방침에 의해 조선을 통치했다. 이후 전개된 근대적 문물은 식민지 경영의 합리화를 위해 조선총독부에 의해 일본에서 이식된 것이다. 유럽의 근대와 비슷한 출판과 유통 경로가 신설되고 식민지 경영을 위한 유사pseudo 자본제 생산양식이 성립되었으나 자유와 평등이라는 근대적 덕목은 실현될 수 없었다. 한국의 근대문학은 이처럼 불구의 상태에서 출발했고 한국인[2]은 근대의

---

1   박찬승, 『역사의 힘』, 민속원, 2017, 61쪽.
2   이 명칭에 대해 분명히 해 둘 것이 있다. 1897년 조선의 왕 고종은 '조선'이라는 국호를 버리고 '대한제국' 수립을 선포했다. 1910년 일본은 대한제국의 영토를 병합하면서 과거의 명칭인 '조선'을 끌어와 '조선총독부'라는 통치 기구를 설치하고 우리나라 사람을 '조선인'이라고 불렀다. '식민지 조선'이라는 말은 여기서 유래한 것이다. 그러나 1909년 10월 이토 히로부미를 응징한 안중근 의사는 "대한 만세"를 불렀고, 스스로 "대한제국의 군인"이라고 했고, "대한국인大韓國人 안중근"이라고 서명했다. 또 1919년 4월 11일 상해에서 수립된 임시정부의 국호 역시 '대한민국'이었다. 이런 이유에서 우리나라 사람을 일반적으로 지칭할 때 '한국인'이라는 명칭을 쓰고

문턱에서 식민지 백성으로 전락하는 운명을 맞게 되었다.

이러한 파행적 역사 전개 속에서 한국인은 문학을 창작했다. 이 시기에 발표된 시를 현대시라고 지칭하기는 어렵다. 근대시라는 명칭을 사용할 수 있는데, 이때의 근대시는 역사의 전개를 고대, 중세, 근대로 나눌 때의 '근대'의 개념과는 다르다. 이 명칭은 현대시로 이행하는 과도기적 양식을 총칭하는 개념이다. 개화기의 시가를 현대시라고 하기는 어렵고, 3·1운동 전후 여러 문헌에 실린 시도 현대시라고 부르기에는 부족한 요소가 많다. 어떤 작품이 근대시의 과도기적 단계에서 벗어나 지금의 문학적 기준으로 볼 때 현대시의 자질을 드러내고 있는가를 판별하는 것이 문제다. 현대시라고 불러도 무리가 없는 작품은 어떤 것인가? 그런 점에서 근대시와 현대시를 시기적으로 구분하기보다는 개별 작품의 구조 내에서 현대시의 성격을 검출하는 작업이 더 유용하다.

요컨대 현대시를 구분하는 기준은 시기가 아니라 그 작품이 갖추고 있는 자질이 되어야 한다. 건전한 문학적 상식을 가진 현재의 일반 독자들이 별 거부감 없이 받아들일 수 있는 작품은 모두 현대시의 영역에 넣을 수 있다. 같은 시기에 발표된 작품에도 현대시로 수용할 수 있는 작품이 있고, 그러기에는 주저되는 작품이 있다. 1920년대에 지면에 발표된 다음 두 작품을 읽어 보고 이 문제를 생각해 보자.[3]

흙비같이 탁한

무덤 터의 선향線香 내 나는 저녁 안개에 휩싸인

자 한다.

3 앞으로 시를 인용할 때, 당시의 표기가 주는 거리감을 없애기 위해, 음성적 가치를 보존하는 선에서 현행 맞춤법으로 옮겨 적고 한자는 꼭 필요한 경우만 병기한다.

18

끝없는 광야의 안으로

바람은 송아지의 우는 것같이

조상弔喪의 종소리같이

그윽하게 불어오며

나의 영靈은 사死의 번개 뒤번치는

흑혈黑血의 하늘빛

활문산에 기도하는 기독基督같이

엎디어 운다

'애인을 내다오'라고.

아아 내 영은

날 때 데리고 온 단 하나의

애인이 간 곳을 찾으려

여름의 울도鬱陶한 구름 안 같은

끝없는 광야를 헤매는 맹인이로다.

— 황석우, 「애인愛人의 인도引導」 전문[4]

거룩한 분노는

종교보다도 깊고

불붙는 정열은

사랑보다도 강하다

　아, 강낭콩꽃보다도 더 푸른

　그 물결 위에

---

4 『폐허』 1, 1920. 7. 원전에는 제목이 '愛人의 引渡'로 되어 있는데 문맥으로 볼 때 '引導'가 맞는 것으로 보여 고쳐 적는다.

양귀비꽃보다도 더 붉은

그 마음 흘러라

아리땁던 그 아미蛾眉

높게 흔들리우며

그 석류 속 같은 입술

죽음을 입맞추었네!

　　아, 강낭콩꽃보다도 더 푸른

　　그 물결 위에

　　양귀비꽃보다도 더 붉은

　　그 마음 흘러라

흐르는 강물은

길이길이 푸르리니

그대의 꽃다운 혼

어이 아니 붉으랴

　　아, 강낭콩꽃보다도 더 푸른

　　그 물결 위에

　　양귀비꽃보다도 더 붉은

　　그 마음 흘러라

　　　　　　　　　　　　　　— 변영로, 「논개」 전문[5]

5　『신생활』 3, 1922. 4. 원본에는 마지막 구절이 "아, 강낭콩꽃보다도 더 / 푸른 그 물결 위에 / 양귀비꽃보다도 더 붉은 / 그 마음 흘러라"로 행 구분이 잘못되어 있어서 바로잡아 옮겨 적는다.

황석우의 시는 현재 사용하지 않는 생경한 한자어가 많아 독해에 지장을 준다. 비유가 중첩되어 의미가 모호하며, 비유의 원관념과 매개어도 작위적으로 연결되어 공감을 일으키지 못한다. 애인을 간절히 찾고는 있으나 이유가 분명치 않고 애인의 정체도 불분명하다. 애인을 찾는 자신의 행위를 기도하는 그리스도에 비유한 점도 지나친 과장에 속해서 공감을 주지 못한다. 특이한 시어와 억지스러운 비유를 동원하여 시의 형태로 얽어 놓은 작품이라 현대시로 보기에는 부족한 점이 많다.

여기에 비해 변영로의 시는, 후렴구를 반복하는 예스러운 형식을 사용하기는 했지만, 비유의 의미가 뚜렷하고 비유의 구성도 합리적이어서 시로 받아들이는 데 전혀 어려움이 없다. 1연에서 관념적인 진술을 하였으나 논리적 연계성이 있고, 2연에서 아름답고 연약한 여성이 죽음의 결단을 내린 사실을 감각적 이미지로 표현한 점은 충분히 현대적이다. 임진왜란 때의 의로운 기생 논개를 찬양한 시여서 주제도 분명하고, 1922년 일제 강점의 상황에서 왜적에 맞섰던 의로운 인물을 찬양했다는 점에서 문학사적 정당성도 확보된다. 이 두 편의 시를 놓고 현대시에 해당하는 작품을 고른다면 거의 모두 변영로의 작품을 선택할 것이다.

1920년대 시에 변영로의 작품과 비슷한 수준을 보인 작품은 많다. 그것은 1920년대의 시에 현대시로 수용할 만한 작품이 충분히 존재한다는 사실을 반증한다. 우리가 지금도 즐겨 읽는 김소월의 「진달래꽃」, 「금잔디」, 「먼 후일」, 「임의 노래」, 「풀 따기」, 「못 잊어」, 「예전엔 미처 몰랐어요」, 「왕십리」, 「가는 길」, 「산」 등이 모두 1922년과 23년에 지면에 발표된 작품들이다. 그러므로 현대시의 첫 출발을 알리는 작품을 1920년대의 시에서 찾는 것은 전혀 이상스러운 일이 아니다. 1920년대에 이러한 양상이 나타난 데는 여러 가지 역사적 동인이 있다. 그 중 가장 중요한 두 가지 요소만 제시해 보겠다.

2. 현대시 출발의 동력

1919년 3월 1일에 시작된 3·1독립운동은 우리 역사의 중요한 변곡점을 이룬 사건이다. 일제강점기라는 폐쇄된 상황 속에서 인간의 자유와 평등, 자주라는 근대적 이념을 세계만방에 알린 획기적인 거사였다. 기존의 문학사에서 3·1운동의 역사적 의미를 제대로 언급하지 아니하고 그 이후 형성된 총독부의 문화통치 때문에 신문 잡지가 간행되어 문학의 싹이 트였다는 방식으로 서술하는 것은 매우 수동적이고 피상적인 기술이다. 나는 3·1운동이 우리 민족사에서는 물론이요 한국 현대문학사에서도 매우 중요한 의미를 지니는 웅대한 사건이라고 생각한다. 세종대왕의 한글 창제와 일제강점기의 3·1운동이 우리 문학사 전개에 대등한 차원에서 가장 중요한 역할을 했음을 힘주어 강조하고 싶다.

1910년 국권을 탈취당하고 10년의 세월이 흐르는 동안 애국지사들은 만주 각 지역과 상해로 건너가 독립운동의 기틀을 다졌다. 만주에 신흥무관학교를 세워 독립군을 양성하고 국내 각 민족 학교를 통해 민족의식과 서구적 교양을 배양했다. 1918년 11월 제1차 세계대전이 종결되자 식민 지배 국가에 대한 민족자결권 인정이 국제 여론으로 확대되면서 한국에도 독립의 여망이 불타올랐다. 국내외의 독립운동가들은 내밀하게 그러나 활발하게 움직였다.

1919년 2월 1일 만주 길림에서 '대한독립선언서'가 발표되었다. 선언문의 이름이 '대한독립선언서'임을 유의할 필요가 있다. 이 선언문은 조소앙이 작성한 것으로 알려져 있고, 김규식, 김동삼, 김약연(윤동주의 외숙부), 김좌진, 이동녕, 이승만, 이시영 등 39인이 연서했다.[6] 같은 해 2월 8일에는 일본 유학생들이 단결하여 동경에서 독립선언서를 발표하고 한 달간 시위를 벌였다. 3월 1일의 국내 독립선언은 이러한 외국의 움직임에 자극을 받아 진행된 것이다. 3월 1일에 시작된 국내의 독립선언과 만세운동은 전국으로 확대되어 근 3개월간 지속되었다. 이 운동은 우리 역사상 최초로 평범한 인민들이 자발적, 거국적으로 일어나 우리나라가 독립한 나라이며 한국인이 나라의 주인임을 선언한 혁명적인 거사다. 이것이 계기가 되어 같은 해 4월 11일 상해에서 대한민국 임시헌장을 채택하고 임시정부가 수립되었다. 이 헌장에도 대한민국이 민주공화국임을 분명히 밝히고 있다.

3·1운동이 일제의 폭력적 탄압에 의해 많은 희생자를 내고 실패로 끝난 것처럼 서술하는 것은 역사의 왜곡이다. 현상적으로 많은 한국인들이 희생된 것은 사실이지만, 이 거사로 총독부가 한국인을 보는 눈이 달라진 것도 분명한 사실이다. 한국인을 지배의 대상으로 보던 시각에서 통치의 대상으로 보는 쪽으로 관점의 전환이 일어났다. 더 나아가 한국인을 강압적으로 통치해서는 안 되겠다는 정책의 변화가 일어났다. 한국인에게 이 거사는 탄압을 뚫고 거세게 솟아오른 민족자존의 표현이자 꿈에도 잊을 수 없는 통한의 의거義擧로 가슴 깊이 새겨졌다.

총독부가 문화통치로 정책 방향을 바꾸었을 때 한국인들이 이 전환을 순순히 받아들인 것은 거족적인 독립운동에 가담했다는 심리적 자

---

6 이태진, 「국민 탄생의 역사 — 3·1독립만세운동의 배경」, 『3·1독립만세운동과 식민지배체제』, 지식산업사, 2019, 69~71쪽 참고.

존감이 작용했기 때문이다. 그러한 심리적 자존감의 바탕에서 저항적 성격의 담론이 신문이나 잡지에 발표될 수 있었다. 개성적 자아와 내면의 정서를 표현하는 문학 창조가 이루어진 것도 그러한 심리적 배경에서 기인한 것이다. 3·1운동을 통해 형성된 자유, 평등, 자주의 이념이 문학 창조의 동력으로 활용되었다는 사실은 특별히 강조할 필요가 있다. 3·1운동의 경험을 심리적으로 내장한 한국인들은 집단의 부르짖음을 통해 개인의 육성이 표출될 수 있음을 확인했고 그 연장선상에서 문학에 뜻을 둔 사람들은 자기 자신의 목소리를 언어로 표현할 수 있음을 자각하고 그것을 실천에 옮겼다.

두 번째 동력이 된 사실은 시집 번역서의 출판이다. 초창기 시 번역에 큰 공을 세운 사람은 안서 김억이다. 김억이 외국시를 번역 소개한 1920년대 한국인의 일본어 문맹률은 비공식적 집계 99%로 나온다. 한국을 10년 지배한 일본의 글을 읽을 수 있는 사람이 한국인의 1%도 안되는 상황이니 영어나 불어 독해자는 더욱 적었다. 극소수의 일본 유학생들에 의해 서양 자유시가 수용되던 상황이다. 김억은 주로 에스페란토에 의해 외국 시를 번역했는데, 그의 작업을 통해 서양의 자유시가 어떤 형태의 것인가를 외국어를 모르는 사람도 접할 수 있게 되었다.

1921년 3월 20일에 나온 김억의 번역 시집 『오뇌의 무도』는 우리나라에서 시집 형태로 출판된 첫 간행물이다. 이 시집에는 세계적인 시인 27명의 작품 84편이 번역되어 있다. 이 시집에 실린 번역시 작품은 한국 시인이 쓰게 될 자유시의 형태적 전범 역할을 했고, 거기 담긴 정서와 표현 방법은 창작적 모방 충동의 근거로 작용했다. 이 시집의 서문을 쓴 출판인 장도빈은, 서양 시인의 작품을 참고하여 시의 작법을 익히고, 그들의 사상 작용을 파악하고 그것을 응용해서 조선인의 감정이 담긴 조선의 시를 짓기 바란다는 내용의 글을 썼다. 이 말은 서양시의 작법을 익히되 그것을 바탕으로 한국인의 개성적 세계를 표현하라는 뜻이다. 이 번역 시집을 한국 자유시 창작의 전범으로 삼으라는 말이나 다름이 없다. 이 말은 그대로 실현되었다. 이 시집이 출판된 이후 청년 시인들의 시풍이 "오뇌의 무도화"하였다는 이광수의 발언은 과장이 아니다. 그는 이 번역 시집 한 권만으로도 김억이 한국 신시 건설에 끼친 공적이 마멸되지 않을 것이라고 했다.[7]

그는 『오뇌의 무도』의 가치를 인정하기는 했지만, 이 시집의 영향으로 세기말적 정조가 대중에게 퍼진 것은 3·1운동 이후 민심이 낙담에 빠져 "절망과 애수와 저주의 지배"를 받았기 때문이라고 보고 이제는 세기말적 예술에서 벗어나 신이상주의적 예술을 건설하자고 주장했다. 후세의 문학사 기술자들이 이광수의 이런 관점을 그대로 이어받아 3·1운동이 실패로 돌아간 후 민족적 절망감이 허무와 비애의 시로 이어졌다고 서술했는데, 이것은 이광수류의 민족 허무주의를 답습한 것이다. 앞에서 말한 대로 이 거사가 한국인에게 통한의 기억으로 남은 것은 사실이지만 그것이 곧바로 절망과 허무의 감정으로 이어진 것은 아니다. 새로운 시의 창조가 가능했던 것은 앞에서 말한 대로 개성적 자아 표현의 욕구 때문이고, 『오뇌의 무도』는 정서 표현의 모델을 제공한 셈이다.[8]

김억의 번역 작업은 여기서 그치지 않고 타고르 번역시집 『기탄잘

---

7   이광수, 「신문예의 가치 11」, 『동아일보』, 1925. 11. 12. 이광수는 장백산인長白山人이라는 필명으로 1925년 11월 2일부터 12월 5일까지 25회에 걸쳐 「신문예의 가치」라는 제목의 글을 연재하여 주요한, 김억, 박종화의 시를 논했다.
8   구인모는 이 번역 시집이 "조선의 신시, 혹은 조선적인 근대시 창작의 전범을 삼는 기획의 패턴을 형성하는 계기이자 기원"이라고 규정했다. 구인모, 「'오뇌의 무도' 성립 과정에 대하여」, 『'오뇌의 무도'와 한국 근대시의 백 년』, 한국문화연구소 제44차 정기학술대회, 2021. 5, 14쪽.

리』(1923), 『신월』(1924), 『원정』(1924) 등을 연이어 내고, 아서 시먼스의 번역시집 『잃어진 진주』(1924)까지 출간하여 자유시 형식, 표현, 정서, 주제의 많은 예시를 제공했다. 이 번역 시집의 내용과 형식이 김소월과 한용운에게 큰 영향을 준 것은 부정할 수 없는 사실이다. 그것은 여러 시구들의 비교 대조를 통해 확인된다.

그렇다고 해서 이 사실이 김소월과 한용운의 독창성을 저해하는 것은 아니다. 시는 어조와 비유 외에 여러 요소가 상호 결합하여 창조되는 구성물이다. 두 시인은 김억의 번역시에서 발상의 암시는 얻었으나 영향을 새로운 창조의 동력으로 삼아 자신만의 개성적 창조의 세계를 펼쳐 보였다. 이것이 이 두 시인의 탁월한 점이다. 영향과 모방을 자기 발전의 동력으로 전환하지 못한 시인들이 군소 시인의 자리에 머문 데 비해 이 두 시인은 모방을 창조로 전환함으로써 독창적 세계를 개척했다. 모방이라고 하면 잘못된 일인 듯 부정적으로 보는 경향이 있는데, 한국 현대시의 출발 단계에서 영향이 절대로 굴욕적인 사실이 아니라는 점을 분명히 인식해야 한다. 이제 이 두 시인이 어떤 점에서 1920년대 시 창조의 정점을 보여 주었는가를 작품을 통해 검증해 보겠다.

3. 소리와 의미의 호응 ― 김소월

김소월 하면 떠오르는 작품이 「진달래꽃」이다. 이 작품은 1922년 7월 『개벽』에 처음 발표되었다. 3년 후 시집에 수록될 때는 운율과 시어가 더 정제된 형태로 변형되었다. 이 시에 나오는 "진달래꽃 / 아름 따다 가실 길에 뿌리우리다"라는 구절의 상황은 예이츠의 번역시 「꿈」의 서술과 통하는 측면이 있다. 그러나 "영변에 약산"이라는 지명의 주체적 수용, "죽어도 아니 눈물 흘리우리다"에 담긴 자기 극복의 반어적 결의는 김소월의 독창적인 발상이다. 이 반어적 결의는 화자가 "이별의 상황을 스스로 주도할 주체적인 개인"[9]의 자리에 서 있음을 나타낸다. "이 시의 드라마를 끌고 가는 주체가 '나'라는 것"[10]을 주목할 필요가 있다. 그는 과거의 어투에서 벗어나 자신의 화법을 창조한 것이다.

김소월은 자신의 정서 표현에 어울리는 어조와 리듬을 스스로 개발하여 구조의 미학을 완성하고자 했다. 「진달래꽃」의 네 연 중 1, 2, 4연 끝에 '~리우리다'를 세 번 반복하고 그 중간인 3연에 '가시옵소서'를 집어넣어 소리의 반복과 변화를 도모한 방법, "역겨워 가실 때에는"이라는 투박하고 거친 음감의 말 다음에 "말없이 고히"라는 부드러운 어감의 말을 배치하여 대조적 효과를 노린 것 등이 그의 노력의 결실이다. 그 결과 시의 소리 구조와 의미 구조가 완벽한 호응을 이루게 된다. 소리와 의미의 호응은 서정시의 본질인데 그 호응이 간결한 형식 속에 이만큼 잘 이루어진 시는 그 당시 찾아보기 힘들다. 그런 뜻에서 이 시는 한국 현대 서정시 출발의 전범을 보여 준 작품이라고 할 수 있다. 소리와 의미의 호응은 다음 시에서 더 발전된 모습을 보인다.

그립다

말을 할까

하니 그리워

그냥 갈까

---

9 정과리, 『'한국적 서정'이라는 환幻을 좇아서』, 문학과지성사, 2020, 64쪽.
10 위의 책, 61쪽.

그래도

다시 더 한 번……

저 산에도 가마귀, 들에 가마귀,

서산에는 해 진다고

지저귑니다.

앞 강물, 뒷 강물,

흐르는 물은

어서 따라오라고 따라가자고

흘러도 연달아 흐릅디다려.

—「가는 길」 전문

이 시도 1923년 10월 『개벽』에 발표되고 시집에 수록되었는데, 첫 발표 본에 없던 말없음표와 쉼표가 위의 형태처럼 시집에 정확히 표시되었다. 이 문장부호는 소월의 요청에 의해 이대로 표기되었을 것이다. 김소월은 뚜렷한 창작 의도에 의해 시의 형태를 안배하고 문장부호 표기까지 세심한 배려를 기울였다. 이 점에 대해서는 믿을 만한 증언이 있다.

김동인은 1932년 9월 『매일신보』에 「적막한 예원」이라는 이름으로 자신이 알고 있는 예술가들에 대한 회고를 연재했는데, 그 중 9월 29일자 칼럼에 김소월을 소개했다. "소월은 자기 글에 대해 결벽을 가진 사람"이라고 하면서 예전에 자신이 편집하던 잡지에 시를 투고할 때 "글자며 문법이며 말투는 물론 글귀 떼는 곳까지도 원고와 틀림이 없도록 하여 달라"는 당부의 글을 붙였다고 적었다. 김소월은 김동인이 낸 동인지 『영대靈臺』에 1924년부터 25년까지 전부 8편의 작품을 발표하였으니 김동인의 말은 사실일 것이다. 김소월은 리듬과 의미를 고려하여 시의 형식을 구성하고, 그 형식이 지면에 그대로 나타날 수 있도록 요청한 것이다. 따라서 우리는 김소월이 지시해 놓은 대로 이 시를 읽어야 할 의무가 있다.

이 시의 형태는 1연과 2연은 행의 길이가 짧고, 3연과 4연은 행의 길이가 길다. 긴 행은 조금 빠르게 읽고 짧은 행은 천천히 읽는 것이 시 낭독의 기본이다. 망설이는 심정, 머뭇거리는 몸짓을 나타낸 1연과 2연은 시행의 길이가 짧으니, 우리는 그러한 심정이 살아나도록 천천히 숨을 끊어 가며 더듬거리듯 음절 하나하나를 읽어야 한다. 1연 3행의 "하니"는 '생각하니'와 '더욱'이라는 뜻이 결합된 절묘한 시어다. 그립다는 말을 할까 생각하다가도 그 말을 입 밖에 내면 더욱 그리워질 것 같아서 그 말을 삼켜 버리는 복잡한 심사가 이 말에 응축되어 있다.

2연 끝에 있는 말없음표(……)는 이 부분을 변곡점으로 전반부와 후반부가 정서 및 제재 면에서 전면적인 변화가 일어난다는 것을 알리는 표지다. 또 한편으로 무수히 반복되는 떠남과 돌아봄의 몸짓, 그 미련과 회한의 심정을 시각적으로 환기하는 구실도 한다. 그러므로 1연과 2연을 망설이듯 천천히 읽은 다음에는 소월이 지시한 대로 말없음표 부분에서 잠시 휴지를 두어야 한다. 그러고는 막혔던 숨이 터져 나오듯 다음 시행들을 연속적으로 읽어야 이 시의 흐름에 맞는 낭독이 된다.

3연은 마치 까마귀의 깍깍대는 소리가 울리는 것처럼 빠르고 강하게, 4연은 강물이 연이어 흐르는 모양이 연상되도록 유장하게 읽어야 한다. 마지막 시행의 "흐릅디다려"는 전체 시상을 종결짓는 대목이므로 음절 하나하나를 음미하듯 읽어야 제격이다. '흘러갑니다'도 아니요 '흘러가네요'도 아닌, '흐릅디다려'에는, 강물은 쉬지 않고 흐르는데 나는 도대체 무엇을 하고 있는가라는 자탄의 심정이 응결되어 있다. 무정한 자연의 사물들은 저렇게 서두르고 재촉하는데, 자신은 저무는 날의 한끝에서 이렇게 머뭇거리고만 있다는 탄식이 내포되어 있다.

　이러한 소리와 의미의 호응에 의해 간결하고 정제된 형식이 완성되었고 그것을 통해 떠나는 사람의 착잡하고 미묘한 심정이 절묘하게 표현되었다. 말은 몇 마디 하지 않았는데도 그 속에 풀어 내기 어려운 감정이 복잡하게 서려 있다. 이러한 언어의 경제와 시적 압축성을 만들어 낸 것은 김소월의 개성적 자아다. 이제 비로소 개성적 자아의 개성적 표현이 가능해진 것이다.

　비가 온다
　오누나
　오는 비는
　올지라도 한 닷새 왔으면 좋지.

　여드레 스무날엔
　온다고 하고
　초하루 삭망朔望이면 간다고 했지.
　가도 가도 왕십리 비가 오네.

　웬걸, 저 새야
　울랴거든

30

왕십리 건너가서 울어나다고,
비맞아 나른해서 벌새가 운다.

천안에 삼거리 실버들도
촉촉히 젖어서 늘어졌다데.
비가 와도 한 닷새 왔으면 좋지.
구름도 산마루에 걸려서 운다.

—「왕십리」 전문

이 시는 소월의 대표작을 꼽는 데서 제외되는 경우가 많지만, 유사한
말의 반복을 통해 고독한 자아의 위상과 인간 실존의 보편적 조건을 암
시한다는 점에서 새롭게 음미해 볼 만하다. "오는 비는 / 올지라도 한
닷새 왔으면 좋지"의 '닷새'는 무슨 뜻인가? '닷새'는 여드레 스무날엔
온다고 하고 초하루 삭망이면 간다고 했다는 구절과 관련된다. '여드레
스무날'은 '스무 여드레'의 도치된 말로 음력 28일을 의미한다. '초하루
삭망'은 음력 초하루에 지내는 제사를 뜻하는 말이다. 나를 찾아온다고
한 그 사람은 음력 28일쯤 왔다가 초하루 삭망을 지내고 가겠다고 했
다. 그러니까 '닷새'는 그가 내 곁에 머물겠다고 한 기간이다. 온다고 한
그 사람은 오지 않고 그 대신 비가 오니, 비가 올 바에야 한 닷새쯤 내려
서 그 사람이 여기 못 오는 핑계로 삼을 수 있으면 좋겠다는 것이 화자
의 생각이다.

"비가 온다 / 오누나"라는 이 시의 첫 연은 반가운 감정을 나타내는
탄성처럼 들리지만, 그 안에는 온다고 한 사람 대신 비가 온다는 실망
의 감정이 숨어 있다. 겉 다르고 속 다른 말을 이어 가면서 행간의 암시

를 통해 화자의 착잡한 심정을 드러내는 데 이 시의 묘미가 있다. 1연에서 '온다'로 시작하고 2연에서 '간다'로 바뀌는 시어의 변화 과정은 말의 유희처럼 재미있다. 2연의 "온다고 하고", "간다고 했지"에 보인 '오다/가다'의 대응은 '가다'를 이어받아 "가도 가도"에 연결되고 그것은 다시 "비가 오네"에서 '오다'로 끝난다. '왕십리'라는 말은 원래 십 리를 간다는 뜻이지만, "가도 가도 왕십리"라고 하면 아무리 가도 십 리밖에 못 간다는 의미로 읽힌다. 답답한 상황을 벗어나 볼까 하여 길을 걸어 보지만 아무리 걸어도 왕십리를 벗어나지 못한다는 생각이 이 시행 속에 담겨 있다. 이렇게 답답하고 우울한 공간 전체에 비가 내리고 있다.

화자의 우울한 유폐감은 3연에서 새의 행동에 투사된다. 3연 첫 행의 '웬걸'과 그다음의 쉼표는 자신의 처지와 흡사한 모습으로 주저앉아 울고 있는 새에 대한 안타까움을 드러낸다. 화자는 새에게 "왕십리 건너가서 울어나다고"라고 말한다. 이 새는 화자의 슬픔과 외로움을 반영하는 서정적 등가물이다. 4연의 천안 삼거리는 비 맞아 늘어진 실버들처럼 모든 존재가 슬픔에 젖어 있음을 알려 주는 배경이다. 고개를 들어 산마루를 보니 하늘의 구름도 산마루에 걸려 울고 있다. 이 왕십리의 공간 속에서는 화자도 새도 구름도 모두 자신의 굴레에 갇혀 그곳을 벗어나지 못하고 있는 것이다.

단순히 비 오는 날의 애상적 정서를 표현한 것 같은 이 시는 사실 인간의 실존적 고독, 세계 내 존재로서의 한계 의식을 드러내고 있다. 이 시에 등장한 작고 외로운 존재들은 현실 속의 인간들이 처한 상황을 그대로 반영한다. 「왕십리」의 존재들은 각기 고립되어 자신의 한계상황 속에 갇혀 있다. 인간의 존재론적 고립을 노래한 이 시는 소월 시의 주제가 새로운 단계로 확장되어 가는 모습을 보여 준다.

소월 시에서 가장 처절한 어조를 지닌 「초혼」은 형언할 수 없는 상실감을 거기 어울리는 호곡의 어조로 표현했다. 이 시는 떠나간 누군가를 부르는 애절한 행위의 연속으로 구성되어 있다. 애타게 부르는 그 이름의 주인은 산산이 부서져 허공에 흩어져 버렸고, 그러기에 불러도 응답이 없다. 그럼에도 불구하고 부르는 행위를 멈출 수가 없으니 "부르다가 내가 죽을 이름"이라고 했다. 김소월의 이 시행을 절창絶唱이라고 부르는 것은 좌고우면左顧右眄하지 않고 직핍적으로 토설한 그 절실함 때문이다. 때로는 이러한 직선적 표출이 진실에 육박하는 호소력을 갖는다. 김소월은 처절한 상실감을 표현하기 위해 거기 맞는 형식을 창조한 것이다. 이 시의 처절한 어조와 극한적 어사는 정서적으로 불안정한 상태에 있다. 그런데 이 시가 창작된 시대가 바로 가장 소중한 것을 잃어버린 불안정한 상황에 놓여 있었고 당대의 사람들이 모두 불안정한 상실감에 젖어 있었다. 그렇기 때문에 이 시의 직선적 표출이 당대인의 마음에 더욱 강하게 육박해 갈 수 있었을 것이다.

몇 마디 안 되는 말을 효과적으로 배치하여 소리와 의미의 호응을 창조하고, 반복의 율격으로 인간의 존재론적 고독을 드러내고, 모호하게 맴도는 상실감을 반복의 호곡으로 토로한 그의 시는 당대인의 감정을 절묘하게 대변하는 역할을 했다. 1920년대 시대 상황에서 그의 시는 당대인들의 마음으로 스며들어 가 공감의 영역을 확보하고 슬픔으로 슬픔을 위무하는 일종의 정화의 기능을 수행했다. 그의 시가 현실의 고통을 타개할 수 있는 돌파구를 마련하지는 못했으나, 삶의 고통이 우리 앞에 현존하고 있음을 일깨워 주고 그 고통을 함께 겪는 사람들이 많다는 사실을 알려 줌으로써, 고통을 감당할 수 있는 마음의 자리를 마련해 주었다. 김소월은 문화적 전례가 없는 불모의 상황 속에서 우리 서정 민요의 도움을 받아 천부의 재능으로 혼자서 이 일을 했다. 그러므로 1920년대 현대 서정시 창조에 기여한 김소월의 공적은 아무리 강조해도 지나침이 없다.

4. 선구자의 사명 — 한용운

한용운은 1879년생이고 시집 『님의 침묵』을 탈고한 1925년 가을 그의 나이가 47세였다. 19세부터 시를 발표한 김소월과는 달리 40대 중반을 넘어선 승려가 임에게 하소연하는 연가 형식의 시를 집중적으로 써서 발표한 것은 예사로운 일이 아니다. 1925년 여름 석 달간 설악산 오세암에 틀어박혀 시 쓰는 데 전념한 한용운의 창작 의도는 무엇일까? 이상한 열정에 휩싸여 일찍이 그가 보여 준 적 없는 새로운 한글 문체로 『님의 침묵』 시편을 집중적으로 집필한 일은 한국문학사의 장쾌한 사건이다. 그는 작품을 쓰는 이유와 의의를 시집의 앞과 뒤에 분명히 밝혀 놓았다. 이처럼 자기 소신을 뚜렷이 밝히고 시집을 집필한 사례도 한국문학사에서는 최초에 속한다.

그것을 살피기 전에 한용운이 생각한 독립의 의미가 무엇인가를 먼저 파악할 필요가 있다. 그가 3·1운동으로 투옥되어 옥중에서 쓴 「조선 독립의 서」를 보면 그가 생각한 독립의 의미를 알 수 있다. 그의 수미일관한 지향은 자유와 평화의 실현이다. 자유와 평화, 그리고 그것의 전제 조건인 평등은 지배와 피지배의 관계를 벗어난 상태를 의미하며 그것은 인류의 요구이자 우주의 이상에 해당한다. 그는 자유, 평등, 평화의 실현을 위해 3·1독립운동에 참여한 것이고, 투옥과 출옥 후 이념의 실천이 불가능하게 되자 암중모색의 심정으로 대중들이 좋아하는 한글 자유시를 통해 자신의 뜻을 전하려는 생각을 한 것이다. 그래서 『님의 침묵』 시편을 쓴 것인데 시집 앞에 붙인 「군말」과 뒤에 붙인 「독자에게」를 통해 자신이 시를 쓰는 이유와 동기를 명확히 밝혔다.

님만 님이 아니라 기룬 것은 다 님이다. 중생이 석가의 님이라면, 철학은 칸트의 님이다. 장미화의 님이 봄비라면 마치니의 님은 이태리다. 님은 내가 사랑할 뿐 아니라 나를 사랑하느니라.

연애가 자유라면 님도 자유일 것이다. 그러나 너희는 이름 좋은 자유에 알뜰한 구속을 받지 않느냐. 너에게도 님이 있느냐. 있다면 님이 아니라 너의 그림자니라.

나는 해 저문 벌판에서 돌아가는 길을 잃고 헤매는 어린 양이 기루어서 이 시를 쓴다.

—「군말」 전문

독자여, 나는 시인으로 여러분의 앞에 보이는 것을 부끄러합니다.

여러분이 나의 시를 읽을 때에, 나를 슬퍼하고 스스로 슬퍼할 줄을 압니다.

나는 나의 시를 독자의 자손에게까지 읽히고 싶은 마음은 없습니다.

그때에는 나의 시를 읽는 것이 늦은 봄의 꽃 수풀에 앉아서 마른 국화를 비벼서 코에 대는 것과 같을는지 모르겠습니다.

밤은 얼마나 되었는지 모르겠습니다.

설악산의 무거운 그림자는 엷어 갑니다.

새벽종을 기다리면서 붓을 던집니다.

—「독자에게」 전문

한용운은 「군말」에서 사랑하는 상대만 '님'이 아니라 자신이 아끼고
사랑하는 것은 다 '님'이라고 했다. 석가가 가장 아끼고 사랑한 것은 중
생이고, 칸트가 고귀하게 여긴 것은 철학이며, 이태리의 애국자 마치니
가 사랑한 것은 조국 이태리다. 그렇다면 한용운이 가장 아끼고 사랑한
것은 무엇인가? 바로 조선의 민족이요 중생이다. 대중들은 자유연애를
좋아한다는데, 과연 자유연애의 자유가 진정한 자유인가를 독자들에게
묻고, 허상에 사로잡혀 헛된 자유를 꿈꾸는 것이 아닌지 질문한다. 이렇
게 독자를 향해 진정한 임이 누구인지 물은 한용운은 자신이 시를 쓰는
이유를 단적으로 밝혔다. "해 저문 벌판에서 돌아가는 길을 잃고 헤매
는 어린 양"을 아끼고 사랑하기 때문에 이 시를 쓴다고 말했다. 이 말의
내포적 의미는 무엇인가? 「조선 독립의 서」에 나온 말로 바꾸어 말하
면, 자유와 평화를 잃고 헤매는 고통 받는 사람들이 그립고 안타까워서
이 시를 쓴다고 밝힌 것이다.

「독자에게」에서는 독자들이 자신의 시를 읽으며 시를 쓴 사람에 대
해 슬퍼하고 또 스스로에 대해 슬퍼할 것이라고 했다. 독자나 한용운
자신이나 "해 저문 벌판에서 돌아가는 길을 잃고 헤매는 어린 양"인 것
은 마찬가지기 때문에 자유와 평화를 잃고 헤매는 처지를 생각하면 당
연히 슬픈 것이다. 그런데 한용운은 자신의 시를 후손에게까지 읽히고
싶은 생각이 없다고 잘라 말했다. 뒷날 이 시를 읽는 것은 "늦은 봄의
꽃 수풀에 앉아서 마른 국화를 비벼서 코에 대는 것"과 같은 것이라고
비유했다. "마른 국화"는 지난 가을에 피었던 국화가 남은 것이니 지난

시대의 유물을 뜻한다. "늦은 봄의 꽃 수풀"은 자유와 평화를 누리는 자손들의 시대를 의미한다. 자유와 평화가 실현된 자손들의 시대에 자신이 과거에 쓴 슬픈 노래는 당연히 지난 시대의 유물로 버려져야 마땅하다고 생각한 것이다. 그래서 "새벽종을 기다리면서 붓을 던집니다."라고 끝을 맺었다.

우리는 이러한 문맥에서 한용운이 47세의 나이에 왜 갑자기 시를 썼는가를 이해할 수 있다. 한 선구적 지도자가 미래에 대한 확고한 믿음을 바탕으로 현실의 상황을 충실히 인식하고 시를 통해 자신의 생각을 표현한 것이다. "해 저문 벌판에서 돌아가는 길을 잃고 헤매는 어린 양"의 처지에 있는 사람들이 그 암담한 시대를 어떻게 살아가야 할까? 그의 시는 이 물음에 대한 고민과 모색을 표현한 것이다. 요컨대 그는 목적시를 쓴 것인데, 다행히 시의 형태에 대한 학습과 준비를 철저히 해서 목적성이 문학적 형상성에 융화되는 희귀한 결과를 빚어냈다.

그의 여러 시편에 담긴 생각을 요약적으로 정리하면 이렇다. 현실적으로는 임이 내 곁을 떠났지만, 언젠가는 다시 만날 것을 굳게 믿기에, 임은 여전히 내 마음속에 남아 있다. 현실의 임은 내 곁을 떠나 침묵하고 있으나 내 마음이 임을 보내지 아니 하였기에 걷잡을 수 없이 솟아나오는 사랑의 노래가 임의 침묵을 휩싸고 돈다. 임이 침묵하고 있는 시대의 어둠 속에 자신의 가슴을 태워서 마음의 등불을 밝힌다. 그 등불은 타고 남은 재가 다시 기름이 되기 때문에 그칠 줄을 모르고 계속 타오른다. 이별로 인해 임과 자신과의 거리가 멀어졌지만 사랑의 양은 더 많아졌다. 자신이 임을 기다리는 것은 좋아서 스스로 하는 일이다. 그렇기 때문에 임을 기다리며 겪는 괴로움이나 어려움도 나를 성장시키는 동력이 된다. 기다림으로 인해 살이 찌고 키가 큰다.

한용운은 이러한 자신의 생각에 많은 대중들이 귀를 기울이고 동참
해 주기를 바라고 시를 썼을 것이다. 어떤 시에서는 그의 생각이 비교
적 뚜렷이 드러났고 어떤 시에서는 우회적인 어법 때문에 모호하게 드
러났다. 그 중 「당신을 보았습니다」는 현실의 정황에 바탕을 두고 우회
적인 비유의 방법으로 자신의 고민과 모색을 드러내고 있어 면밀히 검
토할 필요가 있다. 이 작품을 정독하면 그의 정신의 지향을 이해할 수
있다.

당신이 가신 뒤로 나는 당신을 잊을 수가 없습니다
까닭은 당신을 위하느니보다 나를 위함이 많습니다

나는 갈고 심을 땅이 없으므로 추수가 없습니다
저녁거리가 없어서 조나 감자를 꾸러 이웃집에 갔더니 주인은 "거지는
인격이 없다 인격이 없는 사람은 생명이 없다 너를 도와주는 것은 죄악이
다"고 말하였습니다
그 말을 듣고 돌아 나올 때에 쏟아지는 눈물 속에서 당신을 보았습니다

나는 집도 없고 다른 까닭을 겸하여 민적民籍이 없습니다
"민적 없는 자는 인권이 없다 인권이 없는 너에게 무슨 정조냐" 하고
능욕하려는 장군이 있었습니다
그를 항거한 뒤에 남에게 대한 격분이 스스로의 슬픔으로 화하는 찰나
에 당신을 보았습니다

아아 온갖 윤리, 도덕, 법률은 칼과 황금을 제사 지내는 연기인 줄을 알

있습니다

영원의 사랑을 받을까 인간 역사의 첫 페이지에 잉크 칠을 할까 술을
마실까 망설일 때에 당신을 보았습니다

—「당신을 보았습니다」 전문

「님의 침묵」과 비교하면 모호한 비유의 구성 때문에 시의 문맥이 쉽
게 파악되지 않는다. 2연과 3연은 그 당시 우리 민족이 겪던 현실의 고
초를 거의 그대로 표현했다. 땅을 잃고 경제적 곤궁에 시달리던 '내'가
땅을 가진 주인에게 모욕을 당하고, 민적이 없는 '내'가 힘을 가진 장군
에게 봉변을 당하는 모습은, 그 시대 나라 잃은 개인의 실상을 그대로
보여 준 것이다. 화자는 굴욕과 분노 속에서 말할 수 없는 슬픔을 느끼
며 그때마다 당신을 보았다고 고백한다. 당신을 보았다는 것은 당신을
통하여 마음의 위안을 얻고 고통을 넘어설 힘을 얻었다는 뜻이다.

4연에 나오는 '칼'은 힘을 가진 '장군'의 소유물이고 '황금'은 땅을 가
진 '주인'의 소유물이다. 그러니 '칼'은 권력을, '황금'은 재력을 상징한
다. 그러면 이 세상의 온갖 윤리, 도덕, 법률이 칼과 황금을 제사 지내는
연기라는 것은 무슨 뜻인가? 제사란 어떤 대상을 떠받들고 정성을 표시
하는 예식을 말한다. 제사를 지낼 때에는 향불을 피워 연기를 피워 올
린다. 그러니까 향불은 제사에 종속된 부속물이다. 즉 이 세상에 통용되
는 윤리, 도덕, 법률은 약자를 보호하는 것이 아니라 결국은 권력을 쥔
자나 재력을 가진 자를 떠받드는 역할밖에 못 한다는 뜻이다. 그것들은
칼과 황금을 떠받들고 그것에 경의를 표시하는 제사의 향불, 그 연기에
불과하다. 한용운은 식민지 체제 안에 통용되는 모든 윤리, 도덕, 법률
이 지배 세력을 위해 존재하는 것이라고 말함으로써 그 시대의 사회적

제도 일체를 부정하는 엄청난 발언을 한 것이다. 이러한 의미를 시로 표현한 시인은 그 시대에 없었다.

그다음 시행에 세 개의 선택 사항이 제시되었다. 영원의 사랑을 받는 것, 인간 역사의 첫 페이지에 잉크 칠을 하는 것, 술을 마시는 것이 그것이다. 술을 마신다는 것은 술을 통하여 잠시 괴로움을 잊어 보려는 행위이고, 영원의 사랑을 받는다는 것은 고통스러운 현실을 떠나 어떤 절대자에게 귀의함으로써 마음의 평온을 얻으려는 태도를 뜻한다. 아주 단순하게 말하면, 술을 마시는 것은 현실 망각이고 영원의 사랑을 받는 것은 현실 초월이다. 그러면 인간 역사의 첫 페이지에 잉크 칠을 한다는 것은 무슨 뜻일까. 인간 역사의 첫 페이지라면 무언가가 새로 시작되는 출발의 의미가 담겨 있다. 그 첫 페이지에 잉크 칠을 한다는 것은 빈 여백에 잉크로 무엇을 써넣음으로써 새로운 창조를 시작한다는 뜻이다. 그렇다면 이 부분의 의미는 현실 참여, 새로운 역사의 창조로 규정된다. 즉 윤리, 도덕, 법률이 권력의 시녀 노릇을 하는 현재의 체제를 부정하고 현실을 변혁하여 새로운 역사를 창조하는 작업을 의미한다.

현실에 참여하여 새로운 역사를 만드는 것, 이것이 한용운의 시 쓰기였고 그의 사상이고 행동이었다. 그의 모든 글과 행동은 인간 역사의 첫 페이지에 뛰어들어 잉크 칠을 한 흔적이다. 이 설움 많은 세상에서 어떻게 살아야 할지 고민에 잠겨 있을 때, 내 갈 길을 당신이 가르쳐 준 것이다. 그래서 당신을 잊을 수 없는 것이다.

이처럼 그는 우리 현대시의 출발 단계에 실천적 행동에서 배양된 성숙한 정신을 언어로 표현하여 우리가 계승해야 할 중요한 시의 영역을 개척했다. 김소월이 상실감을 통해 현실의 상실을 달래는 형식을 취했다면 한용운은 정신의 각성을 통해 상실을 극복하는 길을 **택했다.**[11] 그렇기 때문에 한용운의 시는 여성적 어조에도 불구하고 극복의 의지와 정신의 견인력을 뚜렷이 드러낸다. 이런 점에서 현실 대응력에 관한 한 한용운 시가 김소월 시보다 더 우위에 놓인다고 말할 수 있다. 그러나 대중적 파급력에 관한 한 한용운의 시는 김소월 시에 크게 미치지 못했다. 김소월 시가 많은 독자를 가진 것과 달리 한용운 시는 당대에 거의 읽히지 않았다. 김소월의 계승자는 후대에 많았으나 한용운의 계승자는 1960년대에 비로소 등장한다. 이러한 사실은 시와 현실의 관계에 대해 많은 생각을 하도록 우리를 이끈다.

---

11 정과리는 한용운과 김소월의 태도를 "질 수 없는 자의 신비주의"와 "질 수밖에 없는 자의 현실주의"로 대비하기도 했다. 정과리, 『뫼비우스 분면을 떠도는 한국문학을 위한 안내서』, 문학과지성사, 2016, 44~47쪽.

2

응전력의 확대와
시 양식의 다양화

― 1920년대 후반에서
1930년대 중반까지의 시

1. 민족적 역량의 확인

나라의 주권을 빼앗긴 지 10년이 넘고 거족적인 항일운동을 벌였는데
도 뚜렷한 변화 없이 몇 년이 지나자 한국의 지식인들은 여러 가지 모
색을 하게 되었다. 국가가 망하여 이민족의 통치를 받는 상황에서 한국
인 고유의 삶을 지탱해 가기 위해서는 자신이 한국인이라는 사실을 지
켜 주는 무엇인가가 있어야 한다. 나라는 없어지고 민족만 남았다고 할
때 한국인을 유지시키는 가장 기본적인 요건은 무엇인가? 그것은 한국
언어의 사용, 즉 말과 글자의 사용이다. 우리에게는 한글이라는 우리만
의 문자가 존재했다. 이것은 매우 중요한 사항이다. 식민지 백성으로 글
자가 없었다면 우리의 언어생활은 일본에 쉽게 종속되었을 것이다. 다
행히 한글이 있었기에 우리는 민족의 정체성을 유지하며 한글 문학을
꽃피울 수 있었다. 대한민국의 문학평론가로서 이 점을 진심으로 자랑
스럽게 생각한다.

선구적인 한글학자 주시경(1876~1914)의 지도를 받은 일군의 연구자
10여 명이 모여 1921년 12월 3일 휘문의숙에서 단체를 결성했다. 한국

최초의 민간 학술 단체 '조선어연구회'의 발족이다. 한겨울의 삭풍 속에 난방 시설도 없는 휘문의숙 강의실에 오들오들 떨며 모인 10여 명 발기인들의 마음은 어떠했을까? 나라는 망했으나 우리의 글자 한글을 지키고 연구하여 대중에게 보급하면 민족의 정체성은 유지될 것이라 생각했을 것이다. 그러나 너무나 미약한 그들의 출발에 불안한 마음도 들었을 것이다. "네 시작은 미약하였으나 네 나중은 심히 창대하리라." 라는 성경 문구에서 위안을 얻었을지 모른다. 그들은 그렇게 미약한 상태에서 한글 연구의 첫 삽을 들었다.

그들의 힘은 점점 응집되어 1927년 기관지 『한글』을 간행했고 1929년 『조선어사전』 편찬 사업에 착수했다. 1931년에 '조선어학회'로 이름을 바꾸고 1933년 10월 29일 당시의 한글날을 기해 '한글맞춤법통일안'을 발표했다. 이것은 역사적인 사건이었다. 세계지도에서 국가 이름이 사라진 나라의 학자들이 모여 민족이 사용하는 글자를 연구하고 언어생활에 표준이 되는 맞춤법을 발표하는 일은 근대 민주국가에서도 별로 없는 일이다. 그러나 일제강점기의 한국인 학자들은 이 일을 했고 그 작업의 연장선상에서 『조선어사전』 편찬 사업에 박차를 가했다. 왜냐하면 이 일이 단순한 한글 연구나 사전 편찬 사업이 아니라 민족의 독립운동이라고 믿었기 때문이다.

총독부가 이 사업을 그대로 놓아둘 리가 없었다. 1942년 사전 출판 원고가 거의 완성되어 인쇄에 넘겨질 무렵 총독부는 '조선어학회사건'을 일으켜 이 사업에 철퇴를 가했다. 조선어학회가 독립운동을 목적으로 하는 민족주의 단체라는 이유를 내세워 1942년 10월부터 1943년 4월까지 33명을 검거하여 치안유지법의 내란죄로 조사했다. 33명 중 16명이 기소되고 2명이 옥중에서 목숨을 잃었다. 최초의 사건이 함흥에서 발생했으므로 함흥재판소에서 재판했고 함흥형무소에서 복역했다. 일부는 집행유예로 혹은 만기로 출소하고 최후로 함흥형무소에 있던 4명이 해방과 함께 출옥했다. 그들의 이름은 이극로, 최현배, 이희승, 정인승이었다.[12]

이로 볼 때 '조선어학회'는 1921년 창립으로부터 해방의 그날까지 초지일관 민족정신을 견지하며 한글을 연구하고 보급하여 강습과 집필 활동을 통해 민족정신을 지키는 데 이바지했음을 분명히 확인할 수 있다. 한글 사용을 대중에게 보급하고 맞춤법을 전파하여 언어생활에 기여했다는 점에서 문학과의 관련성이 가장 높은 활동을 한 것이고, 그런 점에서 문학 창작에 상당한 영향력을 행사한 것이다. 당시 신문과 잡지는 거의 모두 '조선어학회'에서 보급한 한글맞춤법 규범을 가지고 편집과 교정을 보았다.

한국 민족의 정체성을 한글에서 찾으려는 연구자들의 움직임과는 다른 차원에서 민족정신에 관심을 가지고 창작에 기여한 일군의 문인들이 있다. 그들은 우리나라의 역사적 유물을 탐구하여 그에 대한 관심과 찬양을 글로 나타냈고, 우리의 고유한 문학 양식으로 민요와 시조를 채택하여 이 양식의 부흥과 재창조를 도모했다. 육당 최남선은 국토를 순례하며 우리나라의 역사적 유적을 답파하고 지명과 장소에 담긴 민족정신을 기행문이나 시조로 표현했다. 이들은 뚜렷한 문학적 유파를 형성한 것은 아니었지만, 당시 문단 세력을 형성한 프로문학에 대응하는 차원에서 심리적 공감대를 형성하면서 민족정신에 바탕을 둔 문학작품을 창작하고자 했다.

---

12 이분들의 연령순으로 열거했다. 참고로 밝히면, 이극로는 1893년, 최현배는 1894년, 이희승은 1896년, 정인승은 1897년 생으로, 출옥할 때 40대 후반에서 50대 초반의 고령이었다.

이러한 문화적 분위기 속에서 홍사용, 주요한, 김억 등이 민요를 서정시의 영역으로 승화시키려는 노력을 했고, 이와는 다른 차원에서 한국의 정형시 양식인 시조를 부활하여 새로운 정서를 표현하고자 한 시조부흥운동이 일어났다. 최남선을 출발로 이은상, 이병기, 정인보 등이 새로운 시조를 썼는데 아무리 현대적 정서를 담아낸다 하더라도 형식이 옛날의 틀로 고정되어 있는 이상 자유시 중심의 문단에서 제자리를 찾기 어려웠다. 그러나 우리의 전통 시가를 계승하고 부활하여 민족 정서를 표현하려고 노력한 시대적 의의는 부여할 수 있다.

이런 움직임과는 전혀 다른 차원에서 프로문학운동이 전개되었다. 프로문학운동은 민족문학운동과는 달리 프롤레타리아 의식을 저항의 축으로 설정했다. 우리는 일본의 강압적 지배를 받는 피지배 집단이니 마르크스의 도식으로 바꾸어 말하면 프롤레타리아에 해당하고, 일본은 돈과 권력을 소유한 지배 집단이 된다. 프롤레타리아에 해당하는 조선인이 대동단결하여 지배 세력을 타파하자는 논리는 상당한 설득력이 있었고, 이론의 당부당을 떠나 감정적 호응이 매우 높았다. 소규모의 조직과 단체가 생기고 없어지고 하다가 1925년 8월에 프로문예운동 단체인 카프가 결성되어 조직적인 문예운동을 전개하면서 현실 비판 담론을 작품으로 구체화했다. 이 운동 조직은 상당한 영향력을 행사하면서 1935년 중반까지 유지되다가 총독부의 탄압으로 해체되었다.

이 두 운동, 즉 민족문학운동과 프로문학운동은 일제강점기 지배 세력에 저항하는 민족의 공동 담론으로서 의미가 컸다. 민족의 고유한 것을 찾아 그것을 축으로 식민 지배에 저항하자는 것도 논리적으로 타당하고, 프롤레타리아 정신으로 무장하여 지배 세력에 저항하자는 것도 그 시대의 맥락에서 매우 의미 있는 주장이다. 그러나 이 두 운동은 운동을 전면에 내세웠기 때문에, 다시 말해서 목적성을 전면에 내세웠기 때문에 문학적으로 한계가 뚜렷했다. 문학은, 특히 시는 목적성을 앞세우는 순간 제대로 된 작품이 나오지 못하는, 우울한 숙명을 지닌 양식이다. 목적성을 지니되 그 목적의 순수함이 문학적 순수함으로 어느 정도 환치될 때 읽을 만한 작품이 창조된다. 이 말이 무엇을 의미하는가 하는 것은 실제 작품을 읽으면 이해가 된다. 공동의 이념을 앞에 내세우면 그 테두리에서 창작되는 다수 작품은 모두 유사한 유형성을 지니게 된다. 시인의 개성적 창조가 억압되는 것이다.

이에 대해 민족의 생존이 위협 받는 폭압적 현실 속에서 시의 심미적 형상성을 높이는 것이 무슨 의미가 있느냐는 반론이 제기될 수 있다. 저항의 정신만으로 그 시의 높이를 평가할 수 있지 않겠느냐는 주장이다. 이것은 일면 옳은 말이다. 박영희는 김팔봉과의 논쟁에서 투쟁기의 프로문학은 완전한 형상성을 갖추지 못했더라도 사상의 선명함만으로 성립될 수 있다고 주장했다. 문학 창작이 목적이 아니라 투쟁의 수단으로 복무하기 때문에 심미적 형상성은 이차적인 요소가 된다. 바로 그렇기 때문에 이 당시 프로문학 작품 대부분은 예술적 형상화에 별 노력을 기울이지 않았다. 그리고 거기 담긴 저항의 내용도 개성 없는 유형화로 일관했다. 바로 이 점 때문에 카프의 목적시 대부분의 가치를 나는 인정하지 않는다.

투쟁에는 여러 가지 방법이 있고 저항의 선명함을 드러내는 방식에도 여러 가지 양상이 있다. 굳이 시라는 양식을 무기로 삼아 투쟁할 것을 선택한 이상, 시 양식에 대한 기본적인 이해와 존중이 있어야 한다. 양식에 구애되지 않고 선명한 투쟁을 앞세우고 싶으면 시를 버리면 된다. 산문으로, 행동으로, 얼마든지 뜨거운 투쟁을 전개할 수 있는 것이다. 굳이 시를 빌려 저항 의식을 표현할 때에는 시 양식에 대한 문학적 자각이 있어야 하고, 미학적 요소와의 타협이 필요하다.

2. 현대 서정시의 전범 — 정지용

새로운 시의 양상은 국내보다는 지식인들의 유학 장소인 일본에서 먼저 등장했다. 일본 경도에 유학해 있던 정지용은 경도조선인유학생회 기관지 『학조』 1호(1926. 6)에 몇 편의 시를 한꺼번에 발표했는데, 이 작품들은 세인의 주목을 끌 정도로 신선했다. 『학조』 1호가 몇 부나 간행되었는지는 알 수 없으나, 당시 전라남도 영광에 살던 시조시인 조운이 「병인년과 시조」라는 연간 시조 총평을 『조선문단』(1927. 2)에 발표했는데, 그 글에도 정지용이 『학조』 1호에 발표한 시조 9수가 언급되고 있다. 이로 보면 『학조』가 식자층 사이에 널리 유통되었음을 알 수 있다. 거기 실린 정지용의 다음 시가 특히 널리 알려졌다.

옮겨다 심은 종려나무 밑에
비뚜루 선 장명등,
카페 프랑스에 가자.

이놈은 루바시카
또 한 놈은 보헤미안 넥타이
빼적 마른 놈이 앞장을 섰다.

밤비는 뱀눈처럼 가는데
페이브먼트에 흐늑이는 불빛
카페 프랑스에 가자.

이놈의 머리는 비뚤은 능금
또 한 놈의 심장은 벌레 먹은 장미
제비처럼 젖은 놈이 뛰어간다.

※

"오오 패롯(앵무) 서방! 굿 이브닝!"

"굿 이브닝!" (이 친구 어떠하시오?)

울금향 아가씨는 이 밤에도
경사更絲 커튼 밑에서 조시는구려!

나는 자작子爵의 아들도 아무것도 아니란다.
남달리 손이 희어서 슬프구나!

나는 나라도 집도 없단다
대리석 테이블에 닿는 내 뺨이 슬프구나!

오오, 이국종 강아지야

내 발을 빨아 다오.

내 발을 빨아 다오.

—「카페 프랑스」 전문

이 시에는 몇 가지 새로운 요소가 눈에 띈다. 카페 프랑스의 이국적인 정경이 두드러지고, 그곳으로 향하는 세 사람의 모습도 특이하다. 한 명은 루바시카를 입고, 또 한 명은 보헤미안 넥타이를 둘러 멋을 냈고, 또 한 명은 "뼛적 마른" 모습을 하고 있다. 밤비를 뱀눈처럼 가늘다고 표현한 것도 전에 없던 독창적인 표현이다. 이어서 세 사람의 내면을 "비뚤은 능금", "벌레 먹은 장미"라는 시각적 심상을 이용해서 독특하게 표현했다. "뼛적 마른 놈"은 "제비처럼 젖은 놈"으로 변형되어 초라한 외형이 강조된다.

카페에 들어서니 문 앞의 앵무새가 사람 말을 흉내 내어 인사를 하고, 커튼 밑에는 튤립 꽃이 조는 것처럼 고개를 숙이고 있다. 화자는 술에 취해 자신의 비애를 토로한다. 자신은 자작의 아들도 아니고 그저 무력한 백수의 인텔리일 뿐이라고, 나라도 집도 없다고 탄식한다. 취기에 슬픔이 북받쳐 테이블에 얼굴을 기대니 차가운 대리석 테이블에 창백한 뺨이 닿아 더욱 처량한 기분이 든다. 마침 테이블 밑에 이국종 강아지가 도사리고 있다. 국적을 잃은 너나 나는 어쩌면 같은 처지에 있는지도 모르겠다. 내 처지와 같은 강아지에게 동병상련의 심정으로 내 발을 빨아 달라고 속으로 읊조린다.

여기서 '자작'이란 단어를 사용한 것은 그 시대에 한국인이 오를 수 있는 가장 높은 지위를 염두에 둔 것이다. 당시 일본에 유학 온 한국인 학생들은 대부분 재력이나 지위가 있는 집안의 자제들이었다. 정지용 자신은 그런 지위와는 아무 상관이 없는 가난한 고학생 처지였기 때문에 스스로 무력한 인텔리에 불과하다는 사실을 밝힌 것이다. "나는 나라도 집도 없단다"라는 시행은 그 시기 다른 어떤 작품보다도 망국민 유학생의 심정을 절실하면서도 강렬하게 드러냈다. '나라와 집'이야말로 인간이 거주할 수 있는 가장 기본적인 공간이기 때문이다. 요컨대 이 시에는 새로운 독창적인 표현만이 아니라 당시 현실에서 체감한 식민지 지식인의 비애가 진하게 녹아 있다. 당대의 감정을 당대의 감각으로 구체적으로 표현한 것이 이 시의 특징이다. 이 점 때문에 이 시는 현대시사의 새로운 유형으로 당당한 자리를 차지할 수 있다.

이후 정지용의 작품 발표는 주로 『조선지광』을 통해 이루어지는데, 1930년까지 20편 이상의 작품을 발표했다. 이 잡지는 사회주의 성향을 보였지만, 개방적이어서 작품 게재에 편향성을 보이지 않았고, 월간으로 간행되어 파급력이 컸다. 이 잡지에 시를 발표하여 문단에 이름을 알린 정지용이 1929년 귀국해서 본격적으로 시를 발표하자 문단의 이목이 그에게 집중되었다. 1930년 벽두에 발표한 「유리창」(『조선지광』, 1930. 1)은 명실상부한 그의 대표작이자 한국 단형 서정시의 전범에 해당하는 작품이다.

> 유리琉璃에 차고 슬픈 것이 어른거린다.
> 열없이 붙어 서서 입김을 흐리우니
> 길들은 양 언 날개를 파닥거린다.
> 지우고 보고 지우고 보아도
> 새까만 밤이 밀려 나가고 밀려와 부딪치고,
> 물먹은 별이, 반짝, 보석처럼 박힌다.

밤에 홀로 유리를 닦는 것은

외로운 황홀한 심사이어니,

고운 폐혈관이 찢어진 채로

아아, 늬는 산새처럼 날아갔구나!

—「유리창」 전문

이 시는 시인이 자식을 폐렴으로 잃은 후 그 안타까운 심정을 노래한 것으로 알려져 있다. 정지용을 감정의 절제를 통해 시상의 승화를 보인 시인이라고 평하는데, 이 시는 그러한 특징을 가장 잘 나타낸 작품이다. 화자는 유리창에 붙어 서서 입김을 불며 죽은 아이를 그리워한다. 유리창 밖에 무언가가 어른거리는 것 같은데 성에가 끼어 밖이 제대로 보이지 않는다. 입김으로 성에를 녹이고 보아도 유리창 밖에는 아무것도 없다. 그러나 화자는 유리창을 떠나지 않고 지우고 보고 지우고 보는 일을 반복한다. 성에 낀 유리창 저편으로 밀려갔다 밀려오는 것은 새까만 밤뿐이다. 새까만 밤하늘 저편에 반짝 빛나는 별이 하나 보인다. 그 순간 아이의 환영이 별에 겹쳐진다. 내 아이가 죽어서 저렇게 하늘의 별로 떠 있는 것인가 하는 생각이 든 것이다. 그 순간 눈물이 번지며 별은 물먹은 듯 부옇게 흐려져 커 보이고, 별빛이 '반짝' 하고 유리창에, 그리고 화자의 가슴에 보석처럼 소중한 영상으로 들어와 박힌다.

"외로운 황홀한 심사"는 시인의 착잡한 마음을 나타낸다. '별'의 환상을 통해 죽은 아이를 만날 수 있는 순간은 황홀하지만, 현실로 돌아오면 '새까만 밤' 같은 더 큰 외로움이 밀려든다. 이 이중적 심리를 시인은 "밤에 홀로 유리를 닦는 것은 외로운 황홀한 심사이어니"라고 표현한 것이다. 결국 시인은 형언할 수 없는 외로움에 몸을 떨며 절제했던 감정의 고삐를 풀어 마지막 탄식을 발한다. "고운 폐혈관이 찢어진 채로 / 아아, 늬는 산새처럼 날아갔구나!"라고. 이 한 번의 마지막 탄식, 마지막 결구의 감탄부 속에, 지금까지 시인의 내부에 응결되어 있던 온갖 감정들이 한꺼번에 폭발한다. 그리고 그 탄식의 뒤, 마지막을 세로로 종결지은 굳은 감탄부 뒤에는, 새까맣게 얼어붙은, 홀로 남아 외로움에 떨고 있는 시인의 자아가 감추어져 있다.

앞에서부터 감정을 절제하고 표현해 온 시인의 공력이 끝까지 유지되었기에 이 시는 서정시의 완결편으로 남게 되었다. 이것은 단순한 기교의 문제가 아니라 예술 정신의 힘에 속하는 문제다. 서정의 밀도를 유지하려는 정신의 장력이 있었기에 이러한 명품 서정시가 탄생한 것이다. 이 시는 감정의 절제를 통해 시인의 고뇌와 안타까움을 충분히 드러냈을 뿐 아니라 한 편의 시 작품으로서의 구조적 완결미를 이루는 데에도 성공했다. 이 때문에 이 작품은 한국 현대 서정시의 전범으로 문학사에 기록될 수 있다.

3. 형식과 내용의 찬란한 융합 — 김영랑

이 시대의 서정시 중 구조적 완결미를 보인 또 하나의 작품은 김영랑의 「모란이 피기까지는」이다. 김영랑은 1930년 3월에 간행된 『시문학』 창간호에 13편의 시를 한꺼번에 발표하며 시단에 화려하게 등단했다. 그리고 같은 해 5월에 나온 『시문학』 2호에 9편의 시를 발표했다. 『시문학』 3호가 간행된 것은 그로부터 1년 5개월이 지난 1931년 10월이었다. 여기에도 김영랑은 4행 소곡 5수를 포함하여 7편의 작품을 발표했다. 『시문학』의 후속지라고 할 수 있는 『문학』은 1934년 1월에 나왔다. 김영랑은 여기 다시 시를 발표하여 1호에 4행 소곡 6수, 2호(2월 발행)에 「불지암 서정」 1편, 3호(4월 발행)에 「모란이 피기까지는」 1편을 발표했다. 이 시기 김영랑의 시작 발표는 오로지 박용철이 발행한 문예지 『시문학』과 『문학』을 통해서만 이루어졌다. 1930년부터 1934년까지 이두 잡지를 통하여 김영랑은 37편의 작품을 발표했고, 다른 지면에는 단한 편의 작품도 발표하지 않았다.

여기서 우리는 김영랑과 박용철 사이에 오간 돈독한 우의와 시에 대한 공동의 열의를 엿볼 수 있다. 김영랑의 시는 의미의 전달보다 형식과 운율의 조화로운 결합을 중시하는 경향을 보였다. 그것은 의미를 중시하는 30년대 프로시와 구분되는 새로움이 있었다. 박용철은 정서와 형식과 운율이 조화를 이룬 김영랑의 새로운 서정에 대단한 매혹을 느꼈다. 생경한 사상성과 경직된 목적의식을 드러낸 프로시나 시어 구사의 소박성을 벗어나지 못한 1930년 전후의 서정시와 김영랑의 시가 질적으로 다르다는 점을 박용철은 예민하게 포착했다.

현대시의 역사를 기술하는 자리니 박용철에 대한 이야기를 하지 않을 수 없다. 나는 기회 있을 때마다 박용철을 한국 현대문학사에 몇 안되는 의인義人의 하나로 지목해 왔다. 그는 오직 좋은 시를 대중에게 알려야 한다는 생각만으로 사재를 털어 성심성의껏 문학지를 간행한 사람이며, 문학적 투신의 고행 속에 순절한 사람이다. 그는 자신의 돈으로 『시문학』을 창간하면서, 창간사를 쓸 만도 한데, 책 뒤에 짧은 편집 후기만을 썼다. 그 편집 후기의 첫 문장은 도전적이고 감격적이다. "우리는 시를 살로 새기고 피로 쓰듯 쓰고야 만다. 우리의 시는 우리의 살과 피의 맺힘이다."라고 그는 썼다. 이 말은 시를 쓰는 일이 목숨을 바쳐서 하는 것이고 목숨처럼 소중한 것이라는 의미를 나타낸다. 끝부분에서는 "문학의 성립은 그 민족의 언어를 완성시키는 길"이라는 말도 했다. 그는 시문학 운동을 독립운동으로 생각한 것이다. 오늘날 시를 쓰는 사람들은 박용철의 소망에 담긴 뜻을 깊이 음미할 필요가 있다.

정성을 바쳐『시문학』을 냈건만 책을 사 보는 사람은 거의 없었다. 『시문학』은 창간 1년 7개월 후인 1931년 10월 3호를 내고 종간되었다. 그는 여기서 주저앉지 않고 다시 대중성을 겨냥한『문예월간』을 간행했다. 그러나 대중적 교양을 내세운 문학지도 수용할 독자층이 없었다. 이 잡지는 1931년 11월부터 1932년 3월까지 총 4회를 간행하고 종간되었다. 사재를 털어 두 차례나 문학지를 간행했으나 중도에 유산되어 실의에 잠긴 박용철은 얼마 후 결핵으로 병석에 눕게 되는데, 그래도 문예지 발간 사업은 포기하지 않았다. 어느 정도 건강이 회복되자 1934년 1월 고급스러운 순수 문예지『문학』을 간행했지만 이 잡지도 3호를 끝으로 종간되고 말았다.

그러나 박용철은 시가 민족의 언어를 완성시킨다는 초심을 버리지 않았다. 그는 다시 사재를 털어 한국문학사에 길이 빛날 아름다운 두 권의 시집을 출간하였으니, 그것이 바로『정지용 시집』(1935. 10)과『영랑시집』(1935. 11)이다. 이 두 권의 책은 한국 출판사出版史에 남을 예술적인 고급 장정의 시집이다. 이 시집의 발간으로 정지용은 명실 공히 당대 최고의 시인으로 자리 잡고, 김영랑은 동인지『시문학』의 시인에서 본격적인 중앙 시단의 시인으로 부상하게 된 것이다. 그러면서도 박용철은 자신의 시집은 출판하지 않았다. 몇 차례의 문예지 간행과 시집 출간으로 여유 재산을 거의 소진한 박용철은 더 이상 재기하지 못하고 건강이 악화되어 1938년 5월에 세상을 떠났다.

김영랑의 『모란이 피기까지는』은 박용철이 순수한 문학적 열의를 담아 새롭게 만든 고급스러운 시 전문지 『문학』 3호(1934. 4)에 발표되었다. 『영랑시집』에 들어 있는 작품을 통틀어 가장 정서의 순도가 높고 구조적 완결성이 뛰어난 작품이다.

　　모란이 피기까지는

　　나는 아직 나의 봄을 기다리고 있을 테요

　　모란이 뚝뚝 떨어져 버린 날

　　나는 비로소 봄을 여읜 설움에 잠길 테요

　　오월 어느 날 그 하루 무덥던 날

　　떨어져 누운 꽃잎마저 시들어 버리고는

　　천지에 모란은 자취도 없어지고

　　뻗쳐오르던 내 보람 서운케 무너졌느니

　　모란이 지고 말면 그뿐 내 한 해는 다 가고 말아

　　삼백예순날 하냥 섭섭해 우옵내다

　　모란이 피기까지는

　　나는 아직 기다리고 있을 테요 찬란한 슬픔의 봄을

　　　　　　　　　　　　　　　　　　—「모란이 피기까지는」 전문

　이 시는 모란을 제재로 내세워 어떤 대상에 대한 간절한 기다림을 표현한 작품이다. 기다림은 모든 사람이 갖고 있는 보편적인 정서다. 사람들은 모두들 무언가를 기다리며 살아간다. 평생을 살아도 자기가 기다린 것을 얻지 못하고 세상을 떠나기도 하고, 자기가 바라던 것을 얻은 그 순간 다시 또 다른 무엇을 새롭게 추구하며 살기도 한다. 그런데 이

시의 기다림의 대상은 '봄'이다. 이 시에서 '봄'이란 무엇인가? 그것은 천지에 모란이 황홀히 피어나는 지극히 아름다운 순간을 뜻한다. 봄이나 모란의 의미를 일제 강점하의 상황과 관련지어 조국의 광복으로 풀이할 수도 있지만, 더 넓게 생각하면 시의 의미 영역도 확장된다. 일반적인 문맥으로 넓게 생각하면 봄은 우리가 절실하게 소망하는 이상적인 상태를 뜻한다고 해석할 수 있다.

그런 점에서 2행에 나오는 '아직'이라는 말의 의미를 새롭게 음미해 볼 필요가 있다. 이 말은, 주위에 봄이 왔지만 나에게는 '아직' 봄이 오지 않았다는 뜻을 내포하고 있다. 봄바람이 불고 나비가 날고 잡다한 꽃이 피지만 그것은 나의 봄이 아니다. '나의 봄'은 오로지 모란이 찬란하게 피는 그 순간에 국한된다. 화자에게는 모란이 피어야 봄인 것이다. 그런데 모란은 지상에 그렇게 오래 머물지 않는다. 모란의 아름다움은 일순간 찬란한 빛을 발하다가 천지에 자취도 없이 사라지고 만다. 그것은 일종의 환영과도 같다. 여기서 잠시 고개를 돌려 생각해 보면, 우리가 기다리는 모든 것은 어느 한때 우리 앞에 왔다가 흔적도 없이 사라지고 만다. 그렇다고 기다림을 포기할 수는 없다. 기다림을 포기하게 되면 삶의 보람도 없어지고 세상은 온통 사막과 같은 모습으로 변하기 때문이다. 모란이 피기를 기다리는 인고의 시간이 곧 삶의 보람을 지킬수 있는 시간이다.

시인은 모란이 사라져 자신의 마음에 비탄과 상실의 감정이 남는 과정을 자세히 묘사했다. "떨어져 누운 꽃잎마저 시들어 버리고는"이라는 구절에는, 자신이 원하는 마지막 하나까지 지켜보려는 간절한 소망과, 최후의 순간마저 사라진 다음에 밀려오는 형언할 수 없는 비탄의 정서가 담겨 있다. 그는 자신의 허망하고 비통한 심정을 9행과 10행에서 과장되게 드러냈다. 이 시의 모란은 앞에서 말한 대로 인간 범사에 걸쳐 우리들이 추구하는 지순의 세계, 최고 가치의 세계를 상징한다. 삼백예순날을 울며 지낸다는 것은 그에 대한 그리움의 강도가 그만큼 크다는 것을 의미한다. 실제로 자신의 온몸을 바쳐 추구하던 대상을 상실한 사람에게는 9, 10행에 제시된 내용이 한 치의 과장이 없는 사실 그대로로 다가올 것이다. 사람들은 자신이 바라는 것이 사라져 버리면 엄청난 슬픔에 부딪치리라는 것을 알면서도 자신이 추구하는 목표를 포기하지 않는다. 형언할 수 없는 상실감이 몰아닥친다고 해도 찬란한 어느 한순간을 기다리며 사는 것이 우리 인생이다. 그래서 11, 12행에서 슬픔을 넘어서는 기다림을 말한 것이다. 우리는 이 시에서 기다리고 비탄에 잠기고 다시 기다리는 순환의 인간사를 만난다.

이러한 이 시의 의미 구조는 시 형식이 환기하는 음성 구조와 긴밀하게 호응한다. 이 작품의 4행까지는 앞 행이 길이가 짧고 뒤 행이 길이가 길어서 율독을 하면 느린 어조로 시작해서 빠르게 읽도록 구성되어 있다. 이것을 감정의 변화 상태에 대입하면, 1행에서 여유 있게 시작된 정서가 2행에서 절실한 감정으로 바뀌고, 3행에서 다소 이완되었던 정서가 다시 4행에서 정점을 향해 고조되는 것을 알 수 있다. 여기에 비해 5, 6, 7, 8행은 시행의 길이나 정서에 약간의 차이는 있지만 거의 대등한 관계로 시상이 전개된다. 이 네 행은 모란이 졌을 때의 허전하고 서운한 감정을 대등한 어조로 표현한 것이다.

그런데 9행과 10행에서는 변화가 온다. 9행의 길이는 길고 10행의 길이는 거기에 비해 짧은데, 이것은 9행에서 무언가 중요한 것을 말하기 위해 감정이 고조되고 10행에서 그것이 짧게 언급되면서 감정이 이완되는 것을 의미한다. 11행에 와서는 갑자기 시행의 길이가 짧아졌다.

이것은 그 형태만으로 보면 1행과 같은 말을 반복한 것 같지만, 앞에서 지속된 감정의 파동과 관련지어 보면 1행과는 시적 의미가 다른 것을 알 수 있다. 11행이 짧은 데 비해 12행은 그 어느 행보다도 길이가 긴데, 이것은 짧은 행 다음에 긴 행을 배치하여 감정의 응축과 의미의 긴장을 꾀하고 그다음에 아주 중요한 말을 던지려고 하는 의도적인 배치다. 말하자면 9행에서 비애의 감정이 고조되고 10행에서 그것을 수용하면서 11행에서 거기에 안주하는 듯하다가 12행에서 다시 감정과 의미의 상승이 일어나면서 시상이 종결되는 형식을 취한 것이다.

이렇게 볼 때 이 시의 구조는 음악적으로 완벽한 상승과 하강, 이완과 응축의 과정을 유지하면서 의미론적으로도 감정의 강약과 그 변화 과정에 맞는 논리적 시상 전개 양식을 지니고 있음을 확인할 수 있다. 요컨대 시의 의미 구조와 음성 구조가 완벽한 호응을 이루고 있고, 그 결과 구조의 견고함을 확보하고 있다. 시의 내용과 형식이 이처럼 완벽한 호응을 보여 주는 작품은 이 시대의 다른 시에서 찾기 어렵다. 더군다나 이 작품은 모란과 봄이라는 지극히 단순한 소재를 통하여 인간의 보편적 감정과 삶의 본질적 조건을 형상화했다. 그래서 이 시는 읽는 사람에게 감동을 주며 그와 유사한 고통을 겪고 있는 사람에게 위안을 준다. 이 시는 시대를 초월하여 사람들에게 감동을 주는 보편적 가치를 지니고 있다. 시가 역사보다 진실하다는 것은 바로 이것을 말한 것이다.

4. 현대적 풍속의 도입 — 김기림

1929년 3월 일본대학 전문부를 마친 김기림은 귀국하여 1929년 4월에 공채 시험을 거쳐 조선일보 사회부 기자로 입사했다. 기자로서의 생활이 익숙해진 1930년부터 『조선일보』 지면을 통해 본격적인 문학 활동을 전개했다. 김기림이 최초로 발표한 시 작품은 'G. w.'라는 필명으로 1930년 9월 6일에 발표한 「가거라 새로운 생활로」이다. 이 시는 김기림이 지닌 서구 도시 문명에 대한 동경과 새로운 생활에 대한 지향을 아내에게 투사하여 표현한 작품이다. 김기림이 발표한 두 번째 작품은 9월 30일 자에 실린 「쉬르레알리스트」인데 이 시는 당대 신흥 예술가인 쉬르레알리스트를 표제로 내세워 그의 전위적인 행동과 예술의 특징을 암시하고, 신흥 예술과 생활과의 관련성을 간접적으로 드러냈다. 바로 다음날인 10월 1일 자에 발표한 「가을의 태양은 '플라티나'의 연미복을 입고」가 이 시기의 작품 중 가장 김기림다운 작품이라 할 수 있다.

가을의
태양은 게으른 화가입니다.

거리 거리에 머리 숙이고 마주 선 벽돌집 사이에
창백한 꿈의 그림자를 그리며 다니는……

'쇼윈도우'의 마네킹 인형은 홑옷을 벗기우고서
'셀룰로이드'의 눈동자가 이슬과 같이 슬픕니다.

실업자의 그림자는 공원의 연못가의 갈대에 의지하여
살진 금붕어를 흐리고 있습니다.

가을의 태양은 '플라티나'의 연미복을 입고서

피 빠진 하늘의 얼굴을 산보하는

침묵한 화가입니다.

　　　　　　—「가을의 태양은 '플라티나'의 연미복을 입고」 전문

　이 시는 가을의 속성을 이미지로 포착하여 감각적으로 드러내려는 경향이 뚜렷하다. 고정된 대상을 의인화하여 동적인 상태로 변용시키는 방법이 주도적인 역할을 하고 있다. '플라티나'는 여름의 황금 햇살과 대비되는 백색의 창백하고 우울한 속성을 나타낸다. 가을의 태양이 백금 연미복을 입었다는 것은 상상만으로도 신비롭게 느껴진다. 당시의 독자들은 이런 구절에서 새로운 경이감을 느꼈을 것이다. 쇼윈도에 세워진 마네킹의 셀룰로이드 눈동자에서 투명한 슬픔을 보고, 공원 연못가 갈대에 드리워진 실업자의 그림자에서 우울한 비애를 느낀다. 도시의 우울한 풍경을 배경으로 창백한 하늘에 떠 있는 태양의 움직임을 백금 연미복의 화가가 산보하고 있다고 표현한 것이다.

　감정의 내용으로 볼 때 이 시가 표현하고 있는 가을의 창백한 우울은 새로운 것이 아니다. 다만 가을의 우울한 풍경을 현대적인 사물로 바꾸어 제시한 데 새로움이 있다. 여기에는 남들이 잘 모르는 서구적 사물을 끌어들여 새로운 비유를 구성해 보려는 김기림의 지적 과시욕이 담겨 있다. 신문기자로서 다양한 지식을 섭취한 김기림은 시를 창작하는 과정에서도 지식을 통한 비유로 새로움을 치장하는 특징을 드러내고 있다.

　이후 김기림은 활발한 창작 활동을 벌이는데, 1934년까지 쓴 시 작품의 대부분은 시집『태양의 풍속』에 수록되어 있다. 이 시집이 간행된 것은 1939년 9월의 일이지만, 시집 머리말에 "이 책은 1930년 가을로부터 1934년 가을까지의 동안 나의 총망한 숙박부에 불과하다"는 말이 나와 있고 그 끝에 1934년 10월 15일이라는 날짜가 명기되어 있음을 볼 때, 1934년에 간행하려던 시집이 늦게 출간된 것임을 알 수 있다.

1936년 7월에 간행된 시집 『기상도』는 1935년 한 해에 발표한 장시 작품만 모은 것이어서 시기적으로 그의 두 번째 시집에 해당한다. 그는 처음부터 하나의 주제를 가진 장시를 기획하고 거기 들어갈 작품들을 연속해서 지면에 발표한 것이다. 김기림은 1936년 3월 센다이에 있는 동북제대 영문학과로 유학을 떠나면서 시집의 편집과 장정을 이상에게 맡겼다. 김기림의 모던한 귀족 취향에 매료된 이상은 정성을 다해 시집을 만들어 출간했다. 이 시집에서 긍정적인 요소로 끄집어낼 수 있는 것은 감각적 비유의 참신성, 유머와 위트의 사용, 풍자의 감각 등이다. 다음은 독특한 표현으로 널리 알려진 『기상도』의 도입 부분이다.

비늘

돋친

해협은

배암의 잔등

처럼 살아났고

아롱진 '아라비아'의 의상을 두른 젊은, 산맥들

바람은 바닷가에 '사라센'의 비단 폭처럼 미끄러웁고

오만한 풍경은 바로 오전 일곱 시의 절정에 가로누웠다

—「세계의 아침」 부분

이 부분은 마치 비행기를 타고 지상을 내려다보는 것처럼 바다와 산맥의 풍경을 원거리에서 조망하고 있다. 아침 햇살을 받아 반짝이는 해협을 비늘 돋은 뱀의 잔등에 비유한 것이 새롭고, 초록과 흑갈색으로 뻗어 내린 산맥의 형상을 아라비아 의상을 두른 것에 비유한 것이 이채롭다. 아라비아 의상으로 산맥을 비유했으니 바닷가에 부는 바람은 사라센의 비단 폭에 비유했다. 밝은 태양 아래 모습을 드러낸 바다와 육지는 의인화되어 오만한 모습으로 오전 일곱 시의 청명한 절정에 가로눕는 것으로 형상화되었다. 의욕적으로 구성한 이 도입부는 독자의 눈길을 끌 만한 신선함을 충분히 지니고 있다. 그러나 이러한 긴장감은 도입부가 지나면 풀어져 버린다. 신문기자로서 얻은 시사 정보를 나열하여 세계의 풍경을 피상적으로 스케치했기 때문에 긴장감이 유지될수 없었다. 그런 한계는 있지만, 김기림이 당대 세계의 구체적 장면들을 감각적 이미지로 표현하고 서술적 논평을 가하면서 시대의 진기한 풍속도를 그려낸 점은 1930년대 시의 개성적인 장면으로 인정할 만하다.

김기림은 1935년 4월부터 『조선일보』에 「오전의 시론」이라는 시론을 장기간 연재했는데, '오전의 시론'이 무엇을 의미하는지는 밝히지 않았다. 그 의미의 단서는 그의 시집 『태양의 풍속』 서문에서 찾을 수 있다. 이 글에서 김기림은 비애와 탄식을 곰팡이의 냄새가 나는 "오후의 예의"라고 비하하면서, "그 비만하고 노둔한 오후의 예의" 대신에 "놀라운 오전의 생리"에 경탄한 일은 없느냐고 묻고 있다. 이어서 그는 신선하고 활발하고 대담하고 명랑하고 건강한 "태양의 풍속"을 배우자고 권유한다. 여기서 그가 말한 '오전의 시론'이 무엇을 지향하는지 분명해진다. 과거의 19세기적인 나른한 감상성에서 벗어나 현대적인 신선하고 활발한 시를 쓰자는 뜻이다. 그는 밝고 건강한 아침의 시를 쓰자는 뜻에서 '오전의 시론'이라는 제목을 설정한 것이다. 그러나 동서 고금의 시를 일별해 보면 김기림이 표방한 신선, 활발, 대담, 명랑, 건강한 오전의 시보다는 저녁의 그늘과 삶의 뒤란, 밤의 어둠과 세상의 슬픔을 노래한 시가 훨씬 많음을 알 수 있다. 그런 점에서 시는 역시 저녁의 문학이요 밤의 노래라고 할 수 있다. 헤겔은 미네르바의 부엉이가 황혼이 깃들 무렵에야 날기 시작한다고 했는데, 시의 뮤즈 역시 황혼이 깃들어야 날기 시작한다고 할 수 있다. 이러한 사실을 외면하고 오전의 망집에 사로잡힌 김기림은 수백 편의 시를 썼지만 시다운 시는 몇 편 남기지 못했다.

5. 저항의 목소리 — 임화

이 시기 시 양식이 다양화되는 양상을 설명하는 데 임화와 이상을 건너 뛸 수 없다. 1920년대 전기 서정시의 상이한 두 축이 김소월과 한용운이라면, 1930년대 진보적인 변화의 대비적인 두 축으로 임화와 이상을 들 수 있다. 이 두 사람은 서울에서 태어나고 성장했지만 한국어 문장 구성이 아주 서투르다는 공통점을 지니고 있다.

임화는 1908년 서울 낙산 밑 빈궁한 가정에서 출생하여 가정 파산으로 보성중학을 중퇴하고 거리의 부랑아로 나섰다가 1926년 12월경 카프에 가입했다. 1927년부터 카프 노선에 입각한 시를 쓰기 시작했고 1928년에 박영희의 인정을 받아 중앙위원이 되었다. 22세 되는 1929년 『조선지광』 1월호에 「네거리의 순이」, 2월호에 「우리 오빠와 화로」 등을 발표함으로써 프로 시인으로서 분명한 자기 목소리를 내기 시작했고, 단편 서사시로 명명된 일련의 작품을 연이어 발표하여 프로시단의 호응을 얻었다. 이런 유형의 시는 1933년 3월 『제1선』에 발표한 「오늘 밤 아버지는 퍼렁 이불을 덮고」까지 이어진다.

> 오빠—그러나 염려는 마세요
> 저는 용감한 이 나라 청년인 우리 오빠와 핏줄을 같이한 계집애이고
> 영남이도 오빠도 늘 칭찬하던 쇠 같은 거북무늬 화로를 사 온 오빠의
> 동생이 아니에요
> 그리고 참 오빠 아까 그 젊은 나머지 오빠의 친구들이 왔다 갔습니다
> 눈물 나는 우리 오빠 동무의 소식을 전해 주고 갔어요
>   사랑스런 용감한 청년들이었습니다
>   세상에 가장 위대한 청년들이었습니다
> 화로는 깨어져도 화젓갈은 깃대처럼 남지 않았어요
> 우리 오빠는 가셨어도 귀貴여운[13] '피오닐' 영남이가 있고
> 그리고 모든 어린 '피오닐'의 따뜻한 누이 품 제 가슴이 아직도 더웁습니다
>   —「우리 오빠와 화로」 부분

이 시들은 투쟁 의식 고취를 위한 대중 선동이 목적이기 때문에 희생된 동지의 뒤를 이어 행해야 할 용감하고 위대하고 성스러운 행동을 강조한다. 이것을 강조하기 위해 과장된 수식어가 동원된다. 처연하고도 유장한 신파조의 리듬, 과장된 수식어의 사용은 투쟁의 선명함을 돋보이기 위한 주술적 장치다. 시가 발표되는 당대의 현실 속에서는 이러

13 '귀엽다'는 '귀하다'와는 다른 말인데, 임화는 귀여우면서도 귀하다는 뜻을 나타내기 위해 이 한자를 쓴 것으로 보고 그대로 적는다.

한 과장이 선동의 수단으로 유효하기 때문에 그 나름의 현실적 의미가 있다. 그러나 이런 과장적 수사의 반복적 사용은 시인 스스로가 자기도 모르게 감정을 과장하고 자신의 허약함을 위대하고 성스러운 것으로 착각하게 한다. 처연하고 격정적인 리듬을 통해 위대하고 성스러운 과업을 강조하다 보면 시를 쓰는 자신을 미화하는 주술적 세뇌에 빠질 수 있다.

일제는 1929년 11월의 광주학생운동 이후 그전까지 소위 문화정치 노선을 청산하고 1930년부터 강압적인 파쇼 체제로 통치 방법을 변경한다.[14] 통치 노선의 변경에 의해 카프에도 1931년과 1933년 두 차례에 걸쳐 대대적인 검거 선풍이 불어닥치고 결국 1935년 5월 카프는 해산된다. 카프가 해산된 얼마 후 임화는 「다시 네거리에서」(『조선중앙일보』, 1935. 7. 27)를 발표하는데, 이 시를 읽으면 그동안의 정치적 상황의 변화가 시에 어떠한 변화를 일으켰는지 이해할 수 있다.

> 간판이 죽 매달렸던 낯익은 저 이 층
> 지금은 신문사의 흰 기가 죽지를 늘인 너른 마당에,
> 장꾼같이 웅성대며 확 불처럼 흩어지는 네 옛 친구들도
> 아마 대부분은 멀리 가 버렸을지도 모를 것이다.
> 그리고 순이의 어린 딸이 죽어 간 것처럼 쓰러져 갔을지도 모를 것이다.
> 허나, 일찍이 우리가 안 몇 사람의 위대한 청년들과 같이

---

14 차기벽, 『한국 민족주의의 이념과 실태』, 까치, 1978, 193~194쪽. 강동진, 『일제의 한국침략정책사』, 한길사, 1980, 10쪽.

진실로 용감한 영웅의 단熱한[15] 발자국이 네 위에 끊인 적이 있었는가?

나는 이들 모든 새 세대의 얼굴을 하나도 모른다.

그러나 "정말 건재하라! 그대들의 쓰라린 앞길에 광영이 있으라"고

원컨대 거리여! 그들 모두에게 전하여 다오!

잘 있거라! 고향의 거리여!

그리고 그들 청년들에게 은혜로우라.

지금 돌아가 내 다시 일어나지를 못한 채 죽어 가도

불쌍한 도시! 종로 네거리여! 사랑하는 내 순이야!

나는 뉘우침도 부탁도 아무것도 유언장에 적지 않으리라.

— 「다시 네거리에서」 부분

「네거리의 순이」(1929. 1)와 이 시의 내용을 비교해 보면, 한때 계급 운동의 불길을 당겨 젊은이들의 은밀한 집결지이자 집단 항쟁의 성소였던 종로 네거리가 이 시에서는 "갈 곳도 모르는 무거운 발들이 / 고개를 숙이고 타박바닥" 걷는 허망과 비애의 공간으로 묘사되고 있다. 투쟁 의식을 불태우며 여윈 손가락으로 감옥 벽돌담에 달력을 그리던 순이의 애인은 끝내 돌아오지 못했고, 때 묻은 넥타이를 맨 백수의 몸으로 청년의 뒤를 이어 전선에 참가했던 순이의 오빠도 모습을 찾을 수 없게 되었다. 근로와 투쟁으로 살던 '행복된 청춘'은 사라지고 순이의 어린 딸이 죽어 간 것처럼 옛 동지들도 자취를 감추었다. 그들의 쓰라린 앞길에 영광 있으라고 목 놓아 외쳐도 아무런 응답이 없으며 공허함만이 밀려들 뿐이다. 임화는 이런 파국의 국면 속에 자신의 죽음까지도

---

15 '뜨거운'이란 뜻을 임화는 이렇게 표현했다.

예감하는지 "내 다시 일어나지를 못한 채 죽어 가도" "뉘우침도 부탁도 아무것도 유언장 위에 적지 않으리라"고 끝맺고 있다. 정세의 변화에 의해 허망한 영탄과 공허한 미화가 시를 채우게 된 것이다.

임화는 1938년 2월 시집 『현해탄』을 출간했는데, 그의 투쟁기의 단편 서사시는 「네거리의 순이」 한 편만 넣고 1934년에서 1937년 사이에 창작된 신작만으로 시집을 엮었다. 이 시집에는 당대 현실에 대한 비판 정신이 담겨 있는 시들이 여러 편 있다. 「골프장」(『조선중앙일보』, 1935. 8. 4)에서 계급의식의 시각으로 골프장의 유흥 행각을 묘사하기도 하고, 「야행차 속」(『동아일보』, 1935. 8. 11)에서 조선 빈민의 궁핍상에 대한 분노의 감정을 표시하기도 했다. 「옛 책」(『신동아』, 1935. 9)에서는 카프 해산의 비통함을 "우리들 청년의 세대의 괴롭고 길 역사의 밤"에 "오직 하늘과 땅으로 소리도 없는 절망의 슬픈 노래를 뜯어, 가만히 내 귓전을 울린다"고 표현했다.

문제는 현실을 보는 눈에 있는 것이 아니라 자신을 바라보는 태도에 있다. 단편 서사시에서 자신의 감정을 과장하고 자신의 행동을 위대하고 성스러운 것으로 미화하던 착시의 화법이 카프 해산 이후의 작품에 그대로 이어진다는 것이 문제다. 「내 청춘에 바치노라」(『동아일보』, 1937. 10. 22)에서는 현해탄을 건너 일본에서 계급 사상과 투쟁 방법을 학습하던 젊은 시절을 떠올리며 "서릿발처럼 매운 고난 속에 아, 슬픔까지가 자랑스러운 즐거움이었던 그들 청년의 행복이 있었다."고 미화했고, 「지도」(『동아일보』, 1937. 11. 3)에서는 바다를 건넌 벗들의 운명을 회상하며 그들이 밟고 간 길이 "무수한 인간의 존귀한 생명과 크나큰 역사의 구두발이 지나간 너무나 뚜렷한 발자국이 아니냐?"라고 미화했다. 임화가 지닌 과잉 수사의 관습이 자기 미화의 경향을 억제하지 못한 것이다.

6. 내면의 불안과 실험 정신 — 이상

이상은 1910년 서울 사직동에서 출생하여 보성고보를 거쳐 경성고등공업학교 건축과를 수석으로 졸업하고 총독부 건축과 기수技手가 되었다. 그는 일본어에 능숙했고 처음 발표한 시도 일본어 시였다. 1931년부터 1932년 사이에 네 차례에 걸쳐 조선건축회의 일본어 학회지인 『조선과 건축』에 일본어 시 28편을 발표했다. 그의 창작은 1930년 폐결핵의 발병과 함께 시작되었는데 폐결핵 증세가 악화된 1931년부터 집중적으로 시를 써서 발표한 것이다. 1933년 봄 그는 총독부 기수 직을 사임하고 황해도 배천온천에서 요양한 후 서울로 돌아와 신진 문학인들과 교류하면서 『가톨릭청년』에 한글 시 네 편을 발표했다. 그는 처음부터 한글이나 일본어에 대한 구별 의식이 없었으며 일제강점기에 한글로 시를 쓰는 행위의 의미도 거의 의식하지 못했다. 그가 띄어쓰기를 하지 않은 것은 띄어쓰기를 하지 않는 일본어 표기 방식을 그대로 이어받았기 때문이다.

그는 대단한 열정을 가지고 문학에 임하기는 했으나 자신의 내면 의식에 몰두했을 뿐 언어의 문제에는 무감각했다. 박용철이 『시문학』을 내면서 창간호에 했던 "문학의 성립은 그 민족의 언어를 완성시키는 길이다." 따위의 말은 그의 안중에 없었다. 경성고공 건축과 수석 졸업생인 그는 일본어를 일본인보다 잘한다는 지적 우월감을 갖고 있었다. 그런 반면 또 한편으로는 사회에서 이탈된 폐결핵 환자로서의 퇴폐적 자학감을 함께 지니고 있었다. 이 자존심과 자학감의 이중구조, 자기분열에 가까운 심리적 이율배반이 그를 지적 현학으로 가득 찬 해괴한 일본어 시 창작으로 몰아간 것이다.

난해한 일본어 시에 대해 문인들이 전혀 관심을 갖지 않으니까 한글로 시를 발표하기 시작했다. 정지용의 주선으로 그가 『가톨릭청년』 2호(1933. 7)에 발표한 작품은 「꽃나무」, 「이런 시」, 「1933. 6. 1.」 세 편이고, 5호(1933. 10)에 발표한 작품이 「거울」이다. 이 네 편의 작품은 이상의 특성이 잘 나타나 있으나 그리 난해하지는 않다. 특이한 발상이 담겨 있기는 하지만 그렇다고 뛰어난 시라고 평가하기도 어렵다. 문단의 반응이 여전히 냉담하자 그는 『조선과 건축』에 발표했던 난해한 일본어 시와 유사한 한글 시를 『조선중앙일보』(1934. 7. 24~8. 8)에 연재했다. 『조선과 건축』에 발표한 「조감도鳥瞰圖」라는 제목을 「오감도烏瞰圖」로 고쳐서 연작시를 발표한 것이다. 그러나 독자들의 항의로 15편을 발표하고 연재가 중단되었다. 이유야 어떻든 세상의 관심을 끄는 데는 성공했다.

「오감도」 연작시 15편 중 문학사적 의미를 부여하여 문학적 해석을 시도할 만한 시는 「시 제1호」, 「시 제12호」, 「시 제14호」, 「시 제15호」 정도다. 이후 이상이 발표한 작품 중 독특한 비유나 상징을 사용하여 내면의 갈등이나 고통을 표현해서 문학사적 의미를 지닌다고 평가할 만한 작품은 「소영위제素榮爲題」(『중앙』, 1934. 9), 「아침」(『가톨릭청년』, 1936. 2), 「가정」(『가톨릭청년』, 1936. 2), 「명경」(『여성』, 1936. 5), 「절벽」(『조선일보』, 1936. 10. 6), 「육친」(『조선일보』, 1936. 10. 9) 등이다. 나머지 작품들은 해독을 위한 고역에 시달릴 뿐 해석의 성취에서 오는 보람은 얻기 힘들다. 이상의 독특한 개성과 천재적 재기는 그의 산문과 소설에서 더 많이 발견된다. 그래도 이상 시에 대해 열광을 보이는 사람들이 많으니 이상 시의 성격을 이해하기 위해 「오감도」 연작 중 한 편을 감상해 보겠다.

고성古城 앞 풀밭이 있고 풀밭 위에 나는 내 모자를 벗어 놓았다. 성 위에서 나는 내 기억에 꽤 무거운 돌을 매어달아서는 내 힘과 거리껏 팔매질 쳤다. 포물선을 역행하는 역사歷史의 슬픈 울음소리. 문득 성 밑 내 모자 곁에 한 사람의 걸인이 장승과 같이 서 있는 것을 내려다보았다. 걸인은 성 밑에서 오히려 내 위에 있다. 혹은 종합된 역사의 망령인가. 공중을 향하여 놓인 모자의 깊이는 절박한 하늘을 부른다. 별안간 걸인은 율률慄慄한 풍채를 허리 굽혀 한 개의 돌을 내 모자 속에 치뜨려 넣는다. 나는 벌써 기절하였다. 심장이 두개골 속으로 옮겨 가는 지도가 보인다. 싸늘한 손이 내 이마에 닿는다. 내 이마에는 싸늘한 손자국이 낙인되어 언제까지 지워지지 않았다.

—「시 제14호」 전문[16]

어차피 언어나 형식에 대한 관심이 없이 쓴 작품이기 때문에 위와 같이 현대어 표기로 바꾸어 놓아도 전혀 달라질 것은 없고, 오히려 문맥을 파악하는 데 도움이 된다. 우선 이상의 한국어 구사의 미숙함 때문에 오독이 일어날 수 있는 부분부터 설명하겠다. "나는 내 기억에 꽤 무거운 돌을 매어달아서는"은 자신의 기억을 멀리 내던지기 위해 적당한 돌을 매달았다는 뜻이다. 기억이 실체가 없어 가벼우니 멀리 던지려면 무게가 어느 정도 나가야 한다는 데서 온 표현이다. "내 힘과 거리껏 팔매질 쳤다"는 것은 자신의 힘을 다해 먼 거리를 나가도록 던졌다는 뜻이다. "내 힘껏 멀리 팔매질 쳤다"고 하면 될 것을 한국어에 미숙해서 이렇게 쓴 것이다. "걸인은 성 밑에서 오히려 내 위에 있다"는 것도 걸

---

16 띄어쓰기를 하고 한자를 한글로 바꾸었으며 의미 파악에 도움이 될 만한 한자만 병기했다.

인이 성 밑에 있는데 오히려 내 위에 있는 것처럼 느껴진다는 것을 이렇게 이상하게 썼다. "공중을 향하여 놓인 모자의 깊이는 절박한 하늘을 부른다"는 공중을 향해 놓인 모자의 깊은 곳에서 하늘을 절박하게 부르는 소리가 난다는 뜻이다. "한 개의 돌을 내 모자 속에 치뜨려 넣는다"에서 "치뜨리다"는 원래 아래에서 위로 던져 올리는 것을 뜻하는 말인데, 이상은 아래로 떨어뜨린다는 뜻으로 썼다. 이상이 한국어를 잘 몰라서 서투르게 쓴 구절까지 전부 오묘한 표현으로 해석하는 태도에서 이제는 벗어나야 할 것이다.

이상은 죽음의 강박관념에서 오는 불안감을 여러 가지 각도에서 변형하여 표현했다. 그는 죽음의 강박관념에 시달리면서도 한편으로는 죽음을 가지고 논다는 인상을 줌으로써 죽음의 공포에서 벗어나고자 했다. 자신이 한 말을 뒤에서 바로 부정하여 의미의 교란을 일으키는 기법도 자주 사용했는데, 이것 역시 자신의 강박관념과 불안감에서 도피하기 위한 심리적 조작이다. 이러한 이상의 말놀음에 넘어가 하나하나의 단어에 무슨 심각한 의미가 있는 것으로 해석하면 곤란하다.

이 시는 자신의 불안한 내면을 몽환적 형식으로 표현한 작품이다. 이 작품에서 그래도 시적인 대목을 뽑는다면 "포물선을 역행하는 역사歷史의 슬픈 울음소리"와 "심장이 두개골 속으로 옮겨 가는 지도가 보인다" 이 두 구절을 들 수 있다. 전자는 기억에 무거운 돌을 매달아 힘껏 멀리 던졌지만 앞으로 나아가지 않고 뒤로 역행하고 말았다는 좌절의 슬픔을 표현한 것이다. 후자는 기절하여 의식을 잃은 상태가 되니 심장이 두개골 쪽으로 옮겨가는 심신의 변화가 일어난다는 뜻이다. 전자는 삶의 퇴행에 대한 모멸감을, 후자는 감정과 이성이 전도되는 내적 교란의 상태를 나타낸다. 이 시의 대체적인 의미는, 무언가 힘을 다해 어떤

74

틀에서 벗어나려는 시도를 벌였으나 행동은 좌절되고 내부의 **혼란**만 일어났고, 다시는 그런 행동을 하지 말라는 금기의 표지인 듯 지워지지 않는 낙인이 이마에 찍혔다는 내용이다. 한국어 구사의 미숙함은 있으나 상징과 비유의 어법을 사용하여 불길한 몽환의 세계를 **표현**했다는 점에서 한국 시의 새로운 징표로 제시될 만하다. 그러나 이러한 의미 있는 해석을 감당할 만한 작품이 15편 중 4편에 불과하다는 사실도 분명히 인지해야 한다.

다음은 1936년에 발표한 조금 더 정제된 작품이다. 독서의 편의를 위해 역시 교정된 형식으로 인용한다.

문을 암만 잡아다녀도 안 열리는 것은 안에 생활이 모자라는 까닭이다. 밤이 사나운 꾸지람으로 나를 졸른다. 나는 우리 집 내 문패 앞에서 여간 성가신 게 아니다. 나는 밤 속에 들어서서 제웅처럼 자꾸만 감減해 간다. 식구야 봉封한 창호 어데라도 한 구석 터 놓아다고 내가 수입收入되어 들어가야 하지 않나. 지붕에 서리가 내리고 뾰족한 데는 침鍼처럼 월광이 묻었다. 우리 집이 앓나 보다. 그리고 누가 힘에 겨운 도장을 찍나 보다. 수명을 헐어서 전당잡히나 보다. 나는 그냥 문고리에 쇠사슬 늘어지듯 매어 달렸다. 문을 열려고 안 열리는 문을 열려고.

—「가정」 전문

화자는 집으로 들어가지 못하고 닫힌 문 앞에 서서 여러 가지 생각을 한다. 문을 열려고 해도 문이 열리지 않는 것은 자신이 생활에 **충실**하지 못하기 때문이라고 반성도 하고, 그런 자신을 밤이 사나운 꾸지람으로 압박한다고 했다. 사회적으로 무력하기 짝이 없는 자신의 문패가 집에 붙어 있는 것이 거추장스럽다. 자신의 존재는 어둠 속에 버려진 제 웅처럼 고독하게 시들어 가는 것 같다. 식구들을 향해 자신이 들어갈 틈이라도 열어 달라고 호소하면서 '수입收入'이라는 단어를 썼다. 수입 은 돈을 벌어들인다는 뜻이다. 이 단어의 뜻을 살리려고 의도적으로 쓴 것이라면, 아무런 수입도 없이 살아가는 자신의 비사회적 일탈을 탄식 한 것으로 해석할 수 있다. 그것이 아니라 안에서 받아들인다는 뜻이라 면 이 단어는 잘못 쓴 것이다.

문학적 상상력과 한국어 구성력은 빈약했지만, 이상이 천재인 것은 사실이다. 다음 장면에 이상의 천재성이 드러난다. 겨울이라 지붕에 서 리가 내렸는데 그것을 보고 이상은 "뾰족한 데는 침鍼처럼 월광이 묻었 다"고 했다. 서리 내린 지붕 끝 뾰족한 곳에 달빛이 날카로운 침처럼 비 친다고 표현한 것이다. 이상다운 기발한 표현을 배치한 다음에 자신의 속마음을 드러냈다. 자신의 집이 경제적으로 빈곤하고 정상이 아니라 는 사실을, 목숨을 전당 잡혀 돈을 빌리느라고 힘들게 도장을 찍는다고 우회적으로 표현했다. 이렇게 어려운 처지에 놓여 있지만 어떻게든 집 에 들어가야 해결책을 찾을 것이다. 그래서 열리지 않는 문의 문고리에 쇠사슬 늘어지듯 매달려 애쓸 뿐이라고 고백했다. 이 시는 그래도 가정 의 붕괴에 괴로워하는 가장의 고민을 시적인 비유와 암시로 표현한 산 문시로 읽을 수 있다. 남들과는 다른 방식으로 자신의 내면을 표현하고 자 한 이상의 실험 정신을 엿볼 수 있는 작품이다.

꽃이보이지않는다. 꽃이향기롭다. 향기가만개한다. 나는거기묘혈을판 다. 묘혈도보이지않는다. 보이지않는묘혈속에나는들어가앉는다. 나는눕 는다. 또꽃이향기롭다. 꽃은보이지않는다. 향기가만개한다. 나는잊어버

리고재차거기묘혈을판다. 묘혈은보이지않는다. 보이지않는묘혈로나는
꽃을깜빡잊어버리고들어간다. 나는정말눕는다. 아아. 꽃이또향기롭다.
보이지도않는꽃이 — 보이지도않는꽃이.

　이 시는 「위독」이라는 제목으로 『조선일보』에 발표된 6편 중 한 편이
다. 이상의 원고에는 문장부호도 없었을 텐데 조선일보 측에서 독자의
편의를 위해 위와 같은 형태로 게재한 것으로 짐작된다. 형태는 그대
로 두고 한자를 한글로 바꾸고 현대어 표기에 맞게 옮겨 적었다. 시의
제목인 '절벽'은 시인의 위기의식을 암시한다. 첫 문장은 평범한 진술
인데 둘째 문장과 연결되면 긴장이 발생한다. 꽃이 보이지 않는데 꽃이
향기롭다니, 어떻게 보이지 않는 꽃이 향기를 풍긴단 말인가? 다음에는
묘혈을 팠는데 묘혈이 보이지 않는다는 구절이 나온다. 더군다나 보이
지 않는 묘혈 속에 들어가 앉는다고 하니 이것은 일상의 논리로 이해할
수 없는 모순이다. 한마디로 말하면 이 시는 모순으로 가득 차 있다. 이
상은 이러한 모순의 관계를 통해 자신이 모순된 존재이고 세상도 모순
에 가득 차 있음을 드러낸 것이다.
　이 시에서 '꽃'과 '묘혈'은 대립 관계에 있다. 이 두 시어가 환기하는
의미를 중심으로 맥락을 짚어 보면 전체적인 대의를 파악할 수 있다.
꽃은 아름다움과 생명의 상징이다. 그런데 꽃이 보이지 않고 향기만 짙
게 풍겨 온다고 했으니, 생의 아름다움은 확인할 수 없고 생의 막연한
분위기만을 감지하는 상태를 말한 것이다. 묘혈은 죽음의 상징이다. 묘
혈 속에 들어가 앉는다는 것도 죽음과 관련된 불길한 행동이다. 이상은
생의 향기가 강하게 풍겨 오는 순간, 생에 뛰어들어 적극적으로 살겠다

는 생각을 한 것이 아니라 생에서 이탈하여 죽음으로 이행할 것을 생각한 것이다. 그가 죽음의 공간인 묘혈에 누웠을 때 다시 어디선가 꽃의 향기가 엄습해 온다. 생명의 향기가, 생의 유혹이 죽음에의 귀속을 방해한다. 생명의 향기를 거부하고 묘혈을 팠던 것인데 그 묘혈 바닥에까지 생명의 향기가 풍겨 온다. 그러면 죽음의 공간에서 몸을 일으켜 생동하는 아름다움을 찾아 새로운 세계로 나아갈 만한데 이상은 다시 묘혈을 판다.

"잊어버리고 재차"라는 것은 삶과 죽음의 끌어당김이 반복된다는 사실을 잊어버리고 다시 묘혈을 판다는 뜻이다. 그리고 그 묘혈에 들어가서 이번에는 '정말' 눕는다. 삶을 버리고 죽음의 세계로 들어갈 생각을 확고히 한 것이다. 그럼에도 불구하고 여전히 꽃이 향기롭다. 죽음의 동경 속에서도 생명의 향기는 강하게 풍겨 오는 것이다. 그러나 삶의 국면이 구체적으로 어떤 것인지, 그것의 의미와 가치는 무엇인지 화자는 알지 못한다. 그래서 마지막 부분에는 '아아'라는 탄식의 말도 집어넣었고, 같은 말을 두 번 반복하기도 했다. 요컨대 죽음의 충동을 느끼면서도 생의 유혹을 떨치지 못하고 그렇다고 생의 의욕을 분명히 갖지도 못하는 어정쩡한 자리에 머물러 있음을 이야기하고 있다.

가만히 생각해 보면, 우리들도 가끔 그러한 심리 상태에 빠지기도 한다. 우리들도 생의 의미를 확실히 모르는 가운데 막연한 분위기에 휩쓸려 살고 있다. 이 시의 문맥으로 말하면, 꽃이 보이지도 않는데 향기만이 만개한 것이다. 꽃의 향기에 마비되어 꽃이 어떠한 존재인지 확인할 생각은 하지 않는다. 민감한 사람이라면 생의 의미를 모르고 살 바에야 차라리 죽음을 택하겠다는 생각을 할 수도 있다. 사춘기 때에는 생의 무의미에 절망하여 죽음을 생각하는 사람도 더러 있다. 그러나 죽음에 정작 직면하게 되면 다시 생명의 욕구가 솟아올라 죽음을 포기하게 된다. 이 시는 바로 그러한 인간의 심리적 갈등을 표현했다는 점에서 의미의 보편성을 지닌다. 그러나 이 시에 담긴 상황이 우리에게 감동을 주는 내용은 아니다. 우리가 경험했던 내용을 이상이 조금 특이한 방식으로 재구성했을 뿐이다. 이런 시각에서 보면 이상의 시가 새롭다는 해석도 허구에 가까운 것임을 알 수 있다.

3

일제강점기 시정신의
화려한 개화

— 1935년 이후 해방까지

1. 불안한 정세와 새로운 모색

한반도 점령을 통해 중국 대륙 침략의 교두보를 마련한 군국주의 일본은 자체의 역량을 강화해 가면서 중국 침략의 야욕을 현실화했다. 1931년 9월 18일 밤 봉천 외곽의 류탸오후柳條湖에서 철도 폭발 사고가 일어났다. 일본은 중국이 일본의 남만주철도를 습격 폭파했다고 주장하며 대대적인 군사행동을 전개했다. 만주사변이라고 불리는 이 사건은 일본의 만주 침략을 위한 자작극이었다. 일본은 1932년 1월에 만주 전역을 점령했고, 3월에는 괴뢰정권 만주국을 세웠다. 나중에 친일파가 된 윤치호도 그의 일기에서 이 사건에 대해, 전 세계가 별다른 논평을 내놓지 못하고 있지만 '일본 군국주의자들이 치밀하게 준비한 쿠데타'라고 정확하게 기술했다.[17]

---

17 윤치호, 김상태 편역, 『물 수 없다면 짖지도 마라』(제2판), 산처럼, 2013, 321쪽.

만주국을 세우고 기만적인 오족 협화五族協和를 내세우며 중국 본토 침략의 기회를 엿보던 일본은 1937년 7월 다시 또 베이징 교외의 루거우차오蘆溝橋 사건을 조작하여 베이징과 톈진을 공격하면서 중국과의 전쟁을 시작했다. 8월에 상하이에 상륙한 일본군은 치열한 전투를 벌여 12월 13일 난징을 점령하고 2개월 간 대규모 학살을 자행했다. 중국의 중요 도시를 점령한 일본은 독일, 이탈리아와 동맹을 맺고 제2차세계대전에 본격적으로 가담했다. 이런 상황에서 일제의 식민지 통치는 세 차례의 강화 과정을 거친다. 1931년 만주사건 이후 사상 통제가 심해져 앞에서 말한 대로 여러 단체가 해산되었고, 1937년 중일전쟁 이후 전시체제를 선언하면서 강압적 조치가 시행되었고, 1940년 12월 태평양전쟁을 일으키면서 한반도 전체가 병참기지가 되어 가혹한 탄압과 수탈을 당하게 된다.

국제 정세는 이렇게 험악하게 돌아갔으나 세계사의 전면에 나선 일본은 문화적으로 선진의 상태를 보였다. 세계의 첨단 문물이 일본을 통해 한반도로 전파되었고 새로운 기류를 흡수한 시단은 겉으로는 다양한 변화를 보였다. 일본의 강화된 억압 속에서도 현대적 문물의 변화에 경이감을 느낀 것이다. 말 그대로 억압 속의 풍요를 느끼며 확대되는 현대성에 환호하는 아이러니컬한 장면을 연출했다.

연보로만 보면 1935년 이후 대략 60권이 넘는 시집이 간행되었으며, 『조광』, 『신동아』, 『삼천리문학』, 『시원』, 『시인부락』 등 각종 잡지와 문예지가 간행되었다. 시집에 국한해서 중요한 성과를 시기순으로 열거하면 『정지용시집』, 『영랑시집』, 백석의 『사슴』, 김기림의 『기상도』, 이용악의 『분수령』, 오장환의 『성벽』, 노천명의 『산호림』, 김동명의 『파초』, 임화의 『현해탄』, 김광섭의 『동경』, 이용악의 『낡은 집』, 오장환의

『헌사』, 김광균의『와사등』, 신석정의『촛불』, 유치환의『청마시초』, 박남수의『초롱불』, 김달진의『청시』, 서정주의『화사집』등이 출간되었다. 그야말로 다양한 성격의 시집이 간행되어 다채로운 전개를 보였음을 알 수 있다. 그만큼 많은 시인이 등장하여 시의 풍성한 개화를 보인 것이다.

그뿐 아니라 이육사와 윤동주로 대표되는 일제 말 저항시의 두 표상이 암흑의 시기를 정신의 의기로 버틴 점도 강조될 만하다. 이육사는 계속적인 저항 활동과 투옥, 고문에 의한 죽음으로 지면에 발표된 작품의 수가 적고, 윤동주 역시 생전에 시를 발표하지 못한 채 옥사하였으나, 해방 후 유고 시집이 간행됨으로써 그들의 정신의 궤적이 분명한 사실로 드러났다. 이 두 권의 시집으로, 암흑기의 등불 역할을 한 이 시인들의 저항적 특성과 그 의의를 충분히 내세울 만하다.

2. 정신적 순결성의 추구 — 정지용 시의 변모

정지용은『정지용 시집』(1935. 10)을 간행한 후 새로운 시의 변화를 도모했다. 그는 1931년부터 1934년까지 가톨릭 신앙 시를 창작 발표한 바 있다. 이 작품들은 대부분 현실 세계의 환멸에 바탕을 둔 순결 추구와 신성 추구의 정신을 드러냈다. 그는 현실 부정과 신성 추구라는 우리 시의 미개척 영역을 시로 수용하는 작업을 전개한 것인데, 이 작업은 시의 새로운 차원을 열어 주기는 했지만 대중적 공감에는 실패했다. 가톨릭 신앙 시로는 대중의 감성을 움직이지 못한다고 판단한 그는 정신적 추구의 거점을 신앙에서 산으로 옮겨 놓고 전혀 다른 차원의 시적 영역을 탐구했다. 산을 통해 정결한 정신의 영역을 표현하고자 한 것이다.

산을 소재로 정결한 세계를 탐구한 작품 중 지면에 처음 발표된 것은 「비로봉」과 「구성동」(『조선일보』, 1937. 6. 9)이고, 다섯 달 후 「옥류동」(『조광』, 1937. 11)이 발표되었다. 이 작품들은 모두 금강산의 절경을 소재로 삼았고, 2행 1연의 간결한 형식으로 정결하고 고요한 산의 정취를 드러냈다. 간결한 구성, 고도의 압축과 생략에 의해 행간의 여운을 조성하여 고전적 여백미를 창조했다. 이들 시편에 사용된 의고적 어휘나 고어, 구어체의 방언은 전아하고 고담한 산의 정취를 나타내는 데 중요한 역할을 한다. 언어의 절제, 의고적 문체의 사용은 일제의 민족어 파괴 공작에 맞서 시인이 취할 수 있었던 최소한의 응전 방식이었다. 우리의 고유한 것이 파괴되는 시대에 우리말이라도 지키는 것이 시인의 임무라고 본 정지용은 의고적 문체를 사용하여 정신의 지향을 암시하는 산문시 형식을 개발한 것이다.

이 시기에 발표한 작품 목록을 보면 그가 정신의 경지를 추구하는 데 얼마나 전념했는지 알 수 있다. 「비로봉」과 「구성동」(『조선일보』, 1937. 6. 9), 「옥류동」(『조광』, 1937. 11), 「온정」과 「삽사리」(『삼천리문학』, 1938. 4), 「장수산 1」과 「장수산 2」(『문장』, 1939. 3), 「백록담」과 「춘설」(『문장』, 1939. 4), 「조찬」, 「비」, 「인동차」, 「붉은 손」, 「꽃과 벗」, 「진달래」, 「호랑나비」, 「예장」(이상 모두 『문장』, 1941. 1) 등으로 이어지는 발표 목록을 보면, 그가 정신의 탐구라는 주제를 얼마나 지속적으로, 또 집중적으로 밀고 나갔는지 알 수 있다. 그는 순결한 정신의 지향을 형상화하기 위해 전력을 기울인 것이다.

의고적 문체의 산문시로 가장 먼저 지면에 발표된 것이 「온정」과 「삽사리」다. 정지용은 휘문고보의 동료 교사 이병기에게서 학습한 의고적 문체를 바탕으로 정신적 탐구의 주제를 구현하기 위해 새로운 형식을 시도한 것이다. 이 시의 문체는 언어와 주제의 혼융을 이루려는 시인의 치열한 창조 정신이 투영된 결과다. 일제강점기 민족정신 말살의 시대에 언어로 저항한 고귀한 정신의 창조물이다. 대한민국의 문학평론가로서 이 사실을 매우 자랑스럽게 생각한다.

그날 밤 그대의 밤을 지키던 삽사리 괴임직도 하이   짙은 올 가시 사립 굳이 닫히었거니   덧문이오 미닫이오 안의 또 촉불 고요히 돌아 환히 새 우었거니   눈이 키로 쌓인 고샅길 인기척도 아니하였거니   무엇에 후젓 하던 맘 못 놓이길래 그리 짖었더라니   어름 알로 잔돌 사이 뚫노라 죄죄 대던 개울 물소리 기어들세라   큰 봉을 돌아 둥그레 둥긋이 넘쳐오던 이 슥달도 선뜻 나려설세라   이저리 서대던 것이러냐   삽사리 그리 굴음직 도 하이   내사 그댈새레 그대 것엔들 닿을 법도 하리   삽사리 짖다 이내 허울한 나룻 도사리고   그대 벗으신 고운 신 이마 위하며 자더니라.

— 「삽사리」 전문[18]

이 시의 삽사리는 그대의 밤을 지키는 존재다. 모든 문이 닫히고 그대의 방을 지키는 촛불도 한밤을 환히 지새우는데 삽사리는 무엇이 불안했던지 밤새도록 짖으며 이리저리 서성거렸다. 아무런 인기척도 없는데 그렇게 짖은 것은 그대에게 조금이라도 불미한 일이 있을까 걱정해서였을 것이다. 저러한 삽사리의 충직한 태도를 볼 때 그대에게 다가가

---

18 고어를 발굴 활용하여 시를 쓴 정지용의 의도를 고려하여 이 작품과 「장수산 1」은 띄어쓰기만 조정하고 원문의 음감을 그대로 살려 표기함.

고자 하는 나는 아예 그대 근처에조차 이르지 못할 것만 같다. 그대를 그토록 사랑하는 삽사리인지라 그대가 벗어 놓은 신조차 귀하게 여기며 그 신 이마에 머리를 대고 그대를 위하듯 잠들어 있다. 저러한 진심을 가진 삽사리라면 과연 그대의 사랑을 받을 만하다. 나도 그러한 마음을 가져야 할 터인데 과연 삽사리만 한 헌신적 사랑을 보일 수 있을지 걱정스럽다. 이처럼 '삽사리'는 화자가 행하고자 하는 헌신적 사랑을 대신 보여 주는 대상으로 설정되어 있다.

이 시의 주제는 상대에 대한 간절하고도 진실한 사랑인데 그 사랑의 형질은 지극히 전통적이고 보수적이다. 그것은 안으로 그윽하게 깊어지는 특성을 보인다. 이런 이유 때문에 시인은 의도적으로 의고적 문체를 구사했다. 요컨대 이 시의 문체는 주제와 완전한 혼융을 이루고 있다. 그는 시대의 뒤편으로 밀려난 고어를 수습하여 시어로 활용함으로써 시의 정신적 가치를 높인 것이다. 그는 자신의 시론 「시와 언어」(『문장』, 1939. 12)에서 "언어는 시인을 만나서 비로소 혈행과 호흡과 체온을 얻어서 생활한다."라고 했는데, 그것은 바로 이러한 언어의 창조 과정을 설명한 말이다. 이 시기에 창조된 「장수산 1」에서 시인은 뼈를 저리게 하는 극도의 고요 속에서도 장수산 속 겨울 한밤을 견뎌 내겠다는 의지를 표명했다. 이것은 그야말로 평범한 언어가 시인을 만나 새로운 혈행과 호흡과 체온을 얻어 신성한 육체로 부활한 한국시의 경이로운 장면이다.

일제의 탄압이 가중될 때 그는 다음과 같은 상징적인 작품을 발표했다.

벌목정정伐木丁丁이랬거니   아람도리 큰 솔이 베혀짐즉도 하이   골이 울어 멩아리 소리 쩌르렁 돌아옴즉도 하이 다람쥐도 좇지 않고 뫼ㅅ새도 울지 않어 깊은 산 고요가 차라리 뼈를 저리우는데 눈과 밤이 조히보담 희고녀! 달도 보름을 기달려 흰 뜻은 한밤 이 골을 걸음이 란다? 웃절 중이 여섯 판에 여섯 번 지고 웃고 올라간 뒤 조찰히 늙은 사나히의 남긴 내음새를 줏는다? 시름은 바람도 일지 않는 고요에 심히 흔들리우노니 오오 견디란다 차고 올연兀然히 슬픔도 꿈도 없이 장수산 속 겨울 한밤내 ─

─「장수산 1」 전문

"벌목정정"은 『시경』의 「벌목伐木」에 나오는 구절로 나무를 베면 쩡 쩡 하는 소리가 난다는 뜻이다. 한 아름이나 되는 소나무들이 빽빽하니 그 나무들이 베어진다면 『시경』의 구절처럼 골이 크게 울릴 정도로 메 아리 소리가 울려올 같다고 표현한 것이다. 그러나 사실은 어떠한 움직 임도 소리도 없이 고요만이 감돌고 있다. 다람쥐도 돌아다니지 않고 산 새도 울지 않는 절대 고요의 공간이 화자의 주위를 감싸고 있다. 여기 서 화자는 깊은 산 고요가 뼈를 저리게 한다고 말했다. 시인이 처한 고 요한 산은 인간사·세속사의 모든 것을 떨쳐 버린 신비로운 공간이다. 그래서 시인은 산의 절대 고요가 추위보다 더 자신을 압박하고 있음을 말한 것이다. 이렇게 고요가 주위를 압도하고 있는데 눈 덮인 산을 달 이 환하게 비춘다. 종이보다 희게 빛나는 월야의 설경은 깊은 산의 고 요를 한층 더 강화해 준다. 이 백색의 순수 공간에 함께하기 위해 달도 보름을 기다려 비로소 흰빛을 드러낸 것이다. 사람도 여기 동참하기 위 해서는 그러한 인내의 시간을 보내야 한다.

그러나 이 정결한 공간에 동참할 수 있는 사람은 "웃절 중" 정도다.

그는 여섯 판 겨룸에 여섯 번을 지고도 웃음을 짓는 여유를 지니고 있다. 시인은 산과 하나가 된 사람이 풍기는 정신의 기미를 좇으며 순수한 자연에 동화되려는 생각을 한다. 이때 마음속에 동요가 일어나고 산의 순결성에 동화되지 못하는 자신의 처지에 대한 걱정이 생긴다. "시름은 바람도 일지 않는 고요에 심히 흔들리우노니"는 이것을 나타낸 것이다. 시인은 마음에 일어나는 심한 고뇌를 감지하면서도 순수에 대한 지향을 포기하지 않을 것을 다짐한다. 그 동화의 의지를 시인은 "차고 올연兀然히", "슬픔도 꿈도 없이"라고 표현하였다. '차고 우뚝하게'라는 말은 겨울 장수산의 모습을 그대로 형용한 것이다. 겨울 산의 깊은 고요에 동화되기 위해서는 겨울 산처럼 차고 우뚝한 모습을 가져야 한다고 본 것이다. 슬픔이나 꿈은 모두 인간사·세속사에 관련된 정서적 반응이다. 산의 절대 고요에 동화되기 위해서는 인간 세상의 슬픔이나 꿈도 버려야 한다. 현실적 비애는 물론이고 미래의 이상까지도 떨쳐 버릴 때 비로소 절대 고요, 그 순백의 공간에 도달할 수 있다고 본 것이다.

이상적으로 생각할 때 바람직한 것은 현실에서 유리되지 않은 상태에서 미래의 꿈을 간직하고 순결성을 유지하는 삶의 태도다. 그러나 그러한 자세를 실현하기 위해서는 현실의 모순과 맞서 싸우는 정신의 강인함이 요청된다. 이육사처럼 서릿발 칼날 진 그곳에 몸을 던지는 정신의 강도가 필요한 것이다. 이 정신의 강인함을 지키지 못하고 현실에 몸을 담은 경우 대부분의 사람들은 상황에 굴복하고 체제에 영합하는 결과를 보인다. 현실 대결로 나아갈 결단이 서지 않은 마당에서는 현실 격리의 고립성을 지향하는 것이 순수성을 지키기 위한 차선의 방책이다. 그것은 현실 대결의 길로 이끌지는 못해도 현실에 영합하는 것은 막아 주기 때문이다. 정지용은 현실 대결의 길로 나아가지는 못했지만 현실과 타협하지 않겠다는 결신潔身의 의지는 보여 주었다. 고립의 의지를 순수성 유지의 방편으로 삼아 그는 일제 말 암흑의 삼 년을 침묵과 은둔으로 보냈다.

3. 정신적 결의의 표명 — 김영랑 시의 변모

김영랑은 1935년 11월『영랑시집』을 간행한 이후 몇 년간 시를 발표하지 않았다. 그가 다시 시를 발표한 것은 1939년 1월『조광』지에 「거문고」를 발표하면서부터다. 이후 「독을 차고」(『문장』, 1939. 11), 「한줌 흙」(『조광』, 1940. 3), 「한길에 누워」(『조광』, 1940. 5), 「우감偶感」(『조광』, 1940. 6), 「춘향」(『문장』, 1940. 9) 같은 작품을 연이어 발표했는데, 이들 시편에는 현실에 대한 관심과 저항의 의미가 모습을 드러내고 있다. 요컨대 내면의 순결성을 유지하기 어렵게 만드는 외부의 상황에 맞서서 어떠한 정신과 자세를 가져야 하는가가 시의 주제로 떠오른 것이다.

「독을 차고」는 그러한 주제를 비교적 선명하게 드러낸 작품이다. 시의 화자는 자신의 순결한 영혼을 지키기 위해서 가슴에 독을 품고 선선히 가겠다는 뜻을 표명한다. 우리는 여기서 자연의 아름다움을 흡수하며 내면의 순결성을 추구하던 시인의 의식이 현실과 부딪치면서 현실 속에서 자신의 순결성을 지키겠다는 의지로 돌아서는 감동적인 장면을 목격하게 된다.

> 내 가슴에 독을 찬 지 오래로다
> 아직 아무도 해한 일 없는 새로 뽑은 독

벗은 그 무서운 독 그만 흘어 버리라 한다
나는 그 독이 벗도 선뜻 해할지 모른다 위협하고,

독 안 차고 살아도 머지않아 너 나 마저 가 버리면
누억천만 세대가 그 뒤로 잠자코 흘러가고
나중에 땅덩이 모지라져 모래알이 될 것임을
"허무한듸!" 독은 차서 무엇 하느냐고?

아! 내 세상에 태어났음을 원망 않고 보낸
어느 하루가 있었던가, "허무한듸!" 허나
앞뒤로 덤비는 이리 승냥이 바야흐로 내 마음을 노리매
내 산 채 짐승의 밥이 되어 찢기우고 할키우라 내맡긴 신세임을

나는 독을 품고 선선히 가리라,
마감 날 내 깨끗한 마음 건지기 위하여.

　　　　　　　　　　　　　　　—「독을 차고」 전문

　이 시가 발표된 1939년 11월 국내의 정세는 매우 암담하였다. 일본
은 중국과 전쟁을 벌인 지 오래되었고 유럽에서는 독일과 영국, 프랑스
가 전쟁을 시작했다. 일제는 전시체제를 선언하고 창씨개명, 조선어 사
용 금지 등 강압적 정책을 전면적으로 시행했다. 자연을 통해 내면의
순결성을 추구하던 김영랑은 이 질식할 것 같은 상황 앞에서 자신의 최
소한의 순수성마저 지키기 어렵다는 위기의식을 강하게 느낀 것이다.
현실적 상황의 압력이 영혼의 기틀을 흔들어놓을 때 시인은 심각한 갈

등을 일으켰을 것이다.

1연에서 화자는 자기 가슴에 독을 찬 지 오래라고 말했다. "오래로다"라는 단정적 어사는 가슴에 독을 품고 사는 자신의 자세가 외부의 유혹이나 압력에 쉽게 무너지지 않을 것이라는 의지를 드러낸다. 다음 행에서 그 독이 아직 아무도 해친 일이 없는 '새로 뽑은 독'이라고 했다. 앞의 말은 결의의 시간적 지속성을, 뒤의 말은 결의의 순간적 강도를 나타낸다. 독을 차고 살아가겠다는 자신의 결단이 계속 유지되기 위해서는 가슴에 품은 독이 새로 뽑은 듯 신선하여 그 예리한 칼날이 무디어지지 말아야 한다.

바로 이어서 화자의 생각에 불만을 가진 벗이 반론을 제기한다. 친구의 의견은 인간 세상이 허무한데 무엇 때문에 가슴에 독을 차고 세상을 어렵게 사느냐는 것이다. 친구의 질문에 대한 화자의 답변이 이 시의 주제를 이룬다. 화자는 세상이 허무하다는 친구의 생각에 어느 정도 동의를 표한다. 스스로의 생각으로도 세상은 허무하고 무의미해 보이며 그래서 세상에 태어난 것을 원망하며 보냈다고 고백한다. 그러나 세상이 허무하다는 것은 인생에 대한 일반적 해석이고, 세상을 원망하는 것은 화자가 처한 특수한 상황 때문이다. 화자는 자신이 처한 상황을 분명히 드러냄으로써, 더 이상 비관적 허무주의에 머물 수 없음을, 자신의 결의가 이 허무한 세상에서 스스로를 구원하는 길임을 단호히 밝힌다.

그는 이리 승냥이처럼 덤비는 주위의 폭압에 찢기고 할큄을 당하면서도 끝내 자신의 마음을 지켜야 할 그런 대결의 상황에 놓여 있음을 말한다. 자신의 마음을 지키지 못할 경우 산 채 짐승의 밥이 되는, 다시 말해 지배 세력의 노예가 되는 굴욕의 길이 놓여 있다. 노예가 되지 않기 위해서는 온몸으로 현실과 맞서 싸우거나, 아니면 자신의 순수한 자리를 지키기 위한 최소한의 근거를 마련해야 한다. 김영랑은 자신의 순결성을 지키기 위한 최소한의 방책으로 가슴에 독을 차는 길을 택한 것이다. 그 결의의 표명에는 조금의 망설임도 없다. 마지막 4연의 '선선히'라는 평범한 부사는 '깨끗한 마음'이라는 목적어와 어울려 자신의 결의가 쉽게 바뀌거나 포기될 것이 아니라는 사실을 그야말로 시원스럽게 드러낸다. 하나의 단어 속에 이렇게 많은 뜻을 담아내는 일은 보통 일이 아니다. 그것은 대단한 정신의 결의를 전제로 한 것이다.

이렇게 독을 차고 살겠다는 결의를 표명한 지 여섯 달쯤 지난 후 그는 또 한 편의 작품을 발표하는데, 이 시는 자신의 의지를 지켜가는 일이 얼마나 힘든 일인가를 거의 자포자기의 상태에서 토로하고 있어 읽는 이의 마음을 아프게 한다.

> 팔다리 쭉 뻗고 한길에 펑 드러눕다
> 총총 배긴 별이 방울지듯 치렁치렁
> 찬란만 저리 유구悠久했다
>
> 사람아 왜 나를 귀찮게 흔들기냐
> 기껏해야 용수 같은 내 토굴 찾아들려고
>
> 한창 새벽 '해'와 '길'이 쓸 곳 없다
> 찬란만 저리 유구코나
> 내 기원도 세기를 넘어설까
>
> 세월이 감격을 좀먹길래

밤마다 주령酒靈을 졸라 댔다

그래 사람들아 그렇게들 얌전키냐
하나도 서럽잖고 두 번 원통치도 않아
어린 자식 앉혀 놓고 똑바른 말 못할 테냐

그때 열두 담장 못 넘어뛰고 만
그 선비는 차라리 목마른 체 사약을 받았느니라고

—「한길에 누워」 전문

이 시는 시인의 생각이 비약적으로 돌출되고 있어 문맥 파악이 쉽지
않다. 정말로 술에 만취되어 한길에 드러누운 상태의 심정을 그대로 토
로한 것처럼 구성이 산만하다. 팔다리 쭉 뻗고 한길에 드러누우니 하늘
의 별이 금방이라도 방울지어 떨어질 듯 공중에 매달려 있는 모습이 눈
에 들어온다. 황홀하고 찬란한 장면이다. 자연은 이처럼 찬란함을 변함
없이 유지하는데, 인간 세상은 속절없이 변하니 참담한 생각이 든다. 사
람들은 나를 귀찮게 흔들고 무언가 내게 요구하기도 한다. 김영랑은 일
제 말까지 창씨개명을 하지 않고 버텼는데, 누군가가 창씨개명을 하라
고 귀찮게 종용한 것일 수도 있고, 시국에 협조하라고 권유한 것일 수
도 있다. 화자는 모든 것이 마땅치 않아 밤마다 주령酒靈을 졸라 술로
마음을 달랬다고 했다. 술에 취하면 큰소리 한번 버럭 지르고도 싶고
하늘에 대고 올바른 소리 한마디 외치고도 싶다. 술 취한 김에 한길에
누워 한번 소리쳐 본다. "사람들아 왜 그렇게 얌전하게 시키는 대로만
사느냐? 한 번 생각해도 서럽고 두 번 생각해도 원통하다면 어린 자식

앞에서라도 바른말을 좀 해야지."

시인은 여기서 문맥을 바꿔 옛날 절개를 지킨 어느 선비의 이야기를 한다. 예컨대, 사육신처럼 죽음으로 충심을 지킨 어느 선비는 양반집 열두 담장을 넘어 도망갈 수도 있었지만 자신의 절의를 보이기 위해 자리를 지키고 자신에게 온 사약을 마치 목마른 사람이 물 들이키듯이 한꺼번에 먹었다는 이야기를 전한다. 그렇게 진실을 지키는 의연한 삶의 길이 있다는 것을 어린 자식에게는 똑바로 말해 두어야 하지 않겠느냐는 취중의 진언이다. 오죽 답답했으면 명정酩酊의 어투를 빌려 이런 식의 울분을 토로했을 것인가. 여기에는 당시의 부정한 상황을 받아들이지 않겠다는 시인의 의지가 담겨 있다. 명정 취담醉談의 형식을 통해서라도 김영랑은 자신의 뜻을 밝히고 싶었던 것이다. 이와 같은 시를 지면에 발표하는 것도 당시의 상황에서는 커다란 용기에 속하는 일이었다.

맑고 고운 자연 서정에서 출발한 김영랑은 현실의 억압을 체험하면서 인간사의 변화를 민감하게 의식하고 자신의 내면을 순수하게 유지할 수 있는 방법을 고민하였다. 현실의 광포한 힘이 내면의 순결성을 유지하기 힘든 상태로 시인을 몰아갈 때 「모란이 피기까지는」에서 보여 준 완결의 미학을 희생하면서 현실에 대한 반응을 시로 표현하려고 다양한 시도를 벌였다. 이것을 일제강점기 문학 정신의 한 장관壯觀으로 평가하는 데 인색할 필요는 없을 것이다.

4. 개성적이고 독보적인 시 세계 — 백석

1912년 평안북도 정주에서 출생한 백석은 1935년부터 시를 발표하다가 1936년 1월 20일 고전적 장정으로 한지에 인쇄한 시집『사슴』을 100부 한정판으로 출간했다. 이 시집은 문단에 큰 반향을 일으켰다. 왜냐하면 이 시집에 수록된 작품들은 이전에 한국 문단에서 보던 시와 완전히 결을 달리했기 때문이다. 그 이전에 본 적 없고 그 이후에도 없는, 백석만의 세계가 오롯이 드러난 시집이었다. 시집이 나온 그 당시에도 백석의 시를 제대로 이해하기 위해서는 상세한 낱말풀이가 있어야 했을 것이다. 그만큼 그의 시는 낯설고 새로운 것이었다.

백석과 같이 조선일보사에 근무하던 김기림은 1월 29일 자『조선일보』에 즉각 시집의 독후감을 발표했다. 그는 "완두豌豆 빛 더블브레스트를 제끼고 한대寒帶의 바다의 물결을 연상시키는 머리의 웨이브를 휘날리면서 광화문통 네거리를 건너가는 한 청년의 풍채는 나로 하여금 때때로 그 주위를 몽파르나스로 환각시킨다."라고 백석의 외모를 소개하며 이러한 모습과는 너무나 다른 그의 시 세계를 접하고 깜짝 놀랐다고 말했다. 그는 이 시집이 철저한 향토 취미에도 불구하고 "거의 철석鐵石의 냉담에 필적하는 불발不拔한 정신을 가지고" 대상과 마주서기 때문에 감상주의나 복고주의에 빠지지 않았다고 평가했다.

박용철은 같은 해 4월『조광』에「백석 시집 '사슴' 평」을 실어서 백석 시의 문학사적 의의를 분명히 밝혔다. 그는 백석의 "수정 없는 평안도 방언"이 지닌 "모어母語의 위대한 힘"을 인정했고, 이 시인의 방언 구사가 단순한 호사벽이나 향토 취미에 의한 것이 아니라, "현재의 우리 언어가 전반적으로 침식 받고 있는 혼혈 작용에 대해서 그 순수를 지키려는 의식적 반발을 표시하고" 있으며 이것이 "이 시인의 본질적 표현의 일부"라고 규정하여, 백석 시어에 대한 문학적·역사적 의의를 정확히 짚어 냈다. 요컨대 방언을 활용하여 침식 받지 않은 모국어의 순수를 지키려고 했다고 해석한 것이다. 이것은 1937년 이후 정지용이 고어를 활용한 시를 지어 모국어의 침식에 저항한 것과 동질적인 사건이다.

시집 『사슴』에는 민속적 소재의 시와 간결한 정경 묘사의 시가 대등한 분량으로 실려 있는데, 사람들의 관심은 민속적 소재의 작품에 쏠렸다. 이 시집을 대표하는 작품이 「여우난골족族」이다.

명절날 나는 엄매 아배 따라 우리 집 개는 나를 따라 진할머니 진할아버지가 있는 큰집으로 가면

얼굴에 별 자국이 솜솜 난 말수와 같이 눈도 껌벅거리는 하루에 베 한 필을 짠다는 벌 하나 건너 집엔 복숭아나무가 많은 신리新里 고모 고모의 딸 이녀李女 작은 이녀

열여섯에 사십이 넘은 홀아비의 후처가 된 포족족하니 성이 잘 나는 살빛이 매감탕 같은 입술과 젖꼭지는 더 까만 예수쟁이 마을 가까이 사는 토산土山 고모 고모의 딸 승녀承女 아들 승동이

육십 리라고 해서 파랗게 보이는 산을 넘어 있다는 해변에서 과부가 된 코끝이 빨간 언제나 흰옷이 정하던 말끝에 섭게 눈물을 짤 때가 많은 큰골 고모 고모의 딸 홍녀洪女 아들 홍동이 작은 홍동이

배나무 접을 잘하는 주정을 하면 토방돌을 뽑는 오리치를 잘 놓는 먼섬에 반디젓 담그러 가기를 좋아하는 삼촌 삼촌엄매 사촌 누이 사촌 동생들

이 그득히들 할머니 할아버지가 있는 안간에들 모여서 방 안에서는 새 옷의 내음새가 나고

또 인절미 송기떡 콩가루찰떡의 내음새도 나고 끼때의 두부와 콩나물과 볶은 잔대와 고사리와 도야지비계는 모두 선득선득하니 찬 것들이다

저녁술을 놓은 아이들은 외양간 옆 밭마당에 달린 배나무 동산에서 쥐잡이를 하고 숨굴막질을 하고 꼬리잡이를 하고 가마 타고 시집가는 놀음 말 타고 장가가는 놀음을 하고 이렇게 밤이 어둡도록 북적하니 논다

밤이 깊어가는 집안엔 엄매는 엄매들끼리 아랫간에서들 웃고 이야기하고 아이들은 아이들끼리 윗간 한 방을 잡고 조아질하고 쌈방이 굴리고 바리깨돌림하고 호박떼기하고 제비손이구손이하고 이렇게 화대의 사기 방등에 심지를 몇 번이나 돋우고 홍계닭이 몇 번이나 울어서 졸음이 오면 아랫목싸움 자리싸움을 하며 히드득거리다 잠이 든다 그래서는 문창에 텅납새의 그림자가 치는 아침 시누이 동서들이 욱적하니 흥성거리는 부엌으론 샛문 틈으로 장지문 틈으로 무이징게국을 끓이는 맛있는 내음새가 올라오도록 잔다

—「여우난골족」전문

이 시의 제목은 '여우난골', 즉 여우가 나오는 마을에 사는 가족이라는 뜻이다. 이 시는 네 연으로 나누어져 있는데 어린아이의 시선으로 명절에 일어나는 사건을 서술했다. 첫 연은 사건이 전개될 공간을 제시했고, 둘째 연은 큰집에 모인 사람들을 소개했으며, 셋째 연은 명절의 새 옷과 음식을 통해 흥성한 분위기를 제시했다. 넷째 연에 이르러 비로소 본격적인 이야기가 펼쳐진다. 이야기의 핵심은 가족 구성원이 모

두 참여한 놀이에 대한 것이다. 둘째 연과 넷째 연이 다른 연에 비해 길이가 긴데 이것은 그 두 부분이 의미 있는 대목임을 나타낸다. 즉 이 시는 명절에 참여한 사람들과 그들이 벌이는 놀이를 통해 어떤 의미를 드러내고자 한 것이다.

사건의 무대인 큰집으로 가는 첫 장면은 흥겹고 동화적이다. 나는 엄마 아버지를 따라가고 우리 집 개는 나를 따라간다는 설정은 산골 마을 가족의 화목한 모습을 천진하게 드러낸다. 여기 나오는 큰집은 유교적 규범성을 지닌 가부장적 권위의 표상이 아니라 모두가 즐거운 마음으로 참여하는 축제의 공간으로서의 의미를 지닌다.

큰집에서 만난 친척들은 모두 특징이 있다. 신리에 사는 고모는 얼굴이 좀 얽었으며 말할 때마다 눈을 껌벅거리는 버릇이 있는데, 이러한 외형적 약점에도 불구하고 하루에 베 한 필을 짤 정도로 부지런하고 근면하다. 토산에 사는 고모는 열여섯에 마흔이 넘은 홀아비의 후처로 들어가 그런지 화를 잘 내고 피부와 입술이 검은 빛을 띠었다. 큰골 고모는 산 하나 건너 있는 해변에 사는데, 과부로 살기 때문인지 흰옷을 언제나 깨끗하게 입고 눈물을 흘릴 때가 많으며 코끝은 빨간 빛을 띠었다. 삼촌은 배나무 접을 잘 붙이고 짐승 잡는 올가미를 잘 놓는 기술이 있는데 술에 취하면 토방 돌을 뽑아 버리겠다고 주정을 하기도 한다. 풍어 때가 되면 혼자서 먼 섬에 밴댕이젓 담그러 가기를 좋아하는 특이한 인물이다. 여기 등장하는 인물들은 정상에서 조금씩 벗어나 있다. 얼굴이 좀 얽었거나, 눈을 껌벅거리거나, 열여섯에 마흔 넘은 홀아비의 후처가 되었거나, 코끝이 빨간 과부거나, 술주정이 심하거나 한 인물들이다. 그런데 이 약점을 지닌 인물들이 펼쳐 보이는 정경은 그지없이 평화롭고 풍성하다. 이들이 모여서 같이 이야기하고 음식을 먹고 놀이를 하는 큰집의 공간 속에서는 인물들의 개인적 약점은 가려진다. 평화롭고 풍성한 유대감이 이들이 모인 장소를 충만한 화합의 공간으로 만들어 준다.

넷째 연은 이 시의 본마당인 놀이 장면이다. 앞부분은 해지기 전까지 마당에서 노는 장면이고 뒷부분은 해진 후 방 안에서 노는 장면이다. 여기 나오는 놀이들은 지금은 거의 전승되는 것이 없고 백석이 이 시를 쓴 30년대 중반에도 서서히 사라져 가는 상태에 있었을 것이다. 백석은 사라져 가는 어린 날의 놀이를 세세히 떠올려 그것을 공들여 열거해 놓았다. 웃고 떠들며 밤을 지새우던 그 놀이의 시간 속에 어린 날의 평화롭고 충족된 세계가 보존되어 있다고 생각했기 때문이다. 아주 오래전으로 거슬러 올라가면 한국인의 원초적인 생명력이 집결된 축제의 공간에서 시작되었을 이 놀이들은 1930년대 중반에는 명절에 벌이는 풍속의 자리에 머물러 있었다. 그러나 그 풍속은 거기 참여한 구성원들에게 기쁨을 주고 동질적 공감을 안겨 주는 기능은 유지하고 있었다. 당시 일제의 식민정책은 한국인의 삶에서 가족공동체의 동질감마저 해체해 버리려는 기도를 벌이고 있었기 때문에 이러한 풍속적 소재의 시화는 중요한 정신사적 가치를 지닌다. 개개의 가족 구성원이 모여 이루는 공동체적 합일의 공간 속에 우리들 생활의 힘과 기쁨과 보람이 스며 있다는 믿음을 이 시의 문맥은 함축하고 있다. 그렇기 때문에 '여우난골족'은 단독으로 떨어져 있는 개별적 대상이 아니라 공동체적 삶을 누리고 있는 민족 전체의 제유다. 이 시가 백석 시의 대표작으로 꼽히는 이유가 바로 여기에 있다.

『사슴』 출간 직후 발표한 「탕약」(『시와 소설』, 1936. 3)은 백석 시 전개에서 매우 중요한 의미를 지닌다. 하얀 약사발에 담긴 검은 탕약을 신주 모시듯 두 손으로 고이 받들어 들고 이 약을 만들어 낸 옛사람들을 생각하노라니 마음이 "끝없이 고요하고 또 맑아진다."고 했다. 그냥 고요하고 맑아지는 것이 아니라 '끝없이' 고요하고 맑아진다고 했다. 과거로부터 이어오는 어떤 정신적 가치가 자신의 내면을 정화하고 자신의 아픔을 치유할 수 있다고 생각한 것이다. 말하자면 백석은 눈앞에 보이는 가시적 대상을 넘어서서 그 안에서 어떤 정신적 가치를 찾으려는 시도를 보인다. 「탕약」 이후 백석의 시에는 이러한 태도가 더욱 적극적이고 지속적인 양태로 나타난다.

시집 『사슴』에 두 가지 유형의 시가 대등한 분량으로 실려 있다고 앞에서 말했는데, 이 시집을 접한 다수의 문인들은 이구동성으로 방언을 구사한 토속적 세계에 대해 새삼 놀라워하고 관심을 표명하였다. 그러나 시집의 절반 정도에 해당하는 간결한 정경 묘사의 시에 대해서는 일언반구의 언급이 없었으며 아예 무관심하였다. 이유는 간단하다. 그런 시는 백석의 시 외에도 얼마든지 있었고, 백석이 아니라도 얼마든지 쓸 수 있었기 때문이다. 토속적 세계를 드러낸 시야말로 백석만이 다룰 수 있는 특이한 영역이었다. 이러한 문단의 반응을 대하고서 백석은 더욱더 토속적 세계에 눈을 돌리게 되었을 것이다. 그런데 토속적 세계는 이미 그 당시에도 친숙한 것은 아니었다. 토속적 세계와 그것을 지탱하는 기층문화가 서서히 훼손되어 가고 있었기 때문이다. 토속적 세계는 탐구되어야 하는 대상이었다. 의식적인 탐구 과정을 통해 백석은 민족의 문화와 그 안에 있는 정신의 영역을 만나게 된다.

1년이 넘는 절필 기간을 보낸 후 그가 발표한 「북관」(『조광』, 1937. 10)에는 가시적 대상 너머에서 정신의 가치를 찾으려는 태도가 더욱 뚜렷이 나타난다. 이 작품은 제목 그대로 함경도 지역의 풍정을 백석 특유의 감각의 미학으로 표현한 작품이다. 그는 북방의 토속 음식인 창난젓의 맛과 냄새에서 '투박한 북관'의 향취를 느끼며 그 퀴퀴하고 비릿한 향토의 세계에 젖어 들어간다. 그런데 그는 감각의 차원에 머물지 않고 함경도 지역의 역사에 관심을 갖는다. 창난젓의 냄새에서 '여진의 살 내음새'를 맡고, 창난젓의 맛에서 '신라 백성의 향수'를 맛본다고 적었다. 함경도 지역의 탐사를 통해 여진인과의 관계와 신라에 관한 역사적 사실을 알아낸 것이다. 역사에 대한 관심이 어떤 확고한 인식의 차원에 이르지는 못했지만, 평범한 생활 풍속에서 삶의 실체를 발견하고 거기서 정신의 단면을 발견하려는 자세는 어느 정도 수립된 것으로 보인다.

　그로부터 몇 달 후 발표한 「석양」(『삼천리문학』, 1938. 4)은 함경도 상인들의 외모에서 야성적 생명력을 포착한 또 다른 특색을 드러낸다.

거리는 장날이다

장날 거리에 영감들이 지나간다

영감들은

말상을 하였다 범상을 하였다 족제비상을 하였다

개발코를 하였다 안장코를 하였다 질병코를 하였다

그 코에 모두 학실을 썼다

돌체돋보기다 대모체돋보기다 로이드돋보기다

영감들은 유리창 같은 눈을 번득거리며

투박한 북관 말을 떠들어 대며

쇠리쇠리한 저녁 해 속에

사나운 즘생같이들 사라졌다.

　　　　　　　　　　　　　　　　　　—「석양」 전문

이 시는 백석의 치밀한 관찰력과 뛰어난 언어 감각이 유감없이 발휘된 명편이다. 첫 행에서 "거리는 장날이다"라고 말하는 순간 장터를 오가는 많은 사람들과 그들이 벌여 놓은 물건들, 장터의 떠들썩거리는 소음들이 한꺼번에 환기된다. 사람들이 오가는 번잡한 장터거리에 영감들이 지나간다. 백석은 "영감들은"을 한 행으로 독립시켜 영감들의 모습을 강조하고자 했다. 장터를 오가는 함경도의 상인들은 야생동물처럼 투박한 모습을 하고 있다. 어떤 사람은 말처럼 얼굴이 길고, 어떤 사람은 호랑이처럼 험상궂게 생겼으며, 또 어떤 사람은 족제비처럼 약삭빠르게 생겼다. 얼굴만 특이한 것이 아니라 코의 모양도 유별나서, 개발처럼 뭉툭한 코를 가진 사람, 안장처럼 콧등이 들어간 사람, 질병처럼 코가 크고 투박한 사람 등 제각기 독특한 용모를 하고 있다. 요컨대 이 영감들의 모습은 하나같이 세련되지 못하고 거칠고 투박한 인상을 풍기고 있는 것이다.

그런데 이 영감들은 저마다 안경을 하나씩 걸치고 있다. 안경은 글자를 정확히 보기 위해 만든 근대의 광학적 생산물이다. 글자를 모르는 사람은 돋보기를 쓸 필요가 없다. 그런데 이 함경도 상인들은 하나같이 돋보기를 걸치고 있는데, 그 돋보기가 다 값나가는 명품이거나 최신 유행의 안경이다. 이것은 그들이 상업에 종사하기 때문에 숫자와 글자에 밝고 경제력도 갖추고 있다는 사실을 드러낸다. 생활력이 강한 함경도 영감들은 일찍 글자를 깨치고 신식 문물을 받아들여 상인의 감각을 익힌 것이다.

영감들은 세상에 겁날 것이 없다는 듯 돋보기 너머로 "유리창 같은 눈을 번득거리며" 야성미가 묻어나는 "투박한 북관 말을 떠들어 대며" "사나운 즘생같이" 석양 속으로 사라져 간다. 그들의 뒷모습을 비추는 석양을 "쇠리쇠리"하다(눈부시다)고 한 것은 그들에 대한 존경과 선망이 반영되었기 때문이다. 이렇게 듬직하고 믿음직스러운 함경도 상인들의 투박한 생명력에 매력을 느끼며 석양의 눈부신 빛살 속으로 한없이 젖어들고 싶은 감정을 간접적으로 표현했다.

다시 일 년 이상이 지나서 발표한 「서행시초西行詩抄」 연작에 「북신北新」(『조선일보』, 1939. 11. 9)이라는 작품이 있는데, 거기 함경도 상인의 변형적 인물이 나타난다. 이 시는 묘향산 입구의 국숫집이 배경이다. 묘향산 입구에 늘어선 메밀국수 집에는 메밀 삶는 냄새가 난다. 시인은 그 냄새를 "부처를 위하는 정갈한 노친네의 내음새"라고 표현했다. 시인은 털도 안 뽑은 돼지고기를 "시꺼먼 맨모밀국수에 얹어서 한입에 꿀꺽 삼키는 사람들을 바라보며" 말할 수 없는 감동을 느낀다. 그 감동은 산촌 사람들이 지닌 야성적 생명력에서 온 것이다. 시인은 이 정경을 보며 소수림왕과 광개토대왕을 생각한다고 진술한다. 고구려의 국기를 강건히 하여 민족정기를 높였던 역사적 영웅과 국수를 먹는 사람들을 동일화하는 시선을 보인다. 조선어와 조선 역사가 말살되어 가고 다수의 대중들이 그 말살의 과정을 방관 내지는 방조하고 있었으며 말살의 대상이 된 조선어와 조선 역사를 거론하는 것마저 조심스럽던 그 시점에 이러한 생각을 시로 써 낸다는 것은 결코 작은 일이 아니다.

이 시를 발표한 얼마 후 그는 만주의 신경으로 이주해 갔다. 만주 이주 시기에 발표한 「목구」(『문장』, 1940. 2)와 「국수」(『문장』, 1941. 4)는 우리가 흔히 대하는 사물 속에 우리의 마음이 그대로 담겨 있다는 인식을 드러내고 있어서 깊은 음미를 요한다. 그는 제사에 쓰이는 평범한 목구에서도 "힘세고 꿋꿋하나 어질고 정 많은" 마음을 발견하고 조상들의 넋과 후손들의 넋이 이어진다는 사실을 발견한다. 목구를 통하여 민족적 영원성을 감성적으로 확인하려는 단계에까지 나아간 것이다. 또 우리들이 일상적으로 먹는 국수도 예사롭게 보지 않았다. 국수의 맛과 빛깔에는 국수를 먹는 사람들의 마음과 꿈이 담겨 있다는 것이다. 그리고이 국수의 맛과 빛깔은 아득한 옛날에서부터 먼 미래에 이르기까지 변함없이 이어질 것이라는 생각을 나타낸다. 국수라는 음식이 사라지지않는 한 고향과 그 마을 사람들의 마음이 계속 유지된다는 것이다. 요컨대 백석은 목구와 국수라는 사물에 새로운 의미를 부여함으로써 민족 공동체의 정체성과 영원성을 형상화한 것이다.

이 시기의 가장 중요한 작품은 한민족의 역사 전개를 웅혼한 역사적상상력으로 재구성한 「북방에서」(『문장』, 1940. 7)다.

아득한 옛날에 나는 떠났다
부여夫餘를 숙신肅愼을 발해渤海를 여진女眞을 요遼를 금金을,
흥안령興安嶺을 음산陰山을 아무르를 숭가리를.
범과 사슴과 너구리를 배반하고
송어와 메기와 개구리를 속이고 나는 떠났다.

나는 그때
자작나무와 이깔나무의 슬퍼하던 것을 기억한다
갈대와 장풍의 붙들던 말도 잊지 않았다
오로촌이 멧돝을 잡아 나를 잔치해 보내던 것도
쏠론이 십릿길을 따라나와 울던 것도 잊지 않았다.

나는 그때

아무 이기지 못할 슬픔도 시름도 없이

다만 게을리 먼 앞대로 떠나 나왔다

그리하여 따사한 햇귀에서 하이얀 옷을 입고 매끄러운 밥을 먹고 단샘

을 마시고 낮잠을 잤다

밤에는 먼 개소리에 놀라 나고

아침에는 지나가는 사람마다에게 절을 하면서도

나는 나의 부끄러움을 알지 못했다.

그동안 돌비는 깨어지고 많은 은금보화는 땅에 묻히고 까마귀도 긴 족

보를 이루었는데

이리하여 또 한 아득한 새 옛날이 비롯하는 때

이제는 참으로 이기지 못할 슬픔과 시름에 쫓겨

나는 나의 옛 하늘로 땅으로 ― 나의 태반胎盤으로 돌아왔으나

이미 해는 늙고 달은 파리하고 바람은 미치고 보래구름만 혼자 넋없이

떠도는데

아, 나의 조상은 형제는 일가친척은 정다운 이웃은 그리운 것은 사랑하

는 것은 우러르는 것은 나의 자랑은 나의 힘은 없다 바람과 물과 세월과

같이 지나가고 없다.

　　　　　　　　　　　　　　　　　　　　―「북방에서」 전문

이 시에 나오는 국가명과 지명을 보면 백석이 만주 지역의 역사적·지

리적 사실에 대해 상당히 광범위한 탐구를 하였음을 알 수 있다. 풍문

으로 들은 내용이 아니라 상당히 치밀한 학습을 통해 얻은 지식이라는 것을 전후의 맥락에서 분명히 파악할 수 있다. 이 시는 개인의 유랑을 집단의 유랑으로 환치시키려는 시도를 보인다. 그래서 화자 '나'는 백석 개인이 아니라 한민족 전체를 상징하는 역할을 한다. 백석은 자신의 유랑을 통해 한민족의 뿌리 뽑힌 삶을 암시하려는 의도를 가졌던 것 같기도 하다. 앞부분에서 화자는 자기가 떠날 때 많은 소중한 것을 포기하거나 배반하고 떠났다는 것, 보내는 쪽에서도 상당한 아픔이 있었을 터인데 그것을 외면할 수밖에 없었다는 것 등을 서술했다.

이 시의 중요한 내용은 3연과 4연에 제시되어 있다. 나는 아무런 슬픔도 시름도 없이 한가한 마음으로 유랑을 시작했고, 떠난 다음에도 별 어려움이 없었다. 그런데 유랑의 생활을 지속해 가면서 그에 대해 아무런 부끄러움을 갖지 않았다는 사실에 대한 반성적 자각이 생기면서 시상이 바뀐다. 화자는 자신의 유랑이 그렇게 떳떳한 일이 아니며 소중한 많은 것을 저버린 일이었다는 사실을 자각하고 그것을 '부끄러움'으로 인식하고 있음을 알려 준다. 유랑을 부끄러움으로 인식한 이상, 그의 내면에는 '참으로 이기지 못할' 회한의 아픔이 밀려들게 되고 이제 그는 떠난 곳으로 돌아오지 않을 수 없다. 여기서 그의 회귀가 시작된다. 그가 떠나온 곳, 그의 '태반'으로 돌아오는 것이 그의 부끄러움과 슬픔과 시름을 지울 수 있는 유일한 방책이다.

그러나 이미 무량한 세월이 유랑의 시간 속에 흘러가 버리고 말았다. 역사적 지리적 지명이 환기하던 중량감은 사라지고 병들고 지친 풍경만이 펼쳐져 있을 따름이다. 그리고 자기를 붙잡던 소중한 대상들, 자신의 애모의 대상, 존경의 대상도 사라졌을 뿐 아니라 자신의 희망도 용기도 의욕도 다 사라지고 말았다고 했다. 말하자면 그의 삶의 근거, 태반 자체가 상실되고 만 것이다. 여기서 시인은 형언할 수 없는 상실감을 그대로 토로한다. 모든 것이 사라진 최후의 상황은 참으로 처절하다. 그것은 생의 마지막 국면을 연상케 한다. 이러한 처절한 상실감이 어디서 비롯된 것인지는 알 수 없다. 다만 많은 역사적 지식의 축적을 바탕으로 웅혼한 시상을 야심적으로 전개한 이 작품에 짙은 상실감이 담겨있다는 것, 그 감정이 만주에서 떠올린 백석의 진심이라는 것, 그리고 그 상실감이 민족의 위상과 관련된다는 것은 분명히 말할 수 있다.

이러한 백석 시의 전개 과정을 보면 당시 한 시인이 보여 줄 수 있는 가장 이상적인 전범의 사례를 제공했다는 인상을 받는다. 그의 시적 전개는 발전과 진화라는 말에 충분히 부합하는 궤적을 보여 준다. 이러한 이상적인 전개를 보인 시인은 당시 한국 시단에서 백석을 제외하고는 거의 찾기 힘들다.

5. 참담한 민족 현실의 표현 — 이용악

1914년 함경북도 경성鏡城에서 태어난 이용악은 일본 유학 기간 중인 1935년부터 시를 발표하다가 동경에서 『분수령』(1937)과 『낡은 집』(1938) 두 권의 시집을 간행했다. 그의 작품은 백석의 시처럼 고향을 중심으로 자신의 체험을 노래한 시편이 많은데, 함경도의 척박한 생활환경과 관련된 궁핍한 삶의 모습이 전면에 드러나 작품의 개성을 이룬다. 백석의 시가 긍정의 시선으로 공동체의 삶을 그린 데 비해, 이용악은 현실의 어두운 단면을 부정의 시선으로 바라본다. 『분수령』에 실린 첫 작품 「북쪽」에서 그의 고향인 북쪽을 단적으로 "여인이 팔려 간 나라"

라고 진술한다. 이 말 속에는 가난 때문에 가족을 어딘가에 팔아야 했던 고통의 세월이 담겨 있다. 다음 대목에서 "시름 많은 북쪽 하늘에 / 마음은 눈감을 줄 모르다."라고 진술함으로써 삶의 터전인 고향의 신산한 삶에 깊은 관심을 갖고 있음을 드러낸다. 이것이 고향 마을의 즐거운 명절 분위기에서 출발한 백석과 정면으로 대조되는 특징이다.

그의 현실에 대한 관심은 자신의 개인사에서 출발한다. 「풀벌레 소리 가득 차 있었다」에는 러시아를 넘나들며 유랑 상인으로 삶을 꾸려 가던 아버지의 최후가 묘사되어 있다. 이 시에 대해 시인 자신이 실제 체험을 다룬 것이라고 말하기도 했지만, 개인적 체험을 확대하여 북방 지역에 근거를 둔 유랑 조선인의 허망한 죽음을 형상한 것으로 읽을 수 있다. 개인적 체험에서 출발한 그의 시적 탐구는 개인의 고초 속에서 민족 전체의 고통을 발견하고 민족의 고통이 그 시대의 보편적인 현상임을 확인하면서 점차적으로 심화된다. 「제비 같은 소녀야」에서는 어린 나이에 주막에 팔려 온 소녀의 모습을 제시한 다음 "너는 어느 흉작촌이 보낸 어린 희생자냐"라고 단정적으로 질문한다. 주막에 팔려 온 소녀를 보고 흉작촌의 희생자라고 단정한 데는 당시의 민족 현실에 대한 깊은 통찰이 투영되어 있다.

현실의 참담함에 대한 표현은 「검은 구름이 모여든다」에서 시대에 희생된 한 가족의 비극적 파멸 과정을 전면적으로 제시하는 장면에서 절정에 이른다. 화자는 죽은 조카 숙이의 무덤에서 숙이를 향한 독백을 토론하는데, 거기에는 어린 나이에 죽은 숙이에 대한 안타까움, 숙이가 겪은 비참한 운명에 대한 저주, 죽음을 불러일으킨 참담한 현실에 대한 분노 등의 감정이 복합적으로 응결되어 있다. 숙이 아버지는 삶의 고초를 이기지 못하여 가족을 버리고 유랑의 길을 떠났고, 그 에미 역시 숙이를 버리고 야반도주했다. 그러나 정상적 삶의 회로가 차단된 상태에서 이들의 탈출이 성공할 이치가 없다. 애비는 아편중독자가 되어 돌아왔고, 에미는 매음녀가 되어 성병으로 썩어 간다. 이 비참한 현실을 모른 채 숙이가 일찍 죽은 것이 오히려 다행스러운 일이라고 화자는 말한다. 이러한 가족공동체의 파멸 과정은 민족 공동체의 파멸을 나타내는 제유적 표현이다.

두 번째 시집의 표제작 「낡은 집」에서 민족 공동체의 파멸은 더욱 심화된 양태로 나타난다.

날로 밤으로

왕거미 줄 치기에 분주한 집

마을서 흉집이라고 꺼리는 낡은 집

이 집에 살았다는 백성들은

대대손손에 물려줄

은동곳도 산호관자도 갖지 못했니라

재를 넘어 무곡을 다니던 당나귀

항구로 가는 콩실이에 늙은 둥글소

모두 없어진 지 오랜

외양간엔 아직 초라한 내음새 그윽하다만

털보네 간 곳은 아모도 모른다

찻길이 뇌이기 전

노루 멧돼지 쪽제비 이런 것들이

앞 뒤 산을 마음놓고 뛰어다니던 시절

털보의 세째아들은

나의 싸리말 동무는

이 집 안방 짓두광주리 옆에서

첫 울음을 울었다고 한다

"털보네는 또 아들을 봤다우

송아지라도 불었으면 팔아나 먹지"

마을 아낙네들은 무심코

차그운 이야기를 가을 냇물에 실어 보냈다는

그날 밤

저릎등이 시름시름 타들어가고

소주에 취한 털보의 눈도 일층 붉더란다

갓주지 이야기와

무서운 전설 가운데서 가난 속에서

나의 동무는 늘 마음 졸이며 자랐다

당나귀 몰고 간 애비 돌아오지 않는 밤

노랑고양이 울어 울어

종시 잠 이루지 못하는 밤이면

어미 분주히 일하는 방앗간 한구석에서

나의 동무는

도토리의 꿈을 키웠다

그가 아홉 살 되던 해

사냥개 꿩을 쫓아 다니는 겨울

이 집에 살던 일곱 식솔이

어데론지 사라지고 이튿날 아침

북쪽을 향한 발자욱만 눈 우에 떨고 있었다

더러는 오랑캐령 쪽으로 갔으리라고

더러는 아라사로 갔으리라고

이웃 늙은이들은

모두 무서운 곳을 짚었다

지금은 아무도 살지 않는 집

마을서 흉집이라고 꺼리는 낡은 집

제철마다 먹음직한 열매

탐스럽게 열던 살구

살구나무도 글거리만 남았길래

꽃피는 철이 와도 가도 뒤울안에

꿀벌 하나 날아들지 않는다

―「낡은 집」 전문

이 시의 배경 역시 함경도 북단이다. 여기 등장하는 털보네 가족은 일제강점기에 가난으로 고통 받던 함경도 산간 지역 거주민의 한 전형이다. 가난 속에서도 "도토리의 꿈을 키웠"던 동무의 가족은 가난을 이기지 못하고 한겨울에 눈 위에 발자국만 남기고 북쪽으로 사라졌다. 털보네가 옮겨 갔으리라고 사람들이 짐작한 '오랑캐령'과 '아라사', 즉 만주와 러시아는 그 당시 국내의 척박한 삶을 견디지 못하여 국외에서 생존의 터전을 찾던 다수의 조선 유이민들이 이주했던 지역이다. 이 대목에서 이 시에 담긴 이야기는 털보네라는 한정된 가족의 울타리를 벗어나 민족 전체의 공통된 현실 문제로 확대된다. 털보네 가족은 한반도의 전반적 궁핍화 과정에서 희생된 피지배 민중을 대표하는 전형적 성격을 갖는다. 그리고 그들이 남겨 놓은 낡은 집은 민족 공동체가 와해되어 버린 훼손된 세계를 드러내는 상징적 공간이 된다. 낡은 집은 아무도 살지 않고, 모두들 꺼리고, 열매도 열지 않고, 꿀벌도 날아들지 않는, 완벽한 죽음의 공간이다. 이 작품은 한 가족의 파멸을 통하여 민족 공동체의 파멸을 상징적으로 보여 줌으로써 당시의 참담한 민족 현실을 사실적으로 반영하는 성취를 보였다.

이 작품 이후 1939년에서 1942년 사이에 발표된 이용악의 작품들은 이전의 그의 시와는 상당히 다른 경향을 보인다. 어떤 작품은 현실의 고통을 사실적으로 담아 내던 시인의 작품이라고는 도저히 믿어지지 않을 정도로 희망적인 내용을 드러내고 있다. 시상 전개도 작위적이고 자연스럽지 못하며 거기 담긴 생각도 지극히 모호하고 비논리적이다. 이러한 이용악 시의 전개 과정은 앞에서 본 백석의 경우와 대조된다. 앞에서 백석의 시가 발전과 진화라는 말에 충분히 부합하는 궤적을 보여 주었고, 그러한 이상적인 전개를 보인 시인은 당시 한국 시에서 드물다고 언급했는데, 이용악과 비교할 때 백석의 성취가 더욱 뚜렷이 부각되는 것을 확인할 수 있다.

6. 부정적 현실 속의 부정적 자아 — 오장환

1918년 5월 충청북도 보은에서 출생한[19] 오장환은 1931년 4월 휘문고보에 입학했다. 이때 충청북도 옥천 출생의 시인 정지용이 영어 교사로 근무하고 있었다. 오장환이 휘문고보를 자퇴한 것이 1935년 1월이니 오장환은 당연히 정지용의 수업을 받았을 것이다. 당시 시를 활발하게 발표하던 시인 영어 교사 정지용을 몰랐을 리 없다. 오장환은 1933년에 교지 『휘문』에 시 4편과 단편 소설 1편을 발표했다.[20] 또 일반 지면에 산문시 「목욕간」(『조선문학』, 1933. 11)과 「카메라 룸」(『조선일보』, 1934. 9. 5)을 발표하기도 했다. 이런 조숙한 문학 소년 오장환을 정지용이 몰랐을 리 없다. 실제로 오장환의 시에는 정지용과 유사한 시어가 일부 사용되고 있기도 하다.[21] 이것은 물론 같은 지역 출신으로서의 어휘적 유사성에 기인한 것일 수도 있다.

지금까지 알려진 자료 중에 정지용이 직접 오장환을 거명한 기록은 없다. 오장환도 정지용을 스승으로 직접 언급한 기록이 없다. 다만 해방 후인 1947년 1월 8일에 나온 좌파 계열 통신지 『예술통신』에 오장환이 「지용사의 백록담」이라는 제목으로 시집 『백록담』에 대한 논평을 하면서 정지용을 "지용사芝溶師"라고 언급한 것이 거의 유일한 기록이다. '사師'란 스승이란 뜻이니 오장환은 정지용을 스승으로 지칭한 것이다.

오장환은 글의 서두에서 정지용 시의 순수성을 인정하는 태도를 취

---

19 오장환의 출생 연도에 대해서는 1916년 설도 있었으나 호적과 학적부를 기초로 1918년으로 정착되었다.
20 도종환, 「오장환 시 연구」, 충남대학교 박사논문, 2006. 2, 40~42쪽. 장석원, 「교지 '휘문'의 오장환」, 『Journal of Korean Culture』 23, 2013. 6, 39~41쪽.
21 박노균, 「정지용과 오장환」, 『개신어문연구』 38, 2013. 12, 120쪽.

했다. 추악한 현실에 발버둥치거나 비굴한 아첨으로 살아가는 마당에 정지용은 오로지 자기 순화를 꾀하여 깨끗함을 지키려는 감각의 연금술을 행했으니 그것은 아무나 할 수 있는 일이 아니라고 했다. 그러한 순수한 풍경 제시의 시에도 냉혹한 현실의 국면이 개입하여 민족적인 애상과 비감이 부분적으로 표현되었음을 지적하면서, 이 부분적으로 드러나는 현실의 국면을 집중적으로 타개하지 못하고 가톨릭이라는 외형적인 힘에 안주하여 완전한 형식주의에 빠진 것은 아쉬운 일이라고 했다. 이 글을 쓸 당시 오장환이 현실주의 문학관에 현저히 기울어 있음을 알려 주는 내용이다.

오장환이 휘문고보 재학 시절 일반 지면에 발표한 「목욕간」과 「카메라 룸」에도 현실에 대한 관심이 뚜렷이 나타난다. 그가 16세 때 발표한 「목욕간」은 교지 『휘문』의 작품과는 달리 분량이 있는 장형의 작품이어서 상당히 공들여 썼음을 알 수 있다. 이 작품에는 농촌의 문화적 낙후성과 경제적 궁핍상을 드러내려는 의도가 담겨 있다. "내가 수업료를 바치지 못하고 정학을 받아 귀향하였을 때"라고 자신의 개인사를 밝혀 실제로 겪은 사건임을 암시했다. 몇 달 동안 목욕을 하지 못한 화자는 고향의 아저씨와 함께 읍내 목욕탕에 갔다. 아저씨는 목욕 비용을 마련하기 위해 선조 때부터 내려오던 밤나무를 베어 장작을 만들어 팔았다. 그러나 목욕탕 문은 닫혀 있었다. 주인은 일본말로 오늘이 장날이라 때투성이 시골뜨기들이 몰려올까 봐 문을 닫아 버렸다고 중얼댔다. 화자와 아저씨는 분노를 느끼며 돌아선다. 이 짤막한 삽화를 통해 우리는 목욕탕조차 제대로 이용할 수 없는 농촌의 궁핍과 낙후성을 엿볼 수 있다. 그리고 농촌의 현실을 가진 자의 횡포라는 차원에서 바라보는 시인의 시선도 감지할 수 있다. 「카메라 룸」은 단편적 인상을 압축적 이미

116

지로 드러낸 단시短詩 연작인데 김기림은 "놀라운 에스프리의 발화發火에 있어서는 때때로 장 콕토를 생각게 하는 대담한 곳이 있다."[22]라고 높이 평가했다.

오장환은 습작의 단계를 넘어서자 1936년과 37년에 걸쳐 30편이 넘는 작품을 발표했고 1937년 7월 그의 나이 스무 살 때 첫 시집 『성벽』을 자비로 출판했다. 그의 초기 시는 「목욕간」에서 보여 준 현실에 대한 관심과 「카메라 룸」에서 보인 단형의 이미지 구성이 결합된 양상으로 전개된다. 즉 짤막한 형식 속에 현실의 단면을 압축적으로 드러내는 방법이다. 「면사무소」(『조선일보』, 1936. 10. 13)나 「모촌暮村」(『시인부락』, 1936. 11) 같은 작품이 그러한 특징을 잘 드러낸다.

추라한 지붕 썩어 가는 추녀 위엔 박 한 통이 쇠었다.

밤서리 차게 내려앉는 밤 싱싱하던 넝쿨이 사그러붙던 밤, 지붕 밑 양주는 밤새워 싸웠다.

박이 딴딴히 굳고 나뭇잎새 우수수 떨어지던 날, 양주는 새 바가지 뀌어 들고 추라한 지붕, 썩어 가는 추녀가 덮인 움막을 작별하였다.

—「모촌」 전문

신작로 가으론 조그만 함석집이 있습니다.

유리창은 인조견처럼 뻔쩍거리고

촌민들이 세금을 바치러 들어갑니다.

—「면사무소」 전문

22 김기림, 「신춘의 조선시단 (3)」, 『조선일보』, 1935. 1. 4.

「모촌」은 초라한 지붕, 썩어 가는 추녀로 상징되는 농촌의 궁핍한 현실 속에서 생활고로 이별하게 되는 부부의 사연을 간단히 제시했다. 생활고에 의한 이별이라는 사실이 구체적으로 진술되지 않았지만 전후 상황을 통해 그런 사정을 충분히 짐작할 수 있다. 「면사무소」는 「모촌」보다 더 짧은 3행시인데, 농촌 현실을 부정적으로 보는 비판적 시선은 더 뚜렷이 드러난다. 유리창이 인조견처럼 번쩍거리는 면사무소의 모습은, 초라한 지붕, 썩어 가는 추녀로 표상되는 농촌의 현실과 정면으로 대립된다. 면사무소에서 촌민들이 하는 일은 세금을 바치는 일이다. 시골의 면사무소는 촌민들 위에 군림하며 그들에게서 세금을 거두어들이는 것이 주 업무라는 의미가 내포되어 있다.

다음에 전개되는 작품들에서도 이러한 특징이 이어지면서 현실의 계급적 차별상과 가진 자들의 위선을 우회적으로 드러내는 역할을 한다. 그는 위선과 허위로 가득 찬 도시의 유한 계층을 '신사'라고 일컬었는데, 이 계층은 봉건시대 양반의 현대적 변형이다. 양반 계층과 봉건적 신분제도에 대한 거부감은 「성씨보姓氏譜」(『조선일보』, 1936. 10. 10)에 뚜렷이 표현되었다. "나는 성씨보가 필요치 않다. 성씨보 같은 관습이 필요치 않다."고 족보의 관습을 부정하고, 봉건적 결혼 제도에 희생된 여인의 비극을 다룬 「정문旌門」(『시인부락』, 1936. 11)에서 "양반은 죄금이라도 상놈을 속여야 하고 자랑으로 누르려 한다."고 단적으로 진술하고 있으며, 「종가」(『풍림』, 1937. 2)에서는 종가집 사람들이 아무런 일도 하지 않고 일할 재주도 없으며 기껏 소작인들에게 고리대금을 하며 살아간다고 폭로한다. 양반 지주는 실제적 노동에 참여하지 않고 무위도식하는 착취 계급이라는 생각을 내비치고 있는 것이다.

양반의 현대적 변형인 도시 '신사'의 위선적인 모습은 「경鯨」, 「어육

魚肉」(『시인부락』, 1936. 11) 등의 시에 나타난다. 「경」은 도시의 유한 계층인 신사를 고래에 비유하여 풍자했다. 고래가 해상에 떠서 분수를 뿜는 모습은 점잖고 여유가 있어 보이지만, 분수를 그치면 많은 물고기를 잡아먹는데, 신사의 모습이 그렇다는 것이다. 「어육」에서는 낚시질을 나선 신사들이 죽은 어육을 식탁에 올려놓고 입맛을 다시며 허풍스럽게 떠든다. 그들은 불순한 천후일수록 낚시가 잘된다며 행랑아범더러 진기한 미끼를 잡아오라고 호령한다. 여기서 화자는 어조를 바꾸어 "점잖은 신사들은 어떠한 유희에서나 예절 가운데 행하여졌다."고 진술한다. 겉으로는 우아하게 예절을 지키는 것 같지만 사실은 자신의 이익을 위해 약자를 유린하는 비열한 존재라는 뜻이다.

그의 도전적인 장시 「수부首府」(『낭만』, 1936. 11)는 자본주의 중심부의 비인간적 풍경을 보여 주면서 빈부의 격차를 고발하고 수도의 팽창에 의한 농촌의 침식과 황폐화를 비판했다. 이 시의 서두에는 "수부는 비만하였다. 신사와 같이"라는 구절이 부기되어 있다. 신사는 앞에서 보았던 위선과 착취의 상징이다. 부가 집중되면서 생긴 도시의 향락적 퇴폐상을 통렬히 풍자한 이 시는 자본주의 사회경제 체제에 대한 본질적 회의와 극렬한 증오를 바탕에 두고 있다. 일본 제국주의 침식 아래 성립된 경성의 화려함은 일반 대중의 희생 속에 이룩된 것이며, 그것이 조장하는 향락과 도취는 인간적 가치와는 동떨어진 퇴폐와 전락의 길이라는 것이다. 이것이 그가 인식한 식민지 수도 경성의 모습이다.

인간의 본질이 훼손된 현실 속에서 나약한 자아는 어떻게 살아갈 수 있을까? 오장환의 이후 시편들은 이 질문에 대한 대답에 속한다. 그의 시에서 강하게 풍겨 오는 감상과 향수는 방향을 찾지 못한 자의 고단한 편력 과정에서 도출된 정서다. 악마적 이미저리를 동원한 퇴폐와 위악의 몸짓은 극단적인 세계 부정과 자기 부정의 결과다. 「여수旅愁」(『조 광』, 1937. 1)는 세계 부정에서 자기 부정에 이르는 자아의 경로를 잘 보 여 준다.

여수에 잠겼을 때, 나에게는 죄그만 희망도 숨어 버린다.
요령처럼 흔들리는 슬픈 마음이여!
요지경 속으로 나오는 좁은 세상에 이상스러운 세월들
나는 추억이 무성한 숲속에 섰다.

요지경을 메고 다니는 늙은 장돌뱅이의 고달픈 주막 꿈처럼
누덕누덕이 기워진 때 묻은 추억,
신뢰할 만한 현실은 어디에 있느냐!
나는 시정배와 같이 현실을 모르며 아는 것처럼 믿고 있었다.

괴로운 행려 속 외로이 쉬일 때이면
달팽이 깍질 틈에서 문밖을 내다보는 얄미운 노스타르자
너무나, 너무나, 뼈 없는 마음으로
오―늬는 무슨 두 뿔따구를 휘저어 보는 것이냐!

—「여수」전문

이 시의 화자는 지나온 세월을 부정적으로 보고, 현재의 삶도 요지 경처럼 허망한 것으로 인식하고 있으며, 미래에 대한 희망도 갖고 있 지 않다. 세계 전체를 부정적으로 인식하고 있는 것이다. 희망은 사라지 고 과거의 추억도 건질 것이 없으며 내면은 흔들리는 요령처럼 불안정

하다. 자아와 세계는 화해할 수 없는 상태로 단절되어 있다. 자신의 모습을 껍질 속에 숨어 작은 더듬이로 세상을 엿보는 달팽이에 비유했다. 참다운 길을 찾지 못하는 나약한 존재의 모습을 나타낸 것이다. 세계에 대한 부정적 인식이 자기 부정으로 귀결되는 것은 당연한 일이다.

이러한 자기 부정은 「해수海獸」, 「독초」, 「화원」(『성벽』, 1937. 7), 「불길한 노래」(『헌사』, 1939. 7) 등에 줄기차게 이어진다. 화자는 스스로를 더러운 갯벌에 박힌 병든 게로 인식하는가 하면, 세계의 황폐한 정황을 썩은 나무뿌리에 돋아난 버섯과 그 주위의 요기 어린 모습으로 나타낸다. 퇴폐, 관능, 외설의 이미지를 통해 인간적 가치가 상실된 현실의 속악한 모습을 드러낸다. 자기 자신을 '검은 먹구렁이', '카인의 말예末裔', '기생충', '독버섯'으로 비하한다. 이러한 자기부정은 나아갈 전망이 보이지 않는 암흑의식, 절망감에서 비롯된다. 인간의 가치가 전도되고 정상의 삶이 파괴된 암흑의 세계 속에서 자아의 위상이 제대로 정립될 수 없는 것이다.

이처럼 지옥의 심연으로 치달아 갈 것 같던 오장환의 편력은 1939년 중반을 넘으면서 안정세를 취한다. 이후 발표된 작품들은 분명 부정의 정신이 긍정의 시선으로 바뀌어 있고, 생명에 대한 사랑, 미래에 대한 희망까지도 드러낸다. 이러한 변화는 앞에서 보았던 이용악의 변화 양상과 유사한데, 이용악과는 달리 오장환에게는 전환의 계기가 있었다. 종로구 운니동에 살던 부친이 1938년 사망하자 모친과 오장환에게 유산이 분배되고 그로 인해 생활의 여유가 생겼던 것이다. 모친은 15칸의 하숙을 운영했으며 오장환은 남만서점이라는 서점을 겸한 출판사를 열었다. 여기서 얻은 생활의 안정감이 부정을 긍정으로 바꾼 동인이 아닐까 추측해 본다.

악마적 이미저리로 삶의 몸부림을 보여 주던 시적 자아가 긍정적 사유로 전환되는 첫 난서는 「성탄제」(『조선일보』, 1939. 10. 24)에서 발견된다. 이 시에서 총에 맞은 사슴이 피를 흘리고 죽어 가지만, 그 순연한 생명성은 쉽게 말살되지 않으리라는 의미를 암시한다. 이후 「신생의 노래」(『인문평론』, 1940. 1), 「강물을 따라」(『인문평론』, 1940. 8), 「양」(『조광』, 1943. 11) 등의 작품에는 생명의 순결성을 예찬한다든가 맑고 깨끗한 것을 추구하는 긍정의 시선이 두드러지게 나타난다. 시인은 "온 겨울, 아니 온 사철 / 내가 바란 것은 오로지 다스한 사랑"(「신생의 노래」)이라고 노래하며, "양아 어린 양아 / 샘물같이 맑은 눈 / 포도알 모양 초롱초롱한 눈으로 / 나 좀 보아라."(「양」)라고 읊조린다. 이후 해방되기까지 그의 시에서 퇴폐적 부정의 기류는 모습을 감춘다.

7. 인간 존재의 표현 — 서정주

1915년 전라북도 고창에서 태어난 서정주는 청춘의 방황기에 있던 1935년 겨울 『동아일보』에 독자 투고 작품으로 「벽」을 보냈다. 이 작품이 신춘문예 응모작으로 간주되어 12월 28일에 당선자 발표가 나고 1936년 1월 3일에 「벽」이 실렸다. 당시 소설에 김동리, 희곡에 이광래가 당선되었는데, 소설과 희곡의 상금은 50원인데, 시는 상금이 5원이었다. 소설에 비해 너무 적은 상금이라 당선의 기쁨은 크지 않았겠지만, 시인으로 공식적인 인정을 받아 창작의 동력을 얻은 서정주는 신춘문예 동기인 김동리, 중앙불교전문학교 동기인 함형수, 조숙한 시인으로 두각을 나타낸 오장환과 어울려 『시인부락』 1호(1936. 11)를 간행했다.

『시인부락』 1호는 서정주가 도맡아 간행했는데, 첫 페이지를 장식한 작품이 「문둥이」다. 그는 이 시에 많은 애착을 보였다. 짝사랑하는 여인에게 자신의 시 「문둥이」를 보냈다고 했고, 이상에 대한 회고에서 이상이 일본인 친구에게 「문둥이」를 일어로 암송하더니 "어때, 이건 꽤 무섭지?"라고 물었다고 자랑스럽게 기록했다.[23] 그는 「문둥이」가 당시 자신의 모습을 투영한 작품임을 여러 각도에서 드러내려 한 것이다.

해와 하늘빛이
문둥이는 서러워

보리밭에 달 뜨면
애기 하나 먹고

꽃처럼 붉은 울음을 밤새 울었다
—「문둥이」 전문

첫 연의 "해와 하늘빛"이라는 두 마디 말은 정상적인 세계를 나타내고, "문둥이는 서러워"라는 말은 정상적 세계를 등지고 살아가는 문둥이의 원한과 슬픔을 나타낸다. 네 마디 말로 문둥이의 처지와 운명을 압축적으로 드러냈다. 여기에는 어떤 군더더기도 없다. 두 번째 연은 살기 위해 벌이는 문둥이의 잔혹한 행위를 무심한 어조로 서술했다. 어린애의 생간을 먹으면 병이 낫는다는 속설 때문에 실제로 그런 엽기적 사

23   서정주, 「이상李箱의 일」, 『서정주문학전집』 5, 일지사, 1972, 95~96쪽.

건이 당시 여러 차례 일어났다. 보리밭은 은신하기에 적당한 공간이고, 달이 뜨는 밤은 문둥이가 활동할 수 있는 시간이다. 그런 상황에서 벌어지는 끔찍한 행위에 대해 별것 아니라는 듯 "애기 하나 먹고"라고 간단히 표현했다. 이 담담한 어법이 상황의 비극성과 인간의 부조리한 단면을 오히려 자극적으로 드러낸다.

전환은 마지막 연에서 온다. "꽃처럼 붉은 울음을 밤새 울었다"라는 구절은 인간의 몸부림과 처절한 육성을 독특한 비유로 형상화했다. "꽃처럼 붉은"이라는 말은 인간의 통절한 회한과 본능적 생명력을 암시하고, "밤새"라는 말은 울음의 지속성과 강렬성을 환기한다. 어린애의 간을 빼 먹는 무서운 문둥이지만, 그도 인간이기에 아픔과 슬픔과 뉘우침의 눈물을 밤새 흘린다는 것이다. 버림받고 저주받은 참혹한 존재지만 그 역시 살아 있는 인간이라는 사실을 드러낸 것이다. 이처럼 서정주는 간결한 압축의 형식으로 인간 존재의 이중성과 비극적 성격을 표현했다. 여기서 확인되는 것은 오장환 시의 출발이 현실에 놓인 것에 비해 서정주는 인간 일반의 문제에 관심을 가졌다는 사실이다. 이후에도 서정주는 현실 문제보다 인간 문제에 관심을 기울인다.

『화사집』(1941. 2)의 표제가 된 「화사」(『시인부락』2, 1936. 12)도 꽃뱀이라는 자극적인 소재를 통해 인간 운명의 이원성을 표현한 작품이다. 꽃 대님보다 아름다운 빛을 두른 꽃뱀은 징그러운 몸뚱이에 "커다란 슬픔"을 내장하고 있다. 저주받은 존재라는 점에서 꽃뱀은 문둥이와 통한다. 꽃 대님처럼 아름다운 빛을 바늘에 꼬여 두른다는 말은 그 아름다움이 대상의 죽음을 통해 획득될 수 있다는 뜻이다. 꽃뱀의 아름다움을 클레오파트라의 입술에 비유하거나 스물 난 색시 순네의 고운 입술과 관련짓는 것도 그 아름다움이 유혹과 파멸의 대상임을 암시한 것이다.

황홀한 아름다움의 유혹은 자기 파멸의 저주와 맞붙어 있다. 화자는 그 어느 한쪽을 버리려 하지 않고, 유혹과 파멸을 함께 받아들이려 한다. 이 시를 가로지르는 동력은 매혹과 파멸을 함께 탐하는 맹목의 열정이다.

맹목의 열정은 『화사집』 첫 페이지를 장식하고 있는 「자화상」(『시건설』, 1939. 10)에서도 발견된다. 발표는 늦게 되었지만 1937년 음력 8월에 지었다고 시인이 밝혔다.

애비는 종이었다. 밤이 깊어도 오지 않았다.
파뿌리같이 늙은 할머니와 대추꽃이 한 주 서 있을 뿐이었다.
어매는 달을 두고 풋살구가 꼭 하나만 먹고 싶다 하였으나…… 흙으로 바람벽한 호롱불 밑에
손톱이 까만 에미의 아들.
갑오년이라든가 바다에 나가서는 돌아오지 않는다 하는 외할아버지의 숱 많은 머리털과 그 커다란 눈이 나는 닮았다 한다.

스물세 해 동안 나를 키운 건 팔 할이 바람이다.
세상은 가도 가도 부끄럽기만 하더라.
어떤 이는 내 눈에서 죄인을 읽고 가고
어떤 이는 내 입에서 천치를 읽고 가나
나는 아무것도 뉘우치진 않을란다.

찬란히 틔워 오는 어느 아침에도
이마 위에 얹힌 시의 이슬에는

몇 방울의 피가 언제나 섞여 있어

볕이거나 그늘이거나 혓바닥 늘어뜨린

병든 수캐마냥 헐떡거리며 나는 왔다.

—「자화상」 전문

시의 화자는 파뿌리같이 늙은 할머니, 종노릇하는 애비, 신살구도 못 먹은 에미 곁을 떠나 어딘가로 탈출해 갔다. 바다로 나가 돌아오지 않는 외할아버지처럼 새로운 세계를 향해 나아간 것이다. 그로부터 힘겨운 방황과 시련이 계속되었고, 그것을 시인은 '바람'이라고 표현했다. "스물세 해 동안 나를 키운 건 팔 할이 바람"이라는 구절은 역사에 남을 한국시의 명구다. '스물세 해'와 '팔 할'의 수치의 호응도 절묘하지만, 이 시행에 배치된 파열음의 연속은 '바람'의 음상과 호응을 이루며 방랑의 격정을 연상시킨다. 이 바람은 희망을 날려 버리는 바람이자 희망을 찾아가게 하는 바람이요, 병적인 세계로 유랑하게 하는 바람이자 병적인 세계에서 벗어나게 하는 바람이다.

이렇게 방황과 시련 속에 살아온 나이기에 세상을 대하는 것이 부끄럽기만 하다. 현실 생활에 적응하지 못하고 바람 따라 유랑하는 자아는, 현실의 규범을 따르지 않는다는 점에서 죄인이며, 남들과 어울리지 못한다는 점에서 바보다. 사람들은 반항적인 "내 눈"에서 "죄인"의 모습을 보고, 시를 읊조리는 "내 입"에서 "천치"의 모습을 본다. 자학에 가까울 정도로 스스로를 부정하면서도 화자는 결코 뉘우치지 않겠다고 말한다. 새로운 삶을 찾으려는 맹목의 열정이 그를 추동하는 것이다.

"혓바닥 늘어뜨린 병든 수캐"라는 자기 비하의 부정 의식은 "찬란히 틔워 오는 어느 아침"의 긍정적 이미지와 정면으로 대립된다. 시의 이

슬은 찬란한 아침에 호응하고, 몇 방울의 피는 병든 수캐와 어울린다. 그런데 시인은 시의 이슬에 언제나 몇 방울의 피가 섞여 있다고 썼다. 병든 수캐처럼 헐떡이면서도 무엇인가를 찾아 헤매게 하는 내부의 동력, 그 열정이 피다. 시를 쓰는 것은 '맑은 이슬'의 순수함만으로 되는 것이 아니라 고통스런 자기 번민과 열정의 몸부림, 즉 몇 방울의 피가 포함되어야 가능하다는 것이다. "시의 이슬"에 "몇 방울의 피"가 "언제나 섞여" 있을 때 비로소 찬란한 아침을 물들이는 진정한 시가 창조된다는 것. 이렇게 그는 자기가 가고 있고, 가야 하는, 시인의 길을 선언한 것이다.

이러한 그가 고향으로 내려가 1938년 3월에 결혼을 했지만 그의 방랑은 계속되었다. 1940년 1월 아들을 얻었지만 그의 방랑은 멈추지 않았다. 전라도 일대와 서해를 떠돌다 집에 돌아와 보니 『조선일보』 폐간 기념시를 써 달라는 김기림의 전보가 와 있었다. 시간은 지났지만 감정을 살려 호롱불 밑에서 괴상할 정도로 열심히 썼다고 회고했다. 신문 폐간과 조선어 사용 금지가 그에게 창작의 종언을 가져올 것이라고 예감했기 때문이다. 아무리 방외인으로 떠돌지만 조선어로 시를 쓰는 시인으로서 이러한 위기감을 느끼지 못했을 리 없다. 그가 괴상할 정도로 열심히 써서 발표한 작품이 「행진곡」(『신세기』, 1940. 11)이다.

> 잔치는 끝났더라. 마지막 앉아서 국밥들을 마시고
> 빠알간 불 사르고,
> 재를 남기고,
> 포장을 걷으면 저무는 하늘.
> 일어서서 주인에게 인사를 하자

결국은 조끔씩 취해 가지고
우리 모두 다 놀아가는 사람들.

모가지여
모가지여
모가지여
모가지여

멀리 서 있는 바닷물에선
난타하여 떨어지는 나의 종소리.

—「행진곡」 전문

이 시의 내용은 제목과 반대다. 제목은 '행진곡'인데 내용은 잔치가 끝나서 각자의 길로 돌아가는 쓸쓸한 장면이다. 그는 언어의 일반적 관습에서 벗어나 자신의 마음 내부에서 일어나는 자멸의 행진을 보여 주고자 한 것이다. 남들이 사용하는 상투적인 어법에서 벗어나 반어의 표제를 사용해 종말의 위기감을 표현한 것이다.

첫 행의 "잔치는 끝났더라"라는 회상의 방임형 어사는 모든 것이 끝난 데서 오는 허전한 슬픔을 드러낸다. 이어지는 "마지막"이라는 말은 시 전체의 분위기를 주도한다. 이제 모든 것이 끝난 것이다. 남은 사람들이 마지막 의식처럼 국밥을 들이키고, 빨간 불이 재를 남기고 잦아드는 장면이 종말의 허망함과 생의 숙명적 비애감을 환기한다. 아무리 잔치를 벌이고 빨간 불을 피워도 결국 쓸쓸한 자리로 돌아가는 것이 우리의 삶이며, 아무리 몸부림을 쳐도 혼자의 자리로 돌아가는 것이 인간이라는 뜻이다.

　그다음에 이어지는 네 행의 "모가지여"는 무슨 뜻일까? "간신히 남아 있는 우리들의 모가지여"라는 뜻일까, "떨어져 버린 나의 모가지여"라는 뜻일까? "멀리 서 있는 바닷물"은 서정주의 종말감이 불러낸 독특한 이미지다. 수직으로 서 있는 바닷물은 허망한 잔치의 끝판을 굽어보며 유한과 무한의 세계를 나누는 경계의 표지판 같다. 그 수직의 벽에서 난타하여 떨어지는 나의 종소리가 들려온다. "모가지여 / 모가지여 / 모가지여 / 모가지여"가 그것이다. 여기에는 인간의 종말감과 생존의 위기감이 함께 내포되어 있다.

　이 시를 쓴 후 서정주는 가족을 두고 혼자 만주로 떠났다. 거기서 「무제」, 「민들레꽃」, 「만주에서」 등을 써서 만주라는 공간의 척박함과 질식할 것 같은 강박감을 토로했다. 그러다가 『화사집』이 출간된다는 소식을 듣고 1941년 2월 초에 귀국하여 4월에 고향의 처자를 불러올려 서울 행당동에 전세방을 마련하고 동대문여학교에서 아이들을 가르쳤다. 방랑의 체질을 가진 그가 생활인의 자리로 돌아온 것인데, 이러한 그의 처지에 대해 "무언지 많이 미안하고 불안하고 죄진 것" 같은 느낌을 가졌다고 회고했다.[24] 어울리지 않는 옷을 입은 것 같은 어색함이 그를 누른 것이다. 「민들레꽃」(『삼천리』, 1941. 4)에서 질식할 것 같은 삶을 살 바에야 모든 것을 포기하고 소주처럼 날아올라 허공에 풀어져 버리겠다는 생각을 나타냈던 그에게 일상의 삶은 허망한 것으로 다가왔다. 그러한 의식을 표현한 작품이 「조금」(『춘추』, 1941. 7)이다.

24　『미당 자서전 2』, 민음사, 1994, 91쪽.

우리 그냥 뻘밭으로 기어 다니며
거이[25] 새끼 같은 거나 잡아먹으며
노오란 조금에 취할 것인가.

만나기로 약속했던 정말의 바닷물이
턱밑에 바로 들어왔을 땐
고삐가 안 풀리어 가지 못하고

불기둥처럼 서서 울다간
스스로이 생겨난 며느리발톱.

아아 우리 그냥 꽉꽉하여 땀 흘리며
조금의 오름길에 해와 같이 저물을 뿐
다시는 다시는 만나지 못하리라.

—「조금」 전문

이 시에서 인간의 존재론적 한계를 자인하면서 진정한 만남의 기회
를 놓치고 살 수밖에 없는 인간의 회한을 노래했다. 우리가 산다는 것
은 바닷물이 빠져나간 간조 때 뻘밭을 기어 다니며 게 새끼 같은 거나
잡아먹는 누추하고 비속한 일이라는 것이다. 그렇게 비속한 것이 삶인
데, 우리들은 "노오란 조금에 취하여", 다시 말해 생이 안겨 주는 잠깐
의 쾌락에 마비되어 나날의 삶을 이어가고 있다.

25 '게'의 방언.

정작 비속한 삶에서 벗어날 수 있는 기회가 왔을 때 사람들은 대부분 탈출의 결단을 내리지 못하고 포기하게 된다. 그렇게 기다리던 탈출의 기회가 정말로 찾아왔을 때 새로운 삶을 향해 나아가지 못한 것은 자신이 뿌리를 내린 현실에 대한 미련 때문이다. 그것을 시인은 "고삐가 안 풀리어 가지 못하고"라고 표현했다. 우리들을 붙들고 있는 현실의 끈이 집요하게 탈출을 제어하고 있는 것이다. 게딱지나 주우며 누추한 삶을 살면서도 우리들은 이상 세계에 대한 갈망을 포기하지 못하고 "불기둥처럼 서서 울"며 지낸다. 그런 일이 반복되면서 "며느리발톱"이 저절로 생겨났다. 소망하는 세계를 바라보며 발돋움하고 안간힘 쓰다가 며느리발톱까지 생겨났다는 뜻이다.

　인간은 소망을 포기하고 비루한 현실을 살 수밖에 없다. 마지막 연의 "아아"라는 감탄사는 탈출을 포기하고 팍팍한 삶의 오름길을 힘겹게 걸어가는 인간의 존재론적 한계를 자인하는 탄식이다. 가슴에 쓰라린 회한을 안고 "그냥 팍팍하여 땀 흘리며" 해 저문 길을 걷는 존재가 인간이다. 시집을 내고 교사 노릇을 하고 있지만 자신의 삶이 뻘밭을 기어 다니며 게 새끼나 잡아먹는 비루한 모습임을 고백한 것이다. 이 당시 현실은 전운이 감도는 위기의 상황이었다. 그러나 그는 위의 시에서 보는 것처럼 현실 문제에 별 관심이 없었고 인간 존재 문제에 지속적인 관심을 보였다. 한국시사에서 인간 실존의 문제를 본격적으로 표현한 최초의 시인이 서정주라는 사실을 확인하는 대목이다. 이처럼 그의 시는 추상적 세계에 맞선 자아의 실존적 고민, 거기서 오는 방황과 위기감에 사로잡혀 있었다. 이러한 위기의식의 다음 자리에 친일 작품이 놓이고 해방이 놓인다.

4

일제 말 저항시의
두 표상

1. 저항시의 전범 ― 이육사

1904년 경북 안동에서 퇴계 이황의 14대손으로 태어난 이육사는 당연히 유교적 교양 속에 성장했다. 이것은 그에게 정신적으로는 개결한 선비 정신을, 문학적으로는 균정한 형식미를 갖게 했다. 이육사는 1925년 대구에서 비밀결사를 조직하여 독립운동에 가담하고 1927년 조선은행 대구지점 폭파 사건에 연루되어 피의자로 투옥되었다. 이후 1944년 1월 16일 세상을 떠날 때까지 열여섯 차례 이상의 옥고를 치른 것으로 알려져 있다. 그렇다면 처음 옥고를 치른 24세 때부터 41세로 세상을 떠날 때까지 17년 동안 16 차례가 넘는 옥고를 치른 것이니 그의 일생은 청춘 시절부터 죽음의 그날까지 끊임없는 체포와 투옥과 고문으로 이어진 것임을 알 수 있다. 1943년 4월 베이징에 갔던 이육사는 그해 7월 비밀리에 귀국했다가 서울에서 체포되었다. 그는 베이징으로 압송되어 취조를 받다가 사망했고 가족들에게는 화장된 유해가 전달되었다. 윤동주처럼 정식으로 기소되어 재판을 받고 실형 선고를 받고 옥중에서 병사한 것이 아니라 피의자 상태에서 취조 중에 사망했으니, 이육사는 고문에 희생된 독립운동가라고 해야 옳다.

시인으로서 첫 작품은 1930년 1월에 발표했고, 1935년 이후 한 해에 몇 편씩 시를 발표하다가 1939년과 1940년 두 해 사이에 중요한 작품을 집중적으로 발표했다. 「연보」(1939. 3), 「청포도」(1939. 8), 「절정」(1940. 1), 「반묘」(1940. 3), 「일식」(1940. 5) 「교목」(1940. 7), 「서풍」(1940. 10), 「독백」(1941. 1) 등 그의 중요한 작품들이 이때 집중적으로 발표되었다. 「광야」와 「꽃」은 해방 후 유고로 발표되었다. 이 작품들을 시기순으로 읽으면 이육사의 의식의 변화를 파악할 수 있다.

내 고장 칠월은
청포도가 익어 가는 시절

이 마을 전설이 주저리주저리 열리고
먼 데 하늘이 꿈꾸며 알알이 들어와 박혀

하늘 밑 푸른 바다가 가슴을 열고
흰 돛단배가 곱게 밀려서 오면

내가 바라는 손님은 고달픈 몸으로
청포靑袍를 입고 찾아온다고 했으니

내 그를 맞아 이 포도를 따 먹으면
두 손은 함뿍 적셔도 좋으련

136

아이야 우리 식탁엔 은 쟁반에

하이얀 모시 수건을 마련해 두렴

—「청포도」 전문

1939년 8월 『문장』에 발표된 작품으로 여름의 계절감이 반영된 것을 보면 발표 직전에 지은 것을 짐작할 수 있다. 청포도에 마을의 전설과 하늘이 담겨 있다고 하는 것은 마을의 시간과 공간이 청포도에 압축되어 있다는 뜻이다. 요컨대 청포도는 마을 사람들의 삶의 과정이라든가 희망과 이상까지 포함하는 상징적 사물이다. 우리가 바라는 손님은 푸른 바다의 가슴을 열고 흰 돛단배를 타고 찾아온다고 했다. 아름다운 장면을 배경으로 우리에게 오는 그 손님은 고운 청포를 입었으나 고달픈 몸으로 온다고 했다. 조국 광복의 환희를 가져다 줄 그 손님이 어째서 고달픈 몸으로 찾아오는 것일까? 이것은 독립운동의 고초를 직접 겪은 이육사의 체험에서 우러난 표현이다. 이육사는 우리가 바라는 이상세계가 막연한 기다림만으로 오는 것이 아니라는 사실을 인식하고 있었던 것이다. 이상 세계의 건설을 위해서는 고달픈 자기희생의 과정이 있어야 한다는 삶의 진실을 이 시의 '고달픈'이라는 시어가 함축하고 있다. 행동으로 투쟁한 사람들의 고달픈 자기희생의 과정이 있었기에 청포도의 결실이 가능하다는 사실을 말하고 싶었을 것이다. 이 믿음이 십여 차례의 반복된 옥고와 모진 고문 속에서 그의 육체와 정신을 지켜준 동력일지 모른다.

5연과 6연은 마을의 상징인 포도를 함께 나누는 축제의 장면을 상상한 것이다. 화자는 "두 손은 함뿍 적셔도 좋으련"이라고 앞날에 대한 소망을 이야기하면서 그 성스러운 시간을 맞이하는 자세에 대해 언급했다. 정갈하고 고결한 마음가짐으로 그 축제의 시간을 준비해야 한다고 말했다. "은 쟁반"과 "하이야 모시 수건"은 우리가 지녀야 할 정결한 마음의 자세를 나타낸다. 백색의 정결성은 「광야」에 나오는 "백마 타고 오는 초인"의 이미지와 통한다. 생각해 보면, 정결한 마음으로 가혹한 시대를 견디어 간다는 것은 결코 쉬운 일이 아니다. 그런데 이육사는 아주 당연한 일을 주문하듯이 앞날을 준비하라고 말하고 시를 끝맺었다. 이 평범한 어구 속에 민족의 환한 미래를 염원하는 강인한 의지가 담겨 있음을 알아야 할 것이다.

이로부터 몇 달 후 「절정」(『문장』, 1940. 1)을 발표했다.

> 매운 계절의 채찍에 갈겨
> 마침내 북방으로 휩쓸려 오다
>
> 하늘도 그만 지쳐 끝난 고원
> 서릿발 칼날 진 그 위에 서다
>
> 어디다 무릎을 꿇어야 하나
> 한발 제겨디딜 곳조차 없다
>
> 이러매 눈 감아 생각해 볼밖에
> 겨울은 강철로 된 무지갠가 보다
>
> ―「절정」 전문

이 시는 작은 서사 구조를 포함하고 있다. 매운 계절의 채찍에 갈겨

북방으로 휩쓸려 갔다고 했으니 현실의 시련 때문에 더욱 형편이 안 좋은 곳으로 내몰린 것이다. 현실의 억압이 가중되어 최악의 상황에 직면했다고 볼 수 있다. 하늘도 그만 지쳐 끝났다는 것은 희망이 사라지고 생명이 더욱 위기에 몰린 것을 나타낸다. 「청포도」에서 꿈꾸었던 미래의 풍요로운 시간은 기대할 수 없게 되었다. 더군다나 서릿발이 칼날처럼 날카롭게 돋아 있는 지점에 서 있다고 했으니, 이제는 절망의 단계를 넘어서서 고통의 절정으로 휩쓸려 가는 것이다. 이러한 처절한 상황에 처해 시인은 "어디다 무릎을 꿇어야 하나" 하고 생각한다. 무릎을 꿇는다는 것은 잠시 무릎을 접고 쉴 곳을 찾는다는 뜻이다. 그러나 아무리 주위를 둘러봐도 자신이 몸을 기댈 곳이 없다. "한발 제겨디딜 곳조차 없다"는 말은 그러한 상황을 나타낸다. 여기서 그의 절망과 고통은 더욱 강화된다. 절망과 고통의 절정에서 어디에 의지하거나 쉴 곳도 찾지 못한 자아는 무엇을 할 수 있을까?

절망과 고통의 절정에서 할 수 있는 일은 눈을 감고 생각해 보는 것이다. 육사는 "이러매 눈 감아 생각해 볼밖에"라고 했다. 첫 구의 '이러매'란 자신이 처한 상황을 다시 인식해 보았다는 뜻이다. 이런 가혹한 상황에서는 내면의 사색을 통해 현실을 재구성해 보는 것밖에는 다른 도리가 없다는 뜻이다. 자신의 실제적 힘으로 고통스런 현실을 바꿀 방법이 없을 때 위기에 처한 자아는 상상의 힘으로 현실을 바꾸어 보려 하는 것이다. 그 환상의 내용이 "겨울은 강철로 된 무지개"다. 이육사의 시에서 무지개는 현재의 상황을 다른 세계와 연결해 주는 다리 역할을 하는 것으로 나타난다. 요컨대 무지개는 다른 세계로의 이행을 가능하게 해 주는 공간이다. 전후의 문맥을 고려하여 이 구절을 읽으면, 자신이 처한 암담한 현실도 눈감고 생각하기에 따라서는 무지개가 될 수 있다는 뜻으로 읽힌다. 여기서 무지개는 고통에 갇힌 자아를 다른 세계로 넘어가게 해 주는 공간이다.

그는 고통스러운 현실을 다리로 삼아 다른 세계로 넘어가야 한다고 생각한 것이다. 아무리 환상 속에서지만 그 고통스런 현실이 아름다운 무지개로 떠오를 수는 없었기에 '강철'이라는 차갑고 딱딱한 형상으로 비유한 것이다. 이육사는 겨울로 표상되는 암담한 상황을 자신의 힘으로 감당하기 어려운 강철처럼 견고한 상태로 파악했지만, 그럼에도 불구하고 내면의 의지를 통하여 그것을 밟고 넘어가야 한다고 생각했다. 이 두 갈래의 인식이 교차하면서 "강철로 된 무지개"라는 미묘한 어구를 창조해 낸 것이다.

이로부터 다시 또 몇 달 후 「교목」(『인문평론』, 1940. 7)을 발표했다.

> 푸른 하늘에 닿을 듯이
> 세월에 불타고 우뚝 남아 서서
> 차라리 봄도 꽃 피진 말아라.
>
> 낡은 거미집 휘두르고
> 끝없는 꿈길에 혼자 설레이는
> 마음은 아예 뉘우침 아니리
>
> 검은 그림자 쓸쓸하면
> 마침내 호수 속 깊이 거꾸러져
> 차마 바람도 흔들진 못해라.
>
> ―「교목」 전문

이 시는 「절정」과는 다른 차원의 의지를 시각화한다. 푸른 하늘에 닿을 것처럼 우뚝 서 있는 교목은 세월에 불탄 형상으로 서 있다. 시련과 고난의 세월을 거쳐 온 것이다. 이육사는 교목을 향해 차라리 봄도 꽃 피지 말라고 명령하듯 말한다. 이 명령형에는 육사의 의지가 개입되어 있다. 봄이 왔다고 화려하게 꽃을 피우는 것은 교목이 할 일이 아니다. 상황이 조금 좋아졌다고 우쭐대는 것은 나라를 걱정하는 지사가 할 일이 아니다. 꽃의 거부는 비타협의 강인한 의지를 나타낸다. 이 강경한 의지는 어떤 고난 앞에서도 나라와 운명을 같이하겠다는 지사의 정신 자세에서 나온 것이다.

2연의 교목은 암담한 현실에 놓여 있지만 새로운 세계를 꿈꾸는 마음도 지니고 있다. 그 두 측면 사이에서 현실의 억압에 따른 갈등과 동요가 일어난다. 그것은 인간으로서 어쩔 수 없는 현실이다. 중요한 것은 갈등과 번민이 생길 때마다 그것을 떨쳐내려 애쓰고 뉘우치지 않겠다는 정신의 자세를 가다듬는 일이다. 그것이 더욱 인간적인 것이며 두려움과 뉘우침을 뚫고 솟아나는 의지야말로 진정한 의지다. 이것 또한 그의 행동적 실천에서 얻어진 정직한 자세일 것이다.

이러한 갈등과 동요의 과정을 보여 준 후 3연에서 이육사는 흔들림 없는 정신 자세를 제시했다. 3연은 어두운 상황을 나타낸다. '검은 그림자', '거꾸러져' 같은 시어는 죽음을 연상시킨다. 그러나 죽음이 찾아와도 자신의 정신은 흔들리지 않을 것이라는 결의를 단호히 나타낸다. "차마 바람도 흔들진 못해라"라는 결의는 비장하면서도 강인해 보인다. 이 의지는 정직한 자기 갈등을 거쳐 얻어진 것이기에 바람도 흔들지 못하는 강인함을 갖는다. 한국 현대시사에서 나무의 형상에 자신의 정신세계를 투영하여 이렇게 완벽한 구조로 표현한 예는 찾기 힘들다.

항일독립운동의 구체적 실천에서 솟아난 이육사의 정신이 이러한 구조적 완결성을 이룬 동력이 되었을 것이다.

1941년 이후 이육사의 시는 발표된 것이 없고, 해방 후 유작으로 다음 작품을 만날 수 있다. 이 시는 해방 후 『자유신문』(1945. 12. 17)에 발표되었다.

까마득한 날에
하늘이 처음 열리고
어데 닭 우는 소리 들렸으랴

모든 산맥들이
바다를 연모해 휘달릴 때도
차마 이곳을 범하든 못 하였으리라

끊임없는 광음을
부지런한 계절이 피어선 지고
큰 강물이 비로소 길을 열었다

지금 눈 내리고
매화 향기 홀로 아득하니
내 여기 가난한 노래의 씨를 뿌려라

다시 천고千古의 뒤에
백마 타고 오는 초인이 있어

이 광야에서 목 놓아 부르게 하리라

—「광야」 전문

이육사의 광활한 상상력을 엿볼 수 있는 작품이다. 1연은 '까마득한 날'에 '하늘이 처음 열리던' 천지개벽의 장엄한 순간을 상상했다. 2연은 산맥도 차마 범할 수 없었던 광야의 공간적 신성성을 나타냈다. 요컨대 광야는 시간적으로 무량하고 공간적으로 웅장한 신성한 공간임을 나타 낸 것이다. 3연은 광야에 커다란 역사의 강물이 열리는 장면을 상상했 다. 시인의 상상은 시간적으로는 태초로부터 현재에 이르고 공간적으 로는 드넓은 바다에서 우람한 산맥을 거쳐 역사의 강물이 열리는 웅장 한 규모로 펼쳐졌다. 이처럼 남성적인 웅대한 스케일을 그 시대의 다른 시에서는 찾기 힘들다.

1연에서 3연까지가 과거의 회상이라면 4연은 현재의 상황을 암시적 으로 드러낸 것이다. 때는 겨울이라 눈까지 날리는 상황이지만, 아득한 어느 곳에선가 매화 향기가 미미하게 풍겨온다. 이것은 동결의 상황에 서도 민족의 올바른 정신이 사라지지 않았음을 일깨우는 비밀스러운 신호다. 그는 매화 향기에 호응하여 자신이 지닌 '가난한 노래의 씨'를 뿌린다. 심훈의 「그날이 오면」처럼 우리가 바라는 그날이 오면 우렁찬 노래를 목이 터지게 부를 수 있지만, 지금은 매화 향기 홀로 아득한 겨 울의 암울한 상황이다. 이런 상황에서 취할 수 있는 행동은 '가난한 노 래의 씨'를 뿌리는 것이다. 이것은 마치 만해가 「알 수 없어요」에서 그 칠 줄을 모르고 타는 자신의 가슴을 누구의 밤을 지키는 '약한' 등불이 라고 말한 것과 흡사하다. 씨를 땅에 뿌리는 것은 언젠가는 열매를 거 두기 위함이다. 시인은 미래의 기대를 제시한 것이다. 노래의 씨를 뿌렸으니 언젠가는 노래의 열매가 열릴 것이다.

그런데 시인은 '천고의 뒤'라는 말을 했다. '천고'란 아득한 옛날을 뜻하는 말인데 여기서는 아득한 세월의 흐름을 지칭하는 말로 쓰였다. 육사는 왜 아득한 세월 뒤에 노래의 열매가 맺힌다고 했을까? 여기에도 독립운동에 일생을 바친 육사의 투철한 현실 인식이 담겨 있다. 우리가 바라는 이상 세계가 단시간 내에 이루어지지 않으리라는 것을 이육사는 알고 있었다. 인간의 행복은 단기간에 성취되는 것이 아니며, 이상 세계의 건설을 위해서는 고달픈 자기희생의 과정이 있어야 한다는 것을 그는 실천 속에 깨달았다. 그는 자신의 생전에는 물론이고 자손 대에도 보기 힘든, 결국은 아득한 미지의 세월 속에서나 실현될 이상 세계의 도래를 위해 자신의 신명을 바친 것이다. 자신의 신념을 시로 표현하고, 그것을 행동으로 옮겼다는 점에서 일제강점기 저항시의 전범을 보인 시인이라 할 수 있다.

2. 내성적 저항시 ― 윤동주

윤동주는 이육사와 달리 항일독립운동에 투신한 사실이 없다. 그의 시에는 어려운 시대를 살아간 한 섬세하고 민감한 자아의 번민과 고뇌가 형상화되어 있을 뿐이다. 이러한 표면적 사실만 보면 그를 저항 시인이라고 말하기가 어렵다. 윤동주를 저항 시인이라고 하는 것은 그의 옥사를 근거로 도출된 개념이다. 그가 일본 유학 중 경찰에 체포되어 재판을 받고 옥고를 치르다 옥사하게 된 과정은 송우혜의 『윤동주 평전』에 소상히 밝혀져 있다. 이 기록에 의하면, 윤동주는 당시의 상황에서 치안

유지법에 저촉되는 요소가 분명히 있는 것으로 나타난다. 이육사처럼 구체적인 행동으로는 아니지만, 말과 글을 통해 항일 독립 의식을 드러낸 것이다.

그의 시는 일제 강점하의 상황 속에서 부조리한 현실에 괴로워하며 어둠의 세계에서 순결한 영혼을 지키는 길이 무엇인가를 모색한 내성적 지식인의 고뇌를 보여 준다. 정신을 행동으로 표출하지 못하는 자신의 나약함을 부끄러워하며 그 심정을 정직하게 시로 표현했다. 그런 의미에서 그는 행동으로 저항한 것이 아니라 자신의 고뇌하는 순결한 영혼으로 불의不義한 시대에 저항한 것이다.

윤동주에게 시와 삶은 동질적 차원에서 수용되고 추구되었다. 윤동주는 시를 쓰면 탈고한 날짜를 작품 끝에 적어 두었는데, 이것은 시가 자신의 사색과 행동의 기록이라는 사실을 드러내는 징표다. 그런 의미에서 그의 시는 일기와 같은 것이다. 이런 사실 때문에 윤동주의 시를 창작 시점에 의해 배열해 놓고 순서대로 읽어 가면 사유의 궤적과 태도의 변화가 자연스럽게 드러나게 된다.

쫓아오던 햇빛인데
지금 교회당 꼭대기
십자가에 걸리었습니다.

첨탑이 저렇게도 높은데
어떻게 올라갈 수 있을까요.

종소리도 들려오지 않는데

휘파람이나 불며 서성거리다가,

괴로웠던 사나이,
행복한 예수 그리스도에게
처럼
십자가가 허락된다면

모가지를 드리우고
꽃처럼 피어나는 피를
어두워 가는 하늘 밑에
조용히 흘리겠습니다.

—「십자가」(1941. 5. 31) 전문

시인은 햇빛이 교회당 꼭대기 십자가에 걸려 움직이지 않음을 보고, 첨탑이 저렇게 높은데 내가 어떻게 올라가서 저 햇빛을 만날 수 있겠느냐고 자문한다. 십자가의 숭고하고 심오한 의미를 파악하고 그 뜻을 실천할 수 있을까? 이것이 윤동주의 고민이다. 윤동주는 행동으로 나아가지 못하는 자신의 나약함을 솔직히 드러냈다. 휘파람이나 불며 서성거리는 모습으로 뚜렷한 방향을 찾지 못하고 망설이는 자신의 태도를 드러냈다.

여기에 비해 4연과 5연은 상당히 비약적인 시상을 전개했다. 예수 그리스도에게처럼 십자가가 허락된다면 자신도 의연한 자기희생의 모습을 보여 주겠다는 생각이다. 휘파람이나 불며 서성거리던 자아가 어떻게 이런 생각을 하게 되었는지 그 변화의 계기를 파악할 수 없다. 여하

146

튼 스스로에게 십자가가 허락된다면 그는 "모가지를 드리우고 / 꽃처럼 피어나는 피를 / 어두워 가는 하늘 밑에 / 조용히 흘리겠습니다"라고 노래했다. 이것은 의연한 자기희생의 장면이다. 그런데 이 장면은 어두워 가는 하늘 밑에 조용히 흘리겠다는 어두운 하강의 심상으로 제시되어 있다. 여기에는 십자가를 향해 올라가지 못하고 서성이던 나약한 자아의 모습이 투영되어 있다. 스스로 택한 죽음이 꽃처럼 피어나기를 바라는 것은 윤동주의 소망이지만, 현실적 차원에서는 어두워 가는 하늘 밑에 조용히 피를 흘리는 결과밖에 되지 않으리라는 불안감이 표현된 것이다. 그럼에도 불구하고 그는 시적인 상상 속에서나마 예수처럼 자기 한 몸을 희생하여 민족의 구원이 올 수 없을까 염원해 본 것이다.

이런 시를 쓴 다음 여름방학을 맞게 되고 윤동주는 고향의 본가에 돌아온다. 졸업을 앞둔 마지막 방학이기에 여러 가지 상념이 많았을 것이다. 방학을 끝낸 다음 그가 쓴 시가 「또 다른 고향」이다.

고향에 돌아온 날 밤에
내 백골이 따라와 한방에 누웠다.

어둔 방은 우주로 통하고
하늘에선가 소리처럼 바람이 불어온다.

어둠 속에 곱게 풍화작용하는
백골을 들여다보며
눈물짓는 것이 내가 우는 것이냐
백골이 우는 것이냐

아름다운 혼이 우는 것이냐

지조 높은 개는
밤을 새워 어둠을 짖는다.

어둠을 짖는 개는
나를 쫓는 것일 게다.

가자 가자
쫓기우는 사람처럼 가자
백골 몰래
아름다운 또 다른 고향에 가자.

— 「또 다른 고향」(1941. 9) 전문

　시인은 자신이 누운 방이 우주와 통하며 하늘에서 바람이 불어온다고 말했다. '바람'은 방 안에 있는 자아를 외부 세계와 연결해 주는 매개체다. 화자는 밀폐된 방에 누워 있지만 바람을 통해 세계와 연결되기에 '어둔 방은 우주로 통한다'고 말한다. 그러나 역사와 민족을 향해 나아가는 자신의 태도가 아직 완전히 정립된 것은 아니다. 그의 내부에는 행동과 실천에 대한 망설임과 번민이 도사리고 있다. 이것이 이 시에서 자아의 분열 양태로 나타난다.
　이 시에서 '백골'과 '아름다운 혼'은 의미상 대립 관계에 있다. '백골'은 외부의 자극에 눈을 감은 채 어둠 속에 누워 있는 소심한 자아의 모습을 나타내고, '아름다운 혼'은 역사의식과 민족의식을 자각하고 실천의 대열로 나아가려는 자아를 나타낸다. 시인은 백골의 자리에서 아름다운 혼의 자리로 나아가려고 하지만, 현재의 상황에 안주하고 싶어 하는 내심의 욕구가 그러한 자아의 전환을 쉽사리 허락하지 않는다. 이러한 망설임과 번민 속에 들려오는 개 짖는 소리는 자아의 결단을 촉구하는 자극제 역할을 한다. 시인은 개 짖는 소리를 듣고, 그 개를 지조 높은 개라고 상상한다. 지조 높은 개가 어둠을 몰아내려 밤새 짖듯이 소심한 나를 일깨워 역사의 전면에 서도록 요청하는 것이라고 시인은 생각한 것이다.

'백골'과 '아름다운 혼' 사이에서 갈등을 일으키던 '나'는 비로소 현실에 안주하려는 일상적 자아의 손길을 물리치고 실천적인 이상적 자아의 자리로 이행해 가려고 한다. 그러나 그 이행을 위한 결단이 아직은 전적으로 능동적인 것이 아니기에 "백골 몰래" "쫓기우는 사람처럼 가자"라고 표현했다. 이런 표현의 세부에서도 윤동주의 섬세하고 정직한 품성이 드러난다.

> 파란 녹이 낀 구리거울 속에
> 내 얼굴이 남아 있는 것은
> 어느 왕조의 유물이기에
> 이다지도 욕될까.
>
> 나는 나의 참회의 글을 한 줄에 줄이자.
> ── 만 이십사 년 일 개월을
>   무슨 기쁨을 바라 살아왔던가.

내일이나 모레나 그 어느 즐거운 날에

나는 또 한 줄의 참회록을 써야 한다.

—그때 그 젊은 나이에

　왜 그런 부끄런 고백을 했던가.

밤이면 밤마다 나의 거울을

손바닥으로 발바닥으로 닦아 보자.

그러면 어느 운석 밑으로 홀로 걸어가는

슬픈 사람의 뒷모양이

거울 속에 나타나온다.

—「참회록」(1942. 1. 24) 전문

　이 시에는 일본 유학 때문에 창씨개명을 한 윤동주의 굴욕감이 개재해 있다. 당시 창씨개명 제도에 의해 자신의 이름을 일본식 이름으로 바꾸어야 현해탄을 건널 수 있는 허가서를 발급해 주었다. 이러한 사정은 송우혜의 『윤동주평전』에 상세히 밝혀져 있다. 윤동주가 연희전문에 일본식으로 개명한 이름을 제출한 날짜가 1942년 1월 29일로 되어 있으니, 이 시를 쓴 닷새 후다.

　시인은 자신의 얼굴이 '파란 녹이 낀 구리거울' 속에 남아 있다고 말했다. 이것은 시대의 어둠 때문에 자신의 올바른 모습을 제대로 파악할 수 없다는 의미를 나타낸 것이다. 자신이 어떤 존재인지, 어떻게 살아가야 옳은 것인지 참모습을 알 수 없다는 뜻이다. 시인은 자신이 살아온 24년 1개월 동안의 과정이 욕되고 부끄러운 삶이었음을 간접적으로 토로했다. 그래서 미래의 어느 즐거운 날 또 한 줄의 참회록을 써야 한다고 말했다. 이 대목도 윤동주의 정직성을 극명하게 드러내는 부분이다.

시인은 의식의 혼란 속에 자신의 본모습을 파악하기 위한 노력을 전심으로 벌인다. 그러나 안타깝게도 거울에 나타난 자신의 모습은 상당히 우울하고 적막하다. 운석 밑으로 홀로 걸어가는 슬픈 사람의 뒷모양이 나타난 것이다. 자신이 바라던 일본 유학을 위해 굴욕적인 개명을 한 25세의 젊은이는 청운의 꿈을 그린 것이 아니라 오히려 자신의 고립과 죽음의 영상을 새겨 넣었다. 자기가 택한 길이 오히려 욕된 길이며 스스로를 끝없는 나락으로 침전시키는 것이 아닌가 하는 회의와 절망이 강하게 솟아오른 것이다. 우리는 윤동주의 괴로움이 가득 담긴 이 시에서 그의 의로움과 정직함을 본다. 그의 의로움과 정직함이 다시 순결한 영혼의 불꽃으로 타오른 것은 1942년 6월 동경의 하숙방에서였다.

창밖에 밤비가 속살거려
육첩방六疊房은 남의 나라,

시인이란 슬픈 천명인 줄 알면서도
한 줄 시를 적어 볼까.

땀내와 사랑내 포근히 품긴
보내 주신 학비 봉투를 받아

대학 노트를 끼고

늙은 교수의 강의 들으러 간다.

생각해 보면 어린 때 동무를
하나, 둘, 죄다 잃어버리고

나는 무얼 바라
나는 다만, 홀로 침전하는 것일까?

인생은 살기 어렵다는데
시가 이렇게 쉽게 씌어지는 것은
부끄러운 일이다.

육첩방은 남의 나라
창밖에 밤비가 속살거리는데,

등불을 밝혀 어둠을 조금 내몰고,
시대처럼 올 아침을 기다리는 최후의 나,

나는 나에게 작은 손을 내밀어
눈물과 위안으로 잡는 최초의 악수.

—「쉽게 씌어진 시」(1942.6.3) 전문

시인이 동경 릿쿄대학 영문과에 다니고 있던 1학기의 초여름 비 오
는 밤에 쓴 시다. 이 시는 우리가 읽을 수 있는 그의 마지막 작품이다.

이 시의 첫 연에 나오는 "육첩방六疊房은 남의 나라"라는 말은 매우 심각한 의미를 담고 있다. 대동아공영권을 내세우고 내선일체를 부르짖으며 성전에의 참여를 독려하던 당시 상황에서 군국주의 식민 통치국 일본의 수도 한 하숙방에서 윤동주는 이 땅이 절대로 내 나라가 될 수 없다는 확고한 의지를 표명한 것이다. 이 말은 혁명적인 발언이다.

시인은 그다음에 일상적 사실들을 자상한 어조로 열거해 간 後 다시 "육첩방은 남의 나라"라는 말을 되풀이한다. 이 시행의 반복은 시인이 정말 하고 싶은 말을 하려는 포석이다. 그는 자신이 추구해야 할 미래의 지표를 제시한 것이다. 그의 시의 자아는 그때까지 합일되지 못하고 분열의 양상을 보여 왔다. 우물 속의 자기 자신을 들여다보며 그것을 미워하고 가엾어 하고 그리워하다가 다시 미워하는 모습(「자화상」), 십자가로 오르지 못하고 휘파람이나 불며 서성이던 자아와 십자가가 허락된다면 피를 흘리고 희생하겠다는 자아의 분열(「십자가」), 자신의 일상의 나약한 자아인 백골과 이상적 자아인 아름다운 혼 사이의 갈등(「또 다른 고향」), 거울에 비친 자신의 모습을 어느 왕조의 욕된 유물로 보고 자신의 참된 모습을 찾으려는 내적 갈등(「참회록」) 등은 모두 자아의 분열과 갈등을 나타내는 양태들이다.

이렇게 분열과 갈등을 일으키던 두 개의 자아가 여기서 비로소 화합을 이루게 된다. 시인은 이 장면을 "눈물과 위안으로 나누는 최초의 악수"라고 표현했다. 화합을 이룩한 자신의 모습을 '어둠을 조금 내몰고 아침을 기다리는 최후의 나'로 표현하였다. 역사와 민족의 의미를 자각하고 세계의 요구를 정면으로 수용한 나의 모습은 결국 시인이 도달해야 할 마지막 단계에 속하는 것이기에 '최후의 나'라고 시인은 말했다. 이것은 스스로의 자각과 인식에 의해 획득된 것이기에 자아의 갈등을 유발하지 않는다. 백골과 아름다운 혼의 분리가 일어나지 않는 것이다. 갈등을 일으키던 두 개의 자아가 하나가 되면서 윤동주는 오롯한 한 사람의 민족 시인으로 서게 된 것이다. 이후 윤동주가 쓴 작품들은 체포와 함께 압수되어 기소를 위한 증거 자료로 사용되고 모두 사라지고 말았다. 하나의 자아로 완성된 그의 시가 어떠한 것일지 궁금하기 그지없지만, 우리는 이 작품을 통해 그의 마지막 모습을 유추해 볼 뿐이다.

5

민족의 시련과 서정시의 변화

— 8·15해방에서 6·25까지

1. 해방과 분단, 그리고 전쟁

1945년 8월 15일 일본의 항복 선언으로 한국[26]은 해방이 되었다. 그러나 천황의 항복 발표 방송이 나왔을 때 그 내용을 제대로 이해한 한국인은 거의 없었다. 녹음 상태가 좋지 않았고 관용 일본어를 이해할 수 있는 한국인이 드물었기 때문이다. 일본 패전의 분위기를 미리 파악한 한국인도 거의 없었다. 함석헌의 표현대로 우리 민족에게 해방은 도적처럼 갑자기 찾아왔다. 이튿날 조선건국준비위원회 위원장을 맡은 여운형의 연설을 통해 해방을 확인한 사람들이 비로소 독립 만세를 외쳤다. 감격의 기쁨으로 태극기를 흔들며 맞이한 해방이 국토의 분단, 민족

26　앞에서도 명칭 문제를 거론한 적 있는데, 해방이 된 우리나라를 무엇이라고 지칭할 것인가가 문제다. 흔히 '식민지 조선'이라는 말을 쓰는데, 이 명칭은 아주 잘못된 것이다. 앞에서 설명한 것처럼 1897년에 대한제국이 수립됨으로써 조선이라는 국호는 폐기된 것인데, 1910년 일본이 대한제국의 영토를 병합하면서 과거의 명칭을 되살려 '조선총독부'를 설치하고 우리나라를 '조선'이라고 칭했다. '식민지 조선'이라는 말은 여기서 유래한 것이다. 1919년 4월 상해에서 수립된 임시정부의 국호는 '대한민국'이었고, 1948년 7월 12일에 제정하고 17일에 공포한 대한민국 헌법 전문에 "기미 삼일운동으로 대한민국을 건립하여 세계에 선포한 위대한 독립 정신을 계승하여"라는 말이 나온다. 이 말은 대한민국임시정부의 독립 정신을 계승한다는 뜻이다. 이런 이유에서 나는 의도적으로 우리나라를 '한국', 우리나라 사람은 '한국인'이라는 명칭을 쓰고자 한다.

의 분열, 동족 간의 전쟁으로 이어지리라 예측한 사람은 단 한 사람도 없었다. 해방도, 분단도, 전쟁도, 도적처럼 나타난 것이다.

해방 다음날부터 정치 세력은 자기들 조직의 간판을 내걸기 시작했다. 일제 말 총독부의 영화 관련 업무를 도와주며 조용히 지내던 임화는 해방이 되자마자 신속히 활동을 재개하여 1945년 8월 16일 '조선문학건설본부'를 결성했다. 이 단체는 출범 당시 계급성을 거의 드러내지 않고 전조선 문화인과 예술인의 통합을 강조했다. 이보다 한 달 뒤인 9월 17일에 '조선프롤레타리아문학동맹'이 결성되었는데, 이 단체는 처음부터 프롤레타리아 계급성을 강하게 내세웠고, 프롤레타리아 문학 건설을 강령으로 제시했다.

좌파의 두 문학 단체는 1945년 12월 13일 합동 총회를 개최함으로써 실제적인 통합이 이루어졌다. 1946년 2월 8일과 9일 이틀간 열린 제1회 전국문학자대회에서 통합 단체인 '조선문학가동맹'이 정식으로 발족되고, 홍명희가 위원장을, 이태준·이기영·한설야가 부위원장을 맡았다. 이 통합 단체는 대중적 결집을 일차 목표로 삼았기 때문에 계급적 성격을 배제하고 일제 잔재 소탕과 봉건주의 청산을 목표로 내세웠다. 남로당의 전략 노선인 인민에 기초를 둔 민주주의 건설을 일차 목표로 삼은 것이다.

그러나 1946년 10월 북쪽에서 '북조선문학예술총동맹'이 결성되고 이념의 선명성에 대해 '조선문학가동맹'의 정체성을 비판하자, 임화도 1947년부터 노동계급 중심의 민족문학론을 내놓게 된다. '조선문학가동맹'의 기관지 『문학』은 1호(1946. 7) 창간사에서 봉건 잔재, 일제 잔재 청산을 기본 강령으로 내세웠다. 그러나 3호(1947. 4) 권두언에 「문학주의와의 투쟁」을 싣고, 임화가 「민족 문학의 이념과 문학 운동의 사상적 통일을 위하여」를 발표하여 문학 운동의 정치성과 계급성을 뚜렷이 내세우게 된다. 이러한 노선의 변화를 세밀하게 파악해야 이 시대 문학 현상을 제대로 이해할 수 있다.

우파 문학 단체인 '중앙문화협회'가 결성된 것은 '조선문학건설본부'가 결성된 지 한 달이 지난 1945년 9월 18일이다. 지식인 그룹의 해외 문학파가 중심이 되어 문화 출판 운동을 전개한다는 목표를 설정하고 출범했다. 좌파의 조직화에 위기의식을 느낀 우파 문학인들은 좌파가 이미 조직 정비를 끝낸 1946년 3월 13일에 '전조선문필가협회'를 결성하고, 회장에 정인보, 부회장에 박종화를 선출했다. 행동에 앞장설 전위적 조직체가 필요하다는 요청에 의해 4월 4일 '조선청년문학가협회'가 결성되고, 김동리가 회장으로 선출되었다. 이 단체의 중심 강령은 "일체의 공식적 예속적 경향을 배격하고 진정한 문학 정신을 옹호함"인데, 이 강령은 이후 김동리의 본령정계本領正系의 문학, 휴머니즘 문학으로 이어져 우파 순수문학론의 이념적 기반이 된다.

좌파의 조직화가 매우 빨랐던 것처럼, 군대의 주둔도 미군보다 소련군이 앞섰다. 한반도 국경에 인접해 있던 소련군은 8월 9일 함경북도에 진입하여 일본이 항복을 선언한 15일에 청진까지 남하했다. 8월 21일부터 본격적인 점령 활동을 전개하여 28일에는 38선 이북의 지역을 거의 다 점령했다. 여기에 비해 오키나와에 있던 미군이 인천에 상륙한 것은 9월 8일이고, 10월 하순이 되어서야 38선 이남 지역을 장악할 수 있었다. 소련군과 미군의 한반도 주둔에 이미 두 달의 차이가 난 것이다.

38선 이북에 소련군이 정착한 1945년 9월 19일 34세의 김일성이 소련군 대위 군복을 입고 원산항에 들어왔다. 3일 후 평양에 도착한 그는 그로부터 한 달도 안 된 10월 14일 평양시민 환영 대회에 장군으로 소개되어 독립운동의 영웅으로 갈채를 받았다. 38선 이남에서 조선공산당을 이끌던 박헌영에 맞서 북한은 그해 12월 북조선공산당을 세우고 김일성을 책임비서로 선출했다. 이때 이미 민족 분단은 시작된 것이고, 소련에 의한 한반도 공산화 정책이 추진된 것이다.

소련 군정의 적극적이고 조직적인 지원 아래 김일성은 1946년 3월 북조선노동당 실권자가 되어 공산주의 정책을 본격적으로 집행했다. 가장 먼저 시행한 것이 토지개혁이었다. 무상몰수와 무상분배 원칙에 따라 지주들의 토지가 몰수되고 농민들에게 경작권이 분배되었다. 이 것은 어떤 강력한 정부도 시행하기 힘든 일인데, 이것을 완수했다는 것 은 38선 이북에 이미 강력한 정권이 수립되었다는 사실을 의미한다. 1946년 후반이 되면 김일성은 북한의 권력을 완전히 장악하여 제1인자의 자리에 오르게 된다. 1946년 10월 1일 평양에 자신의 이름을 내세운 김일성대학을 설립한 것을 보아도 북한에서의 그의 위상을 충분히 짐작할 수 있다. 재산을 몰수당한 지주와 공산주의에 반대하는 사람들은 1946년 3월부터 1947년 말까지 여러 경로를 통해 월남했다. 북한은 반대 세력이 사라진 정치적 안정 속에 1947년 2월 정식 정부나 다름없는 북조선임시인민위원회를 발족하고 김일성이 위원장이 되었다. 이 시기에 이주한 월남민들의 수는 대체로 100만 명 정도로 추산되는데 당시 북한 주민의 10%에 해당한다.

여기에 비해 남한의 미군정은 시행착오를 거듭하여 대중의 지지를 얻지 못했다. 박헌영이 주도하는 조선공산당은 데모와 테러 등 지하공작을 연이어 전개했고, 자유민주주의 세력은 사분오열되어 구심점을 찾지 못했다. 이러한 사회의 혼란 속에 친일 분자와 지주 세력을 숙청하고 토지개혁에 성공했다는 북한의 소식이 꿈결처럼 들려왔다. 남한 사회에 환멸을 느낀 지식인들이 북쪽으로 넘어갔고, 지하운동을 계속하던 좌파 세력도 미군정의 탄압을 피해 월북했다. 그러는 사이에 유엔 위원단에 의해 남한의 총선거가 행해지고, 1948년 8월 15일 대한민국 정부가 수립되었다. 그 이전에 이미 대한민국보다 더 강력한 정부 체제를 갖추고 있던 북한은 9월 9일 조선민주주의인민공화국 수립을 선포하고, 김일성이 내각 수상이 되었다. 이로써 남북은 38도선을 분계선으로 하는 두 개의 국가로 분리되었다.

그러나 북한의 한반도 공산화 통일 전략은 멈추지 않았다. 1949년부터 박헌영과 함께 소련의 스탈린 접촉을 시도한 김일성은 1950년 4월 이후 스탈린의 승인과 모택동의 동의를 얻어 1950년 6월 25일 새벽 4시 남침 전쟁을 일으켰다. 폭력을 동원해서라도 목적을 이루려고 하는 북한의 노선이 가장 불행한 방법으로 표출된 것이 6·25전쟁이다. 소련의 무력 지원을 받아 남쪽에 총부리를 겨누고 조국 해방 전쟁을 시작한 것이다. 말만 앞선 이승만 정부는 전쟁만 나면 점심은 평양에서 먹고 저녁은 신의주에서 먹는다고 큰소리쳤지만, 막상 전쟁이 터지자 4일 만에 서울이 점령되고 3개월 만에 경상도 일부를 제외한 전국이 북한군에게 장악되었다.

낙동강 전선을 중심으로 북한군과 대치되어 있던 1950년 8월 15일 서울에서 『조선인민보』 해방 기념호가 간행되었다. 제1면에 소련 스탈린 대원수의 사진과 김일성 수상의 사진이 같은 크기로 전면 배치되고, "위대한 소련 군대의 무력에 의하여 일본제국주의식민지통치로부터 조선해방 8·15 5주년 기념 만세"라는 격문이 신문 상단 헤드라인으로 제시되어 있다. 같은 날 평양에서 간행된 『노동신문』에도 같은 형식의 기사가 배치되어 있고, 스탈린 대원수 각하에게 보내는 김일성의 감사의 담화문이 실려 있다.[27] 이것은 해방과 마찬가지로 현재 진행되는 전쟁의 승리도 위대한 소련 군대의 무력 지원에 의해 이룩된 것임을 표명한 것이다. 지금은 소련의 기밀문서가 공개됨으로써 북한의 남침 전쟁이 소련의 지원에 의한 것임을 다 알 수 있게 되었다.

6·25를 일반적인 자료로 말하면, 1950년 6월 25일에 시작되어 1953년 7월 27일 휴전에 이르기까지 한반도 전역에서 일어난 전쟁으로, 처음에는 민족 전쟁으로 시작했지만 국제적 대리전으로 확대되었으며, 실종자 포함한 남북한 인명 피해 약 300만 명[28], 이산가족 1,000만 명, 생산 시설 50% 파괴, 국민총생산 15% 감소 등의 수치로 요약된다. 그러나 전쟁을 겪은 한국인들에게 이 전쟁은 숫자로는 도저히 환산할 수 없는, 다시 떠올리기조차 싫은, 참으로 참혹하고 끔찍한 동족 간의 학살전으로 각인되어 있다. 인민 해방이라는 이념을 앞세운 전쟁이었기에 상호 보복에 의한 인명 살상이 많았다. 그리하여 6·25는 깊은 후유증을 남긴 민족의 참화, 죄의식의 심연으로 자리 잡고 있다.

2. 해방기의 혼란과 시의 두 흐름

해방 후의 혼란 속에서 문인들도 지각하지 못하는 사이에 문단은 좌우 두 패로 갈렸다. 기대와 우려가 교차하는 가운데 어디에도 소속되지 못한 다수의 문인들은 암중모색의 시간을 보내며 소극적인 작품 활동을

27　정진석, 『전쟁기의 언론과 문학』, 소명출판, 2012, 123~124쪽.
28　이규상 엮음, 『끝나지 않은 전쟁 6·25』, 눈빛, 2020, 396쪽.

전개했다. 이 시기에 작품 활동을 활발히 한 사람들은 좌파에 속한 시인들이다. 그들은 나아갈 방향이 뚜렷했고 작품을 쓸 소재가 정해져 있었기 때문에 창작에 적극성을 보였다. 새나라 건설의 의지를 표명하거나, 군중 행사와 관련된 선동적 성격의 시를 쓰거나, 당시의 정세를 비판하는 내용의 작품을 발표했다. 그 대표적 인물이 임화, 권환, 박세영, 이용악, 오장환 등이다.

그들은 해방 뒤에도 사람들이 바라던 진정한 자유와 평등의 사회가 오지 않았음을 개탄하며, 그것이 남한에 진주한 미군 및 외세와 영합한 자본주의 세력 탓이라고 보고, 적대 세력에 대한 분노와 증오의 감정을 강하게 표출했다. 또 한편으로는 미군정이 통치하는 현실 상황을 격앙된 어조로 비판하고, 적들과의 싸움에 동참할 것을 선동적인 어조로 호소하며, 승리의 그날이 머지않았음을 대중들에게 널리 알렸다. 그리고 부분적으로는 이러한 현실 변혁 운동에 참여하고 있는 자신의 소시민적 나약함을 비판한다든가, 자신의 투쟁 의지를 스스로 가다듬는 내용을 시로 표현했다.

이들의 시는 현실의 변혁과 투쟁 의식 고취가 목적이었으므로 문학적 형상화는 이차적인 것이었다. 그럼에도 불구하고 투쟁적 사상성과 문학적 형상성을 나름대로 결합시키고자 노력한 자취가 몇 작품에서 발견된다. 이용악의 「기관구에서」, 오장환의 「병든 서울」, 유진오의 「이대로 가자」와 「조국과 함께」, 여상현의 「영산강」, 설정식의 「제신諸神의 분노」 등을 예로 들 수 있다. 특히 「제신의 분노」(『문학』, 1948. 7)는 구약성서의 모티프를 활용하여 예언자적인 장엄한 어조로 당시의 현실을 비판하는 특이함을 보였다. 설정식은 연희전문과 미국 유학을 마친 인텔리로, 해방 후에 미 군정청 공보처 여론국장을 지내고 조선공산당에 입당한 특이한 경력의 소유자다.

동생의 목에 칼을 대는 가자의 무리들

배고파 견디다 못하여 쓰러진

가난한 사람들의 허리를 밟고 지나가는 다마스커스의 무리들아

네가 어질고 착한 인민의

밀과 보리를 빼앗아

대리석 기둥을 세울지라도

너는 거기 삼대를 누리지 못하리니

내 밤에

오리온성좌를 거두고

낮에는 둥근 암흑을 솟게 하리며

보고도 모르는 쓸데없는

너희들 눈을 멀게 하기 위하여

가자 성에 불을 지르리라

옳고 또 쉬운 진리를

두려운 사자라 피하여

베델의 제단 위에 숨어 도리어

거기서 애비와 자식이

한 처녀의 감초인 살에 손을 대고

또 그 처녀를 이방인에게 제물로 공양한다면

내 하늘에서 다시

모래비를 내리게 할 것이요

내리게 하지 않아도 나보다 더 큰 진리가

모래비가 되리니

그때에

네 손바닥과 발바닥에 창미瘡糜가 끼고

네 포도원은 백사지白沙地가 되리니

그러므로

헛된 수고로 혀를 간사케 하고 또 돈을 모으려 하지 말며

이방인이 주는 꿀을 핥지 말고

원래의 머리와 가슴으로 돌아가

그리로 하여 가난하고 또 의로운 인민의 뒤를 따라

사마리아 산에 올라 울고 또 뉘우치라

—「제신의 분노」부분

    좌파의 경직된 시가 성행한 것과는 별도로 일제강점기부터 활동하던 시인들의 시집이나 유고집이 이 시기에 간행되었다. 박목월 등의 『청록집』(1946. 6), 신석초의 『석초 시집』(1946. 6), 이육사의 『육사 시집』(1946. 10), 김광균의 『기항지』(1947. 5), 유치환의 『생명의 서』(1947. 6)와 『울릉도』(1948. 9), 신석정의 『슬픈 목가』(1947. 7), 윤동주의 『하늘과 바람과 별과 시』(1948. 1), 서정주의 『귀촉도』(1948. 4) 등이 간행되었는데, 이 시집들은 그 형식과 정서면에서 해방 후 민족문학 계열 시의 구심점 역할을 했다.

    이러한 해방 후의 혼란상을 배경으로 발표한 신석정의 「꽃덤불」(『신

문학』, 1946. 6)은 다른 어느 작품보다도 당시의 정황을 잘 나타내며 현실의 암울함과 미래에 대한 막연한 기대를 솔직하게 표현한 시라고 할 수 있다.

태양을 의논하는 거룩한 이야기는
항상 태양을 등진 곳에서만 비롯하였다.

달빛이 흡사 비 오듯 쏟아지는 밤에도
우리는 헐어진 성터를 헤매이면서
언제 참으로 그 언제 우리 하늘에
오롯한 태양을 모시겠느냐고
가슴을 쥐어뜯으며 이야기하며 이야기하며
가슴을 쥐어뜯지 않았느냐?

그러는 동안에 영영 잃어버린 벗도 있다.
그러는 동안에 멀리 떠나버린 벗도 있다.
그러는 동안에 몸을 팔아버린 벗도 있다.
그러는 동안에 맘을 팔아버린 벗도 있다.

그러는 동안에 드디어 서른여섯 해가 지나갔다.

다시 우러러보는 이 하늘에
겨울밤 달이 아직도 차거니
오는 봄엔 분수처럼 쏟아지는 태양을 안고

그 어느 언덕 꽃덤불에 아늑히 안겨 보리라.

—「꽃덤불」 전문

1연에 두 차례 나오는 '태양'은 같은 말을 서로 다른 의미로 사용하여 시상의 변화를 도모했다. 일제 강점의 상황에서 조국 광복을 말하는 일은 언제나 남이 보지 않는 어두운 곳에서 비밀스럽게 이루어졌음을 역설의 화법으로 표현했다. 2연의 '밤'과 '헐어진 성터'는 일제강점기의 시대적 상황에 대한 비유로, 암울함과 탄압으로 얼룩진 민족의 현실을 대변한다. 암울한 어둠 속에서 태양을 향한 열망이 더욱 강하게 끓어오르고, 언젠가는 진정한 해방을 맞이하게 될 것이라고 울분에 찬 마음으로 몇 번이나 다짐을 했다는 사실을 강조했다.

이 시에서 가장 인상적인 대목은 3연이다. 점층적 구성으로 몇 개의 단어만 바꾸어서 일제강점기의 인물 군상을 요약했는데, 그 네 행 속에 시련의 시대를 살아간 다양한 인물 군상이 압축적으로 제시되고, 그를 통해 시대의 비극성이 선명하게 표출된다. 조국 광복 운동에 투신하여 목숨을 잃은 벗, 멀리 유랑의 길을 떠나 해외로 망명해 버린 벗, 일제의 압력으로 어쩔 수 없이 친일의 길을 걸은 벗, 아예 정신까지 팔아 버려 일제와 야합한 무리들을 나열했다. 그들을 모두 벗이라고 지칭한 데서 해방 공간의 화해적 분위기 속에 과거의 상처를 포용하려는 태도를 엿볼 수 있다.

36년간의 압제가 끝나고 그토록 고대하던 해방을 맞았다. 그러나 시인은 현실의 상황을 여전히 '겨울'로 인식하고 있다. "분수처럼 쏟아지는 태양"은 아직 뜨지 않았고 "겨울밤 달이 아직도" 차갑게 비치고 있는 상황이다. 여러 가지 해결해야 할 과제를 두고 혼란과 대립이 계속되고 있는 것이다. 시인은 해방의 기쁨에 도취되지 말고 현실을 제대로 바라볼 것을 권유하는 듯하다. 그래도 시인은 '다가오는 봄'에 "꽃덤불에 아늑히 안겨" 보겠다는 소망을 제시하면서 시를 끝맺고 있다. 목가적 전원시인으로 알려진 신석정 시인의 현실 인식과 역사의식을 확인할 수 있는 작품이다.

'조선문학가동맹'은 1946년 해방 기념 조선문학상을 시상하기로 하고 심사를 진행하였다. 최종 수상작은 이태준의 소설 「해방전후」로 결정되었지만, 시 부문에 오장환의 「병든 서울」(『상아탑』, 1945. 12)과 이용악의 「오월에의 노래」(『문학』, 1946. 7)가 후보로 올라가 오장환의 「병든 서울」이 시 부문 최종 후보작으로 추천되었다. 오장환의 시가 낡은 자기 자신에 대한 투쟁이라는 주제를 시의 내용과 형식의 결합으로 새롭게 구현하고 있는 데 비해, 이용악의 시는 동일한 주제를 표현하되 내용과 형식이 유리된 상태를 보이고 있다고 평가했다. 이 두 편의 시를 비교해 보면, 이 시기에 '조선문학가동맹'이 염두에 둔 시의 방향을 짐작할 수 있다. 우선 길이에서 오장환의 시는 9연 72행의 장시 형식을 취하고 있고 이용악의 시는 4연의 짧은 산문시 형식을 취하고 있어, 작품의 착상과 기획에서 큰 차이가 남을 알 수 있다.

8월 15일 밤에 나는 병원에서 울었다.
너희들은 다 같은 기쁨에
내가 운 줄 알지만 그것은 새빨간 거짓말이다.
일본 천황의 방송도,
기쁨에 넘치는 소문도,
내게는 곧이가 들리지 않았다.

나는 그저 병든 탕아로

홀어머니 앞에서 죽는 것이 부끄럽고 원통하였다.

(중략)

병든 서울, 아름다운, 그리고 미칠 것 같은 나의 서울아

네 품에 아무리 춤추는 바보와 술 취한 망종이 다시 끓어도

나는 또 보았다.

우리들 인민의 이름으로 씩씩한 새 나라를 세우려 힘쓰는 이들을⋯⋯

그리고 나는 외친다.

우리 모든 인민의 이름으로

우리네 인민의 공통된 행복을 위하여

우리들은 얼마나 이것을 바라는 것이냐.

아, 인민의 힘으로 되는 새 나라

8월 15일, 9월 15일,

아니, 삼백예순날

나는 죽기가 싫다고 몸부림치면서 울겠다.

너희들은 모두 다 내가

시골구석에서 자식 땜에 아주 상해 버린 홀어머니만을 위하여 우는 줄

아느냐.

아니다, 아니다. 나는 보고 싶으다.

큰물이 지나간 서울의 하늘아

그때는 맑게 개인 하늘에

젊은이의 그리는 씩씩한 꿈들이 흰 구름처럼 떠도는 것을……

(중략)

그러나 나는 이처럼 살았다.

그리고 나의 반항은 잠시 끝났다.

아 그동안 슬픔에 울기만 하여 이냥 질척거리는 내 눈

아 그동안 독한 술과 끝없는 비굴과 절망에 문드러진 내 쓸개

내 눈깔을 뽑아 버리랴, 내 쓸개를 잡아떼어 길거리에 팽개치랴.

—「병든 서울」부분

병든 탕아로 병원에서 죽어 가다가 해방의 소식을 듣고 울음을 터트리고 거리로 나가 보니, 나라 없는 원통함에 청춘의 반항을 일삼던 무리들 가운데 "인민의 이름으로 씩씩한 새 나라를 세우려 힘쓰는 이들을"을 보게 되었고, 그 결과 "인민의 공통된 행복을 위하여" 행동하고 "인민의 힘으로" 하나가 되는 미래의 꿈을 보았다는 내용이다. 요컨대 자신이 과거에 지녔던 무목적적인 반항을 비판하고 미래에 대한 전망을 가슴에 새기며 심각한 자기비판을 감행한 것이다. '조선문학가동맹'은 특히 "내 눈깔을 뽑아 버리랴, 내 쓸개를 잡아떼어 길거리에 팽개치랴"라는 구절에 담긴 자학에 가까운 자기비판의 과감성과 적극성, 그리고 9연 72행의 웅장한 형식으로 구성된 기획의 대담성을 높이 평가한 것이다.

이용악의 「오월에의 노래」는 노동절 기념 시인데, 3연의 "그리웠던 메이데이의 노래는 우리 것이라"에 중심이 놓여 있다. 이 대목은 해방

공간에서 노동절을 맞이하는 기쁨을 말한 것인데, 이것을 기본 축으로 하여 과거의 소시민적 기질을 청산하고 새로운 투쟁의 단계로 나아갈 것을 함축적으로 표현하였다. 자기비판을 통해 새로운 진로를 모색한 점은 유사하지만, 선동적이고 직설적인 어법을 피하고 상징적이고 시적인 표현을 구사한 점이 오장환의 시와 구별된다. 그 결과 하나의 작품으로서의 완성은 기했는지 모르지만 노동자계급의 자기 확인이라든가 투쟁 의식 고취에는 부족한 면이 있다. '조선문학가동맹'은 이 점 때문에 오장환 시를 높이 평가한 것이다.

이 점을 알아차린 이용악은 일 년 후에 발표한 「다시 오월에의 노래」(『문학』, 1947. 7)에서 격렬한 호흡으로 뜨거운 투쟁 의식을 고취하는 변화를 보인다. 이 시의 서두에는 "반동 테러에 쓰러진 최재록 군의 상여를 보내면서"라는 부제가 붙어 있다. 한 청년의 죽음이 전제되어 있어서인지, 이 시는 민중들의 항의와 통치 권력의 횡포를 구체적으로 열거하면서 폭압의 시대를 끝장낼 것을 하늘에 호소한다. 특히 "쌀을 달라"라든가 "정권을 인민위원회에 넘기라" 같은 군중들의 구호를 시에 끌어들임으로써 생생한 현장성을 포착하려고 했다. 그러나 작품의 후반부에 이르면 시상의 혼란이 일어나면서 "인민의 준엄한 뜻"이라는 어구가 장식적인 비유의 차원으로 주저앉고 만다. 명확한 의식이 자리 잡지 못한 상태에서 대중적 흥분에 의해 시의 구조가 파탄을 일으킨 것이다. 이것을 보면, 문학가동맹이 추구하는 이념을 앞세워 시를 구성할 때 상당한 무리가 따르게 됨을 하나의 사실로 확인할 수 있다.

1948년 8월 15일 대한민국 건국 이후 38선 이남에서 인민에 복무하는 시를 쓰는 시인은 사라졌다. 그야말로 순수 서정시의 기류가 시단을 지배했다. 이 시기에 서정시의 이론을 탐구하여 서정시의 본질이 무엇인가를 밝히려고 노력한 시인은 조지훈이었다. 조지훈은 좌우익이 대립을 보이던 1946년부터 시론을 발표하기 시작했는데, 청년문학가협회 창립대회에서 발표한 「해방시단의 과제」를 선두로 1947년 벽두에 발표한 「순수시의 지향」(『백민』, 1947. 3), 「정치주의 문학의 정체」(『백민』, 1947. 10) 등은 순수문학론에 입각한 그의 문학관을 선명하게 드러내고 있다. 조지훈은 인간의 내면에 흐르는 순수한 정신을 중시했다. 조지훈이 생각한 순수시란 감성에 바탕을 둔 서정적 표출의 시를 말하는데, 그것은 순수한 시정신에서 발현된다고 보았다. 그는 시가 한 편의 작품으로 제대로 성립되어야 민족시가 수립되는 것이므로 순수시 운동이곧 민족시를 건설하는 방법이라고 일관되게 주장했다. 순수시의 기본이 되는 시정신은 "시류의 격동 속에서 흔들리지 않는, 변하면서도 변하지 않는 영원히 새로운 것"(「순수시의 지향」, 『백민』, 169쪽)이라고 주장했다.

　　까닭 없이 마음 외로울 때는
　　노오란 민들레꽃 한 송이도
　　애처롭게 그리워지는데

　　아 얼마나한 위로이랴
　　소리쳐 부를 수도 없는 이 아득한 거리에
　　그대 조용히 나를 찾아오느니

　　사랑한다는 말 이 한마디는
　　내 이 세상 온전히 떠난 뒤에 남을 것

잊어버린다. 못 잊어 차라리 병이 되어도

아 얼마나한 위로이랴

그대 맑은 눈을 들어 나를 보느니

—「민들레꽃」 전문

이 시는 6·25전쟁 한 달 전 『신천지』(1950. 5)에 발표된 작품이다. 이 때 한반도는 긴장이 감도는 위기의 상황에 놓여 있었다. 분단과 관련된 시국 문제가 절박한 과제로 대두되고, 이 시가 실린 잡지에도 「시국현실과 그 타개책」이란 제목의 특집 기사가 실려 있는 상황이었다. 그런데 조지훈은 위와 같은 연가적戀歌的 성격의 작품을 발표했다. 그러나 이 시는 단순한 연애시가 아니라 인간의 존재론적 고독과 그 극복의 방식을 주제로 삼고 있는 작품이다. 여기에는 조지훈이 시론에서 밝힌 시의 원류로서의 '맑은 정신'에 대한 지향이 나타나 있다.

1연 첫 행에 "까닭 없이 마음 외로울 때"라는 말이 나오는데, 이것은 인간으로서 갖게 되는 일종의 숙명적인 외로움, 존재론적 고독을 의미한다. 외로움의 원인을 알면 그 원인을 제거해서 외로움에서 벗어날 수 있겠지만, 이유 없는 외로움이라면 그 외로움을 그냥 견딜 수밖에 없다. 그럴 때에는 민들레꽃 같은 길가의 미미한 꽃도 나를 위로해 줄 수 있을 것 같아 애처롭게 그리워진다고 했다.

2연에서는 인간의 고립감을 "소리쳐 부를 수도 없는 이 아득한 거리"라고 표현하였다. 이것은 마치 김소월이 「초혼」에서 "부르는 소리는 비껴가지만 / 하늘과 땅 사이가 너무 넓구나"라고 외친 것과 흡사하다. 인간과 인간의 거리가 이처럼 아득하기에 소리쳐 부를 수도 없고 인간은 섬처럼 고립되어 고독에 몸을 떨 수밖에 없는 것이다. 그런데 이 아득한 거리감을 메워 주는 존재가 있다. 그것은 온다는 말도 없이 예기치 않은 방문을 한 '그대'다. 화자는 그대가 '조용히' 나를 찾아왔다고 했다. 아무런 전갈도 없이 조용히 찾아온 그대는 나의 외로움을 미리 알고 때맞춰 찾아 준 것 같은 느낌을 준다. 그래서 화자는 "아 얼마나한 위로이랴"라고 감탄해 마지않았다.

그러나 화자는 그 사람에게 사랑한다는 말을 하지 않는다. 사랑하는 마음은 가슴속에 지니고 있으면 되는 것이지 그것을 말로 나타낼 필요가 없는 것이다. 중요한 것은 마음이기 때문이다. 그래서 사랑한다는 말은 내가 세상을 떠난 뒤에나 남을 것이라고 했다. 여기서 시인은 특별하게 "온전히"라는 말을 했다. 아무렇게나 살다가 떠나는 것이 아니라, 사랑과 위로의 마음을 간직하고 세상을 제대로 살다가 떠나야 사랑의 가치가 빛날 것이라는 뜻이다. 그것은 사랑이 죽음의 순간까지 지속되고 죽음을 통해 완성된다는 뜻도 내포하고 있다.

4연에서 시의 화자는 그대를 잊어버린다고 말한다. 여기에는 그럴 만한 사정이 있었던 것 같다. 그러나 세상사의 아득한 거리를 뛰어넘어 나에게 깊은 위로를 준 그대가 그렇게 쉽게 잊힐 리가 없다. 그대를 잊지 못함이 큰 병이 된다고 해도, 그대의 맑은 눈이 지금 이렇게 나를 보고 있으니 그것으로 모든 고통을 넘어설 수 있다고 생각한다. 어디까지나 시상의 초점은 맑은 눈에 있고 그것이 선사하는 마음의 위로에 있다. 인간의 존재론적 고독은 사랑의 정신에 의해, 순결한 마음의 교류에 의해 극복된다는 생각이 이 시의 주제를 이루고 있는 것이다.

조지훈은 이러한 마음의 움직임을 시류의 격동 속에서도 흔들리지 않는, 영원히 새로운 시정신이라고 보았다. 전쟁의 참화 속에서도 변하지 않는 순수한 그 무엇이 있다면, 그것은 지극히 고귀한 것이고 그것이 시정신의 원류가 되어야 한다는 생각이다. 상당히 관념적인 논의이기는 하지만 이러한 불변의 순수성을 중시하는 시론이 한국 시단의 중심 이론으로 자리 잡게 된다.

3. 시단의 재편성

남북의 정권 수립과 전쟁을 거치면서 해방기의 좌우 문단은 두 국가의 문단으로 재편성된다. 해방 후 누구보다 치열하게 활동했던 임화는 1947년 가을에 월북했다. 6·25가 일어나자 인민군 군복을 입고 서울에 진주하여 남한 잔류 문인들을 만났고, 전선문고로 시집 『너 어느 곳에 있느냐』를 간행했다. 휴전 협정 후 미제 스파이 활동이라는 죄목으로 사형을 선고받고 1953년 8월 처형되었다. 이 재판에서 설정식도 같이 사형선고를 받고 처형되었다. 미국 유학생이고 미 군정청 국장 근무까지 했으니 미제 스파이라는 죄목을 씌우기에 가장 적합한 인물이었을 것이다.

오장환은 1947년 겨울에 월북하여 북한의 문예지에 시를 발표했고, 6·25 때 서울에 진주하여 잔류 문인들에게 전선문고로 간행된 시집 『붉은 기』를 보여 주었다. 만성 신장병을 앓던 그는 그 이듬해에 사망했다. 월북의 시기를 놓친 이용악은 남한에서 체포되어 재판을 받고 서대문 형무소에 복역하다가 6·25 때 북한군에 의해 석방되었다. 이러한 투쟁 경력을 인정받은 그는 요직에서 활동하며 체제에 맞는 시를 발표하다가 1971년 2월 병사하였다.

일제강점기에 카프에서 활동한 박세영과 이찬은 일찍이 월북하여 사회주의 건설에 적극 협력하며 북한의 노선에 맞는 시를 많이 발표했다. 박세영은 김일성의 항일 무장투쟁과 사회주의 건설의 영웅적 능력을 칭송하는 시를 연이어 발표하여 공로를 인정받아 공훈 작가 칭호와 국가 훈장을 받았고, 1989년 2월 작가동맹의 추모 속에 세상을 떠났다. 이찬도 1947년 「김일성 장군의 노래」를 작사하여 크게 주목을 받았고, 수령형상문학의 정수를 창작했다는 평가를 받아 혁명 시인의 칭호를 받고 1974년 1월 평양의 애국열사릉에 묻혔다.

해방 후 평양에서 활동하던 백석은 사회주의 국가 건설 찬양이나 김일성 우상화와는 체질적으로 어울리지 않는 시인이었다. 그래서 그는 외국 작품을 번역하고 동시를 발표해서 동시집도 냈다. 그러나 그의 동시와 관련된 비판이 제기되면서 1959년 1월 양강도의 집단농장으로 축출되었다. 그때서야 사정을 알아차린 그는 당이 기대하는 붉은 작가로 단련될 것을 약속하며 사회주의 국가 건설과 김일성 수령을 찬양하는 시를 썼지만 소용이 없었다. 그는 집단농장에서 농사를 지으며 37년을 살고 1996년 1월 생을 마쳤다.

정지용과 김기림은 월북이 아닌 납북 시인이다. 해방 후 김기림은 조선문학가동맹의 시분과위원장이고 정지용은 아동문학분과위원장으로 되어 있었다. 이태준과 가까웠던 정지용은 조선문학가동맹에 이름을 올리기는 했지만 모임에 별로 나가지 않았다. 적극성을 보인 김기림이 그래서 시분과위원장을 맡았을 것이다. 이 두 사람은 모두 비판적 지식인이었을 뿐 공산주의자가 될 체질은 아니었다. 특히 김기림은 고향인 함경북도 성진에 과수원을 소유하고 있는 대지주로 북한에 가면 숙청 대상이 될 처지였다. 정지용은 『경향신문』에 쓴 논설 때문에 좌파로 오인 받아 경기도 녹번리(지금의 서울시 은평구 녹번동)에 은거하고 있었다.

1948년 정부 수립 후 두 사람은 전향 조서를 쓰고 '국민보도연맹'에 가입했다. 이것은 북쪽의 시각에서 보면 배신행위에 해당하고, 남쪽에서는 좌익 전력자라는 의혹의 대상이 되었다. 6·25가 터지자 북한군이 점령한 서울에서 정지용과 김기림은 정치보위부에 연행되었고, 북쪽으로 끌려가 행방불명되었다.

해방 이전부터 대부분의 시인들이 서울을 중심으로 활동했기 때문에, 사상의 고향을 따라 북으로 간 시인은 많이 있지만 남으로 온 시인은 많지 않다. 이미 상당수의 시인들이 남쪽에서 활동하고 있었기 때문이다. 북한의 체제를 경험하고 남쪽으로 온 시인은 구상, 김종문, 김종삼, 전봉건, 김규동, 양명문, 박남수 등이다.

구상은 해방 후 원산 작가동맹의 합동시집 『응향凝香』에 발표한 시가 퇴폐적이고 반인민적이라는 이유로 비판과 탄압을 받자 1947년 2월 원산을 탈출하여 월남했다. 조선문학가동맹 기관지 『문학』(1947. 4)은 북한의 『응향』지 결정문을 전문 보도하여 문학의 방향을 제시했다. 그러자 우파 문인들이 대거 참여하여 반론을 제기하고 구상의 시를 옹호함으로써, 구상은 본의 아니게 이름을 알리며 남한 문단에 입성하게 되었다.

김종삼의 부친은 평양에서 부를 누린 재력가이고 기독교인이었기 때문에 김일성 정권과 화합할 수 없는 처지였다. 북한 정권의 탄압을 피해 일찍 월남한 형 김종문은 군에 입대해 장교가 되었고, 김종삼은 가족과 함께 1947년에 월남했다. 형 김종문은 모더니즘 계열의 시를 썼고, 실향과 전쟁의 상처를 누구보다 깊이 간직한 김종삼은 늦게 시인으로 등단하여 참담한 폐허 의식을 시로 승화시켜 개성적인 시 세계를 창조했다.

전봉건도 부친이 일제 때부터 관직에 있었기 때문에 역시 북한 체제에서는 곤란한 위치에 있었다. 형인 전봉래와 함께 1946년 여름 월남해서 1950년에 등단했는데, 곧 6·25가 터져 군대에 징집되어 전선에 복무하던 중 1951년 1월 중동부전선에서 부상을 입고 제대했다. 그 후 초현실주의 기법을 살린 내면 표현의 시와 동화적 순수성을 추구하는 다양한 작품을 발표했다. 실향과 전쟁의 상처를 내면화한 「6·25」 연작을 시도했다. 월간 『현대시학』을 창간하여 세상 떠날 때까지 쉬지 않고 간행했다.

함께 월남한 시인 지망생 전봉래는 전쟁의 참담함을 이기지 못하고 1951년 2월 16일 피난지 부산의 스타 다방에서 자살했다. 이 사건이 1953년 봄 서울 청파동에서 자살한[29] 시인 정운삼 사건과 혼란을 일으켜 여기서 사실 관계를 분명히 밝히고자 한다. 오해의 원인은 김동리의 소설 「밀다원시대」에 있다. 이 소설에 박운삼이라는 젊은 시인이 밀다원 다방에서 자살하는 사건이 나온다. 사건 말미에 1월 8일에 쓴 유서까지 인용이 되는데, 이것은 전봉래의 자살을 모델로 한 김동리의 허구적 구성이었다. 이 소설이 당시의 사건을 모델로 했다는 점이 와전되어 등장 인물 '박운삼'이 시인 '정운삼'으로 곡해되면서 정운삼이 밀다원 다방에서 자살했다는 설이 전파된 것이다.[30] 고은의 『1950년대』(1973)가 잘못된 전파의 원조 역할을 했고, 김병익의 『한국문단사』(1973), 최하림의 『김수영 평전』(1981)이 그것을 답습했다. 심지어 정운삼이 밀다원 다방에서 자살하고 전봉래가 뒤를 이어 스타 다방에서 자살했다고

---

29 최백산, 「호방한 시인 정운삼」, 『현대문학』, 1963. 2, 306쪽.
30 이에 대한 상세한 내용은 최호빈의 다음 논문에 밝혀져 있다. 최호빈, 「전봉래의 문학적인 삶과 삶의 문학화」, 『한국시학연구』 63, 2020. 8, 344~349쪽.

기술한 문헌도 상당수 있는데, 이것은 모두 잘못된 설명이다.

김규동은 함경남도 경성 출생으로 김일성종합대학에 다니다가 1948년 1월 월남했다. 그는 남한 문단 소식이 궁금하고 김기림과 장래에 대한 의논도 하고 싶어서 월남했는데, 내려와 보니 길이 막혀 고향에 가지 못하고 남쪽에 정착했다고 말했다. 초기에는 모더니즘 계열 시를 썼지만, 1970년대부터 민주화 운동에 참여하며 현실 비판적이고 통일 지향적인 시를 썼다.

양명문은 평양의 부유층 집안의 자제로 일본 유학을 마친 후 귀국하여 사회 활동을 하였으나 북한 당국의 비판을 받았다. 북한 사회에서 살아남기 위해 사회주의 건설과 김일성 업적을 찬양하는 시를 일부 담은 시집 『송가』를 1947년에 간행했다. 탈출의 기회를 얻지 못했던 그는 1·4후퇴 때 단신으로 월남했고, 종군작가로 활동하다가 종전 후 본격적인 문학 활동을 했다.

박남수도 유사한 궤적을 밟았다. 일제 때 이미 『문장』지로 등단한 그는 일본 유학 후 1946년에 조선식산은행 평양지점장 자리에 있었다. 그역시 살아남기 위해 1948년과 49년에 걸쳐 사회주의 건설과 소련의 스탈린을 찬양하는 내용의 시를 많이 발표했다. 목숨을 연명하기 위해 이런 시를 쓰는 것이 지긋지긋했던 그는 국군이 진주하자마자 월남했고, 남쪽에서 개성적인 시를 발표했다.

북쪽에서 신진 시인들이 유입되었지만 일제 때 활동한 다수의 시인들이 북으로 가고 전쟁 중에 중요 시인들이 사라지자, 남쪽의 시단은 공백을 메우는 재편성의 기회를 갖게 된다. 일제 말까지 작품 활동을 벌이던 김영랑[31], 정지용, 김기림, 임화, 오장환, 이용악, 박세영, 이찬, 권환, 백석의 작품을 남한 문단에서 볼 수 없게 되었으니 공백의 자리는 컸다. 그 빈자리에 오롯이 떠오른 시인이 서정주다. 6·25 때 잠시 정신 질환을 앓았지만, 이미 두 권의 시집을 간행했고 개성적인 시로 두각을 나타낸 서정주가 자연스럽게 시단의 중심에 놓이게 된 것이다. 그리고 일제 말에도 시를 쓰고 해방기에 시집을 낸 유치환, 신석정, 김광균[32], 신석초 등이 두 번째 구심적 역할을 했다. 일제 말 『문장』지로 등단하여 합동 시집 『청록집』을 낸 박목월, 조지훈, 박두진이 신진 시인으로 적극적인 활동을 전개하게 된다. 이렇게 대한민국 시단이 새롭게 개편되었다.

---

31 김영랑은 6·25 때 피난을 가지 못하고 서울에 숨어 있다가 9·28수복 때 복부에 파편을 맞고 9월 29일에 사망했다.

32 김광균은 1952년 집안의 사업을 맡아 경영하면서 시작 활동이 중단된다.

6

전쟁의 상처와
극복

— 1950년대의 시

1. 전후 시의 기본적 성격

6·25전쟁은 국토와 민족만 두 동강을 낸 것이 아니라 문학이나 예술도 두 동강을 냈다. 어제까지도 같은 언어로 비슷한 생각을 表現하던 문학이 분단 이후로는 '괴뢰'와 '원수'의 문학으로 양분되었다. 두 개의 체제로 분열된 한글 문학은 역사적 조건에 의해 각기 다른 이데올로기를 내장한 문학으로 전개되었다. 순수문학에 뜻을 둔 문인들은 늘 이데올로기에 좌우되지 않는 문학을 하겠다고 내세웠지만, 사상이나 이념에서 독립된 순수문학을 하겠다는 주장도 이미 하나의 이데올로기를 선택한 것이다. 물론 이데올로기를 전면에 내세운 문학과 그렇지 않은 문학은 큰 차이가 있다. 그러나 어떠한 문학을 하겠다는 선택의 이면에는 이념 선택이 무의식적으로 개입해 있다는 사실을 인정해야 할 것이다.

이념을 앞세운 전쟁을 거친 1950년대 대한민국은 현실 문제라든가 사상이나 이데올로기에 대해 상당한 기피증을 갖게 되었다. 그 결과 시인들은 눈에 보이는 현실 세계보다 눈에 보이지 않는 내면세계에 관심을 보였다. 전쟁의 포연이 가시지 않은 이 땅의 현실은 검게 그을린 폐허로 인식되었다. 새까맣게 타 버린 현실은 바라보는 것조차 괴로웠고, 현실의 부조리함을 비판하는 것도 무의미했다. 폐허의 현실을 바라보는 나 자신이 이미 황폐해 있는데, 어떻게 현실을 올바로 인식할 수 있겠는가. 현실에 대한 정당한 비판은 생각하기도 어려운 일이었다. 이런 상황에서 시인들은 보이는 것과 보이지 않는 것을 이원적으로 인식하는 성향을 갖게 된다. 눈에 보이는 황폐한 현실은 부정적으로 인식하고, 보이지 않는 것에서 긍정적인 가치를 찾는 이원적 태도가 형성된다. 그 결과 가시적인 생활의 단면이나 구체적인 삶의 현장에 대해 무관심한 태도를 보이거나 현실을 환멸의 대상으로 바라보게 된다.

이런 이유 때문에 현실의 어느 특정한 국면이 시의 소재로 등장하는 일은 거의 없었다. 현실에 관심을 보이는 시가 등장하는 것은 50년대 후반의 일이고 그것이 본격적으로 전개된 것은 60년대 이후의 일이다. 처참하고 비속한 현실을 대상으로 시를 쓴다는 것은 당시 시인에게 견디기 힘든 일이었다. 현실의 궁핍상을 표 나게 드러내면 좌익 경향의 시로 오인될 우려도 있었다. 그래서 시인들은 현실에서 멀리 떨어진 내면의 세계를 표현했다. 관념의 영역 속에서 모더니티의 구호를 내세우며 실험적 기법을 동원해 보거나, 인간의 실존적 차원에 관심을 기울여 존재 탐구의 시를 써 보거나, 전통적인 서정시 형식으로 내면의 정서를 드러내는 작업을 했다. 흔히 전후 시의 세 측면으로 거론되는 모더니즘의 시, 존재 탐구의 시, 순수 서정시가 바로 그것인데, 이 시들은 바로 이러한 배경을 공유하고 있었다.

그런데 이 당시 시인들이 취한 태도를 넓게 보면, 사실은 두 가지로 나뉜다. 즉 전쟁으로 한 시대가 갔으니 우리는 새로운 스타일의 시를 써야 한다는 생각과, 전쟁이 지나가든 무엇이 일어나든 간에 시의 본질은 영구불변이라는 생각, 이 두 가지 태도로 구분된다. 모더니즘 시와 존재 탐구의 시가 변화의 측면에 중점을 둔 것이고, 순수 서정시는 불변의 측면에 비중을 둔 것이다. 따라서 전후의 한국 시는 새로운 스타일을 추구하는 시와 전통 서정성을 고수하는 시의 두 경향으로 구분된다고 보는 것이 온당할 것이다.

조향, 김경린, 김수영, 김규동, 박인환 등이 중심이 된 모더니즘 계열의 시인들은 전통적 서정시에 반기를 들고 새로운 시의 영역을 구축하려고 나선 사람들이다. 전쟁 이전부터 새로운 시를 모색하던 그들에게 전후의 폐허는 정말 새롭게 시작할 수 있는 백지의 캔버스 같았다. 그들은 스승도 선배도 없이 이 땅에 새로 태어난 종족으로 자처하면서 일그러진 언어와 형식으로 50년대의 고뇌를 드러냈다. 그들의 시는 일견 새롭고 현대적인 것처럼 보였지만, 그 내면에는 전후의 허무주의와 서구 모더니즘 시에 대한 관념적 편향이 자리 잡고 있었다. 따라서 시대의 기류가 가라앉으면 모더니즘 시운동의 에너지는 쇠퇴하고 만다. 김수영의 변신은 그 당시 모더니즘 문학의 속성을 재빠르게 알아차린 한 예민한 지식인의 능동적 대처였다. 언제나 남보다 앞서가는 시를 쓰려고 했던 그의 선진성이 현실에 대응하는 시로 방향을 선회하게 한 것이다.

앞에서 여러 차례 언급했지만, 전후 순수 서정시의 이론적 기반 역할을 한 것은 조지훈의 『시의 원리』(산호장, 1953)이다. 그가 생각한 순수시란 감성에 바탕을 둔 서정적 표출의 시를 말하는데, 그것은 시류의 격동 속에서도 흔들리지 않는, 영원히 새로운 순수한 정신에서 발현된다고 보았다. 이러한 생각은 순수 서정시 계열의 시를 쓴 대다수 시인들이 막연하게 공유하고 있었다. 조지훈은 이것을 집약하여 하나의 담론

형식으로 단호하게 언명한 것이다. 이러한 이론적 배경을 기반으로 순수 서정시는 현실의 격변 속에서도 그 모습을 그대로 유지할 수 있었다. 과연 영원히 변하지 않는 정신이 있는 것인지 실증할 수는 없지만, 전쟁이 가져온 급격한 변화는 그 불변의 세계에 대한 믿음을 강화했다.

2. 전쟁의 폐허 속에서

1950년 6·25가 터지자 삼천리금수강산은 불바다가 되었다. 갑자기 닥친 일이라 피난을 가지 못한 사람들은 있던 곳에 잔류했고, 북한군이 낙동강 전선 이남의 지역만 남기고 한반도 전역을 점령했다. 9월 15일 인천상륙작전으로 유엔군이 진입해서 전선의 허리를 꺾었고, 9월 28일 서울 수복이 되면서 북한군은 후퇴를 거듭했다. 10월 19일을 전후해서 중공군이 개입하자 다시 유엔군과 국군의 후퇴가 시작되었다. 멋모르고 적치赤治 3개월을 겪었던 사람들은 저마다 치를 떨며 짐을 싸서 대전으로, 대구로, 부산으로 피난했다. 대한민국 임시수도는 1950년 8월 18일부터 부산이었다. 서울을 다시 적군에게 내 준 1951년 1월 4일 이후 부산은 북한 2차 피난민까지 몰려들어 난장판과 북새통을 이루었다. 전쟁의 혼란과 절망과 회한의 상징적 집결지가 부산이었다.

이런 전쟁의 혼란 속에 임시 수도 부산에서 김남조의 시집 『목숨』(수문관, 1953)이 간행되었다. 6·25가 났을 때 김남조는 서울대학교 4학년생이고, 졸업식은 그 이듬해 3월 임시 수도 부산에서 삼분의 일도 안 되는 사람들만 모여 치렀다. 내일이 보이지 않는 전쟁의 포연 속에서 시인은 그야말로 목숨을 다해 시를 썼고, 출판사에 넘긴 원고가 시집으로 나온 때가 1953년 1월이다. 전쟁의 참상을 목격한 젊은 여성 시인은 포성 소리 멀리 들리는 피난지 부산의 혼란 속에서 냉엄한 추위보다 더 뼈를 저리게 하는 실존의 가혹한 고뇌 앞에 영도다리 난간을 부여잡고 절망의 시간을 보냈다고 했다. 인간이란 무엇이며, 인간에게 허여된 목숨이란 무엇인가? 내일의 운명을 예측할 수 없는 살벌한 상황에서 가랑잎보다 가볍게 부서지는 인간 군상의 무상한 부침浮沈을 떠올리며, 연약한 자아는 참담하지만 정직한 고백의 육성을 다음과 같이 토로했다. 그만큼 이 시집의 표제작 「목숨」은 상징적이다.

아직 목숨을 목숨이라 할 수 있는가
꼭 눈을 뽑힌 것처럼 불쌍한
산과 가축과 정든 장독까지

누구 가랑잎 아닌 사람이 없고
누구 살고 싶지 않은 사람이 없는
불붙은 서울에서
금방 오무려 연꽃처럼 죽어 갈 지구를 붙잡고
살면서 배운 가장 욕심 없는
기도를 올렸습니다.

반만년 유구한 세월에
가슴 틀어박고
매아미처럼 목태우다 태우다 끝내 헛되이 숨겨 간
이 모두 하늘이 낸 선천先天의 벌족罰族이더라도

돌멩이처럼 어느 산야에고 굴러

그래도 죽지만 않는

목숨이 갖고 싶었습니다.

　　　　　　　　　　　　　　　　　—「목숨」전문[33]

이 시는 생활이나 생명이 아니라 생존에 대한 이야기를 하고 있다. 그것도 인간으로서의 생존이 아니라 가랑잎이나 돌멩이 같은 상태라 하더라도 그저 존재만이라도 유지하고 싶은 본능적 소망을 토로했다. 이처럼 절박한 기도를 올리게 된 것은 생존 자체가 위협받는 가혹한 살육의 현장에 있었기 때문이다. "꼭 눈을 뽑힌 것처럼"이라는 시구는 포격에 일그러진 전쟁의 참상을 적확한 시각적 영상으로 표현한 명구다. '눈'은 생명체에게 가장 소중한 장기다. 어떤 생명체의 눈이 뽑혀 있다면 그것처럼 참혹한 모습은 달리 없을 것이다. 아름다운 초록빛 여름 산도 폭격을 맞아 눈이 뽑힌 듯 흉한 얼룩을 드러내고, 가축도 피 흘린 채 쓰러지고, "정든 장독"도 폐허가 되었다. "정든 장독"이란 시구에 여성 시인 특유의 생활 감각이 투영되어 있다.

불타는 서울, 가랑잎처럼 쓰러지는 사람들을 보면, 지구도 한낱 연꽃처럼 사그라질 것 같은 위기감이 느껴진다. 인간으로서 가장 절박한 기도는 제발 목숨만 지키게 해 달라는 기도일 것이다. 그것은 "살면서 배운 가장 욕심 없는 기도"에 해당한다. 더 나은 어떤 상태를 기대하는 것이 아니라 생존 그 자체의 유지를 소망하는 것이기에 가장 욕심 없는 기도라고 할 수 있다. 구원받지 못할 가혹한 그 무엇이 되더라도 "그래

33　첫 시집과 표기가 조금 다르지만 『김남조 시 전집』(국학자료원, 2005)에 수록된 것을 인용했다. 이 책의 서문에 기존 시집을 꼼꼼히 읽으며 여러 부분을 수정하였다는 언급이 나오기 때문이다.

도 죽지만 않는 목숨"을 유지하고 싶은 것이 눈 뽑힌 폐허의 공간에서 인간이 올릴 수 있는 가장 절실한 소망이다. 6·25의 참화 속에서 인간의 기본적 소망을 이렇게 솔직하게 표현한 시는 달리 찾기 어렵다. 그 시대 사람들의 속마음을 충실히 대변한 이 시는 당대의 정서를 대표하는 상징적 작품으로 남았다.

앞에서 말한 대로 함경남도 원산에서 살던 구상은 『응향凝香』 지에 발표한 시 때문에 노동당의 비판을 받고 1947년 2월에 월남하여 기자로 활동했다. 6·25 이후에는 피난지 대구에서 국방부 문관으로 종사하면서 종군 문인으로 활동했다. 분단과 전쟁의 참화를 직접 겪은 그는 전쟁기의 체험을 「폐허에서」라는 제목으로 연이어 발표했다. 이 시편들을 모아 시집 『초토의 시』(청구출판사)를 낸 것은 1956년 12월이지만, 「초토의 시 1」에 해당하는 「폐허에서」 첫 작품이 발표된 것은 휴전협정 이전인 1953년 2월(공군 기관지 『코메트』 3호)이었다. 이 시에는 전쟁의 상처에 대한 시인의 강한 자의식이 짙게 착색되어 있다. 구상은 시집에 실렸던 작품을 『구상문학선』(1975)에 수록하면서 시어와 형식을 바꾸었는데, 6·25 당시의 분위기와 현장감을 이해하기 위해서는 『초토의 시』에 실린 형태로 읽는 것이 도움이 된다.

하꼬방 유리딱지에 애새끼들
얼굴이 불타는 해바라기마냥 걸려 있다.

내려 쪼이던 햇발이 눈부시어 돌아선다.
나도 돌아선다.
울상이 된 그림자 나의 뒤를 따른다.

어느 접어든 골목에서 걸음을 멈춰라.

잿더미가 소복한 울타리에
개나리가 망울졌다.

저기 언덕을 내려 달리는
체니(소녀)의 미소엔 앞니가 빠져
죄 하나도 없다.

나는 술 취한 듯 홍그러워진다.
그림자 웃으며 앞장을 선다.

—「초토의 시 1」 전문

1연의 "하꼬방"은 일본어 하꼬(상자)와 한자어 방房의 합성어로, 판자를 붙여 벽을 만든 허름한 방을 뜻한다. 이 말은 『구상문학선』에서 "판자집"으로 수정되고 "애새끼들"도 "아이들"로 수정되었다. 그러나 전쟁 직후의 암울한 현실을 나타내는 데에는 '하꼬방'이 어울린다. 시인은 '하꼬방'이라는 일상어를 의도적으로 사용해서 전쟁으로 일그러진 삶의 현장을 드러내고자 한 것이다. 그 허름한 집은 깨어진 유리 조각을 종이로 덧대어 붙여 놓았다. 그 '유리딱지'에 '애새끼들'이 보인다. 여기서도 '아이들'이라고 하는 것보다 '애새끼들'이라고 하는 것이 당시의 상황을 더 잘 드러낸다. 전쟁 통의 아이들은 보호받을 '아이들'이 아니라 버림받은 '애새끼들'이었다. 그러니까 "하꼬방 유리딱지에 애새끼들"이라는 첫 행은 전후 폐허의 실상을 당시의 일상어를 동원하여 사

190

실적으로 제시한 것이다. 그 시행 자체가 가난과 비참과 절망의 현실을 압축적으로 환기한다.

이 절망의 표상이 다음 행에서 "불타는 해바라기"로 바뀌는 데 이 시의 묘미가 있다. 하꼬방 유리딱지에 걸린 애새끼들의 얼굴을 시인은 "불타는 해바라기"로 변형시켰다. 구상의 독창성이 발휘되는 대목이다. 불타는 해바라기의 모습에 햇발도 눈부시어 돌아선다고 했다. 이 장면은 이중적이다. 궁핍과 비참이 얼룩진 배경, 그 안에 드러난 아이들 얼굴이 해바라기처럼 환할 수는 없다. 그러면 무엇이 그들을 해바라기로 보게 한 것인가? 그들의 천진함이다. 전쟁의 참화 속에서도 아이들은 물정 모르고 천진한 표정을 짓는다. 그들은 삶의 곤궁함과 전쟁의 참혹함을 아직 모른다. 삶의 끔찍함을 모르는 그들의 천진함이 시인의 가슴을 저리게 한 것이다. 시인은 마음이 아파 그들을 제대로 바라볼 수 없다. 그래서 내리쪼이던 햇발도 고개를 돌리고 자신도 고개를 돌려 돌아선다고 했다.

우울한 그림자가 되어 슬픔의 퇴로를 걷다가 어느 골목에서 걸음을 멈추었다. 여기서 전환이 오기 때문에 "멈춰라"라고 명령의 어투를 사용했다. 개작에서 이 부분이 "멈춘다"로 수정된 것은 안타까운 일이다. 골목에서 시인이 본 것은 잿더미가 쌓인 울타리에 개나리 망울이 부풀어 있는 모습이다. 전쟁의 잿더미 위에도 봄이 오고 꽃이 핀다는 사실을 목격한 것이다. 언덕을 내리달리는 소녀는 젖니가 빠졌는지 앞니가 빠진 모습인데도 환하게 웃고 있다. 그 앞니 빠진 소녀의 미소에 인간의 죄악이나 전쟁의 참상은 그림자도 비치지 않는다. 전재의 참혹 속에서 순진무구함을 보는 것이 처음에는 슬펐지만, 다음 장면에서는 그 순진무구함이 겨울을 넘어서는 봄의 동력이 된다는 사실을 발견한 것이다. 잿더미 위에 피어나는 개나리 망울이 소녀의 미소와 유리딱지 위의 아이들 얼굴로 동일화된다. 세상의 이치를 깨달은 시인은 마음이 술 취한 듯 흥그러워지고 발걸음에 힘이 솟는다. "울상이 된 그림자"는 "웃으며 앞장을" 서는 그림자로 바뀐다. 개나리 망울 돋아나는 봄의 세계로, 환하게 불타는 해바라기의 세계로 앞장을 선다는 뜻이다. 전쟁의 참화 속에서 이러한 깨달음을 시로 표현한 것은 감동적인 일이다.

전쟁이 끝나고 정부도 서울로 환도하자 일상의 삶이 시작되었다. 그러나 사람들 앞에 들이닥친 것은 포연에 이지러진 거리의 모습이었다. 이제 대한민국은 폐허에서 다시 시작하는 힘겨운 발걸음을 옮기게 되었다. 실물은 사라지고 그림자만 남은 세상에서 새로운 삶을 시작하는 기분이었다. 이 시기 잠시 서울로 복귀한 폐허의 교정에서 예민한 시인 박목월은 과거의 회상 속에 비애의 정서로 마음을 정화하는 독특한 심리의 변주를 시로 표현했다.

그는
앉아서
그의 그림자가 앉아서

내가
피리를 부는데
실은 그의
흐느끼는 비오롱 솔로

눈이

192

오는데
옛날의 나직한 종이 우는데

아아
여기는
명동
사원 가까이

하얀
돌층계에 앉아서
추억의 조용한 그네 위에 앉아서

눈이 오는데
눈 속에
돌층계가
잠드는데

눈이 오는데
눈 속에
여윈 장미 가난한 가지가
속삭이는데

옛날에
하고

내가 웃는데
하얀 길 위에 내가 우는데

옛날에
하고
그가 웃는데
서늘한 눈매가 이우는데

눈 위에
발자국이 곱게 남는다.
망각의 먼
지평선이 저문다.

—「폐원廢園」 전문

　이 시는 시인이 9·28 서울 수복 후 서울에 올라왔다가 중공군 개입으로 다시 후퇴하게 될 무렵 자신이 근무하던 이화여고 교정에 가서 착상한 작품이라고 한다. 포연이 휩쓸고 지나간 서울 거리는 폐허가 되었고, 이화여고 교정도 폭격을 맞아 강당이 잿더미로 변하고 무너진 벽과 돌 층계만 남아 있었다고 했다. 파괴된 교정을 바라보며 시인은 자신의 쓸쓸하고 서글픈 심정을 노래했다. 전체적인 형식은 초기 시의 절제된 압축미를 그대로 유지하면서 시어와 시행 사이에 자신의 감정을 은밀히 풀어 넣는 방법을 취했다. 이 시의 기본 구조를 지탱하는 것은 회상인데, 회상은 눈에 보이는 것과 보이지 않는 것을 이어 주는 가교 역할을 한다.

이 시가 처음 발표된 것은 『문학예술』(1954. 4)인데 거기에는 4연이 "아아 / 여기는 / 명동 / 성니코라이사원 가까이"로 되어 있다. 또 "망각의 먼 지평선이 저문다."가 한 행으로 되어 있고, 그 앞에 "아아"라는 감탄사가 붙어 있다. 그런데 『보라빛 소묘』(신흥출판사, 1958. 9)에 인용한 「폐원」은 첫 발표작과도 다르고 최종 수정본인 『난·기타』(신구문화사, 1959. 12) 수록본과도 다르다. 여러 차례 개작했다는 것은 그만큼 시 창작에 많은 정성을 기울였다는 뜻이다. 리듬보다 이미지를 부각시키면서, 이국적 환상 대신에 사실을 담백하게 제시하는 방향으로 개작되었다. 요컨대 감정을 더 절제하는 쪽으로 개작이 이루어진 것이다.

1연은 기억 속에 남아 있는 과거의 그의 모습과 환상 속에 떠오르는 그의 영상을 제시했다. 그가 앉아 있나 했는데, 실제로 그는 없고 그의 그림자가 앉아 있을 뿐이라는 생각은 비애감을 일으키고 시인을 과거의 시간 속으로 이동시킨다. 그 비애감은 2연의 "흐느끼는 비오롱 솔로"라는 구절로 간접화된다. 아무리 내가 피리를 불어도 이제는 들을 수 없는 그의 바이올린 솔로. 시인은 자신의 울고 싶은 심정을 '흐느끼는'이라는 말로 대신 표현했다. 2연의 청각 영상은 3연에서 시각 영상과 청각 영상으로 분리되면서 과거의 기억을 환기하는 '눈'과 '나직한 종 울림'으로 정착된다.

종소리에 고개를 들고 주위를 보니 명동성당이 눈에 들어온다. '아아'라는 감탄사는 장소에 깃든 추억, 돌아갈 수 없는 시간에 대한 안타까움을 한꺼번에 일깨운다. 주체할 수 없는 그리움에 시인은 다시 돌층계에 앉아서 생각에 잠긴다. "추억의 조용한 그네 위에 앉아서"라는 구절은 시인의 내밀한 조응에서 얻어진 독자적인 표현이다. 그네는 하나의 축을 중심으로 이곳과 저곳을 왕래하는 속성이 있다. 그것은 현재와 과거를 오가는 추억의 비유다. 추억은 혼자서 조용히 있을 때 떠오르는 것이므로 '조용한 그네'라고 했다. 어느덧 돌층계에 눈이 덮이고 여윈 장미나무 가지에 눈이 쌓인다. 돌층계가 잠든다는 표현은 과거의 정황이 기억의 저변으로 가라앉는다는 느낌을 준다. 그러나 과거의 회상에서 벗어나려 해도 다시 장미 가지가 지난 일들을 작게 속삭인다. 결국 과거의 추억을 떨치지 못한 채 사라진 누군가를 생각하며 울음을 터뜨리고 만다. 옛날 그와의 즐거운 추억을 떠올리자 입가에 웃음이 번지기도 한다. 그러나 그는 보이지 않고 흰 눈발만 날리고 있기에 다시 슬픔이 밀려들고 또 다른 그의 환상에 웃음을 짓는다. 그러나 이 모든 것은 추억이고 환상인 것. 현실은 그림자만 남은 부재의 공간이다.

　마지막 10연은 환상과 그리움으로 점철된 감정의 움직임을 공간 형상으로 마무리했다. 눈 위에 발자국이 남는 근경近景과 지평선이 저무는 원경遠景을 함께 배치함으로써 망각할 수밖에 없는 현재의 처지와 지워지지 않는 추억의 잔상을 이중적으로 표현했다. 지금 남는 발자국도 결국은 망각의 지평선으로 사라지고 말 것이라는 허망의 감정도 표현했다. 그러면서도 그것은 아무리 현재의 시간이 괴로워도 시간이 흐르면 모든 것이 잊힌다는 점에서 위안의 기능도 수행한다. 이 시에 담긴 정서는 백설처럼 깨끗하고 정제된 시어와 다감한 어조는 우리의 마음을 맑게 한다. 정화된 슬픔이 주는 위안의 힘을 박목월의 이 시에서 발견하게 된다.

3. 내면의 순결성과 정신의 영원성

그런 점에서 전쟁으로 일그러진 현실의 참상이 중요한 것이 아니라 그 것을 바라보는 우리의 마음이 중요하다는 사실을 깨닫게 된다. 이 현실을 어떻게 보고 어떠한 마음으로 견디어 낼 것인가가 중요한 문제로 떠오르는 것이다. 현실 문제를 현실의 차원에서 구체적으로 해결할 수 있는 전망이 보이지 않을 때 가능한 방법은 마음의 영역 내에서 문제의 해결책을 찾는 것이다. 이육사가 「절정」에서 강철로 된 무지개를 떠올려 암담한 겨울을 넘어서려 한 것을 생각하면 이해가 될 것이다. 이육사와 같은 의지의 방향은 아니지만, 마음의 자세로 현실의 시련을 넘어서려 했다는 점에서 서정주의 「무등을 보며」를 주목할 만하다.

> 가난이야 한낱 남루에 지나지 않는다.
> 저 눈부신 햇빛 속에 갈매빛의 등성이를 드러내고 서 있는
> 여름 산 같은
> 우리들의 타고난 살결 타고난 마음씨까지야 다 가릴 수 있으랴
>
> 청산이 그 무릎 아래 지란芝蘭을 기르듯
> 우리는 우리 새끼들을 기를 수밖엔 없다.
> 목숨이 가다 가다 농울쳐 휘어드는
> 오후의 때가 오거든
> 내외들이여 그대들도
> 더러는 앉고
> 더러는 차라리 그 곁에 누워라

지어미는 지아비를 물끄러미 우러러보고

지아비는 지어미의 이마라도 짚어라

어느 가시덤불 쑥굴헝에 놓일지라도

우리는 늘 옥돌같이 호젓이 묻혔다고 생각할 일이요

청태靑苔라도 자욱이 끼일 일인 것이다.

―「무등을 보며」 전문

전쟁이 끝난 후 『현대공론』(1954. 8)에 발표된 작품이지만, 시인의 자서전에 의하면 1952년 봄 광주로 피난하여 조선대학에서 강의할 때 지은 것이라고 했다. 그는 자신의 보수에 대해 "월급은 한 달에 겉보리 열댓 말, 그 밖에 우리 식구가 살게 될 방을 하나 겸쳐 준다는 것이었다."[34]라고 썼다.

1연에서 우리가 처한 가난과 우리의 마음씨를 대비적으로 설정했다. 가난은 몸에 걸친 헌 옷에 지나지 않고 우리의 마음씨는 푸른 여름 산처럼 맑고 깨끗하다고 했다. 2연에서는 우리가 자식을 기르는 일을 청산이 지란을 키우는 일로 비유했다. 여기에 대해 얼마든지 반론이 제기될 수 있다. 가난이라는 상황이 벗어서 내던지면 그만인 헌 옷처럼 그렇게 쉽게 벗어날 수 있는 것인가? 우리 마음이 정말 그렇게 맑고 깨끗한 상태인가? 청산에 식물이 자라는 것과 우리가 자식을 키우는 것은 차원이 다른 영역이 아닌가? 이러한 질문이 제기될 수 있다.

이 시의 바탕에는 앞에서 설명한 변하는 세계와 변하지 않는 세계, 보

---

34 『미당 자서전 2』, 민음사, 1994, 320쪽.

이는 세계와 보이지 않는 세계의 이분법이 내재해 있다. 눈에 보이는 현실 세계는 남루하고 가변적이지만, 눈에 보이지 않는 내면세계는 아름답고 변함이 없다는 이분법이 작용하고 있는 것이다. 현실 세계의 남루함을 변화시킬 능력이 자신에게 없다면, 우리는 남루와 같은 가변적 현실에 물들지 말고 영원히 지속될 우리의 마음을 순수하게 보존하는 쪽에 서야 한다. 2연과 3연에 걸쳐 제시된 부부간의 화합과 위안의 장면은 고통스러운 상황에 처했을 때 상상할 수 있는 가장 인간적인 모습이다. 부부간에 오가는 인정의 다사로움이 현실의 고통을 이겨 낼 수 있는 힘이 되지 않겠느냐는 생각이다.

4연은 여기서 더 나아가 마음의 자세를 본격적으로 제시했다. 가시덤불 쑥 구렁에 놓이더라도 옥돌같이 호젓이 묻혔다고 생각하라고 했다. 아무리 고통스런 상황에 처할지라도 스스로 깨끗하고 순수한 존재라고 생각하라는 뜻이다. 그러면 돌에 푸른 이끼가 생기듯 순수한 마음에 호응하는 어떤 좋은 결과가 올 수 있을 것이라고 했다. 추상적 관념론에 불과해 보이는 이 생각이, 개인의 힘으로 현실을 도저히 바꿀 수 없는 전쟁 중의 피난지에서 발성되었다는 점을 이해하면, 시적 상상의 가치를 인정할 수 있다. 그 자신 궁핍한 현실을 견디는 갑남을녀일 뿐 정치가도 경세가도 아닌 적수공권의 시인인 그에게 현실 문제를 해결할 힘은 전혀 없었다. 현실적으로 가난과 고통을 해결할 방도가 없을 때 마음의 영역에서 내면적 순결성이라도 유지하는 것이 차선의 방책이다. 바로 이것이 이 시의 기본적 성격이며, 그것이 지닌 정신적 가치의 실상이다. 그래서 이 시는 전후 순수 서정시의 특성을 대변하는 표본적 작품이 된다.

겉으로 황폐한 현실 속에서 내면의 순결성을 추구한다고 할 때 그 순수한 마음의 자세가 쉽게 사라져 버린다면 그것은 별로 의미가 없을 것이다. 그래서 이 시대의 시인들은 영혼의 맑은 기운과 정신의 결곡한 자세가 영원히 지속되기를 바라고 그 가능성을 모색했다. 서정주의 옥돌 같은 마음의 추구가 신라 정신과 결합되어 영원주의로 상승하는 것이 대표적인 예다. 김종길의 「성탄제」(『현대문학』, 1955. 4) 역시 자신의 체험에 바탕을 두고 정신의 영속성을 구체적인 사물의 형상으로 표현한 작품이다.

어두운 방 안엔
바알간 숯불이 피고.

외로이 늙으신 할머니가
애처로이 잦아드는 어린 목숨을 지키고 계시었다.

이윽고 눈 속을
아버지가 약을 가지고 돌아오시었다.

아 아버지가 눈을 헤치고 따 오신
그 붉은 산수유 열매―

나는 한 마리 어린 짐생,
젊은 아버지의 서느런 옷자락에
열로 상기한 볼을 말없이 부비는 것이었다.

200

이따금 뒷문을 눈이 치고 있었다.

그날 밤이 어쩌면 성탄제의 밤이었는지도 모른다.

어느새 나도

그때의 아버지만큼 나이를 먹었다.

옛것이라곤 찾아볼 길 없는

성탄제 가까운 도시에는

이제 반가운 그 옛날의 것이 내리는데,

서러운 서른 살 나의 이마에

불현듯 아버지의 서느런 옷자락을 느끼는 것은,

눈 속에 따 오신 산수유 붉은 알알이

아직도 내 혈액 속에 흐르는 까닭일까.

　　　　　　　　　　　　　　　　—「성탄제」 전문

　어린아이가 한 마리 짐승처럼 고열로 보채고 있고, 그 옆에는 어머니 대신 할머니가 초조하게 아이를 지키고 있다. "외로이 늙으신 할머니"라는 말은 손이 귀한 집안이라는 점을 암시한다. 어두운 방 안에 핀 숯불은 신열에 들뜬 아이의 붉은 얼굴빛을 환기하면서 잦아드는 한 생명을 지키는 수호의 불빛 역할을 한다. 이런 위기의 순간에 눈길을 뚫고 아버지가 약을 구해 가지고 돌아왔다. 이렇다 할 약이 없는 산골인지라 아버지는 눈 속을 헤치고 겨울 숲에 남아 있는 산수유 열매를 따 온 것이다. 어린 아들은 열이 내리고 목숨을 건졌는데, 산수유 열매가 약효가 있었는가 하는 것은 중요한 문제가 아니다. 중요한 것은 어린 아들의 생명을 건지기 위해 눈 속을 헤매고 돌아다닌 아버지의 마음이다.

세월이 흘러 아버지는 세상을 떠나고 어린 아들은 그때의 아버지만큼 나이를 먹어 "서러운 서른 살"이 되었다. 모든 것이 변하여 "옛것이란 찾아볼 길 없는" 상태다. 다만 옛날과 다름없이 한겨울의 눈이 내리고 있을 뿐이다. 화자는 눈을 "반가운 그 옛날의 것"이라고 표현했다. 눈을 보면 자신이 목숨을 건진 그날이 떠오르고 눈길을 헤치고 돌아오신 아버지의 서늘한 옷자락이 느껴진다. 하루가 멀다 하고 모든 것이 바뀌는 현실 속에서도 하얀 눈과 서늘한 옷자락은 조금도 변함없는 생생한 감각으로 화자의 마음에 각인되어 있다. 가변적 현실 속에서도 변하지 않고 이어지는 것, 그것은 아버지가 보여 주신 사랑의 마음이다. 아버지의 마음을 담은 산수유 열매 붉은빛이 아직도 내 혈액 속에 녹아 흐르고 있을 것이라고 화자는 조심스럽게 이야기한다. 아버지의 마음이 나에게 이어진다면, 나의 마음은 그다음 사람에게 이어질 것이다. 생명을 사랑하는 마음은 아무리 시대가 바뀌어도 세대를 넘어 영원히 지속될 것이라는 생각이 이 시의 주제를 이룬다. 정신의 영원성을 추구하는 순수 서정시의 특성이 잘 나타난 작품이다.

4. 존재 탐구의 시 — 김춘수

해방 이후부터 시를 쓰기 시작한 김춘수는 고향 통영에 거주하면서 고독한 창작의 길을 걸었다. 그는 외국 시를 많이 읽으면서 독특한 지성의 감각으로 자양을 흡수하여 자기만의 존재론적 성찰을 시로 **표현했**다. 특히 릴케에 경도된 그는 내면의 고독을 언어로 형상화하는 고독한 탐구의 세계를 구축했다. 통영은 6·25전쟁의 피해도 거의 입지 않았기 때문에 전쟁의 참화와 무관하게 존재 탐구에 몰입할 수 있었고, 그 덕분에 시류적인 감상의 표출이나 관습적 수사를 극복할 수 있었다. 그 결과 당시 어느 시인도 시행하지 못했던 독특한 자기 세계를 개척했다. 그는 여기 머문 것이 아니라 이것을 토대로 이미지의 집중적 탐구와 그 것을 다시 넘어선 무의미 시를 시도하게 되는데, 그러한 60년대 이후의 변화를 이끈 토대가 그의 존재 탐구의 시다.

1950년대 6·25전쟁을 전후로 하여 유럽의 실존주의가 우리나라에 도입되면서 인간의 실존적 조건이나 존재론적 성황을 거론하는 담론이 유행처럼 퍼졌다. 전후의 참혹한 폐허 속에서 현실 문제를 직접 다루기가 어려웠던 시인들도 인간과 사물의 본질이라는 추상적인 문제에 관심을 갖게 되었다. 김춘수는 실존주의보다 독일 시인 라이너 마리아 릴케의 영향을 받아 인간과 대상의 관계를 탐구하는 작품을 여러 편 썼다. 『꽃의 소묘』(백자사, 1959)에 수록된 「꽃」, 「꽃의 소묘」, 「꽃을 위한 서시」가 중요한 연작인데, 다음 시가 그 흐름을 압축한 완결편이다.

나는 시방 위험한 짐승이다.
나의 손이 닿으면 너는
미지未知의 까마득한 어둠이 된다.

존재의 흔들리는 가지 끝에서
너는 이름도 없이 피었다 진다.

눈시울에 젖어 드는 이 무명無名의 어둠에

추억의 한 접시 불을 밝히고

나는 한밤내 운다.

나의 울음은 차츰 아닌 밤 돌개바람이 되어

탑을 흔들다가

돌에까지 스미면 금이 될 것이다.

……얼굴을 가리운 나의 신부여.

— 「꽃을 위한 서시」 전문

1연에서 화자는 자신을 "위험한 짐승"이라고 지칭했다. '너'는 표면적으로는 꽃을 의미하지만, 사실은 지상에 존재하는 개개의 사물을 의미한다. 화자인 '나'는 '너'의 안으로 파고들어 대상의 본질을 파악하려고 한다. '너'를 꽃으로 설정하고 꽃이라는 사물이 지니고 있는 존재의 본질에 도달하고 싶어 하는 것이다. 그러나 존재의 본질에 도달하는 것이 쉬운 일이 아니어서 그러한 노력은 대개 헛수고에 그친다. 그렇기 때문에 무모하게 사물의 본질에 손을 대려는 자기 자신을 "위험한 짐승"이라고 한 것이다. 아니나 다를까 나의 손길이 닿자 너는 "미지의 까마득한 어둠"이 되고 만다. 사물의 본질은 어둠 속에 갇혀 모습을 드러내지 않는 것이다.

그러면 사물이 존재하지 않는 것인가 하면, 그렇지는 않다. 꽃은 분명 잎과 줄기 등의 형태로 자신의 모습을 드러내고 있다. 꽃은 분명 그렇게 '존재'하고 있다. 그러나 그 '존재'는 나와 아무 관계가 없는 상태에 놓여 있다. 내가 그의 이름을 불러 나에게 의미 있는 존재로 끌어올 근거가 나에게는 없다. 나와 무관한 상태에 있는 꽃의 모습을 시인은 "이름도 없이 피었다 진다"고 표현했다. 그것은 나에게 의미 있는 존재로 다가오지 않는 불안정하고 모호한 사물일 뿐이다.

3연은 화자가 사물의 내재적 의미를 탐구하려는 눈물 어린 노력을 표현했다. 사물이 자신의 본질을 드러내지 않고 나와 무관한 상태에 있는 것을 "무명無名의 어둠"이라고 했다. 아무리 노력을 해도 어둠을 걷어 내고 이름을 부를 길이 없는 것이다. 그래서 화자는 한밤이 지나도록 울고 있다. 울고만 있는 것이 아니라 존재의 비밀을 탐구하려는 노력을 계속하고 있다. 그 노력의 지속성을 "추억의 한 접시 불을 밝히고"라고 표현했다. 여기서 추억이란 내가 너에 대해 갖고 있는 모든 경험의 집합을 의미한다. 너에게 다가가려 했으나 번번이 실패한 과거의 모든 경험을 총동원하여 탐구의 불을 밝히고 무명의 어둠을 몰아내려는 노력을 기울이는 것이다. 그러나 '너'는 아무런 반응이 없다.

4연에서는 자신의 이러한 노력이 어떤 가치 있는 결과를 가져올지 모른다는 상상을 했다. '나의 울음'이란 단순한 슬픔이 아니라 사물의 본질을 탐구하려는 집요한 노력과 수많은 실패의 과정을 포괄하는 말이다. 자신의 노력은 사물을 뒤흔드는 사나운 돌개바람이 되어 탑을 흔들다가 탑을 지탱하는 돌에 스며들어 금으로 변할 것이라는 상상을 했다. 추상적인 노력을 사물의 변화 과정으로 변모시킨 이 표현은 당시에 무척 새로운 것이다. "돌에까지 스미면 금이 될 것이다"라는 표현은 계속적인 노력에 의해 존재의 틈새로 파고들면 존재를 형성하고 있는 기층에 변화를 주어 가치 있는 결과가 오지 않겠느냐는 생각이다. 이것은 그러한 결과가 나타날 때까지 자신의 노력을 멈추지 않겠다는 의지의 표명이기도 하다.

언젠가는 자신의 울음이 금으로 변할 것이라는 상상은 아름답다. 금으로 변하는 그날까지 자신의 노력을 멈추지 않겠다는 의지도 대단하다. 그렇지만 현재의 상황은 미지의 아득한 어둠, 무명의 어둠일 뿐이다. 사물은 얼굴을 가린 신부처럼 자신의 모습을 드러내지 않고 있다. 그러나 얼굴을 가린 신부는 언젠가는 신랑에게 얼굴을 내보이기 마련이다. 언젠가는 울음으로 밤을 지새운 신랑을 맞아 '의미 있는 눈짓'을 보여 줄 것이다. 이 마지막 시행의 '신부'라는 말은 절망적 상황 속에 희망을 암시하는 시어다. 동시에 이 시어는 사물의 본질 포착과 그 불가능성이라는 이 시의 철학적 주제를 서정적으로 융화하는 기능도 갖고 있다. 당시의 상황에서 김춘수의 이러한 작업은 난해하지 않은 차원에서 시가 철학적 주제를 포용하는 매우 새로운 단면을 창조한 것으로 평가되었다. 이로써 경상남도 통영의 시인 김춘수가 대한민국의 시인으로 부상하게 된 것이다.

5. 현실 비판의 육성

1950년대 중반을 넘어서면서 한국 시는 순수 서정시의 울타리에서 벗어나 서서히 현실로 눈을 돌리게 된다. 1956년『조선일보』신춘문예 시 부문에는 특이하게도 두 편이 당선작으로 선정되었다. 박봉우의 「휴전선」이 1석으로 당선되고, 신동문의 「풍선기風船期」가 2석으로 당선되었다. 심사위원은 김광섭과 양주동인데, 심사평(『조선일보』, 1956. 1. 3)은 김광섭이 썼다. 심사평의 문맥을 보면, 김광섭이 박봉우를, 양주동이 신동문을 민 것임을 알 수 있다. 「휴전선」은 분단 현실을 소재로 한 시고, 「풍선기」는 군 복무 체험을 바탕으로 시대의 고통을 표현한 시다. 현실 참여의 성격을 지닌 이 두 편의 당선작이 신년 벽두에 실림으로써 한국 시는 전환의 계기를 마련하게 된다. 김광섭은 "시단에 새로운 무엇을 기여할 수 있는 새로운 의미에의 전개를 감행할 능력을 가지고 있는가"에 초점을 두고 심사하였다고 "새로운"이란 말을 두 번이나 써 가며 당선작의 의의를 밝혔다. "역사적 감각과 시대적 지성을 밝힐 시인의 출현을 대망"한다고도 했다. 「휴전선」은 신년호인 1월 1일 자 신문 1면에 이승만 대통령의 신년사와 '휴전선의 새 아침'이라는 대형 사진 아래 배치되어 독자들의 시선을 사로잡았다.

산과 산이 마주 향하고 믿음이 없는 얼굴과 얼굴이 마주 향한 항시 어두움 속에서 꼭 한 번은 천둥 같은 화산이 일어날 것을 알면서 요런 자세로 꽃이 되어야 쓰는가.

저어 서로 응시하는 쌀쌀한 풍경. 아름다운 풍토는 이미 고구려 같은 정신도 신라 같은 이야기도 없는가. 별들이 차지한 하늘은 끝끝내 하나인데…… 우리 무엇에 불안한 얼굴의 의미는 여기에 있었던가.

모든 유혈은 꿈같이 가고 지금도 나무 하나 안심하고 서 있지 못할 광장. 아직도 정맥은 끊어진 채 휴식인가, 야위어 가는 이야기뿐인가.

언제 한 번은 불고야 말 독사의 혀 같은 징그러운 바람이여. 너도 이미 아는 모진 겨우살이를 또 한 번 겪어야 하는가. 아무런 죄도 없이 피어난

꽃은 시방의 자리에서 얼마를 더 살아야 하는가. 아름다운 길은 이뿐인가.

산과 산이 마주 향하고 믿음이 없는 얼굴과 얼굴이 마주 향한 항시 어두움 속에서 꼭 한 번은 천둥 같은 화산이 일어날 것을 알면서 요런 자세로 꽃이 되어야 쓰는가.

—「휴전선」전문

6·25전쟁이 끝난 지 얼마 안 되는 시점에서 분단 상황에 대한 날카로운 인식을 바탕으로 현실의 암울한 상황을 표현한 작품이 신춘문예 당선작으로 선정된 것은 매우 이채로운 일이다. 1연은 휴전선으로 가로막힌 분단 상황을 어둠 속에 믿음이 없는 얼굴과 얼굴이 마주 향하고 있는 모습으로 나타냈다. 전쟁이 끝난 지 3년이 지났지만 전쟁의 후유증은 여전히 남아 있고, 다시 전쟁이 일어날 것 같은 불안감이 감돌고 있었다. 이런 상황에서 시인은 분단 현실을 정면으로 거론하면서 "꼭 한 번은 천둥 같은 화산이 일어날 것을 알면서"도 아무것도 모른다는 듯 무심히 피어 있는 휴전선의 '꽃'을 제시했다. 여기서 '꽃'은 전쟁이 언제 또 재연될지 모르는 불안한 상황 속에 그것을 일시적으로 감추는 현실의 가식적 측면을 상징한다.

2연에서 팽팽한 긴장감이 감도는 휴전선의 모습을 제시하면서, 대륙의 나라였던 '고구려 같은 정신'이나 삼국을 통일한 '신라 같은 이야기'가 더 이상 존재할 수 없는 당시 현실에 대한 실망감을 토로한다. "별들이 차지한 하늘은 끝끝내 하나인데" 하나가 되지 못한 민족 현실에 격렬한 통증을 느낀다. 3연에서 전쟁의 끔찍함을 망각해 가고 있는 일

상인들의 마비된 의식을 지적하면서 "정맥은 끊어진 채 휴식"을 취하는 모순된 양상을 비판한다. 일상의 삶에 젖어들어 민족 현실을 외면하는 소시민들의 나태한 의식을 비판하고 있는 것이다. 이러한 나태함으로 인해 "독사의 혀 같은 징그러운 바람"에 휩쓸려 "모진 겨우살이"를 다시 겪게 될지 모른다는 경고를 내놓는다. 이것은 우리가 분단 상황을 철저히 인식함으로써 통일을 도모해야 한다는 사실을 역으로 표현한 것이다. 당시 상황에서 시인의 의식은 분명 시대를 앞서간 점이 있다. 시인은 현실에 안주해 가는 안이한 삶에 반기를 들고 분단 현실이 지닌 비극성을 더욱 첨예하게 드러내고자 한 것이다.

박봉우와 신동문의 시가 신년 벽두를 장식한 지 몇 달 뒤 같은 지면에 발표된 김수영의 「폭포」(『조선일보』, 1956. 5. 29)는 구체적인 현실 문제는 아니지만 현실에 대응하는 정신의 강렬함을 표현했다는 점에서 기존의 순수 서정시와는 아주 다른 특징을 보여 주었다.

폭포는 곧은 절벽을 무서운 기색도 없이 떨어진다.

규정할 수 없는 물결이
무엇을 향하여 떨어진다는 의미도 없이
계절과 주야를 가리지 않고
고매한 정신처럼 쉴 사이 없이 떨어진다.

금잔화도 인가도 보이지 않는 밤이 되면
폭포는 곧은 소리를 내며 떨어진다.

곧은 소리는 곧은 소리이다.

곧은 소리는 곧은

소리를 부른다.

번개와 같이 떨어지는 물방울은

취醉할 순간조차 마음에 주지 않고

나타懶惰와 안정을 뒤집어 놓은 듯이

높이도 폭도 없이

떨어진다.

— 「폭포」 전문

폭포는 아무런 두려움 없이 곧은 절벽 밑으로 수직으로 떨어진다. 이 첫 구절에는 시인 자신의 소심함을 타격하는 신랄한 칼날이 담겨 있다. 그는 거제도수용소에서 석방된 인민군 포로 출신으로 남한 사회에서 벼랑 위를 걷듯 조심스럽게 살고 있는 처지였다. 사회에서 소외된 겁 많은 시인에게 잠시도 쉬지 않고 끝없이 떨어지는 폭포가 고매한 정신의 표상으로 다가온 것이다. '무엇 때문에'라든가, '어디를 향해' 같은 말로 서술되는 세속적 인과관계를 완전히 부정한, 아예 처음부터 그런 구실을 전제로 삼지 않은, 오로지 떨어지기 위해 떨어지는 곧고 높은 정신의 표상을 폭포로 설정했다.

자연물이나 인간사의 흔적이 보이지 않는 밤이 되면 폭포가 떨어지는 곧은 모습도 볼 수가 없다. 그러나 폭포가 떨어지는 곧은 소리는 여전히 들린다. 폭포는 시각으로만 존재하는 것이 아니라 청각으로도 존재하는 것이다. 폭포가 내는 곧은 소리는 곧은 소리를 불러내서 무력한 존재의 내면을 자극한다. 과연 나도 그렇게 아무런 두려움 없이 곧은 소리를 내며 곧장 떨어질 수 있을까? 아무런 망설임 없이 순식간에 떨어지는 폭포의 모습을 "번개와 같이" 떨어진다고 한 것은 경이로운 표현이다. 폭포에서 번개를 연상한 시인은 김수영 외에는 없을 것이다.

아무런 자취도 남기지 않고 순식간에 떨어지는 폭포의 동작은 경이와 찬탄의 대상이 될 수 있다. 나약한 존재들은 술에 취해 두려움을 잊기도 하지만, 번개처럼 번쩍이는 폭포는 그런 사소한 방심의 순간도 허용하지 않는 것이다. 시인은 소시민들의 나약한 삶을 "나타懶惰와 안정"이라는 시어로 요약했다. 박봉우의 「휴전선」에 "정맥은 끊어진 채 휴식"을 취하고 있는 사람들을 비판한 것과 같은 맥락이다. 현실에 주저앉아 비판 정신을 잃어 가는 사람들의 모습을 안정을 추구하는 게으른 존재로 본 것이다. 무감각한 안락은 일견 편안해 보이지만, 그것은 우리를 노예나 시녀, 혹은 백치의 길로 이끈다. 진정한 정신의 자유는 도발적인 전복에서 얻어지는 것이다. 폭포는 곧은 소리로 다가와 안정을 전복시키며 '높이'나 '폭' 같은 공간의 한계도 초월하여 끝없이 떨어질 뿐이다. 김수영은 기존의 폭포 이미지에서 완전히 벗어나 새로운 의미의 표상을 창안했다. 그는 폭포를 통해 현실의 모순에 바로 돌진하여 현실에 안주하는 사람들의 나태함을 전복시킬 수 있는 정직한 힘을 표현한 것이다.

그로부터 일 년 후에 발표한 「눈」(『문학예술』, 1957. 4)은 「폭포」의 연장 선상에서 진실을 외면하지 않는 정직한 정신의 표상을 '눈'으로 형상화했다. 이것 역시 기존의 눈 이미지에서 완전히 벗어나 새로운 의미의 표상을 창안한 것이다. 시인은 "죽음을 잊어버린 영혼과 육체를 위하여 / 눈은 새벽이 지나도록 살아 있다."라고 말했다. 김수영의 시에서 '죽음'은 두려움이나 비겁함 등의 의미로 나타난다. 그렇다면 '눈'은 진실을 외면하는 비겁함이나 두려움 등을 떨쳐 버린 정직하고 순수한 자아를 상징한다. 눈은 밤을 새우고 새벽이 지나도록 백색의 강렬한 표상으로 순수와 정직의 본모습을 그대로 유지한다. 이렇게 생생하게 살아 있는 강렬한 존재 앞에서 순수와 정직을 표방하는 젊은 시인이라면 마음 놓고 기침을 하라고 화자는 권유한다. 두려움과 비겁함을 떨쳐 버리고 진실한 육성을 토해 내야 한다는 것이다.

이처럼 김수영의 시는 답답한 시대를 살아가는 지식인의 고뇌와 양심을 우회적인 어법으로 표현하였다. 그는 현실을 직접 고발하지 않고 한발 물러서서 시적인 방식으로 비유를 통해 자기 생각을 표현했다. 그러한 자신의 모습을 스스로 부끄럽다고 반성하기도 했으나, 그러한 시적인 어법을 유지하였기에 그의 시는 직선적인 현실 고발 시의 단순성에서 벗어나 지성적 탄력을 지닌 의미 있는 작품으로 승화되었다. 이것이 그의 시의 특징이자 문학사적 공적이다. 이러한 김수영의 노력에 당시 시단도 침묵을 지키지 않았다. 한국시인협회는 엄정한 심사를 거쳐 제1회 시협 작품상 수상자로 김수영을 선정했다. 1957년 2월에 결성된 한국시인협회 초대 회장은 유치환이고, 상임간사는 조지훈이었다.

1957년 12월 28일 시협 작품상 시상식장에서 공표한 심사 경위를 보면 매우 엄격한 과정을 거쳤음을 알 수 있다. 유치환, 장만영, 박목월, 김경린, 조지훈이 심사 위원이 되어 심사 기준을 정하고, 1957년에 발표된 작품 중 공개 추천을 받아 최고 득표자를 10명 이내로 뽑아 심의 대상으로 삼는다고 했다. 그 과정에서 추천된 심사 대상 작품과 득표수와 추천한 사람의 실명을 밝혔다. 김수영의 「봄밤」과 「눈」이 추천되었고, 추천자는 박목월, 이한직이었다. 공천 과정에서 가장 많은 표를 얻은 7명의 시인이 결정되었는데, 그 시인들은 서정주, 김현승, 김수영, 김춘수, 전봉건, 박성룡, 구자운 등이었다. 이들을 대상으로 심사 위원들이 투표하고 논의한 결과 김현승과 김수영이 동점이 되었고, 관례에 따라 연장자인 김현승을 수상자로 결정했다. 김현승을 추천한 사람은 장만영, 김경린이고, 김수영을 추천한 사람은 박목월, 조지훈이라는 사실도 밝혔다. 그러나 김현승이 사퇴 의사를 밝힘으로써 최종 수상자는 김수영이 되었다. 이 심사 과정은 놀랄 만큼 공정하고 엄격해서 귀감으로 삼을 만하다. 정치는 개판이었지만 문단은 공정했던 것이다.

1956년 이승만이 3대 대통령에 당선된 후 한국의 정치 상황은 부정과 부패로 얼룩지고 정치적 지배 세력은 장기 집권 술책을 짜내는 데 골몰했다. 폭력배까지 동원한 자유당의 야욕은 독재의 파국으로 치닫고, 권력에 대한 집착은 국민의 희망을 잃게 했다. 국민들은 정치에 대한 환멸감과 나약한 존재로서의 무력감에 빠지게 된다. 1959년에 쓴 김수영의 「사령死靈」(『신문예』, 1959. 9)은 거대한 현실의 힘 앞에 침묵의 죽은 존재가 될 수밖에 없는 무력한 자아의 모습을 형상화하여 시대의 정서를 대변했다.

…… 활자는 반짝거리면서 하늘 아래에서

간간이

자유를 말하는데

나의 영靈은 죽어 있는 것이 아니냐

벗이여

그대의 말을 고개 숙이고 듣는 것이

그대는 마음에 들지 않겠지

마음에 들지 않어라

모두다 마음에 들지 않어라

이 황혼도 저 돌벽 아래 잡초도

담장의 푸른 페인트 빛도

저 고요함도 이 고요함도

그대의 정의도 우리들의 섬세纖細도

행동이 죽음에서 나오는

이 욕된 교외에서는

어제도 오늘도 내일도 마음에 들지 않어라.

그대는 반짝거리면서 하늘 아래에서

간간이

자유를 말하는데

우스워라 나의 영은 죽어 있는 것이 아니냐.

—「사령死靈」 전문

    활자로 진실을 표현하지 못하고 자유가 억압당하는 상황에서 그것을
방관한다는 것은 지식인으로서 부끄러운 일이다. 그것은 자신의 영혼
이 죽어 있는 것과 마찬가지 상태다. "나타와 안정을 뒤집어 놓은 듯이"
떨어지는 폭포의 기상을 동경했던 김수영에게 불의와 부정에 대해 아
무런 저항도 못 하고 공손하게 고개 숙이고 그저 고요하게 시간을 보낸
다는 것은 견딜 수 없는 일이다. "그대의 정의"와 "우리들의 섬세"를 대

비했지만, '섬세'가 아니라 '섬약'이며 비겁일 뿐이다. 시인은 자신이 처한 상황을 "행동이 죽음에서 나오는 이 욕된 교외"라고 했다. 세상의 모든 일들이 비겁함과 두려움에 사로잡힌 치욕스러운 상황이다. 그래도 "반짝거리면서 하늘 아래에서 간간이 자유를 말하는" 사람들이 간혹 있지만, 자신의 영은 죽은 듯 아무런 반응을 보이지 않고 있다. 시인 자신을 포함한 일반인들의 양심의 죽음, 의식의 죽음을 '사령死靈'이라는 말로 표현한 것이다.

김수영이 이렇게 무력한 심정을 표현한 지 일 년이 안 되어 4·19시민혁명이 일어난다. 이 사건을 기점으로 김수영은 물론이요 한국 사회와 한국 문단은 큰 변화를 겪게 된다. 그래서 1960년은 현대시사의 뚜렷한 분기점이 된다. 기미독립운동 이후 전개된 한국 현대시는 해방, 전쟁, 4·19, 5·18민주화운동에서 변화의 큰 획을 긋는다.

7

시민의식의
성장과 진통

— 1960년대의 시

1. 4·19와 저항시 담론

4·19는 한국 현대사에 혁명으로 기록되는 유일한 사건이다. 혁명의 사전적 의미는 "비합법적인 수단으로 국체國體 또는 정체政體를 변혁하는 일"이다. 4·19는 형식적으로 이러한 혁명의 의미를 충분히 담보하고 있다. 4·19 당시 자유당 정권에 항거하는 시민들의 궐기는 전 국민적 참여로 이루어졌다. 다수 시민의 자발적인 정치적 참여로 정권에 대한 저항이 성공했다는 점에서 이 사건은 혁명적이다. 4·19에 의해 대통령이 하야하고, 과도정부가 구성되고, 개헌을 통해 내각책임제로 체제가 개편되었다. 정치 체제의 변화가 일어났으니 혁명적이다. 4·19에 대해 정치적 저항의 이념이나 목적성이 뚜렷하지 못했다거나 정치 변혁을 주도한 지도 세력의 결집력이 부족했다는 문제점을 지적하기도 한다. 그러나 시민들의 자발적 저항으로 부패한 독재 세력을 축출하고 다른 형태의 정치 체제를 구성했다는 했다는 점에서 혁명임에 틀림이 없고, 또 한국 역사상 처음으로 자유민주주의의 근간이 되는 국민의 힘을 전 국민이 체감하게 되었다는 점에서 한국사의 가장 중요한 사건임에

틀림없다.

시민들의 힘에 의해 가부장적 정치권력을 무너뜨리게 되었다는 의식은 사회 각 방면에 걸쳐 격렬한 변화의 파고를 일으켰다. 많은 시인들이 정치적 억압에서 해방된 자유의 감격을 토로하고 희생자들을 추모하고 혁명의 의의를 찬양하는 시를 썼다. 그것이 1960년에서 61년 초에 이르는 하나의 문단적 현상이었다. 그러나 혁명을 주도한 지도 세력이 부재했기 때문에 정치적 담론이 분열되고 현실적 지향점이 분산되면서 현실의 혼란이 장기간에 걸쳐 이어졌다. 표면적으로 돌출된 정치적 혼란이 자체의 힘으로 안정되기 위해서는 일정한 시간이 필요했으나 사회의 혼란에 불안감을 느낀 군인들이 "누란累卵의 위기에서 조국을 구하고 도탄에 빠진 민생고를 시급히 해결하겠다"는 혁명 공약을 내걸고 1961년 5·16 군사쿠데타를 일으켰다. 이를 계기로 자유롭게 분출되던 변화의 욕구는 차단되고, 쿠데타 주도 세력인 군인들에 의해 사회가 통제되는 재편성의 과정을 밟는다.

5·16이 일어나기 한 달 전쯤 담론의 자유가 확보되었던 시기에 신동엽은 1960년대 시단의 경향을 구분하고 자신의 의견을 개진한 글을 『조선일보』(1961. 3. 30.~31)에 발표하였다. 1959년 1월 『조선일보』 신춘문예로 등단한 신진 시인 신동엽이 당시 시단의 중심 인물인 김남조, 조병화, 유치환, 황금찬, 김수영, 박목월 등의 실명을 거론하며 자신의 견해를 밝힌 것은 매우 대담한 일이었다. 그는 이 글에서 당시의 시단을 크게 두 경향으로 나누었다. "하나는 시정적市井的인 생활, 사회적인 현실에 중탁重濁한 육성으로 저항해 보려는 경향의 사람들이며, 또 하나는 예술지상주의적 경향에 몸 적신 사람들"[35]이라고 두 경향의 성격을 구분했다. 여기서 신동엽이 사용한 '저항'이란 용어는 자신의 시작

태도를 강하게 드러낸 말이다. 그는 이 두 경향을 다시 다섯 개의 하위 유형으로 구분하여, 예술지상주의적 경향을 '조선적인 향토 시', '문명 도시적인 현대 감각파', '순전한 언어 세공가'의 세 유형으로 나누고, 현실주의적 경향은 '도시 소시민적 생활 시인'과 '역사에의 저항파'로 나누었다. 이 다섯 개의 유형 중 신동엽 자신은 '저항파'에 속하며, 이 유형이 가장 높은 가치를 갖는다고 평가했다. 비록 그들의 기교가 거칠고 수법이 파격적이지만, 이것은 "정신에 치중하는 사람이 가지는 어쩔 수 없는 결함"이며, 그것보다는 조국과 민족과 인간의 고통을 직시하고 사회와 현실 속에서 시정신의 뿌리를 찾으려는 그들의 능동적인 자세를 높이 평가해야 한다고 말했다.[36]

신동엽이 '저항파' 영역에 넣은 작품은 「조국상실자」, 「휴전선」, 「파고다 공화국은 위험선상」 등 세 작품[37]이다. 이 외에도 많다고 토를 달았지만, 현실과 역사에 저항하는 시인이나 작품은 실제로 그리 많지 않았을 것이다. 분단 상황의 비극성을 노래한 「휴전선」으로 등단한 박봉우는 4·19를 체험하면서 1960년대 초까지 현실 인식을 담은 시편을 발표하여 세 번째 시집 『4월의 화요일』(1962)에 그 성과를 집결하였으니 [38] 분명 저항 시인이라 할 만하다. 한무학은 1960년대에 남정현, 신동엽과 어울리면서 현실을 비판하는 풍자적인 시를 많이 발표했다. 전영경은 1950년대 중반 이후 현실 풍자시를 활발하게 발표하였으나 4·19

---

35 신동엽, 「60년대의 시단 분포도」, 『신동엽 전집』(증보 3판), 창작과비평사, 1985, 375쪽. 현재 맞춤법으로 옮기면서 한자를 한글로 바꾸고 필요한 경우에는 한자를 병기하였다.

36 위의 책, 379쪽.

37 이 작품들은 박봉우의 「휴전선」(『조선일보』, 1956. 1), 전영경의 「조국상실자」(『현대문학』, 1959. 2), 한무학의 「파고다 공화국 담벽에 지금 수위는 위험선상」(『자유문학』, 1961. 2)이다. 한무학의 시 제목은 신동엽이 줄여서 언급했다.

38 남기혁, 『한국 현대시의 비판적 연구』, 월인, 2001, 73쪽.

를 넘어서면서 웬일인지 "신세 한탄의 수준"으로 주저앉고 말았다.[39] 신동엽은 신동문의 작품을 거명하지 않았지만, 1956년에 「풍선기」로 출발한 신동문 역시 현실의 불안한 정황을 다각도로 풍자하여 비판적인 "정치풍자시의 선구적인 모형"을 제시했고[40] "자유민주주의를 억압하는 사회 현실에 대한 강한 관심과 참여"[41]의 경향을 비쳤기에 '저항파' 시 범주에 넣을 수 있다. 이 중 박봉우는 『4월의 화요일』을 간행한 이후 정신 질환에 시달리며 시를 거의 쓰지 못했고, 신동문 역시 1966년 이후로는 전혀 시를 발표하지 않았다. 이런 점에서 보면 1959년 1월에 신춘문예로 등단하여 1969년 4월 타계할 때까지 자신의 관점이 투영된 작품을 지속적으로 발표한 신동엽이야말로 가장 전형적인 60년대의 저항 시인이라 할 만하다.

2. 저항시의 전개

박봉우는 1960년 4월 25일 자 『조선일보』에 4·19 영령에 대한 추모의 감정을 담은 시 「젊은 화산」을 발표했다. 부다페스트의 소녀의 죽음을 인용하며 "한국의 민주주의와 정의를 지키려다 / 꽃잎처럼 져 버린 / 청춘의 영혼들"을 추모하면서 그 젊은이들이 "굳게 외치고 부른 노래는 / 반공하는 한국의 민주주의"라고 했다. 이때만 해도 박봉우는 학생들이 반공에 바탕을 둔 민주주의를 외쳤다고 생각한 것이다. 그러나 2

---

39 이승하, 『한국의 현대시와 풍자의 미학』, 문예출판사, 1997, 106쪽.
40 위의 책, 118쪽.
41 유성호, 「신동문 시의 연구」, 『현대문학의 연구』 7, 1996. 12, 240쪽.

년 후 시집을 낼 때 이 구절은 묘하게도 "굳게 외치고 부른 노래는 / '코리아'의 민주주의"로 수정된다. 반공이 없어진 것은 쉽게 이해가 되는데, '코리아'라는 호칭을 쓴 것은 생각해 볼 대목이다. 반공의 민주주의가 코리아의 민주주의로 바뀐 것은 대단한 변화다. 남과 북을 구분하지 않는 하나의 한국을 뜻하는 말로 '코리아'가 선택되었을 것으로 추정하는데, 그에게 이러한 변화를 일으킨 동인이 무엇이었는지 궁금하다.

그로부터 일 년쯤 지나서 4·19가 다가오자 다시 추모의 시를 발표했다. 『조선일보』 1961년 3월 9일 자에 발표된 「진달래도 피면 무엇하리」라는 작품이다. 이때는 흥분이 가라앉고 현실의 혼란과 모순이 두드러졌을 때다. 자유와 평등에 대한 무분별한 요구는 집단의 이익에 사로잡힌 사회적 혼란으로 돌출되고 말았다. 젊은이들이 가졌던 순수한 열망은 환멸의 체험으로 굴절되었다. 이러한 상황에 직면한 박봉우의 시는 다시 비탄의 어조로 격렬한 염세의 정서를 드러낸다.

4월의 피바람도 지나간
수난의 도심은
아무렇지도 않은
표정을 짓고 있구나.

진달래도 피면 무엇하리.
갈라진 가슴팍엔
살고 싶은 무기도 빼앗겨 버렸구나.

아아 저녁이 되면

자살을 못 하기 때문에
술집이 가득 넘치는 도심.

약보다도
이 고달픈 이야기들을 들으라
멍들어 가는 얼굴들을 보라.

어린 4월의 피바람에
모두들 위대한
훈장을 달고
혁명을 모독하는구나.

이젠 진달래도 피면 무엇하리.

가야할 곳은
여기도,
저기도, 병실.

모든 자살의 집단. 멍든
기를 올려라.
나의 병든 '데모'는 이렇게도
슬프구나.

—「진달래도 피면 무엇하리」 전문

감격적인 4·19의 도정에서 그가 보았던, 희생을 각오한 젊은이들의 열망은 사라지고, 지금은 삶의 의욕마저 상실한 "수난의 도심"이 펼쳐진다. 진달래가 피어도 그날의 순수한 열정을 불러오지 못한다. 이상을 잃은 현실 앞에 시인은 자살 충동을 느끼고 의욕을 잃은 사람들은 술집으로 몰려든다. 남북의 통일은 고사하고 정치 모리배들의 다툼으로 사분오열이 되어 있는 상황이다. 4월의 피바람에 죽어 간 젊은 청년들을 생각하면 분통이 터지고 피가 거꾸로 솟는다. 4·19의 열매만 따 먹은 사이비 정치배들이 "위대한 훈장을 달고 / 혁명을 모독하는" 상황에 시인은 분노하고 절망한다. 다수의 시민들도 그러한 환멸을 느끼기에, 저녁이면 술집에 몰려들어 자살하지 못한 자신의 비겁한 가슴을 술로 찢고 멍든 하늘에 멍든 깃발을 올릴 뿐이다. 보이는 것은 모두 병실이요 자신도 "병든 데모"에 가담할 뿐이다. 국토와 도시 전체를 병실로 보고 모든 시민을 병든 존재로 보는 시인의 부정적 자의식은 절제의 어조에도 불구하고 부정의 극점을 지향하고 있다. 이미 나아갈 길을 잃은 병적 자의식이 민족의 희망조차 부정하고 있는 형국이다. 시인은 이때 이후 정신 질환을 앓으며 입원과 퇴원을 반복하는 투병의 길을 걷는다. 그래서 이 시가 더욱 상징적이다.

이와 유사한 궤적을 보인 시인이 신동문이다. 그는 4·19의 현장을 목격한 충격을 10연 108행이나 되는 장형의 작품으로 강렬하게 표현했다. 1960년 6월 『사상계』에 발표한 「아―신화같이 다비데군群들」이라는 작품이다. 이 시의 주제와 형식이 얼마나 강렬했으면, 1960년의 시단을 시종일관 비판적으로 조명한 유종호가 이 시에 대해서만은 "혁명 시편의 대부분이 혁명 비참가자의 혁명 찬가임에 반하여 씨의 시에는 데모대의 함성 같은 직접적인 육성이 있다"[42]라는 우호적인 발언을 했을 정도다.

멍든 가슴을 풀라
피맺힌 마음을 풀라
막혔던 숨통을 풀라
짓눌린 몸뚱일 풀라
포박된 정신을 풀라고
싸우라
싸우라
싸우라고
이기라
이기라
이기라고

아— 다비데여 다비데들이여
승리하는 다비데여
싸우는 다비데여
쓰러진 다비데여
누가 우는가
너희들을 너희들을
누가 우는가
눈물 아닌 핏방울로

42　유종호, 「사·에·라—1960년의 시」, 『사상계』, 1960. 12, 273쪽.

누가 우는가

역사가 우는가

세계가 우는가

신이 우는가

우리도

아— 신화같이

우리도

운다.

—「아— 신화같이 다비데군群들」 뒷부분

여기서 '다비데'란 구약성서에서 거인 골리앗과 싸워 이긴 목동 다윗을 지칭한다. 다윗은 개인이었지만 독재 정권에 저항하여 승리한 시민은 다수이기에 '다비데군群'이란 명칭을 쓴 것이다. '신화같이'라는 수식어는 4·19가 지닌 이념적 신성성과 순결성을 암시한 것이다. 이 시는 길이가 길고 짧은 시어가 반복되면서 긴 호흡으로 이어질 뿐 의미의 발적전 전개는 없다. 인용한 부분만 보더라도 동어반복에 의해 행의 수만 늘어났을 뿐 유사한 내용과 감정이 지루하게 이어지고 있다. 이것은 시인의 감격벽의 무절제한 표출이고 감정적 흥분 상태가 의미를 대치하고 있는 형국이다.

정치 상황의 변화에 의해 감정의 흥분 상태가 가라앉고 현실을 냉정하게 볼 수 있는 거리가 형성되었을 때, 신동문은 박봉우처럼 현실에 대한 환멸을 고통의 언어로 표출하게 된다. 4·19가 일어난 지 일 년 후에 목도한 현실은 "이렇게 시름시름 몸살을 앓듯 못 견디게 못 견디게 심심한 하루하루 해를 종일토록 못 갖고 마는 아뜩한 나의 부재不在 주인 없는 나"라는 자아 부정의 상황이요, "위장僞裝"과 "죽은 음모"(「춘곤春困」)에 지나지 않는 배반의 역사다. 이런 점에서 보면, 그의 현실에 대한 관심과 저항은 표피적인 것이라고 진단할 수 있다. "현실의 추상적 인식과 그에 따르는 강렬한 파토스"[43]로 시를 밀고 나갔을 뿐 현실의 모순을 정시할 만한 객관적 사유 능력이 허약했다. 그의 현실 인식이 단선적이지만, 그러기에 오히려 저돌적인 용기를 갖게 했던지 그는 당시의 정치 현실을 직선적으로 풍자한 다음과 같은 시를 1963년 4월 『사상계』에 과감하게 발표했다.

더더구나 밤낮 없이
"앞으로 갓"
"뒤로 갓"
사슬보다 무거운
호령이 뒤바뀌는데
너는 답답치도 않느냐
내 조국아

그리고
죄도 벌도 없는
우리의 입 귀 눈을 막고
후렴이나 부르며
따라오라는데

---

43 유성호, 앞의 책, 236쪽.

너는 분하지도 않느냐

내 조국아

아니면

낡은 망령

탐욕한 정상배政商輩가

헐벗은 국토에서

또다시 아귀다툼

투전판을 벌이는데

너는 억울치도 않느냐

내 조국아

더더구나

노회老獪한 매국의 무리들이

민의民意를 가장한 플래카드를

서울의 복판에서 내저으며

국민을 혼란으로 우롱하는데

너는 슬프지도 않느냐

내 조국아

—「아아 내 조국」 부분

　이 시도 70행이 넘는 장형의 작품인데, 5·16 주도 세력인 군부의 정치 참여를 정면으로 신랄하게 비판하고 있다. 쿠데타 주도 세력에 의해 언론이 통제되고 자유가 억압당하고, 무엇보다 4·19의 이념이 퇴색되는 현상을 주시하고 비분의 감정을 담아 장형의 시로 **표출한 것이**

다. 요컨대 이 시는 "4·19를 정면으로 뒤집은 5·16이라는 시대적 굴절 상황에 대한 혹독한 비판을 감행한"[44] 드문 작품의 하나다. 당시의 군부 통치가 과도기적인 단계에서 시민의 동향을 주시하고 예민한 대응을 하고 있었음을 감안하면 이러한 시의 창작이 대단한 용기를 필요로 하는 일이라는 점을 이해할 수 있다. 그러한 현실적 의의에도 불구하고 이 시의 형식 역시 앞의 예처럼 고조된 감정을 동어반복에 의해 지루하게 이어가고 있음은 부인할 수 없다. 고양된 주제를 뒷받침할 만한 형상화의 요건이 갖추어지지 못했음을 인정하지 않을 수 없다. 이것을 "정신에 치중하는 사람이 가지는 어쩔 수 없는 결함"[45]이라고 합리화할 수는 없는 일이다.

　1950년대에 의미 있는 작품으로 등단하여 4·19의 기폭 작용에 의해 저항시를 썼던 박봉우와 신동문이 자신의 역량을 지속적으로 이어가지 못한 데 비해, 신동엽은 1969년 4월 타계할 때까지 뚜렷한 문학관을 가지고 민족의 역사와 현실에 바탕을 둔 저항시를 썼다. 민중적 역사의식이 기반이 된 그의 시 작업은 1967년 장편 서사시 「금강」의 완성으로 하나의 문학사적 사건으로 자리 잡았다. 이 작품에 담긴 민중적 역사의식은 동시대의 김수영은 꿈도 꾸지 못한 것이고, 70년대의 김지하보다 시대를 앞선 전위성을 보였다. 장편서사시 「금강」은 하루아침에 완성된 것이 아니라 1959년 등단 이후 그가 추구한 역사적 서정시의 종합적 결실이었다. 그의 등단작 「이야기하는 쟁기꾼의 대지」(1959. 1)와 그 이후에 쓰여진 「진달래 산천」(1959. 3), 「풍경」(1960. 2), 「정본 문화사대계」(1960. 6) 등에는 모두 그의 독특한 역사의식과 정치적 세계관이 투

44　유성호, 앞의 책, 239쪽.
45　신동엽, 앞의 책, 379쪽.

영되어 있다.

4·19를 치르며 다른 시인들이 모두 감격과 추모 일변도의 작품을 썼지만, 그의 혁명 기념시 「아사녀」(1960. 7)에는 일방적 감정 **표출**의 구호는 거의 없고, 오히려 특유의 역사의식과 민중적 연대 의식이 전면에 드러나 있다. 그는 흥분한 소년의 심정이 아니라 성숙한 어른의 시점으로 4·19를 정시하고 있다.

죽지 않고 살아 있었구나
우리들의 피는 대지와 함께 숨쉬고
우리들의 눈동자는 강물과 함께 빛나 있었구나.

4월 19일, 그것은 우리들의 조상이 우랄고원에서 풀을 뜯으며 양달진 동남아 하늘 고흔 반도에 이주 오던 그날부터 삼한으로 백제 고려로 흐르던 강물, 아름다운 치맛자락 매듭 고흔 흰 허리들의 줄기가 3·1의 하늘로 솟았다가 또다시 오늘 우리들의 눈앞에 솟구쳐 오른 아사달 아사녀의 몸부림, 빛나는 앙가슴과 물굽이의 찬란한 반항이었다.

물러가라, 그렇게
쥐구멍을 찾으며
검불처럼 흩어져 역사의 하수구 진창 속으로
흘러가 버리려마, 너는.
오욕된 권세 저주 받을 이름 함께.
어느 누가 막을 것인가
태백 줄기 고을고을마다 봄이 오면 피어나는

진달래, 개나리, 복사

알제리아 흑인촌에서

카스피 해 바닷가의 촌 아가씨 마을에서

아침 맑은 나라 거리와 거리

광화문 앞마당, 효자동 종점에서

노도처럼 일어난 이 새피 뿜는 불기둥의

항거……

충천하는 자유에의 의지……

—「아사녀」 부분

여기서 보는 것처럼, 그는 4·19를 갑자기 솟아난 시민혁명으로 보는
것이 아니라 한민족의 역사적 전개 과정 속에서 형성된 민중의 저항적
궐기로 보고 있다. 더 나아가 프랑스 식민지인 알제리의 흑인촌라든가
유럽, 중동, 중앙아시아의 복잡한 문제가 얽힌 카스피 해변 마을의 민
중의 삶과 연관지어 4·19가 지닌 항거의 의미를 이해하려 한다. 한민족
의 현실을 역사적·사회적 관계 속에서 변증법적으로 인식하려는 태도
를 보이는 것이다. 그는 외세에 의존한 신라의 통일이 "우리 민족사의
주체성 상실의 뿌리가 되었고, 이로써 끊임없는 역사의 악순환으로 이
어지게" 된 것을 비판적으로 인식하고 있다.[46] 위의 시에서 삼한으로부
터 이어지는 한민족의 역사 전개를 말하면서 "백제로 고려로 흐르던 강
물"이라고 하여 신라를 제외시킨 것도 신라에 대한 부정 의식이 투영된

---

46 김창완, 『신동엽 시 연구』, 시와시학사, 1995, 242쪽.

것이다. 순수한 우리 민족의 표상으로 아사달과 아사녀를 설정한 것도 그의 역사의식의 소산이다. 4·19 시민혁명을 기념하는 행사시에도 그의 역사의식과 사회의식이 선명하게 드러나 있음을 알 수 있다.

신동엽은 박봉우나 신동문처럼 4·19 이후 5·16으로 이어진 정치적 상황의 변화에 대해 별다른 반응을 보이지 않았다. 그는 정치적 상황의 사소한 변화보다 민족의 통일이라는 커다란 역사적 문제에 관심을 가졌다. 그것은 「주린 땅의 지도원리」(『사상계』, 1963. 11)에 분명히 제시되었다. 아사달과 아사녀의 사랑에 의해 "두 코리아"가 하나가 되어 "우리들은 만방에 선언하려는 거야요. 아사달 아사녀의 나란 완충緩衝, 완충이노라고"에서 보는 것처럼 좌도 우도 아닌 중립적 통일을 그는 꿈꾸고 있다. 「술을 많이 마시고 잔 어젯밤은」(『창작과비평』, 1968. 여름호)에서 "완충지대, 이른바 북쪽 권력도 / 남쪽 권력도 아니 미친다는 평화로운 논밭"인 비무장지대가 총칼을 내던지고 모든 쇠붙이도 말끔히 씻겨 가고 "높이높이 중립의 분수는 나부끼데."라는 꿈으로 중립적 통일을 표현한 것으로 볼 때, 이 중립 통일론은 그의 확고한 이념으로 지속된 것을 확인할 수 있다.

그러나 이것은 그의 이상일 뿐 한반도를 둘러싼 국제 역학 관계 속에서 실현될 수 없는 내용이었다. 자유와 평등이라는 것이 그렇게 꿈같은 사랑으로 얻어질 수 있는 것이라면 근대 이후 수많은 유혈 시민혁명이 일어나지 않아도 되었을 것이다. 아사달, 아사녀의 사랑에 의해 알몸으로 중립의 초례청에 마주 서는 것은 문학적 환상 속에서나 가능한 일이다. 그런 의미에서 그는 정말로 남보다 먼저 꿈을 꾼 시인이요 당시의 억압적 상황 속에서 그 꿈을 가감 없이 시로 표출한 대담한 시인이었다. 그만큼 그의 시에는 관념적 성향이 뚜렷하고 현실을 이상적으로 윤색하려는 경향이 강했다. 그런 점에서 그의 시적 태도는 리얼리즘보다 낭만주의에 가깝다.

1967년 6월에 발표한 「종로 5가」라는 시가 있는데, 이 시는 나중에 장편서사시 「금강」(1967. 12)에 일부 개작된 형태로 삽입된다. 노동자로 보이는 화자가 통금이 임박한 비 오는 종로 거리에서 길을 묻는 낯선 소년을 만났다. 그는 이 소년을 농촌 궁핍의 희생자요 자본 세력에 억눌린 민중의 표상으로 이해한다. 지금은 "크고 맑기만 한 소년의 눈동자"가 지친 노동자의 맥 풀린 눈빛으로 바뀔 고난의 시간을 떠올린다. 그 소년이 먼 시골에서 왔다는 사실을 알리기 위해 시인은 "충청북도 보은 속리산, 아니면 / 전라남도 해남 땅 어촌 말씨였을까."라고 썼다. 보은 방언과 해남 방언은 아주 달라서 금방 구분되기 때문에 이 구절은 아주 어색하게 들린다. 보은 속리산은 해월 최시형이 동학 본부를 설치하여 농민 시위가 크게 일어났던 곳이고, 해남은 전봉준이 농민전쟁을 주도하면서 가족들이 숨어살도록 지시한 장소다. 시인은 그런 관련성을 암시하기 위해 이 지명을 삽입한 것이다. 시인이 생각하는 민중적 연대감을 머리에 두고 사건을 구성한 것이니, 역시 리얼리즘보다는 낭만주의에 기운 창작 방법이다. 상황의 리얼리티보다 자신이 생각한 주관적 구도를 살리는 방향으로 사건을 배치했기에 이러한 결과가 나타난 것이다. 그의 야심적 서사시 「금강」도 이러한 한계를 내포하고 있다. 인간의 본원적 삶을 지향한 혁명적 이념의 선구적 표현은 물론 가치 있는 일이고 시대를 앞선 일이다. 그러나 서사시의 형식적 요건을 기준으로 보면 작품의 리얼리티를 살리는 서사적 구성에 성공했다고 보기 어렵다.

3. 서정의 새로운 변주 ― 김종삼

해방 전 일본에서 공부하고 해방 후 평양에서 월남한 김종삼은 월남 난
민으로서의 피해 의식을 누구보다 예민하게 지니고 있었다. 1950년대
중반부터 시를 발표하기 시작했는데, 초기에는 전후 모더니즘의 강력
한 영향 아래 이미지 중심의 시를 창작했다. 일본어로 교육받고 25세에
해방을 맞은 이중어 세대로 한국어 구사 능력이 부족했기 때문에 초기
작품에는 한자어를 사용한 난해한 어구와 비문법적 구문이 많이 등장
한다. 이 세대의 사람들이 해방 후 대학을 다시 다니거나 식민지 체제
의 교육을 한국어로 재 수용하는 노력을 기울였는데, 그에게는 그럴 기
회도 없었다. 이 점에 있어서는 비슷한 연배의 김수영이나 전봉건도 마
찬가지다. 김춘수는 예외적인데, 그는 뛰어난 지적 능력으로 단기간에
한국어 구사를 터득했고, 그 결과 앞에서 본 것 같은 의미에 바탕을 둔
존재 탐구의 시에 성공했다. 김종삼은 상당 기간의 정착 과정을 거쳐
자신의 생각을 이미지와 시어로 표현할 수 있게 되었는데, 그러한 숙성
의 기간을 거쳐 빚어진 그의 작품이 1960년대에 발표되기 시작했다. 그
작품들은 누구도 따르기 어려운 그만의 독특한 개성을 드러냈다. 다음
시는 이 시기 김종삼의 의식을 잘 드러내는 작품이다.

> 미구에 이른 아침
> 하늘을 파헤치는
> 스콥 소리
>
> 하늘 속

맑은

변두리

새 소리 하나

물방울 소리 하나

마음 한 줄기 비추이는

라산스카

—「라산스카」 전문

    김종삼은 '라산스카'나 '아우슈비츠'라는 제목으로 여러 편의 작품을 발표했다.[47] 위의 「라산스카」는 이 제목으로 가장 먼저 발표된 작품이다. 최초로 발표된 지면은 『현대문학』(1961. 7)이고, 그 후 시행 배치가 바뀌어 『본적지』(성문각, 1968. 11)에 수록되었다. '라산스카'가 무엇인지 물어도 김종삼은 대답하지 않았는데, 나중에 미국에서 활동한 여성 소프라노 홀다 라산스카(Hulda Lashnska)로 밝혀졌다.[48] 맑고 높은 그녀의 음색에 매력을 느낀 것 같다.

    일상적인 한자어도 한자로 표기했던 시인이 "미구에"는 한글로 썼다. 『시인학교』(신현실사, 1977. 8)에 "미구에 이른 / 아침"으로 표기된 것을 보면 "미구에 이른"이 "아침"을 꾸며 주는 구조임을 알 수 있다. '오래지 않아 이르게 된 아침'이라는 뜻이다. 어둠이 오래갈 줄 알았는데

---

47 이에 대한 자세한 서지 사항 및 개작 양상에 대해서는 이숭원, 『한국 현대시 연구의 맥락』, 태학사, 2014. 12, 297~303쪽 참조. 김종삼 시의 서지 사항을 종합적으로 알려 주는 책은 『김종삼 정집』(북치는소년, 2018)이다. 편자들의 노고에 경의를 표한다.

48 김인환, 『상상력과 원근법』, 문학과지성사, 1993, 105쪽. 이 책에서 라산스카가 누구인지 처음으로 밝혔고, 스콥에 대해서도 설명했다.

얼마 지나지 않아 아침을 맞게 되었다는 뜻이다. 상쾌한 아침에 하늘을 파헤치는 스콥 소리가 난다. '스콥'은 네덜란드어 'schop'으로 일본에서 사용하는 외래어다. 화단용으로 쓰는 숟가락 모양의 작은 삽을 뜻한다. 그러니까 여기서의 "스콥 소리"는 시끄러운 소리가 아니라 작은 소리다. 꽃씨를 심기 위해 작은 모종삽으로 땅을 파는 정도의 소리를 떠올리면 된다. 아침의 정적을 깨트리는 스콥 소리가 하늘을 파헤친다고 했다. 그래서 시인의 시선은 하늘로 이동한다.

스콥 소리가 열어 놓은 하늘 어딘가에 맑은 변두리가 있고 거기서 새소리와 물방울 소리가 들린다고 했다. "맑은 / 변두리"는 새소리와 물방울 소리가 들리는 지점을 지칭한 말인데, 굳이 '변두리'라고 한 데 김종삼의 소외 의식이 투영되어 있다. 그는 늘 중심부가 아닌 변두리에서 있다고 생각했기 때문이다. 새소리와 물방울 소리를 '하나'라는 숫자로 나타낸 점도 특이하다. 그것은 작고 깨끗한 느낌을 준다. 새소리는 쉽게 들을 수 있지만, 물방울 소리는 귀를 기울여야 들을 수 있다. 이 두 소리를 병치하고 그것을 하나라는 숫자로 지칭할 때 신비감이 일어난다. 혼탁한 지상에서 멀리 떨어진 어떤 정결한 공간이 떠오른다. 그 정결한 하늘 어느 변두리에서 새소리 하나, 물방울 소리 하나가 들리는 것이다. 스콥 소리에서 출발하여 우리는 지상에서 들을 수 없는 신비로운 소리를 만나게 된 것이다.

셋째 연의 '라산스카'가 무엇인지 모른다면 이 구절을 시각적인 장면으로 읽게 될 것이다. 마음 한 줄기를 비춰 준다고 했기 때문이다. 실제로 성악가 라산스카는 가늘고 맑고 고운 음색을 지녔다. 그가 부르는 '애니 로리'는 아주 맑고 단정해서, 그야말로 아침을 여는 첫 소리의 느낌을 주고, 맑은 변두리를 투명하게 울리는 새소리, 물방울 소리 같기도

하다. 가늘게 울리다 사라지는 애잔한 음색은 '하나', '한 줄기' 같은 한
정어로 표현될 만하다. 라산스카의 노래에서 김종삼은 자신의 어두운
마음이 어느 정도 걷히는 듯한 느낌을 받았을 것이다.

 이 시는 고요한 아름다움에 초점을 맞추고 있는데, 그 아름다움의 윤
곽은 분명히 포착되지 않는다. 김종삼은 이렇게 생의 변두리를 스치는
미묘한 아름다움에 관심을 가졌다. 잠깐 보이다 흔적 없이 사라지는 순
간의 아름다움에 매혹을 느낀 것이다. 강렬한, 또는 지속적인 아름다움
보다 순간의 아름다움이 더 순수하다는 생각을 가졌던 것 같다. 그래
서 그는 웅장한 관현악곡보다 전주곡이나 변주곡 같은 소품을 좋아했
다. 바흐의 첼로 조곡을 정확히 연주한 파블로 카잘스를 애호했고(「첼로
의 PABLO CASALS」), 햇빛이 비치는 몇 그루 나무와 마른 풀잎에서 바흐
의 오보에 주제를 연상하며 자비로움을 이야기했다(「유성기」). 그 시대
에 이렇게 미세한 아름다움의 변주에 관심을 갖고 그것을 절제의 언어
로 표현한 시인은 김종삼 외에는 없었다. 그는 이 시기 순수 미학주의
의 독보적인 자리에 있었다.

 다음 시는 그의 또 다른 측면을 보여 준다.

　　관청 지붕엔 비둘기 떼가 한창이다 날아다니다간 앉곤 한다
　　문이 열리어져 있는 교회당의 형식은 푸른 뜰과 넓이를 가졌다.
　　정연한 포도론 다정하게
　　생긴 늙은 우체부가 지나간다 부드러운 낡은 벽돌의
　　골목길에선 아희들이
　　고분고분하게 놀고 있고
　　이 무리들은 제네바로 간다 한다

어린것과 먹을거 한 조각 쥔 채

—「종착역 아우슈비츠」 전문

『문학춘추』(1964. 12)에 발표된 이 시는 아우슈비츠를 소재로 한 두 번째 작품이다. 첫 번째 발표작은『현대시』5집(1963. 12)에 실린「아우슈비츠」인데, 위의 시가 김종삼 시의 특징을 더 잘 드러낸다. 이 시는 나중에 시집『십이음계』(삼애사, 1969. 6)에「아우슈비츠 2」로 수록되었는데, 첫 발표작「아우슈비츠」와 혼동을 일으키기 때문에 처음의 제목「종착역 아우슈비츠」로 확정하는 것이 좋겠다. 시집에 수록되면서 시행 배치에 변화가 일어났고, 일부 시행이 삭제되면서 위와 같은 형태로 정착되었다.

이 시를 쓸 무렵 김종삼이 프랑스 시의 시행 걸침enjambement 기법을 알고 있었는지 모르겠지만, 시행 배치가 독특하게 되어 시어 연상의 폭을 확대하는 효과를 얻고 있다. 3행의 "정연한 포도론 다정하게"에서 시행이 바뀌니 늙은 우체부만이 아니라 정연한 포장도로도 다정하다는 느낌을 준다. 또 "늙은 우체부"와 "부드러운 낡은 벽돌"이 함께 연결되어 사람과 사물이 부드럽게 호응하는 느낌을 준다. 한 행으로 독립된 "고분고분하게 놀고 있고"는 골목길에서 노는 아이들의 유순한 천진함을 서술하여 다음에 이어지는 돌변의 상황과 대비되는 역할을 뚜렷이 한다. 이주민의 비참한 상황에 대해 첫 발표작에는 "어린것은 안겨져 가고 있었다. / 먹을 거 한 조각 쥐어쥔 채"로 되어 있던 것을 "어린것과 먹을거 한 조각 쥔 채"로 압축한 것은 서술을 배제하고 긴장감을 높인 절묘한 변화다.

이 작품에 나타난 긍정의 축과 부정의 축의 대비적 교차는 김종삼의 특징적인 작법이다. 마지막 장면 이전에 펼쳐진 정경은 아늑하고 평화롭다. '비둘기 떼—열린 문—교회당— 푸르고 넓은 뜰—정연한 포도—다정하게 생긴 우체부—부드러운 벽돌—노는 아이들'로 이어진 궁정의 축이 긴 데 비해 "어린것과 먹을거 한 조각 쥔 채"라는 불행의 시행은 아주 짧다. 마지막 시행 하나에서 절망의 음영이 한꺼번에 밀려든다. 끝 두 행의 돌발적 연결로 평화는 깨어지고 고난과 비애의 색조가 물든다.

제2차세계대전 말 소련이 참전하여 전세가 불리해지자 독일은 아우슈비츠에서의 학살 만행이 폭로될까봐 아우슈비츠 수용자들을 독일 본토로 이주시키기 시작했다. 이주가 진행되고 있던 1945년 1월 27일부터 소련군이 진주하여 수용소를 점령하고 수용자들을 석방했다. 제네바는 2차대전 당시 전쟁 희생자 보호를 위한 협약이 이루어지던 도시다. 그래서 아우슈비츠 수용소에서 해방된 생존자들 일부를 제네바로 이주시켰다. 고향을 잃고 남한에 정착한 김종삼은 전쟁 난민의 처지에서 6·25의 참상이 겹치면서 이 사실에 충격을 받았던 것 같다. 그는 연민과 동감의 심정으로 전쟁의 상처와 인간의 나약함을 표현했다. 인간의 참상을 표현하되 김종삼 특유의 압축적 어법을 구사했다. 이렇게 감정을 절제하고 전쟁 난민의 상처를 이렇게 암시적인 우회의 화법으로 표현한 시인도 김종삼 외에는 없다.

4. 전통 서정의 재창조 — 박재삼

이 시기 김종삼과 대비적인 자리에 놓인 시인이 박재삼이다. 박재삼은

1933년 4월 일본 도쿄에서 출생하여 1936년 가족이 귀국하여 어머니의 고향인 경상남도 삼천포에 정착하여 성장하였다. 삼천포 고등학교를 1회로 졸업한 해인 1953년에 『문예』지에 시조 「강물에서」를 투고하여 11월호에 모윤숙의 추천으로 첫 발표의 기쁨을 얻었고, 1955년 『현대문학』 6월호에 유치환의 추천으로 시조 「섭리」가, 11월호에 서정주의 추천으로 시 「정적」이 발표됨으로써 정식으로 문단에 등단하게 되었다. 시조 창작에 소질을 보인 것은 중학교 때의 은사 김상옥의 영향이다. 시조를 창작하면서 자연스럽게 한국의 전통 서정에 접하게 되고, 그것은 박재삼 시정신의 일관된 바탕을 형성한다.

박재삼 시의 중심을 이루는 소재는 자연이다. 그는 자연을 통하여 자신의 마음의 기미를 나타내고 세상살이에 대한 감정의 편모를 담아낸다. 그러면서도 자연을 직접 서술하거나 자신의 감정을 직선적으로 노출하지 않기 때문에 그의 시는 단형의 작품일 경우에도 자연과 정서가 결합된 복합적인 음영을 드러낸다. 이런 특징 때문에 그의 시는 읽기에 어렵지 않으면서도 전체적 의미가 한눈에 선뜻 파악되지 않는 미묘한 속성을 지닌다. 모호하고 복합적인 의미의 그늘을 드리우고 있다.

진주 장터 생어물전에는
바다 밑이 깔리는 해 다진 어스름을,

울 엄매의 장사 끝에 남은 고기 몇 마리의
빛 발하는 눈깔들이 속절없이
은전銀錢만큼 손 안 닿는 한이던가
울 엄매야 울 엄매,

별밭은 또 그리 멀리

우리 오누이의 머리 맞댄 골방 안 되어

손 시리게 떨던가 손 시리게 떨던가,

진주 남강 맑다 해도

오명 가명

신새벽이나 밤빛에 보는 것을,

울 엄매의 마음은 어떠했을꼬,

달빛 받은 옹기전의 옹기들같이

말없이 글썽이고 반짝이던 것인가.

— 박재삼, 「추억에서」 전문

4·19가 나던 해 가을 『새벽』(1960. 11) 지에 발표된 이 시는 화자의 어린 시절 가난 속에 어렵게 살아가던 어머니의 한스러운 모습을 회상한 작품이다. 3·15 의거가 일어난 마산 인접 지역이 고향인 박재삼이지만 그는 4·19 기념 시는 한 편도 쓰지 않고 정한의 표현에 집중했다. 토속적인 방언과 감각적 심상으로 어머니의 정한을 곡진하게 표현하여 표현미학의 한 경지를 창조했다. 그 후에도 그는 현실에 관련된 어떤 작품도 쓰지 않고 오직 정서 표현에 전념하는 일관성을 보였다.

화자의 어머니는 혼자서 아이들을 키우며 진주 장터의 어물전에서 생선을 팔았다. 때는 겨울이라 날은 춥고 해는 저물어 어두운 기색이 바다 밑처럼 짙어 오지만 어머니의 광주리에는 팔리지 않은 생선 몇 마리가 남아 있다. 어머니의 생선은 늘 싱싱해서 어둠 속에서도 반짝이는 눈빛을 하고 있다. 어둠이 밀려올 때까지 좌판을 벌여 놓고 있지만, 어머니 손에 들어오는 돈은 아주 적다. 은전銀錢은 그렇게 늘 멀리 떨어져 있고 어머니의 마음만 은은한 은빛으로 빛날 뿐이다. 화자는 어머니의 한을 생선의 눈빛과 은전의 은빛이 연결된 상태로 회상한다. 그러한 어머니의 마음을 생각하니 "울 엄매야 울 엄매"라는 어릴 때의 호칭이 저절로 터져 나온다.

"울 엄매야 울 엄매", "울 엄매의 마음은 어떠했을꼬" 등 구어체의 방언은 이 시에 생생한 현장감을 불어넣는다. 방언이 환기하는 정감에 이끌려 시를 읽는 독자들은 진주 남강 근처 어느 장터에서 생선 장사를 하며 혼자서 아이들을 부양하는 홀어머니의 모습과, 빈 방에서 손을 부비며 어머니를 기다리는 오누이의 모습을 떠올리게 된다. 어머니의 마음속에는 오누이의 모습만 가득하다. 밤하늘에는 별이 떠 있고 그 "별밭" 저 너머에는 골방에서 머리를 맞대고 떨고 있는 오누이가 있다. 별이 떠 있는 밤길을 걸어오며 어머니는 오누이의 모습만 생각한다. '손 시리게 떠는' 것은 어머니이자 골방에서 어머니를 기다리는 아이들이다.

어머니가 걸어오는 길은 남강 물줄기가 보이는 길이다. 남들은 남강 물이 맑다고 환한 대낮에 흐르는 모습을 바라보기도 하고 물가에 나가 놀기도 한다. 그러나 어머니는 이른 새벽에 나가서 밤에 돌아오니 별빛이 비치는 남강을 볼 뿐이다. 달빛과 별빛에 반사된 남강 물줄기를 바라본 어머니의 마음은 어떠했을까? 아무리 손짓을 해도 닿지 않는 은전처럼 남강의 맑은 물줄기 역시 손닿을 수 없는 한의 공간으로 비쳤던 것일까? 무어라 말할 수 없는 어머니의 마음을 시인은 "달빛 받은 옹기전의 옹기들같이 / 말없이 글썽이고 반짝이던 것"이라고 표현하였다. 마음의 상태를 직접 서술하기 어려우니 시각적 형상을 빌려 표현했다.

옹기가 쌓여 있는 옹기전에 달빛이 비치면 옹기들의 매끈한 표면에 달빛이 아롱진다. 그 모습은 아름다우면서도 서글픈 느낌을 갖게 한다. 바로 그 아름다운 서글픔, 슬픔과 아름다움이 결합된 상태를 어머니 마음의 표상으로 떠올린 것이다. 이것은 박재삼의 상상력에 의해 창조된 최초의 형상이다. 이 때문에 이 시가 표현미학의 한 경지를 창조했다고 평가하는 것이다.

이러한 시편을 수록한 그의 첫 시집 『춘향이 마음』(신구문화사, 1962. 12)은 전통적인 정한의 세계를 계승하면서도 자연에 대한 새로운 인식을 통해 인생의 문제를 해석하는 새로운 측면을 제시했다. 가령 「수정가水晶歌」 같은 경우, 춘향의 내면성을 수정 빛으로 표상되는 물방울과 물 냄새의 싱그럽고 청아한 기색으로 표현했다. 더 나아가 「흥부 부부상」에서는 흥부 부부의 순연하고 순박한 마음을 반짝이며 정갈한 물살로 비유하면서 그 부부가 박덩이를 가르기 전 보인 웃음은 물질적인 것과는 무관한 순수한 사랑에서 우러난 것임을 강조하고 있다. 이러한 내면의 순결성과 천진성을 강조하는 태도가 평생 지속되었는데, 그것이 늘 자연과 연결되어 표현된다는 점도 변함없는 특징으로 자리 잡았다.

자연과의 교감을 통해 순수한 마음을 표현하는 태도는 1960년대 중반 질병으로 고생하는 과정을 겪으면서 더욱 강화되었다. 다음 시는 병세가 좀 가라앉은 60년대 후반 『동아일보』(1968. 4. 25)에 발표한 작품인데, 전통 서정의 세계를 계승하면서도 정한의 감상성을 배제하고 정신의 맑은 줄기만 유지하겠다는 자세를 조용히 나타내고 있다.

솔잎 사이 사이
아주 빗질이 잘된 바람이

내 뇌혈관에 새로 닿아 와서는

그동안 허술했던

목숨의 운영을 잘해 보라 일러 주고 있고……

살 끝에는 온통

금싸라기 햇빛이

내 잘못 살아온 서른여섯 해를

덮어서 쓰다듬어 주고 있고……

그뿐인가,

시름으로 고인

내 간장肝臟 안 웅덩이를

세월의 동생 실개천이

말갛게 씻어 주며 흐르고 있고……

친구여,

사람들이 돌아보지도 않는

이 눈물 나게 넘치는 자산을

혼자 아껴서 곱게 가지리로다.

—「정릉 살면서」 전문

이 시에서 주목할 것은 자연이 자신에게 다가와 생명의 운영에 관여하고 있다고 생각하는 대목이다. 바람이 뇌혈관에 닿아서 목숨의 운영을 잘하라고 일러 주고, 햇빛이 지금까지 살아온 육체의 경로를 쓰다듬어 주고, 실개천이 시름에 잠긴 자신의 간장을 씻어 준다고 노래하고 있다. 지금까지 잘못 살아 왔다고 반성의 태도를 취하지만, 그것은 자연에 더 친화하지 못했음을 반성하는 것이지 삶의 내용 자체를 반성하는 것은 아니다. 여전히 현실에는 관심이 없고 자연과의 교감이 자신의 병을 낫게 해 주리라 믿을 뿐이다. "빗질이 잘된 바람", "금싸라기 햇빛", "세월의 동생 실개천" 등의 표현에서 자연의 가장 정화된 상태가 자신에게 영향을 줄 수 있음을 이야기한다. 그러나 이러한 자연의 신묘한 효과에 모든 사람이 관심을 갖는 것이 아니다. 다른 사람들은 자연의 작용에 대해 전혀 "돌아보지도 않는"다. 그렇기 때문에 이 무형의 자산을 "혼자 아껴서 곱게 가지"겠다고 말한다. 자연과의 교감은 다른 사람이 원하지도 않고 다른 사람에게는 별 효용도 없다는 생각이다. 시인은 자연에 바탕을 둔 전통 서정이 시대의 흐름에 어울리지 않는다는 것을 잘 알고 있다. 그럼에도 불구하고 이 흐름을 잘 지키고 이어받는 것이 자신이 살 길이라고 믿고 있다. 여기에 박재삼 시의 딜레마가 있다.

박재삼은 자연을 마음의 영역으로 끌어들여 내면의 순수성을 강화하는 촉매로 활용했다. 자연의 축과 마음의 축을 자유롭게 왕래하며 의미의 응축과 확장을 꾀하는 전통 서정의 방법론을 고수했다. 겉으로는 타인들이 이런 태도에 관심이 없으리라고 말했지만, 그 이면에는 이러한 사유가 사람들의 보편적 삶의 국면으로 확장되기를 바라는 소망이 내재해 있었을 것이다. 눈에 띄게 변하는 세상에서 그 소망을 유지하기가 힘들었을 뿐이다. 그래도 그는 이 소망을 의지로 삼아 평생 시작의 동력으로 활용했다.

5. 소시민의 저항과 사랑의 발견 ─ 김수영 시의 변모

4·19 이전 무기력하고 소심한 자세를 취하던 김수영에게 4·19는 커다란 변화의 계기를 만들어 주었다. 1960년 4·19 때 그의 나이 40세이니 거제도포로수용소 출신인 그가 시민혁명 대열에 동참하지는 못했겠지만, 혁명의 감격과 흥분은 온몸으로 절감했던 것 같다. 그 때문에 그의 시의 어조는 급격히 바뀐다. 1960년 4월 26일에 쓴 「우선 그놈의 사진을 떼어서 밑씻개로 하자」는 시는 격문과 같은 구호와 선동으로 채워진 90행이 넘는 장시다. 그놈이란 당연히 이승만 대통령을 의미한다. 모든 관공서와 거리에서 그놈의 사진을 떼어서 밑씻개로 쓰든가 불쏘시개로 쓰든가 강아지 깔개로 쓰자고 목청 높이 외쳤다. 그는 더욱 뜨거운 육성으로 4·19 순국학도위령제에 부치는 노래를 짓고(「기도」), 육법전서를 넘어선 혁명의 가능성을 이야기하고(「육법전서와 혁명」), 젊은 학생들의 구호에 맞추어 "미국인과 소련인은 하루바삐 나가 다오"(「가 다오 나가 다오」)라고 외쳤다. 고뇌하는 사색형 시인이었던 그에게서 구호와 선동과 독설의 언어가 폭발한 것은 분명 이변이었다.

5·16이 일어나고 혁명 주체 세력에 의해 사회가 통제되자 김수영의 독설과 구호는 밑으로 가라앉고 애매모호한 언어의 유희를 통해 현실의 부정적 상황을 우회적으로 드러내는 방법을 택하게 된다. 그것이 5·16 직후인 1961년 6월 3일로부터 1961년 8월 25일까지 이어진 「신귀거래」 9편 연작의 흐름이다. 그는 우회적 어법을 통해 직선적 독설의 어법으로 풀어 내지 못한 것을 조정하면서 마음의 균형을 취해 갔을 것이다. 요설과 독백으로 얼룩진 난해시를 일 년 정도 쓰던 김수영은 안정되어 가는 현실의 노선과 타협하는 과정을 밟는다. 그것이 1962년 9

월 26일에 쓴 「장시 1」이다. 이 시에 제시된 두 가지 명제는 "겨자씨같이 조그맣게 살면 돼"와 "장시만 장시만 안 쓰면 돼"이다. 여기서 '장시'는 현실에 대한 비판적 발언을 담은 선언적인 시를 의미할 것이다. 날로 커져 가는 정치 권력 앞에서 김수영은 소시민적 풍자를 택한다. 스스로 겨자씨같이 조그만 존재로 자인하면서 현실의 억압 속에 살아가는 소시민의 나약성을 폭로한다. 이것은 소시민의 자리에서 자신의 내부를 해부하고 고발하는 방법이다.

> 왜 나는 조그마한 일에만 분개하는가
> 저 왕궁 대신에 왕궁의 음탕 대신에
> 50원짜리 갈비가 기름 덩어리만 나왔다고 분개하고
> 옹졸하게 분개하고 설렁탕집 돼지 같은 주인 년한테 욕을 하고
> 옹졸하게 욕을 하고
>
> 한번 정정당당하게
> 붙잡혀 간 소설가를 위해서
> 언론의 자유를 요구하고 월남 파병에 반대하는
> 자유를 이행하지 못하고
> 20원을 받으러 세 번씩 네 번씩
> 찾아오는 야경꾼들만 증오하고 있는가
>
> 옹졸한 나의 전통은 유구하고 이제 내 앞에 정서情緒로
> 가로놓여 있다
> 이를테면 이런 일이 있었다

부산에 포로수용소의 제14야전병원에 있을 때
정보원이 너어스들과 스폰지를 만들고 거즈를
개키고 있는 나를 보고 포로 경찰이 되지 않는다고
남자가 뭐 이런 일을 하고 있느냐고 놀린 일이 있었다
너어스들 옆에서

지금도 내가 반항하고 있는 것은 이 스폰지 만들기와
거즈 접고 있는 일과 조금도 다름없다
개의 울음소리를 듣고 그 비명을 지고
머리도 피도 안 마른 애놈의 투정에 진다
떨어지는 은행나무 잎도 내가 밟고 가는 가시밭

아무래도 나는 비켜서 있다 절정 위에는 서 있지
않고 암만해도 조금쯤 옆으로 비켜서 있다
그리고 조금쯤 옆에 서 있는 것이 조금쯤
비겁한 것이라고 알고 있다!

그러니까 이렇게 옹졸하게 반항한다
이발쟁이에게
땅 주인에게는 못 하고 이발쟁이에게
구청 직원에게는 못 하고 동회 직원에게도 못 하고
야경꾼에게 20원 때문에 10원 때문에 1원 때문에
우습지 않으냐 1원 때문에

모래야 나는 얼마큼 적으냐

바람아 먼지야 풀아 나는 얼마큼 적으냐

정말 얼마큼 적으냐……

—「어느 날 고궁을 나오면서」 전문

1965년 11월 4일에 쓴 이 시는 억압적 정치 상황 속에서 나약한 지식인이 어떻게 살아가고 있는지를 솔직하게 고백하고 있다. 자신은 주류에 저항하지 못하고 지엽말단적인 일에 분노를 표출하는 옹졸한 삶을 살고 있다. 자신의 그런 기질이 유구한 전통을 지닌 것이고 하나의 정서를 형성하고 있다고 말하며, 포로수용소의 일화를 소개한다. 정면으로 버티지 않고 옆으로 비켜섬으로써 살아남는 방법을 그는 택한 것이다. 정면으로 맞서면 권력의 힘에 눌려 죽고 말지만 먼지나 풀처럼 옆으로 비켜서면 자신의 자리를 지킬 수 있다. 자신을 지키는 일이 이렇게 옆으로 비켜서는 옹졸한 행동을 통해 가능하다는 점을 암시함으로써, 현실 속에 권력의 횡포가 존재한다는 것을, 자유의 억압이 존재한다는 것을 역으로 드러낸다. 이것이 바로 그가 선택한 옹졸한 반항의 방법이다. 자기 자신은 월남 파병에 반대하거나 언론의 자유를 요구하지 못하지만 붙잡혀 간 소설가의 이야기를 통해서 간접적으로 현실의 억압을 드러내는 방법이다. 이것이 바로 "겨자씨같이 조그맣게 살면 돼"라고 한 그의 자조가 이룩한 지혜의 방법이다. 그가 말한 '옹졸한 반항'은 스스로를 비하함으로써 발생하는 우회적인 현실 비판이기 때문에 억압적 상황 속에서 의미 있는 기능을 담당한다. 우리 모두가 비루하고 왜소한 존재이지만, 왜소함을 왜소하다고 폭로함으로써 인간을 이렇게 왜소하게 만든 현실 권력을 비판하는 기능을 수행한다.

이 소시민적 저항의 의미는 작은 것이 아니다. 그것은 "복사씨와 살구씨와 곳감씨"가 만들어 내는 "아름다운 단단함"이다. 이것이 인간의 간악한 신념을 넘어서는 아름다운 정신의 힘이며 가슴 벅찬 사랑의 축복이라는 것을 그는 한 편의 시로 표현하였다. 그것은 박정희 대통령의 1차 임기가 끝나 가는 1967년 2월 15일의 일이었다.

> 욕망이여 입을 열어라 그 속에서
> 사랑을 발견하겠다 도시의 끝에
> 사그러져 가는 라디오의 재갈거리는 소리가
> 사랑처럼 들리고 그 소리가 지워지는
> 강이 흐르고 그 강 건너에 사랑하는
> 암흑이 있고 삼월을 바라보는 마른 나무들이
> 사랑의 봉오리를 준비하고 그 봉오리의
> 속삭임이 안개처럼 이는 저쪽에 쪽빛
> 산이
>
> 사랑의 기차가 지나갈 때마다 우리들의
> 슬픔처럼 자라나고 도야지우리의 밥찌끼
> 같은 서울의 등불을 무시한다
> 이제 가시밭, 덩쿨장미의 기나긴 가시가지
> 까지도 사랑이다
>
> 왜 이렇게 벅차게 사랑의 숲은 밀려닥치느냐
> 사랑의 음식은 사랑이라는 것을 알 때까지

난로 위에 끓어오르는 주전자의 물이 아슬

아슬하게 넘지 않는 것처럼 사랑의 절도節度는

열렬하다

간단間斷도 사랑

이 방에서 저 방으로 할머니가 계신 방에서

심부름하는 놈이 있는 방까지 죽음 같은

암흑 속을 고양이의 반짝거리는 푸른 눈망울처럼

사랑이 이어져가는 밤을 안다

그리고 이 사랑을 만드는 기술을 안다

눈을 떴다 감는 기술―불란서혁명의 기술

최근 우리들이 4·19에서 배운 기술

그러나 이제 우리들은 소리 내어 외치지 않는다

복사씨와 살구씨와 곶감씨의 아름다운 단단함이여

고요함과 사랑이 이루어 놓은 폭풍의 간악한

신념이여

봄베이도 뉴욕도 서울도 마찬가지다

신념보다도 더 큰

내가 묻혀 사는 사랑의 위대한 도시에 비하면

너는 개미이냐

아들아 너에게 광신을 가르치기 위한 것이 아니다

사랑을 알 때까지 자라라

인류의 종언의 날에

너의 술을 다 마시고 난 날에

미 대륙에서 석유가 고갈되는 날에

그렇게 먼 날까지 가기 전에 너의 가슴에

새겨 둘 말을 너는 도시의 피로에서

배울 거다

이 단단한 고요함을 배울 거다

복사씨가 사랑으로 만들어진 것이 아닌가 하고

의심할 거다!

복사씨와 살구씨가

한번은 이렇게

사랑에 미쳐 날뛸 날이 올 거다!

그리고 그것은 아버지 같은 잘못된 시간의

그릇된 명상이 아닐 거다

—「사랑의 변주곡」 전문

이 시는 김수영 사후 『현대문학』(1968.8)에 유고로 발표되었다. "욕망이여 입을 열어라 그 속에서 / 사랑을 발견하겠다"라는 첫 구절은 장엄한 울림을 드러낸다. 여기서 '욕망'은 평범한 사람들이 갖고 있는 일상의 욕망 전체를 가리킨다. 돼지우리의 밥찌꺼기 같은 서울의 지저분함이라든가 그 속에서 살아가는 서민들의 슬픔, "가시밭, 넝쿨장미의 기나긴 가시가지"로 비유되는 소시민적 삶의 너저분함 속에 인간의 욕망이 담겨 있다. 시인은 그 모든 것에서 사랑을 찾아내려 한다. 겉으로 보잘것없어 보이는 구체적인 생활의 국면 속에서 인간의 진실을 찾아내고 그것을 사랑으로 끌어안으려는 태도를 보인다. 거창한 이념이나 억지로 만들어진 신념이 중요한 것이 아니라 세속적 욕망에 시달리며 하루하루를 살아가는 일상의 삶 속에 진실이 있고, 그 일상의 삶을 사랑으로 포용해야 하며 일상의 삶이 사랑 자체라는 것을 알아야 한다고 역설하는 내용이다.[49] 그런데 시인의 뜻을 구호나 외침으로 내세우지 않고 시적인 비유를 통해 형상화했다. 「장시 1」에 나온 겨자씨의 비유, 「어느 날 고궁을 나오면서」에 나온 먼지와 풀의 비유가 이 시에서 복사씨와 살구씨와 곶감씨의 비유로 바뀌었다. 작은 존재가 지닌 단단한 고요함이 거대하고 격렬한 위력을 밀어낼 수 있음을 노래하고 있다. 무엇보다도 이전의 김수영 시와는 다른 독특한 형식과 율동이 이 시의 주제를 밀고 나간다는 점이 특이하다. 김수영은 이 시에 새로운 리듬의 힘을 불어넣었다. 새로운 리듬의 힘을 활용하여 서민의 삶에 대한 역동적 사랑을 강렬하게 표현했다.

1연에서 2연까지 꼬리에 꼬리를 물고 이어지는 시상 전개는 의미의 역동성을 우위에 둔 다이내믹한 율동을 느끼게 한다. 이 부분을 일반적인 의미 단락으로 시행을 나누면 다음과 같은 형태가 될 것이다.

욕망이여 입을 열어라 그 속에서 사랑을 발견하겠다

도시의 끝에 사그러져 가는 라디오의 재갈거리는 소리가 사랑처럼 들리고

그 소리가 지워지는 강이 흐르고

그 강 건너에 사랑하는 암흑이 있고

49 유종호는 이 시에 대해 "우리말로 쓰여진 가장 도취적이고 환상적이며 장엄한 행복의 약속을 보여 주고 있다."고 했다. 유종호, 「시의 자유와 관습의 굴레」, 『김수영의 문학』, 민음사, 1983, 255쪽.

삼월을 바라보는 마른 나무들이 사랑의 봉오리를 준비하고

그 봉오리의 속삭임이 안개처럼 이는 저쪽에 쪽빛 산이

   이러한 내용을 의도적으로 의미 단락의 가운데에서 행 구분을 하게 되자 "도시의 끝에"라는 구절은 앞의 "발견하겠다"와 뒤의 "사그러져 가는" 양쪽에 연결되고, "그 소리가 지워지는" 역시 앞의 "사랑처럼 들리고"와 뒤의 "강이 흐르고" 양쪽에 연결되는 느낌을 준다. 그렇게 됨으로써 각 시행의 의미가 상호 연결되면서 결속된 시 형태를 통해 각각의 소재가 긴밀하게 결합되는 효과를 나타낸다.

   1연 끝에 배치된 "산이"라는 짧은 시행은 다시 2연의 "슬픔처럼 자라나고"와 "등불을 무시한다"의 주어가 됨으로써 "욕망이여 입을 열어라"에서 출발하여 "서울의 등불을 무시한다"까지 이르는 한 소절의 매듭을 짓는다. 그렇게 한 소절의 매듭을 지은 다음에 "이제 가시밭, 덩쿨장미의 기나긴 가시가지 / 까지도 사랑이다"라는 문장으로 전반부의 주제를 드러낸다. 이 주제문 역시 체언과 조사를 의도적으로 행을 나눔으로써 의미의 강세와 호흡의 긴장이 고조되도록 했다. '까지'에서 행을 나누자 "이제 가시밭, 덩쿨장미의 기나긴 가시가지"까지 호흡을 높이며 읽고 그다음 행의 "까지도"를 자연히 힘을 주어 읽게 됨으로써 호흡의 긴장과 의미의 강화가 나타난다. 이것이 이 시에서 김수영이 새롭게 창조한 의미의 리듬이다.

   그 리듬의 효과는 4연 1행과 2행의 "아슬 / 아슬하게"의 구분에서도 나타나고, 아슬아슬하게 키워 놓은 긴 시행이 "열렬하다 / 간단도 사랑"의 짧은 시행으로 전환될 때 또 발생한다. 긴 시행의 빠르고 높은 호흡이 짧은 시행의 느리고 낮은 호흡으로 급변하면서 음률의 변화 효과

를 거두게 된다. 그러한 역동적인 음률은 "복사씨와 살구씨와 곳감씨의
아름다운 단단함이여 / 고요함과 사랑이 이루어 놓은 폭풍의 간악한 /
신념이여"에 다시 나타난다. 역동적 음률의 절정은 5연의 끊어지는 듯
이어져 느낌표로 종결되는 한 문장, "복사씨와 살구씨가 / 한번은 이렇
게 / 사랑에 미쳐 날뛸 날이 올거다!"에서 폭발한다. 이 부분이 시인의
소망을 담은 주제문이라는 점을 단호한 호흡이 알려 주고 있다. 일상의
삶과 그 속에 깃들인 진실이 뜨거운 사랑의 열기로 솟아날 것을 예고하
고 있는 것이다. 고조된 리듬은 "아버지 같은 잘못된 시간의 / 그릇된
명상이 아닐 거다"에서 정돈되며 자기반성의 고요함으로 마무리된다.
우리는 이 작품에서 의미의 강약과 리듬의 고조가 단단히 결합된 새로
운 시 형식의 완성을 본다. 김수영은 이 완성품을 유작으로 내놓고 이
땅의 호흡을 거두었다.

8

억압과 풍요,
그 모순 속의 시

— 1970년대의 시

1. 시대적 상황과 시단의 경향

1969년 9월 3선개헌안이 국회에서 변칙적으로 통과되고 10월 17일 국민투표로 가결됨으로써 3선개헌이 확정되었다. 이에 따라 1971년 4월 27일 제7대 대통령 선거가 실시되었고 박정희는 김대중 후보를 누르고 재집권에 성공함으로써 유신체제 출범의 발판을 마련했다. 박정희 정권은 1972년부터 중화학공업화를 목표로 제3차 경제개발정책을 추진하면서 미래의 화려한 청사진을 제시했다.

1965년부터 진행된 베트남 파병에 의해 외화 유입과 전쟁 특수特需를 탄 우리 경제는 공업화에 의한 수출 주도형 체제로 전환하면서 경제 수치상으로 볼 때 비약적인 발전을 이룩했다. 제2차 경제개발 5개년 사업이 끝난 1971년의 국민 1인당 GNP는 시작 연도인 1966년 GNP의 두 배를 넘었으며, 수출도 목표치의 두 배를 넘는 성과를 보였다. 이와 발을 맞추어 현대, 선경, 삼성 등의 재벌 기업이 나타나기 시작했다. 이 시대를 관통한 구호는 '조국 근대화'였고, 국민들에게는 '근검, 절약, 저축'의 덕목이 강조되었으며, '잘살아 보세'라는 노래가 전국에 울려 퍼졌다.

1972년 제3차 경제개발정책을 발표하여 미래의 화려한 청사진을 제시하고, 민심 전환 차원에서 1972년 7월 4일 남북공동성명을 발표하여 국민적 저항을 희석하려 했지만, 장기 집권과 독재화를 비판하는 국민의 저항이 끊이지 않았다. 결국 1972년 10월 17일 전국에 비상계엄령을 선포하고 27일에 유신헌법 개정안을 공표하였으며, 11월 21일 국민투표로 개헌이 확정되었다. 유신헌법에 의해 12월 23일 대의원들의 간접선거를 통해 박정희가 제8대 대통령으로 당선되었으며, 27일 취임하여 제4공화국이 출발함으로써 1973년부터 1979년까지 유신 체제가 전개된다. 이후 한국 사회는 저항과 탄압으로 이어지는 파국의 과정을 거치게 된다. 양심적 지식인의 끊임없는 저항, 몇 차례의 긴급 조치 및 계엄령·위수령 선포에 의한 초법적 탄압, 연쇄적인 구금과 투옥과 죽음 등 70년대 전 시기가 정치적 추문으로 얼룩졌다. 1979년 10월 26일 박정희 대통령이 피격 사망하여 유신체제가 붕괴될 때까지 극심한 정치 사회적 동요가 지속되었다.

반면 제4공화국에서 경제는 꾸준히 성장하였다. 1인당 국민소득은 1972년 255달러였으나 80년에는 1,481달러로 6배 가까이 증가했다. 경제개발 5개년계획의 성공적 달성과 새마을운동의 확산으로 한국은 낙후된 농업국가에서 중화학공업국가로 발전하기 시작했다. 경제 구조의 변화를 도모했고, 산업구조 개편을 통해 본격적인 산업사회로의 진입을 추진했다. 그 결과 연평균 40% 정도의 수출 신장률과 8.9%의 경제 성장률을 기록하여 개발도상국가 중 고도성장의 모델이 되었다. 그러나 이러한 외형적 발전은 우리가 간직해야 할 귀중한 권리의 희생을 전제로 한 것이었다. 국민의 기본적 자유를 법적으로 제한하고 민주화를 요구하는 다수 대중의 의사를 강제적으로 억압한 데서 얻어진 경제 수치상의 발전이었다. 이 시기를 흔히 개발독재의 시대로 부르거니와, 외국에서는 한국의 민주주의가 10년 후퇴했다는 평가를 내렸다.

국민소득이 오르자 농촌 인구가 도시로 유입되어 농촌이 붕괴되고 도시 빈민이 늘어났다. 통계에 의하면 1969년에서 1977년까지 농촌에서 도시로 이주한 수가 8백만 명에 이른다. 도시의 생산성을 높이기 위해 쌀값을 동결하고 정부가 쌀을 수매하자, 농업에 환멸을 느낀 농촌 젊은이들이 도시로 이주하게 된 것이다. 이렇게 해서 농촌은 붕괴되고 도시는 비대해졌다. 성장제일주의 정책은 도시와 농촌에 빈익빈 부익부 현상을 안겨 주었다.

도시 인구가 팽창하자 문화를 향유할 수 있는 중간층이 확장되고 독서 인구가 늘어났다. 70년대에 들어와서 베스트셀러 소설이 등장해서 한국문학사상 최초로 몇십만 부가 판매되는 사례가 나타났고 베스트셀러가 된 소설은 영화화되어서 다시 몇십만 명의 관객을 동원했다. 정치적·사회적으로는 음울한 상태였지만, 문화적·경제적으로는 풍요를 보이는 이중의 모순 속에 놓여 있었다. 청바지 문화, 통기타 문화라는 말이 생기고, 대학생들도 맥줏집에 모여 울분을 토로하면서 동시에 자본주의적 소비의 쾌감을 느끼는 시대, 억압과 향락이 공존하고 빈곤과 풍요가 공존하는 상황이 전개되었다. 시는 베스트셀러 반열에 끼지 못했지만, 70년대에 발간된 시집의 총수는 60년대의 두 배 가까운 증가를 보인다. 1966년에 창간된 『창작과비평』과 1970년에 창간된 『문학과지성』은 독립된 출판사를 세우고 시집 출간에 힘을 기울여 시집을 대중화하는 데 기여했다. 이러한 현상은 이 계간지를 중심으로 문단이 이원화되는 부작용을 낳기도 했지만, 시집을 독자들에게 가까이 다가가게 하는 효과를 거둔 것은 사실이다. 이로써 70년대는 그 어느 때보다 풍성한 시의 시대를 열었다.

개발독재로 요약되는 1970년대 유신체제는 먹고사는 일이 어느 정도 해결되는 대신 인간의 기본권이 제한된 시대였다. 생각하고, 말하고, 행동하는 인간의 권리가 강압적으로 통제되는 상황에서, 생각하는 동물인 인간은, 특히 지식인은 가혹한 정신적 억압의 고통을 느끼게 된다. 70년대 시에 어김없이 등장하는 어둠, 고독, 격리, 번민, 좌절, 회한, 적의, 분노 등의 심상은 70년대의 정신적 기류를 언어로 재현한 결과다. 그러나 어둠의 내면을 위장한 사회 현상의 표면에는 산업화의 미래를 예고하는 화려한 청사진이 펼쳐져 있었다. 나날의 삶을 사는 사람들은 정치적 저항으로 얻게 될 불확실한 미래의 전망보다는 일상의 삶에 충실함으로써 얻게 될 확실한 미래의 행복을 원했다. 억압과 풍요 사이에 70년대 평범한 한국인의 삶이 영위되었고, 자유와 평등의 실현이라는 거대 담론과는 거리를 둔 상태에서 일상의 행복을 추구하는 대다수 시민들이 살고 있었다.

이 시대의 시 역시 억압과 풍요의 모순 사이를 관통해 갔다. 아무리 고통스러운 시대에도 인간에게는 자신의 꿈을 간직할 권리가 있고, 자연의 아름다움을 즐길 욕구가 있고, 개인적 번민을 토로할 자유가 있다. 시는 인간의 마음에서 우러나오는 것이기 때문에 이 모든 양식을 다 포괄하는 자유를 누린다. 고통의 토로, 고통을 준 자에 대한 분노의 표출만이 시가 아니라 내면적 몽상의 표출, 황홀한 자연미의 표현, 자폐적 번민의 독백도 시가 될 수 있다. 그리고 더 정확히 말하면, 진정한 시는 어느 한 면만을 드러내지 않고 이러한 요소를 복합적으로 드러낸다. 실천적 경향의 시가 전면에 나선 것은 사실이지만, 대부분의 시인들은 정치 현실에 대해 직접적인 저항을 표현하지 않고 서정의 영역 내에서 현실 인식을 함축적으로 드러냈다. 정치 현실에 대해 부정적 태도를 갖고 있더라도 한 편의 완성된 시를 써야 한다는 생각 때문에 시의 구성 요소와의 창조적 결합을 시도했다. 어려운 시대를 살아가는 인간의 자세가 시적인 장치와 창조적으로 결합하여 시적인 성취를 보일 때 시대의 특성을 담으면서 동시에 그것을 초월하는 뛰어난 시가 탄생한다. 1970년대는 바로 그런 내용과 형식의 긴장, 현실성과 서정성의 결합이라는 문제가 창작의 중요한 과제로 날카롭게 솟아오른 시기였다.

2. 서정의 분화

박용래는 1955년에 등단하여 한국적인 정서를 고도의 절제를 통해 간결하고 섬세하게 표현해서 독특하고 개성적인 자기 세계를 보여 주었다. 과작寡作의 엄정함을 유지해 온 그가 이 시기에 제2시집『강아지풀』(1975)과 제3시집『백발의 꽃대궁』(1979)을 간행했다. 시대의 성격과는 무관하게 순수 서정에 몰입하여 다른 어느 시인도 흉내 낼 수 없는 그만의 독자적인 영역을 정갈한 언어로 표현하여 70년대 단형 서정시의 한 진경을 보여 주었다. 그가 토속적 정한의 세계와 거리를 두고 생명의 양태를 객관적으로 조망할 때 다음과 같은 작품이 드물게 나온다.『현대문학』(1975.9)에 발표된 작품이다.

    홀린 듯 홀린 듯 사람들은
    산으로 물 구경 가고,

다리 밑은 지금 위험 수위

탁류에 휘말려 휘말려 뿌리 뽑힐라

교각의 풀꽃은 이제 필사적이다

사면에 물보라 치는 아우성

사람들은 어슬렁어슬렁 물 구경 가고.

—「풀꽃」전문

　장마가 들어 폭우가 내려도 자기에게 피해가 없으면 사람들은 방관
자가 된다. 탁류가 휩쓸려 내려가는 장면을 사람들이 "홀린 듯" 구경한
다고 했다. 거의 도취의 심정으로 물 구경을 하고 있는 것이다. 그러나
다리 밑의 풀꽃들은 위기에서 벗어나기 위해 필사적으로 아우성을 친
다. 이것은 물론 시인의 마음이 풀꽃에 투사되어 연출된 상상의 장면
이다. 자연의 아름다움도 거리를 두고 절제의 눈으로 바라보던 시인이
"필사적이다", "아우성" 같은 격렬한 시어를 사용한 것은 이례적이다.
생명의 몸부림 다음에 그것을 방관하는 사람들의 냉담한 태도를 "어슬
렁어슬렁 물 구경 가고"로 나타냈다. 시인의 마음은 물론 연약한 생명
체 쪽을 향해 있지만, 세상은 원래 이렇게 이원적인 모순의 상태에 있
다는 인식도 담겨 있는 것 같다. 그러나 이러한 유형의 시는 극히 드물
고 대부분 인간과 자연이 교감하는 전통 서정의 특성을 보인다.

　어깨 나란히 산길 가다가 문득 바위틈에 물든 산호珊瑚 단풍 보고 너는
우정이라 했어라. 어느덧 우정의 잎 지고 모조리 지고, 희끗희끗 산문山門
에 솔가린 양 날리는 눈발, 넌 또 뭐라 할 것인가? 저 흩날리는 눈발을, 나

또한.

시가 압축을 생명으로 하는 언어 예술이라고 한다면 이 시는 시의 가장 원초적인 형태를 보여 준 것이라 할 수 있다. 여기 배치된 단어 하나하나에 눈길을 두고 의미를 깊이 곱씹어 보면 이 시의 깊은 맛을 제대로 음미할 수 있다. "어깨 나란히"라는 말은 "우정"이라는 말의 전제가 된다. 아름다운 가을 단풍 길을 어깨를 나란히 하고 걸을 때 우정이라는 말을 떠올릴 수 있는 것이다. 단풍을 산호에 비유한 것도 새롭지만, 바위 '틈'에 붉은 단풍이 물들어 있다고 한 것이 더 새롭다. 산 전체를 물들인 장쾌한 단풍이 아니라 바위 사이에 빨갛게 모습을 드러낸 예쁘장한 단풍을 지칭한 것이다. 그런 단풍이니 산호에 비유될 만하고, 그렇게 작고 정겨운 모습이니 우정에 비유될 만하다.

민감한 시인에게는 시간의 흐름 자체가 안타까움인 것. 우정의 단풍이 "모조리 지고"라는 구절에서 "모조리"라는 말에 담긴 시인의 서운함과 허전함을 감지할 수 있다. 화자는 먼 거리를 두고 산의 초입을 바라보며 천지에 단풍이 자취도 없이 사라지고 희끗희끗 눈발이 날리는 장면을 보고 있다. 저 흩날리는 눈발을 무엇에 비유할 수 있을까? 그렇게 정처 없이 흘러가는 세월은 또 무어라 이름 붙일 수 있을까? 자연의 변화는 그때그때 색다른 느낌을 가져다주지만 하나의 아름다움이 사라진다는 것은 우리를 슬프게 한다. 세월이 흘러 흩날리는 눈발조차 볼 수 없는 그런 시간이 우리에게 찾아온다면, 넌 또 뭐라 할 것인가? 그리고 "나 또한?", 이 생략의 어법은 얼마나 많은 의미를 함축하고 있는가? 현실 인식이니 저항 정신이니 하는 거대 담론은 전혀 모른다는 듯 시인

8. 억압과 풍요, 그 모순 속의 시   265

은 순정한 서정시 묶음을 우리에게 안겨 주었다.

1970년에 『현대시학』 제1회 추천자로 등단한 조정권은 70년대적인 신선한 감각과 심상을 구사한 시인이다. 그는 1977년 첫 시집 『비를 바라보는 일곱 가지 마음의 형태』를 간행했는데, 표제작을 가득 채우고 있는 화려한 감각적 이미지들을 보면 그의 외로운 정진이 상당히 높은 수준에 이르렀음을 알 수 있다.

物이 엎질러진 마당 구석에서 아이들은 얼굴을 비춰 보며 놀고, 나는 얼음이 갈라지는 헛간의 빙벽에 매달려 있었다. 이번에는 소리들이 뼈를 부딪치고 있었다. 소리들은 바다로 기울어져 가고, 내 안에서는 하얗게 고함치며 갈라지는 뼈가 있었다. 그러자 바람이 메마른 나뭇가지의 살을 씻어 내리다 실신하는 바다에서 흰 팔의 소리들이 다시 들려오고 있었다
—「비를 바라보는 일곱 가지 마음의 형태」 부분

얼음 갈라지는 소리가 빙벽에 매달려 있다든가, 소리들이 뼈를 부딪치고 있다든가, 바람이 나뭇가지의 살을 씻어 낸다든가 하는 감각적 표현들은 내면의 움직임을 다채롭게 형상화하면서 정신의 어떤 단면을 상징한다. 이러한 복합적 양상은 그가 1970년대 시의 뚜렷한 선두 주자로 서 있음을 증명해 준다. 첫 시집의 발문에서 박목월이 주목할 작품의 하나로 천거한 다음 작품에 조정권의 정신이 추구하는 정신의 단면이 잘 나타나 있다.

배추를 뽑아 보면서 안쓰럽게 버티다가
뽑혀져 나온 뿌리들을 살펴보면서

나는 뿌리들이 여지껏 흙 속에서 악착스럽게 힘을 주고 있었다는 생각
이 든다

나는 뿌리는 결국 제 몸통을 따라올 수밖에 없다는 생각이 든다

배추를 뽑아 보면서 이렇게 많은 몸뚱이들이

제각기 제 뿌리를 데리고 나옴을 볼 때

뿌리들이 모두 떠난 흙의 숙연감은 어디서 오는 걸까

배추는 뽑히더라도 뿌리는 악착스러우리만큼 흙의 혈血을 물고 나온다

부러지거나 끊어진 뿌리에 묻어 있는 피

이놈들은 어둠 속에서 흙의 육肉을 물어뜯고 있었나 보다

이놈들은 흙 속에서 버티다가 버티다가

독하게 제 하반신을 스스로 잘라 버린 것이라는 생각이 든다

나는 뽑혀지는 것은 절대로 뿌리가 아니라는 생각이 든다

뽑혀지더라도 흙 속에는 아직도 뽑혀지지 않은

그 무엇이 악착스럽게 붙어 있다

흙의 육肉을 이빨로 물어뜯은 채

—「근성」전문

이 시는 배추와 흙과의 관계를 통해 존재의 문제를 성찰했다. 밭에
서 배추를 뽑으면 뿌리에 흙이 묻어 나온다. 시인은 이 일상적인 현상
을 날카롭게 파고들었다. 배추와 뿌리와 흙의 관계를 새롭게 인식한 것
이다. 모든 식물의 뿌리는 흙으로 파고든다. 흙의 어느 부분까지 파고드
는지 우리는 알 수 없다. 배추를 뽑아 보면 뽑힐 때 저항감이 있다. 뿌리
가 흙 속 여기저기 벋어 내려 흙과 밀착되어 있기 때문이다. 시인은 뿌
리의 혈과 육이 흙의 혈과 육과 내통하여 밀착의 공생을 이루고 있다고

상상했다. 뽑힌 뿌리에 달라붙어 있는 흙의 잔해에 흙의 혈과 육이 남아 있다고 생각한 것이다. 배추가 뽑힌 흙 속에는 배추 뿌리의 혈과 육이 남아 있을 것이다. 배추의 뿌리와 흙은 생명과 힘의 관계로 결속되어 있다. 모든 사물은 진공 속에 존재하는 것이 아니라 생명의 연줄로 얽혀 있고, 그 어느 하나가 분리되면 얽혀 있던 몸체의 혈과 육이 따라 나온다. 모든 존재는 생명의 혈연으로 결속되어 있음을 인식한 것이다.

1966년에 등단한 김형영은 제1시집 『침묵의 무늬』(1973)와 제2시집 『모기들은 혼자서도 소리를 친다』(1979)를 간행했다. 이 두 권의 시집에는 울분과 저항의 육성이 가득 담겨 있다. 「풍뎅이」, 「금붕어」, 「올빼미」, 「모기」 등 동물을 소재로 삼아 현실의 구속 앞에 무력하게 살아가는 인간 군상의 모습을 알레고리 기법으로 나타냈다. 그는 울분의 뜨거운 몸부림을 보여 주었고, 죽음에 임박한 극렬한 언어로 자유를 억압하는 무리에 저항의 화살을 날렸다. 잠시 바다가 되어 파도치는 심장을 갖고 죽음을 꿈꾸며 "바다가 돌이 될 때까지, / 돌을 부수고 그대가 거듭날 때까지"(「잠시 혼자서」) 진실의 자리를 지키고자 했다. 까마귀, 여우, 박쥐, 구렁이의 부르짖음을 빌려 자신의 깊은 육성을 토해냈다(「네 개의 부르짖음」). 자신에게 죽음이 다가와도 꿈을 버리지 않을 것이라고 했다. 자신을 "지옥을 기웃거리는 한 마리 개똥벌레"(「나의 악마주의」)로 비하하기도 했지만, 그가 진정으로 바란 것은 "내가 드리는 기도의 어떤 부분이 / 산을 뚫고 지나가는 것"(「형성기」)이었다.

유신체제의 억압이 거세졌을 때 겪었던 시민들의 억압을 '지렁이'로 형상화한 것은 시인의 정신에서 우러난 대단한 용기다. 지렁이는 가해자의 커다란 신발에 밟히면서도 더 힘차게 밟아 보라고 외친다. "배 터지는 소리" 나고 "피 흐르는 소리" 나지만, 우리는 "밟아도 밟아도 죽지 않아요"라고 외친다. 만신창이가 되어도 "우우우 소리치며" "우리는 꿈틀댈 거예요"(「지렁이」)라고 말한다. 이 용기는 어디서 온 것일까? 그의 신앙에서 온 것이라고 나는 믿는다. 정신은 신앙에서 온 것이지만, 표현은 시인적 감수성에서 왔다. 유사한 말의 반복을 통해 점층적으로 의미를 강조해 가는 절묘한 표현법은 소년 시절부터 익힌 시적 수련에서 왔을 것이다.

> 모기들은 날면서 소리를 친다
> 모기들은 온몸으로 소리를 친다
> 여름밤 내내
> 저기,
> 위험한 짐승들 사이에서
>
> 모기들은 끝없이 소리를 친다
> 모기들은 살기 위해 소리를 친다
> 어둠을 헤매며
> 더러는 맞아 죽고
> 더러는 피하면서
>
> 모기들은 죽으면서도 소리를 친다
> 죽음은 곧 사는 길인 듯이
> 모기들,
> 모기들,
> 모기들,

모기들은 혼자서도 소리를 친다

모기들은 모기 소리로 소리를 친다

영원히 같은

모기 소리로……

—「모기」 전문

'소리를 낸다'고 하지 않고 '소리를 친다'라고 한 것은 탁월한 선택이다. '친다'고 해야 압박에 저항하는 몸짓이 소리의 감각으로 살아난다. 시 전체가 상징의 언어로 되어 있다. 모기의 생리를 그대로 복원했기 때문에 불온시라는 혐의에 대해 얼마든지 합리화할 수 있다. 모기들은 위험한 짐승들 사이에서 여름밤 내내 날면서 온몸으로 소리를 낸다. 이것은 사실 그대로다. 그러나 현실의 비유로 보면 매우 도전적인 저항시다. 모기들이 소리를 내는 것은 살기 위해서이고, 살아 있는 한 끝없이 소리를 낼 수밖에 없다. 인간의 저항이 이와 같다면 그 사람은 영구적인 지하 감옥에 갇힐 것이다.

소리를 내는 모기는 사람 손에 맞아 죽기도 한다. 모기가 죽으면서도 소리를 낸다는 것은 허구다. 모기는 찍 소리 못 하고 죽는다. 이 대목부터 모기는 저항의 투사로 변모한다. "죽음은 곧 사는 길인 듯이" 죽음을 택하는 모기는 없다. 그러나 인간은 자신의 목숨을 바쳐 자유로 가는 길을 열기도 한다. 역사는 그런 인물들을 의로운 희생자로 기록한다. 그러한 여러 명의 민주 투사를 "모기들, / 모기들, / 모기들,"로 열거했다. 공동으로 행동하는 운동가들도 있지만, 안중근이나 윤봉길처럼 단신으로 활동한 투사도 있다. 그러니 "모기들은 혼자서도 소리를" 치는 것이다. 그리고 때로는 크게 외치지 못하고 "모기 소리"만큼 작은 소리로 뜻을 나타내기도 한다. 소리가 작다고 힘이 없는 것이 아니다. "영원히 같은 / 모기 소리로" 같은 소리를 내면 막힌 구멍도 뚫을 수 있다. 이렇게 보면 이 시는 견고한 구조를 가진 정치적 알레고리다.

1968년 신춘문예로 등단한 김종철은 제1시집 『서울의 유서』(1975)를 간행하였다. 그의 신춘문예 당선작 「재봉」은 유연한 신화적 상상력과 탐미적 언어의 직조로 구성되어 시인의 조숙한 상상력을 잘 보여 준 작품으로 평가된다. 그러나 70년대에 들어서서는 주로 현실 풍자의 비판 정신을 드러내는 작품을 많이 발표했다. 현실을 부정적인 시각으로 바라보면서 1970년대 초반의 암울한 시대 상황을 비판적으로 폭로하고 있다. 그런 유형의 작품을 대거 수록하고 있는 『서울의 유서』는 현실 비판 참여시의 선두에 선 작품집이라고 말할 수 있다.

서울은 폐를 앓고 있다

도착증의 언어들은

곳곳에서 서울의 구강을 물들이고

완성되지 못한 소시민의

벌판들이 시름시름 앓아 누웠다

눈물과 비탄의 금속성들은

더욱 두꺼워 가고

병든 시간의 잎들 위에

가난한 집들이 서고 허물어지고

오오 집집의 믿음의 우물물은

바짝바짝 메마르고

우리는 단순한 갈증과

몇 개의 죽음의 열쇠를 지니고 다녔다

—「서울의 유서」 부분

46행으로 구성된 이 장편 서정시에 담긴 시대 의식은 지금 읽어도 짜릿한 전율을 느끼게 한다. 첫 시행에 나오는 "서울은 폐를 앓고 있다"는 구절부터가 현실의 비정상성을 선언적으로 표현한다. "양심의 밑둥을 찍어 넘기고", "몇 장의 지폐에 시달린 소시민의 운명"과 같은 구절에서 연상되는 좌절감, "콘크리트 뼈대의 거칠거칠한 통증들은 / 퇴폐한 시가의 전신을 들썩이고", "주리고 목마른 자유를 / 우리들의 일생의 도둑들은 다투어 훔쳐 갔다"에 보이는 억압적 현실에 대한 고발적 단언 등을 읽으면 '서울의 유서'라는 극단적 제목을 통해 이 시가 무엇을 말하고자 했는지 분명히 알아차릴 수 있다.

이 작품 외에도 베트남 참전 경험을 다룬 작품들이 이 시에 여러 편 있다는 사실도 주목할 만하다. 「죽음의 둔주곡—나는 베트남에 가서 인간의 신음 소리를 더 똑똑히 들었다」는 200행에 이르는 장시인데 전장의 황폐함과 전쟁의 비정함, 인간 심리의 절박감과 공포감, 죽음에 따른 폐허의식 등을 변주하며 시상을 전개한다. 그러면서도 이 시에는 구원의 가능성으로서 여인과의 사랑과, 어머니에 대한 사랑을 기독교적 차원에서 드러내고 있다. 이외에도 「베트남 칠행시」, 「닥터 밀러에게」, 「병」 등의 시에서 전쟁의 비인간성과, 그것이 안겨 준 가혹한 상처를 극적인 방식으로 표현하고 있다. 이러한 베트남 참전 체험과 당대 현실에 대한 비판 정신이 한꺼번에 집약된 것은 특이한 일이어서, 이 시집의 의미가 새롭게 부각될 필요가 있다.

3. 새로운 인식과 형식의 탐구

일군의 시인들은 언어와 형식, 기법의 혁신에 뜻을 두고 시의 새로운 경역을 개척하는 경향을 보였다. 그들 중 일부는 전위 시에 가까운 극단적 실험성을 보여 준 시인도 있다. 그러나 대부분의 시인들은 서정 자체는 부정하지 않고 시의 현대성을 도모하려는 경향을 보였다. 전통적 서정을 그대로 지키는 것이 진부하다고 선언하지는 않았지만, 기존의 상투형과 싸움을 벌이면서 새로운 형식과 새로운 인식의 결합을 추구하였다.

존재론의 포즈를 취하며 이미지를 추구하던 김춘수는 1960년대 말부터 소위 무의미 시를 표방하고, 70년대에 들어와서는 「처용단장」 2부 이후의 시편에서 무의미 시의 묘사적 이미지조차 지워 버리고 무의식이 연주하는 주술적 리듬에 의거하여 언어를 배치하는 작품을 제작했다. 원론적으로 말하면 이러한 창작 방법은 초현실주의에 가까운 것인데, 시인은 자신의 시론에서 역사에 대한 환멸 때문에 의미에서 벗어나려 했고, 언어에 대한 불신을 넘어서려는 시도가 형식의 해체로 나타났다고 설명했다. 어떻든 이것은 창작 과정의 절망을 넘어서기 위한 새로운 시도로 간주할 수 있다. 그가 보여 준 언어의 주술적 구사는, 박용래 시가 보여 준 원초적 형태와는 또 다른, 원초적 언어의 사물성을 회복하려는 시도다. 시인은 동일한 음감의 언어를 반복 사용함으로써 소리가 사물을 환기하고 의미를 창조하는 단계에까지 나아가고자 했고 그것은 김춘수만의 스타일을 창조하는 데 성공했다.

불러 다오

멕시코는 어디 있는가,

사파타는 사파타, 멕시코는 어디 있는가,

사파타의 누이는 어디 있는가,

말더듬이 一字無識 사파타는 사파타

멕시코는 어디 있는가,

사파타의 누이는 어디 있는가,

불러 다오.

멕시코 옥수수는 어디 있는가,

—「처용단장 제2부 5」전문

연작의 일부를 이루는 이 시는 '어디 있는가'의 반복이 두드러지고, '사파타'와 '불러 다오'의 반복이 뒤를 잇는다. 음성의 자질로 보면 '아' 음이 시 전체를 지배하고 있다. 1행과 8행을 제외한 나머지 일곱 행이 모두 '아' 음으로 끝나고, 3, 4, 5, 7 행은 '아'음이 시행의 첫머리에 배치되어 있다. 그러니까 '사파타'란 사람의 이름도 실제로 멕시코 농민 혁명에 참여한 사람의 이름이라서가 아니라 음감 때문에 선택되었을 공산이 크다. 사파타Emiliano Zapata(1879~1919)는 1910년대에 멕시코에서 일어난 농민 혁명의 지도자 중 한 사람이지만, 그의 개인적 내력은 이 시와 별 관련이 없다. 이 시의 지배적 우성소로 작용하는 '아' 다음으로 음성적 가치를 실현하는 음절은 '우/오'다. 이것은 '불러 다오'의 '우/오'의 반복에서 확인된다. 사파타의 '누이'나 '옥수수'도 '우/오' 음 때문에 선택되었을 가능성이 높다. 갑자기 누이나 옥수수가 등장할 이유가 없기 때문이다. 요컨대 '아'와 '우/오'음의 교차에 의해 이 시의 주술적 음감이 형성되는 것이다.

한편, 유성음과 무성음의 대립이라는 지표에 의해 이 시의 음성적 울림을 살펴보면, 1행, 5행의 첫 구절과 8행이 유성음으로 되어 있어서 '멕시코', '사파타' 등 폐쇄음이나 파열음으로 되어 있는 어구와 대립적 음감을 환기하는 것을 알 수 있다. 요컨대, 1행의 '불러 다오'라는 유성음 다음에 '멕시코는'이라는 폐쇄음과 파열음이 이어지고, 5행의 '말더듬이'라는 유성음 다음에 "一字無識 사파타는 사파타"라는 구절이 이어짐으로써 음상의 변화에 의한 주술적 음감이 형성된다. 여기서 '말더듬이'라는 말도 사파타가 실제로 말더듬이가 아니라 유성음 효과 때문에 선정되었을 것이다. 시인은 동일한 음감의 언어를 반복 사용함으로써 소리가 사물을 환기하고 의미를 창조하는 효과를 노린 것이다. "사파타는 사파타"라는 말의 반복을 통해 사파타라는 존재가 우리 눈앞에 현존하는 인상을 갖게 한다. 의미의 지시적 기능에서 이탈하여 소리가 직접 사물을 환기하는 차원에 이르게 된다.

이 시가 포유하고 있는 시니피앙의 시적 기능은 여기서 멈추지 않는다. 시의 중앙에 자리 잡고 있는 "一字無識"이라는 한자는 쉬운 우리말로 엮어진 이 시 전체의 흐름에 변화를 일으키는 일종의 변이 형태로 기능한다. 이 변이 형태의 존재 때문에 이 시는 단순한 언롱言弄(word play)의 시에서 벗어나서 무식한 농민의 혁명적 봉기라는 엄숙한 의미를 포유하게 된다. 또 하나의 변이적 시어는 '옥수수'이다. 옥수수는 멕시코에서 가장 많이 재배하는 식물이자 농민들이 주식으로 삼는 곡식이다. 멕시코의 농민 봉기는 바로 이 옥수수, 즉 먹고 사는 문제 때문에 발생한 것이다. 이러한 음성적 요소, 다시 말하면 시니피앙의 구조가 이 시를 과거의 시와는 다른 차원에 놓이게 했다. 물론 한국시의 전개는 이러한 시 경향을 다시 한번 뒤집고 뛰어넘는 방향으로 전개되지만, 그러한 변화가 이 시의 70년대적 독자성을 상쇄하지 못한다.

1958년에 등단한 황동규는 이 시기에 시선집 『삼남에 내리는 눈』
(1975)과 제5시집 『나는 바퀴를 보면 굴리고 싶어진다』(1978)를 간행했
다. 이 시기의 작품들은 어느 하나의 흐름으로 묶을 수 없을 정도로 다
양한 시작 경향을 보인다. 「조그만 사랑노래」나 「더 조그만 사랑노래」
는 그의 초기시의 발전이라고 할 수 있는 연가의 형식을 취하고 있고,
「계엄령 속의 눈」과 「초가楚歌」는 시대 상황에 대한 고민과 울분을 담
아내고 있으며, 「수화手話」, 「정감록 주제에 의한 다섯 개의 변주」, 「돌
을 주제로 한 다섯 번의 흔들림」 등은 주제보다는 형식의 변주를 추구
하는 실험 정신을 더 많이 드러낸다. 그는 사회정치적 현실에 대한 고
민이나 울분도 직선적으로 드러내지 않고 비유를 동원한 상징적 우회
적 방법으로 표현했다. 내면의 번민만이 아니라 구체적 현실에 대한 반
응도 시적인 화법으로 전환하여 표현하는 방법을 추구한 것이다.

아아 병든 말言이다.
발바닥이 식었다.
단순한 남자가 되려고 결심한다.
마른 바람이
하루 종일 이리저리
눈을 몰고 다닐 때
저녁에는 눈마다 흙이 묻고
해 형상形象의 해가 구르듯 빨리 질 때
꿈판도 깨고
찬 땅에 엎드려

눈도 코도 입도 아조아조 비벼 버리고

내가 보아도 내가 무서워지는

몰려다니며 거듭 밟히는

흙빛 눈이 될까 안 될까.

　　　　　　　　　　　　　　—「계엄령 속의 눈」전문

　이 작품은 당시의 상황을 고려하여 『동아일보』(1972. 11. 23)에 발표될 때 제목을 「흙빛 눈」으로 낮추었다고 한다.[50] 유신 개헌을 공표한 당시의 상황을 감안하면 대단한 저항시로 해석될 수 있다. "아아 병든 말릏이다."라는 첫 행은 당시의 상황이 어떠한가를 단적으로 선언하는 탄식처럼 들린다. "발바닥이 식었다"라는 둘째 행도 식은땀이 나는 듯한 마음의 고통을 감각적으로 드러낸다. "단순한 남자가 되려고 결심한다"에 보이는 자기모멸의 자의식, '눈'이라는 시어의 반복적 사용을 통한 암울함의 강조, "해 형상의 해"라는 구절에 보이는 언어의 이중 사용을 통한 거짓 세계의 표현, "내가 보아도 내가 무서워지는"에 드러나는 자책과 결합된 반성적 자의식, "흙빛 눈이 될까 안 될까"에 보이는 판단을 유보하는 은폐의 어법 등은 모두 70년대 정치 상황에 대한 부정 의식에서 배양된 것이다. 그보다 중요한 것은 그 내면에 새로운 시를 써야겠다는 창조의 의지가 더욱 강하게 담겨 있다는 점이다. 현실에 눈감지 않으면서 시의 새로움을 추구하겠다는 의식, 현실성과 전위성을 종합하려는 창조의 정신이 작동하고 있음을 제대로 인식할 필요가 있다.

　1965년에 등단한 정현종도 1972년에 첫 시집 『사물의 꿈』(1972)을

50　황동규, 『나의 시의 빛과 그늘』, 중앙일보사, 1994, 163쪽.

발표하면서 70년대에 두드러진 활동을 전개했고, 그 결실이 시선집 『고통의 축제』(1974)와 두 번째 시집 『나는 별 아저씨』(1978)로 집약되었다. 그 역시 현실과 언어를 함께 끌어안고 시와 삶의 긴장을 유지하는 방법론적 성찰의 태도를 보여 주었다. 기존의 전통 서정과 관습적 언어를 넘어서려 했다는 점에서 그의 작업은 황동규나 오규원과 유사한 점이 있다. 그러나 황동규보다 현실적 삶에 대한 고민에서 자유롭고, 오규원보다 시어에 대한 집착에서 자유롭다. 그는 자유가 주는 경쾌한 기쁨을 표현한 것인데, 그 경쾌함이 70년대의 진중한 시대감에서 보면 가벼운 유희로 비치기도 했다. 그는 "재기발랄한 언어와 유쾌하기 이를 데 없는 상상력으로 우리 시의 영토를 확장"한 시인이고 "부드러운 감수성과 독특한 유머 감각"을 간직한[51] 시인이다. 그런데 그 재기발랄함과 유쾌함이 70년대의 음울한 사회 현실과 연결될 때 어색한 부조화를 연출한다. 그래서 이동하는 그의 시에 "현실이 끼어들 때 어색하고 싱거운 꼴을 면치 못하고" "자유롭고 싱싱하던 그의 언어가 이상하게 굳어 버린다"[52]라고 지적했다. 그러나 이러한 비판은 정현종 시가 갖는 상상력의 특징을 제대로 이해하지 못한 데서 나온 것이다. 예를 들어 「밤 술집」 같은 시를 보면 이중적 화법을 통해 현실의 억압과 자유에 대한 갈망을 동시에 드러내고 있다.

> 젊은 가수의 노래는
> 유배된 청춘의 축제 없는 가슴을 어루만진다
> 나는 술잔을 들며

---

51 이승하, 『한국의 현대시와 풍자의 미학』, 문예출판사, 1997, 253쪽.
52 이동하, 「70년대의 시와 현실의식」, 『현대시』 1, 문학세계사, 1984. 5, 171쪽.

기억도 아픈 젊은 부러진 날개들의 눈동자를

녀석들의 잔 없는 손을 깨문다.

땅콩이 입안에서 폭발한다.

오이와 당근

대구포도 폭발한다

입속에 감금된 폭발

공허한 입김의 난무亂舞 속을

오줌 누러 갔다 온다

오, 술자리와 변소를 오갈 수 있는 자유의 기쁨

오, 아가씨와 이쁘다고 말할 수 있는 자유의 기쁨(!)

취객들은 다만 잠들어 시끄럽고

입 속에 감금된 폭발,

오, 침묵과 정관靜觀의 기막힌 기쁨(!)

—「밤 술집」 부분

이 시는 방관적인 해학의 자유 화법을 통해 현실의 이중성을 폭로하고 있다. 고통을 해학으로 바꾸어 표현하는 지적 변신술이 이 시인의 특징이다. 이 시에는 침묵을 강요당하는 기쁨 없는 시대 속에 영위되는 일상적 삶의 허망함이 그려져 있고, 기쁨도 자유도 없는 현실의 상황을 반어적으로 "자유의 기쁨"이라고 부르짖는 소시민의 무력함에 대한 조롱이 담겨 있다. 끝부분에 사용된 문장부호 '(!)'는 자유의 기쁨을 제대로 구가할 수 없는 상황의 폐쇄성을 암시한다. 이러한 풍자와 반어, 우의적 고발 등의 요소는 현실에 대한 비판적 인식과 새로운 스타일에 대한 지향을 결합하려는 창작 정신의 발현이다. 그의 시는 억압적 세계

속에서 인간의 실존적 의미를 유지하고 정신의 영역을 확대하는 길을 모색하고자 한다. 그의 시가 안고 있는 경쾌한 상상력은 삶의 자유를 추구하려는 의지의 소산이다. 그는 고통과 쾌락, 육체와 영혼 같은 대립적 언어를 자주 구사하는데, 이것도 대립적 언어의 틀에서 벗어나 정신의 자유를 이루려는 그의 의지를 역으로 드러낸다.

『나는 별 아저씨』에 수록된 「절망할 수 없는 것조차 절망하지 말고…… ─ 노우트 1975」는 30편의 단상을 다양한 형식으로 채록한 것이다. 고정된 형식에서 벗어나 다양한 사유를 집적해 놓은 것 같은 이 묶음은 일면 무질서하고 불안해 보이지만, 그 저류에 시적 긴장이 흐르고 있음을 확인할 수 있다. 그런 점에서 이 형식의 변주는 그가 추구한 정신의 자유가 극단화된 양상으로 이해할 수 있다. 불안한 형식 이면에 그가 이룩하려고 한 '고통의 축제'의 상징적 구도가 담겨 있다. 이 점을 제대로 이해하기 위한 깊은 독법이 필요하다.

1977년에 등단한 이성복은 70년대 후반의 시대적 상황을 전례 없이 개성적인 전도와 파열의 언어로 표현하여 70년대의 마지막을 장식한 모더니스트이다. 그의 날렵한 어법은 김수영의 그것을 연상시키면서도 전통 시법을 부정한 자유분방한 형식은 김수영을 훨씬 넘어선다. 그의 첫 시집 『뒹구는 돌은 언제 잠깨는가』가 간행된 것은 1980년 10월이었다. 5·18 민주화운동이 일어난 지 몇 달 뒤 간행된 이 시집의 반향은 매우 컸다. 이 시집에는 실험적 성향과 함께 70년대 말의 현실적 억압에 대한 절망적이고 자폐적인 자의식이 담겨 있다. 말하자면 억압적 현실에 대한 관심과 새로운 스타일의 시에 대한 관심이 이 시집 전체를 날줄과 씨줄로 엮고 있다.

그의 시는 가족사의 치욕적인 사건을 통하여 한 사회의 파탄을 드러내는 방법을 택했다. 말하자면 "추악한 세계의 축도로 추악한 가계를 설정하고 이 추악함에 정면으로 맞서지 못하는 자아의 고뇌를 분열된 중층의 발화로 형상화"[53]했던 것이다. 여기서 중층의 발화라고 하는 것은 초현실주의의 자유연상이나 자동 기술과 관련된 것으로, 충돌하고 길항하는 내면의 움직임을 다층적·입체적으로 드러내는 방법이다. 이것은 70년대 말 사회의 복잡한 모순 구조를 드러내기 위해 개발한 이성복의 독특한 화법이다. 그것은 그가 직면한 사회 현실의 문제를 드러내기 위해 새롭게 창조한 스타일이었다. 여기에 대해 "이상과 송욱, 그리고 전영경 등의 모색이 실험적인 성공 이외의 그 무엇을 보여 주지 못하고 시사적 실패로 그치고 만 사실을 기억할 필요가 있을 것이다."[54]라는 비판적 진단도 있었으나, 그의 시의 파장은 80년대까지 장려하게 이어졌다.

4. 저항적 실천의 궤적

이 시대에 서정성보다 현실성을 더 우위에 두고 자유와 평등의 실현이라는 목표를 향해 문학적 실천을 감행한 시인들이 있다. 1960년대에 허무의 서정을 극한까지 몰고 갔던 고은은 70년대에 들어서면서 타고난 열정을 현실 참여와 체제 저항 시 제작에 쏟아 부으면서 180도 방향 전환을 보인다. 이동하는 그의 저항시가 안고 있는 "저돌적이고 폭력적인 입장", "경직된 획일적 사고", "폭력적인 흥분과 질타" 등을 지적하

---

53 이희중, 『기억의 지도』, 하늘연못, 1998, 80쪽.
54 김재홍, 『한국 현대시의 사적 탐구』, 일지사, 1998, 310쪽.

면서 70년대의 저항시도 60년대의 극화된 허무주의 시의 변형에 해당하는 것이 아닌가 하는[55] 생각을 표명한 바 있다. 그러나 그의 시가 토로한 뜨거운 열기와 국토와 민족에 대한 절절한 사랑의 호소는 분명 60년대의 우울한 허무주의와는 구분되는 것이었다. 워낙 다작의 시인인 그는 이 시기에 『문의 마을에 가서』(1974), 시선집 『부활』(1975), 『입산』(1977), 『새벽길』(1978) 등 많은 시집을 간행하였는데, 뒤로 갈수록 저항 의식이 강화되어 『새벽길』에서 "전투적인 사회참여 시는 절정을 이루"[56]게 된다. 이 시집에 담긴 다음과 같은 결사 투쟁 참여의 호소는 당시의 상황에서는 처절한 저항의 육성으로 들렸겠지만, 현재의 시각에서는 과격하고 공허한 구호로 보인다.

> 우리 모두 화살이 되어
> 온몸으로 가자
> 허공 뚫고
> 온몸으로 가자
> 가서는 돌아오지 말자
> 박혀서
> 박힌 아픔과 함께 썩어서 돌아오지 말자
>
> ―「화살」 부분

> 술주정뱅이 어머니의 아들 이제야 싸움터로 떠납니다
> 싸워서 죽을 싸움터로 떠납니다

---

55 이동하, 앞의 글, 161~163쪽.
56 백낙청, 「발문」, 고은 시선 『어느 바람』, 창작과비평사, 2002, 273쪽.

새벽길 찬 바람 속에

두 주먹 불끈 쥐어 어머니의 주먹밥 만들었어요

가슴에 원한 서려

어머니의 노잣돈 가득합니다

오늘 하루가 어머니의 오랜 세월입니다

먼동 찢어 새벽길 떠나며

날선 칼로 몸뚱이 되어

싸워서 그날을 등에 지고 오렵니다

피묻은 깃발 날리며

찢어진 깃발 날리며

다친 다리 싸매고 그날을 지고 오렵니다

—「새벽길」 부분

이 시에는 정의로운 투쟁의 결의와 죽음을 불사하는 항거의 핏발이 선연하게 새겨져 있다. 유신 독재에 대한 항거와 그로 인한 젊은이들의 죽음이 시대의 불행으로 각인된 70년대에 "우리 모두 화살이 되어" "싸워서 죽을 싸움터로" 떠나자는 선동은 매우 가슴 섬뜩한 것이다. 고은이 이런 시를 구호로만 외치지 않고 그 자신 행동의 전위에 서서 구금과 투옥의 고초를 수없이 겪은 것은 참으로 의로운 일이지만, 한 편의 시를 보는 관점에서는 이런 투쟁 선동의 격문은 분명 시의 형식을 빌려 선동적 목적에 이용한, 불행한 목적시에 해당하는 예라고 말하지 않을 수 없다.

신경림은 1955년에 등단하였으나 10년 넘게 작품 발표를 하지 않고 있다가 70년대에 들어와서 활발한 작품 활동을 벌였다. 특히 1973년에 간행된 제1시집 『농무農舞』가 민중의 애환을 다룬 점에서 문단의 주목을 받고 1975년에 재출판이 되면서, 『농무』의 문학적 영향력은 더 확대되어 "민중시 진영에게 커다란 가시적 성과로 평가"[57]되었다. 이 작품은 『창작과비평』(1971. 가을호)에 처음 발표되었는데, 이 시기 신경림이 발표한 「파장」(1970), 「눈길」(1970), 「폐광」(1971), 「벽지」(1971) 등의 작품과 짝을 이루면서 새로운 서정의 축을 형성했다. 이 작품들은 산업화 단계에 접어들어 농촌공동체로서의 정체성을 상실해 가는 70년대 농촌의 와해 양상을 민요의 가락 속에 형상화했다. 그는 농촌공동체가 오랫동안 신명풀이의 수단으로 삼아온 농무를 상징적 소재로 선정하여 농촌공동체의 붕괴를 예고한 것이다. 그 형상화의 시점이 1971년이라는 점은 하나의 문학사적 사실로 기록될 만하다. 이 시기 이후 산업화의 속도는 더욱 빨라졌고, 농촌공동체의 변질 역시 가속화되었기 때문이다.

징이 울린다 막이 내렸다
오동나무에 전등이 매어달린 가설무대
구경꾼이 돌아가고 난 텅 빈 운동장
우리는 분이 얼룩진 얼굴로
학교 앞 소줏집에 몰려 술을 마신다
답답하고 고달프게 사는 것이 원통하다
꽹과리를 앞장세워 장거리로 나서면
따라붙어 악을 쓰는 건 쪼무래기들뿐

---

57 황정산, 「70년대의 민중시」, 『1970년대 문학연구』, 소명출판, 2000, 229쪽.

처녀애들은 기름집 담벽에 붙어 서서

철없이 킬킬대는구나

보름달은 밝아 어떤 녀석은

격정이처럼 울부짖고 또 어떤 녀석은

서림이처럼 해해대지만 이까짓

산 구석에 처박혀 발버둥 친들 무엇하랴

비료 값도 안 나오는 농사 따위야

아예 여편네에게나 맡겨 두고

쇠전을 거쳐 도수장 앞에 와 돌 때

우리는 점점 신명이 난다.

한 다리를 들고 날라리를 불꺼나

고갯짓을 하고 어깨를 흔들거나

—「농무」 전문

농무는 농악 놀이에 필수적으로 등장하는 농민들의 집단 가무를 뜻한다. 논농사는 대규모의 노동력을 필요로 한다. 많은 사람들이 협동하여 농사일을 하고 가을에 추수를 끝내게 되면 농악 놀이를 벌여 수확의 기쁨을 나눈다. 농악 놀이는 농촌공동체의 구성원이 목적을 달성한 다음에 그것을 자축하는 의미에서 행하는 축제의 향연이다. 농악을 통해 농촌공동체의 잠재된 에너지를 분출하고 즐거운 놀이를 통해 다음 해의 농사를 위한 농민들의 연대감과 새로운 동력을 확인한다.

앞에서 말한 것처럼 한국 사회는 1960년대 후반에 들어서면서 경제 개발을 최우선의 목표로 삼으면서 경제 수치를 높일 수 있는 중공업 위주의 산업 정책을 택하게 되었다. 산업도로가 뚫리고 대규모의 공장이

건설되고 새로운 시설이 가동되면서 도시의 팽창이 이루어졌다. 농촌에서 힘들게 일해 봐야 소외된 농사꾼으로 남게 될 뿐 더 이상 기대할 것이 없다고 판단한 농촌 젊은이들은 도시로 올라와 공장의 노동자가 되었다. 그 결과 도시는 더욱 비대해지고 노동력을 잃은 농촌은 공동화되면서 도시와 농촌의 격차는 더욱 크게 벌어졌다. 이것이 60년대 중반에서 70년대 초까지 일어난 한국 사회의 변화다.

이렇게 농촌 공동체가 와해되자 농민들의 힘의 집결체였던 농악도 자취를 감춘다. 텔레비전이 전 국민의 오락물로 등장하게 되면서 농악 놀이의 연대감도 사라지게 되었다. 이 시의 소재인 '농무'는 와해되어 가는 농촌공동체의 실상을 상징적으로 드러내는 의미를 지닌다. 오랫동안 농촌공동체 구성원의 소망과 기쁨을 실어 전하던 농무가 이제는 구시대의 유물로, 이상야릇한 구경거리로 전락해 버렸다. 이 시는 그것을 소재로 하여 70년대 초의 농촌 풍경을 사실적으로 드러냈다.

이 시의 첫 행, "징이 울린다 막이 내렸다"라는 시구는 단순히 농악 놀이가 끝났다는 사실을 전달하는 것이 아니다. 이것은 60년대에서 70년대로 넘어오면서 농촌공동체가 붕괴되고 농악 놀이가 더 이상 농민들의 위안의 방식이 될 수 없다는 사실에 대한 상징적 선언이다. 농악 놀이가 끝난 것이 아니라 농악 놀이를 즐길 수 있는 공동체가 사라진 것이고, 농촌에서의 긍정적인 삶이 막을 내린 것이다. 보아줄 사람도 즐길 사람도 없는 농무를 추는 것이야말로 궁상스러운 일이다. "오동나무에 전등이 매어달린 가설무대", "구경꾼이 돌아가고 난 텅 빈 운동장" 등은 몰락의 길을 걷고 있는 농악패들의 운명을 그대로 드러낸다.

넷째 행에 나오는 '우리'라는 지시어는 농무에 참여한 사람만이 아니라 그들과 함께 소외의 길을 걷고 있는 다수의 농촌 사람들을 지시한다. '분이 얼룩진 얼굴'이라는 시행도 농무로 땀이 나서 분이 얼룩진 것을 의미하지만 또 한편으로는 설움과 울분 때문에 눈물이 흘러 분이 얼룩진 것이라는 느낌도 전달한다. 농악 놀이를 끝낸 사람들은 운동장을 빠져나와 학교 앞 소줏집에서 술을 마신다. 원래 농악대들은 막걸리를 마시면서 놀이를 하였다. 그러나 이 시기에는 쌀이 부족하였기 때문에 집에서 막걸리를 빚는 것을 법으로 금지하였다. 그래서 값싸고 쉽게 구할 수 있는 희석식 소주가 농촌 사람들의 술로 자리 잡았다.

6행부터는 사람들의 분한 감정이 직선적으로 표출된다. "답답하고 고달프게 사는 것이 원통하다"라는 독백은 농촌 사람들의 심정을 그대로 대변한 것이다. 술에 취한 농악패들은 자신들의 울분을 떨쳐 내려는 듯 다시 악기를 들고 장거리로 나선다. 그러나 솟구치는 울분에 신명으로 호응하는 사람은 아무도 없고 철없는 어린애들만 그들의 뒤를 따를 뿐이다. 휘영청 떠오른 보름달만 그들의 몸부림을 바라볼 뿐이다. 보름달 아래 펼쳐지는 그들의 놀이하는 모습은 임꺽정 이야기의 등장인물로 비유된다. 시인은 신분 차별의 모순에 폭력으로 맞선 민중적 저항담의 인물을 끌어왔다. 그러나 현실적으로 좌절한 농촌 사람들이 저항의 자세를 취할 수는 없다. 그러므로 그 비유도 실체가 없는 허망한 말놀음에 불과하다.

울분과 자포자기로 얼룩진 그들의 몸짓은 신명이 나는 것처럼 보인다. 그러나 그것은 제대로 우러난 신명이 아니라 위장된 신명이고 왜곡된 신명이다. 산 구석에 처박혀 발버둥 쳐도 소용이 없고 비료 값도 안 나오는 농사를 짓는 것도 소용없는 일이다. 그러니 세상 잡사에서 벗어나 신나게 춤이나 추는 것이다. 그들의 춤이 절정에 달하는 대목은 '도수장' 앞이다. 도수장이란 소나 돼지를 잡는 도살장을 말한다. 옛날 장터의 도수장은 돈이 모이는 번성한 장소였다. 그러나 이제는 가장 한산한 장소로 변했다. 그들은 도수장 앞에 이르러 옛날 백정의 자식 임꺽정이 무리를 규합하여 불평등한 세상에 저항했듯이 춤으로 답답한 세상에 부딪쳐 보려는 자세를 취한다. 그 춤은 그러므로 신명의 춤이 아니라 울분의 춤이요 세상살이의 답답함과 고달픔을 토로하는 춤이다.

마지막 두 시행 "한 다리를 들고 날나리를 불거나 / 고갯짓을 하고 어깨를 흔들거나"는 모두 '~ㄹ거나'로 끝나고 있다. 이 어미는 영탄조로 "그렇게 하자꾸나"의 뜻을 나타내는 종결어미다. 이 말은 "그렇게 하자꾸나"라는 뜻이 중심을 이루지만 그 내면에는 "그렇게 해봤자 무슨 소용이 있겠는가"라는 체념의 심정이 복합되어 있다. 아무리 춤으로 몸부림을 쳐도 답답하고 고달픈 세상이 바뀌지는 않는다. 강건한 현실의 벽이 허물어지지는 않는 것이다. 이 사실을 시인 자신이 잘 알고 있고, 미친 듯 춤을 추는 농민들 자신도 잘 알고 있다. 바로 그 점 때문에 이 몸짓은 농촌 현실의 운명적 비극성과 출구 없는 절망감을 상징적으로 드러내는 역할을 한다. 신경림은 붕괴되어 가는 농촌 현실의 비극성을 집약적으로 드러내는 상징적 대상을 포착하여 농촌의 우울한 몰락을 형상화한 것이다.

그는 70년대 중반 이후 민요의 가락을 통해 민중에게 다가가려는 시도를 보이는데, 그 성과가 집약된 것이 제2시집 『새재』(1979)다. 『새재』에 실린 「어허 달구」나 「목계장터」 등의 작품은 그러한 경향을 잘 나타내고 있다. 특히 생동하는 농민상을 보여 준 것은 "신경림이 재현한 농민적 주체의 심리적 역동성은 주목할 만한 것"이라는[58] 평가를 받았다.

---

58 곽명숙, 「1970년대 한국시에 나타난 민중의 의미화와 재현 양상」, 서울대 박사학위논문, 2006. 2, 158쪽.

이들 시편은 다음의 예에서 보는 것처럼 가난한 소외 계층의 애환을 그들에게 친숙한 민요의 가락에 실어 전하면서 비애의 정서를 드러내면서도 감상에 빠지지 않는 절도를 유지하고 있다. 요컨대 민요의 가락은 내용과 형식의 조화를 꾀하면서 주제의 경직성을 완화하는 완충작용을 한 것이다.

1962년에 등단한 이성부는 초기에 모더니즘적인 시를 쓰다가 곧 거기서 벗어나서 농민과 국토에 대한 사랑을 담은 시를 쓰면서 현실 저항의 의미를 서정성에 녹여 표현하는 작품으로 전환했다. 제2시집 『우리들의 양식』(1974)과 제3시집 『백제행』(1977)을 간행하여 70년대의 민중 시인으로 부상한다. 이것은 "현실에 대한 심정적 반응"이나 "분노의 직설적 토로"가 빈번하게 노출된 점을 지적한 것이다. 「광주」나 「전태일군」 등 현실 문제를 직접 노래한 작품에 관념적 성향과 분노의 일방적 표출이 드러나기는 하지만, 「전라도」 연작시와 「백제」 연작시에 나타난 민중에 대한 애절한 사랑의 탄원은 지금도 충분히 감동을 자아낸다. "노인은 삽으로 / 영산강을 퍼올린다 바닥이 보일 때까지 / 머지않아 그대 눈물의 뿌리가 보일 때까지"(「전라도 7」) 같은 구절은 매우 서정적인 울림을 보여 주며, 다음과 같은 작품도 주제 의식을 잘 살린 한 편의 아름다운 서정시로 읽을 수 있다.

기다리지 않아도 오고
기다림마저 잃었을 때에도 너는 온다.
어디 뻘밭 구석이거나
썩은 물 웅덩이 같은 데를 기웃거리다가
한눈 좀 팔고, 싸움도 한판 하고,

지쳐 나자빠져 있다가

다급한 사연 들고 달려간 바람이

흔들어 깨우면

눈 부비며 너는 더디게 온다.

더디게 더디게 마침내 올 것이 온다.

너를 보면 눈부셔

일어나 맞이할 수가 없다.

입을 열어 외치지만 소리는 굳어

나는 아무것도 미리 알릴 수가 없다.

가까스로 두 팔 벌려 껴안아 보는

너, 먼 데서 이기고 돌아온 사람아.

—「봄」전문

이 시에서 시인의 긍정적 화합의 정신은 봄 같은 온화한 빛을 발한다. 우리들이 바라는 희망의 대상인 봄에 대해 시인은 매우 멋진 말을 했다. "기다리지 않아도 오고 / 기다림마저 잃었을 때에도 너는 온다."는 한국 현대시사에 길이 남을 명구다. 정말로 봄은 우리가 기다리지 않아도 오고 기다림을 잃었을 때도 온다. 우리 역사의 전개를 생각하면 이 말이 사실 그대로임을 확인할 수 있다. 어떠한 역경 속에서도 봄은 반드시 우리를 찾아왔다. 여러 가지 방해 요소가 있어 뻘밭을 뒹굴기도 하고 물웅덩이에 빠져 있기도 했지만 봄이 우리를 찾지 않은 적은 한 번도 없다. 우리의 기다림이 막판에 이르러 지쳐 나자빠져 있을 때라도 봄은 반드시 왔다.

1974년에 발성된 이 희망의 역설은 나아갈 길이 보이지 않던 당시 유신 체제의 암담한 상황에서 매우 소중하지만 낯선 발성이었다. 이러한 희망의 전언을 들려준 사람은 이성부 시인 외에는 거의 없다. 당시는 어둠의 힘이 너무나 강해서 밤이 무쇠 덩어리 같은 힘이 있다는 것, 벼가 "넓디넓은 사랑"과 "넉넉한 힘"을 가지고 있다는 것, 봄이 "기다림마저 잃었을 때에도" 온다는 것을 실감하지 못했다. 우리는 대부분 이 구절을 시인의 단순한 레토릭으로 이해했다. 40년의 세월이 지난 지금에서야 비로소 "너, 먼 데서 이기고 돌아온 사람아"라는 마지막 구절의 의미를 제대로 파악하고 이 예언자의 육성을 가슴 깊이 새기게 된다.

1964년에 등단한 조태일은 1965년에 첫 시집 『아침 선박』을 간행할 정도로 시 창작에 전력을 기울였다. 두 번째 시집 『식칼론』이 나온 것은 1970년이고, 세 번째 시집 『국토』가 간행된 날짜가 1975년 5월 25일인데, 이 세 권의 시집에 모두 비판적 육성이 가득 담겨 있다. 그런 의미에서 그는 1970년대가 시작되기 전에 이미 뚜렷한 정치적 저항성을 표출한 선도적 저항 시인이라고 할 수 있다. 현실에 대한 비판적 육성이 가득 찬 시집 『국토』는 출판되자마자 바로 판매 금지 조치를 당했다. 당국에서는 이미 「국토」 연작을 불온한 저항시로 간주하고 있었기 때문에 출판한 즉시 판매 금지 조치가 취해졌다. 그는 첫 시집에 실린 「나의 처녀막」 연작에서 5·16을 순결의 처녀막을 훼손한 폭력적 사건으로 암시하고 있는데, 그것은 4·19에 함께 참여했던 동생이 행방불명된 개인적 체험 때문이다. 4·19의 순수 이념에 대한 동경과 5·16의 폭압에 대한 거부가 그의 평생에 걸쳐 시 창작을 관류한 기조 동력으로 작용했다. 그런 의미에서 그는 선험적 차원의 저항 시인이다.

별안간 눈보라가 치는 날은

처음엔 풍경들은 풍경답게 보이다가는
그 형체들은 끝내 소리도 없이 묻힌다.

눈보라가 치는 날은 술을 마시자
술을 마시되 체온을 생각해서 마시자
눈보라가 치는 날은 술을 마시자
술을 마시되 약간의 낭만을 위해서
국경선을 떠올리며 마시자.
눈보라가 치는 날은 술을 마시자
술을 마시되 실어증을 염려해서
두근거리는 가슴 열고 홀로라도
열심히 말을 하며 마시자.

눈보라가 치는 날 술이 없으면 어찌하나,
눈보라가 치는 날 국경선이 안 떠오르면 어찌하나,
눈보라가 치는 날 두근거리는 가슴 없으면 어찌하나,
신문지 위에나 헌 교과서 위에다가
술잔을 그리고 새끼줄이라도 칠 일이다.
앵무새 입부리라도 그리고
ㄱㄴㄷㄹㅁㅂㅅㅇㅈㅊㅋㅌㅍㅎ,
이런 자음이라도 열심히 그릴 일이다.
신문이나 교과서의 글씨가 안 보일 때까지
눈이 침침할 때까지, 뒤집힐 때까지
그리고 또 그릴 일이다.

눈보라가 치는 날은

처음엔 풍경들은 풍경답게 보이다가는

그 형체들은 끝내 소리도 없이 묻히니……

                              ─「눈보라가 치는 날 ─ 국토 21」 전문

이 작품이 『창작과비평』(1972. 겨울호)에 발표된 시점은 10월 유신이 단행되고 유신 체제가 정식으로 출범하는 시기였다. 한국 정치사의 가장 삼엄한 시기에 조태일은 시적인 비유와 암시의 장치를 동원하여 그 시대에 감행할 수 있는 저항의 육성을 시로 표출했다. 이 시의 가장 두드러진 특징은 시어의 반복이다. 시인은 동일한 시어를 반복적으로 사용하여 음악적 주술성을 확대하면서 낭독의 흡인력을 저항의 동력으로 전환하려 한 것이다. "눈보라가 치는 날"은 말할 것도 없이 암울하고 험악한 현실 상황을 상징한다. 조국의 암담한 현실을 생각하면 제정신으로 멀쩡히 견디기가 힘들다. 술을 마시고 취한 상태에서 내부의 격정을 쏟아 놓든가 미래의 행동을 도모해야 한다.

시인은 여러 가지 상징적 어구를 동원하여 현실적 검열의 눈을 피하면서 자신의 속마음을 표현하려는 시도를 벌인다. 여기 등장하는 '체온', '낭만', '국경선', '실어증', '말' 등은 각기 다른 상징적 의미를 내포한다. 어떠한 경우라도 '체온'을 지켜서 저항할 수 있는 육체를 유지해야 하고, '국경선'을 떠올려서 조국의 현실을 잊지 말아야 하고, 아무리 억압이 심해도 '말'을 잃고 '실어증'에 걸려서는 안 된다. '체온'과 '국경선'과 '말'은 인간이 끝까지 지켜야 할 마지막 마지노선이다. 현실의 삶에 충실하기 위해서는 인간이 지켜야 할 마지막 조건을 지켜야 한다. 눈보라 속에 형체들이 소리 없이 묻힌다 해도 인간이 지켜야 할 최소한의 가치와 저항의 정신은 포기하지 말아야 한다는 사실을 표현했다.

조태일의 시는 현실의 정황을 비교적 정확하게 인식하고 억압의 굴레를 돌파하려는 의지가 무엇보다 중요하다는 사실을 절감하면서 세상을 향해 굽힘이 없는 힘찬 육성을 당당히 토로했다. 일관된 어조로 변함없이 표출된 저항의 육성은 이 시대 다른 시에서 찾기 어려운 조태일 시만의 특징이다. 그는 현실 참여와 저항의 정신이 시에 어떻게 수용되는가를 온몸으로 보여 준 전형적인 70년대의 시인이다. 그의 영혼이 육체를 넘어 석탄처럼 타올랐으니 70년대 실천적 저항시의 봉화가 그에게서 피어올랐다.

5. 여성 시의 부상

우리 시단에서 여성 시인들이 남성 시인 못지않게 굵고 선명한 목소리로 자기 세계를 펼쳐낸 시기는 70년대였다. 70년대 이후 여성 시인들은 어법이나 비유, 심상, 주제, 정치적 사회적 참여 의식 등에 있어서 어떤 면에서는 남성 시인보다 더 격렬한 방법으로 자기 소리를 힘차게 토로했다. 여성 시인들이 70년대에 들어서서 당당하게 부상하게 된 이유는 무엇인가? 정효구는 네 가지 이유를 들어 설명했다.[59] 첫째 해방과 6·25전쟁이 지난 후 상당한 시간적 연륜이 쌓여 시단이 본궤도로 접어들 시점이 되었다는 점, 둘째 해방 후 한글 교육을 받은 세대가 본격적으로 시단에서 활약하기 시작했다는 점, 셋째 유신 독재와 산업화의 모

---

59 정효구, 『20세기 한국시와 비평정신』, 새미, 1997, 241~242쪽.

순이 드러나면서 시인들의 사회적 의무감이 중요시되기 시작한 점, 넷째 많은 문학지가 간행되고 출판 매체가 늘어남으로써 다양한 문학 세계가 형성될 수 있었던 점 등이다.

나는 이 중에서도 70년대에 부상한 산업화의 경향이 여성 시인들의 시를 크게 부각시킨 중요한 요인이라고 생각한다. 앞에서 여러 차례 설명한 대로 이 시대의 경제 발전은 표면적으로 화려한 개발의 외관을 보여 주었고, 그 이면에 인간의 자유를 억압하는 독재의 권위가 도사리고 있었다. 권위에 도전하는 행위는 군부와 결탁된 거대한 정치 세력에 저항하는 것이었기 때문에 언제나 쓰라린 패배로 귀결되었다. 울분과 절망, 탄식과 고통, 이것이 이 시대 젊은 시인들의 시에 흐르던 기류였다. 이러한 정서의 물길을 타고 여성 시인들의 시에 담긴 허무주의의 육성, 고통과 상처의 거침없는 토로, 논리에서 벗어나 보이는 비합리적 언술 등이 뚜렷한 채색으로 떠오르기 시작했다. 이것은 가부장 파시즘 논리에 대항하는 모성 중심의 감성적 응전이었다.

여성 시에 담긴 괴로운 육성이 남성 중심 사회의 억압에 고통당하는 여성들의 몸부림에서 온 것이라 하더라도, 독자들에게는 한국 사회를 짓누르고 있는 정치적 억압에 대한 저항의 의미로 다가왔다. 이것은 1920년대 카프의 프로 시가 일제에 대한 저항의 의미로 해석된 것과 마찬가지 현상이다. 절망적 자아의 도발적인 넋두리처럼 보이는 시도 시대의 금기에 도전하는 새로운 창조의 화법으로 이해되었다. 여성 시의 다양한 화법은 산업화의 화려한 외관과 호응하면서 내면적으로는 현실 저항의 담론으로 수용되었다. 그런 의미에서 이 시대 여성 시는 이중적 층위를 지니게 된다.

일상의 언어생활에서 남성의 언어가 사회의 규범을 준수하는 경향을 보이는 데 비해 여성의 언어는 종종 규범에서 이탈하려는 모습을 보인다. 여성의 언어는 바로 그 특성 때문에 사회의 공식적 규범을 교란하는 금기 위반의 기능적 역할을 수행할 수 있다. 이 사실을 여성 시인들이 자각했는가 아닌가 하는 점은 중요한 문제가 아니다. 70년대의 사회적 조건 속에서 여성 특유의 화법이 시에 수용되면서 사회적 문맥으로 굴절되었다는 사실이 중요하다. 여성 시인들은 감성적 직감으로 시대의 분위기를 파악하고 자신의 언어로 현실에 대한 반응을 표현했다.

60년대에 등단한 유안진, 천양희, 신달자, 강은교, 문정희의 경우, 그들의 활동은 70년대에서 80년대에 걸쳐 두드러지게 전개되었으므로 60년대는 출발의 의미를 지닌다. 이 시인들은 60년대에 등장하여 지금에 이르기까지 그 시세계를 심화시키고 확대하면서 여성 시의 일가를 이룬 시인으로 자리 잡았다. 그것은 이 시인들이 지니고 있는 독특한 개성과 자신의 시세계를 변화시키려는 끊임없는 갱신의 노력 때문이다. 이 중 70년대에 비교적 두드러진 활동을 보인 시인은 강은교와 문정희다.

강은교는 60년대 후반에 등단하여 1971년에 첫시집 『허무집』을 냈으며, 1974년에 시선집 『풀잎』을 낸 후 문단의 주목을 받기 시작했다. 그의 초기 시는 인간 존재의 본질, 혹은 세계의 실상을 탐구하려는 관념적 성향을 보이는데, 그러한 탐구의 동인으로 작용한 것은 바로 허무의식이다. 인간의 삶이란 그렇게 커다란 가치나 중요한 의미를 지닌 것이 아니라 비극적 생의 공간 속에서 고통을 겪다가 결국은 소멸의 운명을 거칠 수밖에 없다는 실존적 한계 의식이 그의 시에 담겨 있다. 부서진 육체, 버려진 존재, 떠도는 영혼 등의 이미지가 이 당시 그의 시에 빈번하게 등장한 질료들이다. 이것은 시대 상황과 병합되면서 강은교 시의 의미 영역을 확장한다. 그는 죽음을 노래하면서도 세상에 존재하는 것들을 긍정적 시선으로 끌어안으려는 노력을 한다. 자신과 함께 살아가는 사람들을 이해하려는 공동체적 인식의 단계로 이행하면서 생명 가진 모든 것들의 고통으로 그의 시선이 확대된다. 그 대표적인 작품이 첫 시집에 실린 「풀잎」이다.

아주 뒷날 부는 바람을
나는 알고 있어요
아주 뒷날 눈비가
어느 집 창틀을 넘나드는지도
늦도록 잠이 안 와
살 밖으로 나가 앉는 날이면
어쩌면 그렇게도 어김없이
울며 떠나는 당신들이 보여요
누런 베수건 거머쥐고
닦아도 닦아도 지지 않는 피를
닦으며

아, 하루나 이틀
해 저문 하늘을 우러르다 가네요
알 수 있어요, 우린
땅속에 다시 눕지 않아도.

—「풀잎」 전문

이 시도 죽음을 노래하고 있지만, 그것을 바라보는 시선은 차분하게 안정되어 있고 죽음에 대한 공포라든가 허무에 대한 격정은 보이지 않는다. 지금은 우리가 생의 공간에 안주해 있지만 조금 멀리 떨어져서 보면 아주 뒷날에 불어올 죽음의 바람도 감지할 수가 있다. 여기서 한 단계 더 나아가 영혼의 눈으로 보면 여러 죽음들이 슬픔과 고통을 껴안은 채 떠나가는 모습도 볼 수 있다. 자신에 국한된 사유가 타자의 삶으로 확대되는 것이다. 이런 시각에서 보면 사람은 모두 잠시 동안 해 저문 하늘을 우러르다 사라지는 존재일 뿐이다. 그런데 특이한 것은 이러한 죽음의 명상이 허무주의로 귀착되지 않는다는 점이다. 오히려 그것은 모든 생명체가 죽음을 껴안고 있으며, 그것은 생명 가진 존재의 숙명이라는 인식에 도달함으로써 죽음의 공포에서 벗어나고 허무 의식에서 벗어날 수 있는 하나의 계기를 이룬다.

그의 시선과 의식은 시선집 『풀잎』에 담긴 '허무집 이후'의 시편에서 더 뚜렷한 변화의 모습을 보인다. 그것은 「벽제를 생각하며」, 「하관」, 「풍경제」 연작 등에 삶에 대한 성찰이 두드러지게 형상화된다. 그의 시가 현실의 부조리와 모순에 관심을 기울이면서 사회와 역사와 만나게 되는 것은 세 번째 시집 『빈자 일기』(1977) 이후의 일이지만, 그 단초는 '허무집 이후'의 시편에 이미 모습을 드러낸다. 그러면서도 '허무집 이후'의 시편들은 울림 깊은 서정의 밀도를 유지하면서 삶에 대한 새로운 각성을 담아내고 있다. "들리지 않는 귀는 언제나 / 들리는 귀가 되고 싶다."(「풍경제—서쪽 하늘」)라든가 "젖어서 물이 되는 피 / 젖어서 즐거운 물이 되는 그대"(「풍경제—비」), "불러 보세 불러 보세. / 앞 못 보는 것들아 / 끝내 / 사랑하올 것들아."(「풍경제—없는 무덤」) 등에 보이는 낮은 속삭임의 어법이 좋은 예가 된다. 그러나 『빈자일기』 이후 그의 낮은 속삭임은 다음과 같이 목청 높여 지시하는 경직된 어조로 바뀐다.

> 일어서라 풀아
> 일어서라 풀아
> 땅 위 거름이란 거름 다 모아
> 구름송이 하늘 구름송이들 다 끌어들여
> 끈질긴 뿌리로 닭힌 얼굴로
> 빛나라 너희 터지는
> 목청 어영차
> 천지에 뿌려라
>
> ―「일어서라 풀아」 부분

"일어서라 풀아"라는 구호와 같은 명령은 독자를 고무하여 의식을 각성시키겠다는 의지가 담겨 있기는 하지만, 그가 지키던 서정의 울림에서 이탈한 것은 사실이다. "새벽과 새벽이 맞닿은 곳 / 거기 맨몸으로 / 일어서야 하리"(「소리 9」) 같은 경직된 언어 구사나 "어디서 피 오는 소리 / 어디서 피 갈앉는 소리"(「이제 눈뜨게 하소서」) 같은 과도한 어법은 현실에 대한 시인의 반응이 내밀한 정서를 침해하고 있음을 알려 준다. 이 시기 작품에 과도하게 반복되는 호명呼名의 청유형 어법도 시대 의식이나 현실 인식을 표현하려는 강박감에 시달리고 있음을 알려 준다. 70년대의 시대적 중압감이 시인의 의식에 부정적으로 작용한 결과다.

문정희는 60년대 중반에 첫 시집을 내기도 했지만 1969년에 정식으로 등단하여 1973년에 『문정희 시집』, 1975년에 시극집 『새떼』를 간행하면서 문단의 주목을 받았다. 자유롭고 활달한 어법으로 사랑과 죽음과 인생과 시대를 다채롭게 노래했다. "흐르는 것이 어디 강물뿐이랴 / 피도 흘러서 하늘로 가고 / 가랑잎도 흘러서 하늘로 간다."로 시작하는 「새떼」는 문정희의 상상력이 인간과 자연 사이를, 지상과 천상 사이를 자유롭게 이동하는 것을 보여 준다. 그런가 하면 「콩」은 밭두렁의 콩을 "새끼들만 주렁주렁 매달아 놓"은 "흙을 다스리는 여자"로 의인화하여 다른 시에서 보지 못한 독특한 상상력을 펼쳐 냈다. 거기서 더 나아가 하늘의 꿈을 탐내다가 도리깨질을 맞는 모습을 통해 여인의 숙명적 고통을 암시했다.

풀벌레나 차라리 쑥바귀라도 될 일이다
일 년 가야 기침 한 번 없는 무심한 밭두렁에
몸을 얽히어
새끼들만 주렁주렁 매달아 놓고

부끄러운 낮보다는 밤을 틈타서
손을 뻗쳐 저 하늘의 꿈을 감다가
접근해 오는 가을만 칭칭 감았다
이 몽매한 죄
순결의 비린내를 가시게 하고
마른 몸으로 귀가하여
도리깨질을 맞는다
도리깨도 그냥은 때릴 수 없어
허공 한 번 돌다 와 후려 때린다
마당에는 야무진 가을 아이들이 딩군다

흙을 다스리는 여자가 뒹군다

—「콩」 전문

　이 시의 '콩'은 농촌 여성의 은유다. "새끼들만 주렁주렁 매달아 놓고" "흙을 다스리는 여자"가 바로 콩이다. 남정네는 일 년에 한 번 들를까 말까인데 무슨 재주로 몸을 섞었는지 새끼들을 주렁주렁 매달았다. 그런데 이 '콩'이라는 아낙네는 밤이면 "손을 뻗쳐 저 하늘의 꿈을" 탐내다가 그 몽매한 죄 때문에 후려 때리는 도리깨질을 맞는 것이다. 여기에도 물론 동시대의 여성이 겪는 사회적·실존적 고통이 암시되어 있다. 그런데 이 시는 여성의 사회적·실존적 조건을 이야기하는 차원에서 한 걸음 더 나아가 여성의 생명 의식을 드러낸 데 시대를 앞선 의미가 있다. 도리깨가 허공 한 번 돌다 와 후려칠 때마다 마당에는 야무진 가을 아이들이 뒹구는 것이다. 여성이 사회로부터 소외되고 사회적 조건 때문에 고통을 받지만, 그러한 시련을 거쳐, 바로 그 시련의 토대 위에서 새로운 생명을 생산한다는 자연의 이법을 자연스럽게 드러냈다. 더군다나 "야무진 가을 아이들"이 다음 행에서 "흙을 다스리는 여자"로 전환되는데, 눈부실 정도로 민첩한 이 상징적 비약은 시대를 앞선 선구적 독창성을 드러낸 것으로 평가받을 만하다. '아이'와 '여자'가 대등한 존재라는 것을 최초로 시로 표현한 점이 그렇다. 아이를 낳는 것은 여자고 세상의 모든 아이들은 여자의 속성을 지닌다. 이 등식의 발견이 전례 없는 것이기에 특별히 기록될 만하다. 그리고 이 발견이 여기서 그치지 않고 문정희 시의 진화로 이어졌기에 더 특별한 의미가 있다.

　김승희는 1973년에 등단하여 1979년에 첫 시집 『태양미사』를 간행했으니 전형적인 70년대의 여성 시인이라 할 만하다. 70년대에 일어난 여성 시인의 문학적 추동력은 80년대에 더욱 강한 양상으로 이어졌는데, 1979년에 등단한 최승자와 김혜순, 그리고 80년대에 더 두드러진 활동을 벌인 고정희가 중심 역할을 했다. 우리를 둘러싼 모든 외압外壓에 대해 저항의 육성을 토로한 일군의 여성 시인들이 새로운 화법으로 여성 시 변화의 물길을 열었을 때, 그 선두에 놓인 시인이 김승희다. 그의 초기 시는 마치 태양을 숭배하는 제단의 무녀처럼, 어둠의 세계에서 벗어나고자 하는 강렬한 욕망과 빛의 세계를 향한 저돌적 돌진의 정신, 그것이 무위로 돌아갔을 때의 처절한 자학과 번민을 원색적인 어사로 드러냈다. 그의 시 형식은 내용의 변화에 따라 다양한 변주를 보이는데, 때로는 드라마적 대화의 형식을 구사하기도 하고 때로는 노호에 가까운 독백의 어조를 보이기도 한다. 이러한 시도에 약간의 편차는 있지만 기존의 시 문법에서 벗어난 것이라는 공통성을 지닌다. 그의 시는 앞뒤를 재거나 좌우를 돌아보지 않고 내면의 정동情動을 직선적으로 드러냈기에 강렬하고 집중적인 추동력을 분출했다.

어둠이 태양을 선행하니까
태양은 어둠을 살해한다.
현실이 꿈을 선행하니까
그리고 꿈은 현실을 살해한다.
구름의 벽 뒤에서
이제는 태양을 산책하는 독수리여,
나는 감히
신비스런 미립자의 햇빛 파장이
나의 생을 태양에 연결시킬 것을

꿈꾸도다.

나의 생이 재떨이가 되지 않기 위하여

나의 생이 가면의 얼음집이

되지 않기 위하여

나는 감히 상상하도다.

영원한 궤도 위에서 나의 불이

태양으로 회귀하는 것을

언제나, 그리고 영원토록

— 「태양미사」 부분

첫 시행부터 "태양은 어둠을 살해한다"는 선언적 발언을 했다. 이처럼 논리적이면서도 담대하게 어둠을 살해하고 태양의 사제가 되겠다고 밝힌 시인은 그 시대에 없었다. 성북동 주택가를 도는 비둘기가 아니라 태양을 산책하는 독수리가 되겠다고 선언한 여성 시인도 없었다. 그는 그만큼 도전적이었고 진취적이었다. 김승희는 스스로도 감당하기 어려운 열정으로 빛의 세계를 향해 돌진했고 그것을 저해하는 요소에 항거했다. 이 시는 "신비스런 미립자의 햇빛 파장이 / 나의 생을 태양에 귀의시킬 것을"로 끝난다. 젊은 지식인 시답게 일광에 대한 과학적 사실까지 동원하여 처음부터 끝까지 일관되게 자신의 소망을 피력한 것이다. 이 분명한 선언은 매우 당돌했지만 70년대 여성 시를 정리하고 80년대 여성 시를 여는 시대적 의미가 있었다. 시간이 지난 후 세 번째 시집 『미완성을 위한 연가』(1987) 서문에서 자신의 시를 점검하면서 "'왼손의 광기'에서 '오른손의 슬픔'으로의 변화"를 도모하겠다는 뜻을 밝히기도 했다. 삶의 구체적인 양상을 이성적으로 성찰하겠다는 뜻이다.

그러나 그가 가졌던 생에 대한 뜨거운 관심, 그리고 태양을 향한 의지는 이후에도 크게 바뀌지 않았다. 그런 점에서 『태양미사』는 70년대 여성 시의 아이콘으로 자리 잡고 있다.

사회적 억압의 가중 속에서도 성장과 진화를 거듭했던 70년대의 시단은 1980년으로 넘어가면서 또 한 차례 격동의 시대를 맞게 된다. 1979년 10월 26일 박정희 대통령의 죽음으로 유신 체제는 일단 막을 내리지만, 어렵게 얻어진 민주화의 가능성이 군부 쿠데타에 의해 다시 한번 차단되면서, 정치적 상황은 그 전보다 더욱 가혹한 상태로 전락했다. 1980년 5월 광주에서 일어난 민주화운동과 그 이후의 정치 상황은 민중적 문화운동이 맹렬하게 타오르는 도화선 역할을 했다. 80년대에 일어난 민중운동은 70년대의 민주화운동과 결과 질을 달리한다. 사회 변혁을 위한 이론적 토대가 실천의 동력으로 작용했으며, 그때까지 금기시되던 민중 담론이 역사의 전면으로 부상했다. 어느 때보다 엄격한 정치적 통제 속에, 어느 때보다 전위적인 문학 담론이 역사의 전면에 도출된 것이다. 정치적 우파 독재가 사상적 좌파를 강력한 자력으로 이끌어 낸 형국이라고 할 수 있다. 그런 점에서 5·18민주화운동은 문학사의 중요한 분기점이 된다. 그러나 80년대의 문학인들에게 창작과 이론을 학습해 준 주역은 70년대의 문학인들이었다. 그런 점에서 70년대 문학과 80년대 문학은 사제師弟의 관계에 있다고 할 수 있다.

70년대까지 예정했던 이 책의 서술을 여기서 마친다. 이후의 시사詩史 기술은 미래의 누군가가 하게 될 것이다.

참고문헌

강동진, 『일제의 한국침략정책사』, 한길사, 1980.

고형진, 『현대시의 서사 지향성과 미적 구조』, 시와시학사, 2003.

_____, 『백석 시의 물명고』, 고려대학교출판부, 2015.

곽명숙, 『한국 근대시의 흐름과 고원』, 소명출판, 2015.

구인모, 「'오뇌의 무도' 성립 과정에 대하여」, 『'오뇌의 무도'와 한국 근대시의 백
　　　년』, 한국문화연구소 제44차 정기학술대회, 2021. 5.

권영민, 『한국 계급문학 운동사』, 문예출판사, 1989.

_____, 『한국현대문학사 1』, 민음사, 2002.

_____, 『한국현대문학사 2』, 민음사, 2002.

김명인, 『시어의 풍경』, 고려대학교 출판부, 2000.

김문주, 『형상과 전통』, 월인, 2006.

김영민, 『한국근대문학비평사』, 소명출판, 1999.

_____, 『한국현대문학비평사』, 소명출판, 2000.

김용직, 『해방기 한국 시문학사』, 민음사, 1989.

_____, 『한국현대시사 상·하』, 한국문연, 1995.

김용희, 『한국 현대 시어의 탄생』, 소명출판, 2009.

김유중, 『한국 모더니즘 문학의 세계관과 역사의식』, 태학사, 1996.

김윤식·김현, 『한국문학사』, 민음사, 1973.

김윤식, 『한국근대문예비평사연구』, 한얼문고, 1973.

_____, 『한국근대문학사상사』, 한길사, 1984.

_____, 『내가 살아온 20세기 문학과 사상』, 문학사상, 2005.

김인환, 『상상력과 원근법』, 문학과지성사, 1993.

_____, 『형식의 심연』, 문학과지성사, 2018.

_____, 『새 한국문학사』, 세창출판사, 2021.

김재홍, 『한국 현대시의 사적 탐구』, 일지사, 1998.

김진희, 『회화로 읽는 1930년대 시문학사』, 북코리아, 2012.

_____, 『한국 근대시의 과제와 문학사적 주체들』, 소명출판, 2015.

김창완, 『신동엽 시 연구』, 시와시학사, 1995.

남기혁, 『한국 현대시의 비판적 연구』, 월인, 2001.

도종환, 「오장환 시 연구」, 충남대학교 박사학위논문, 2006. 2.

박노균, 「정지용과 오장환」, 『개신어문연구』 38, 2013. 12.

박찬승, 『역사의 힘』, 민속원, 2017.

박태일, 『한국근대문학의 실증과 방법』, 소명출판, 2004.

서정주, 「이상李箱의 일」, 『서정주문학전집 5』, 일지사, 1972.

_____, 『미당 자서전 2』, 민음사, 1994.

손진은, 『현대시의 미적 인식과 형상화 방식 연구』, 월인, 2003.

신동엽, 「60년대의 시단 분포도」, 『신동엽 전집』(증보 3판), 창작과비평사, 1985.

여태천, 『경계의 언어와 시적 실험』, 소명출판, 2016.

오세영, 『한국 낭만주의 시 연구』, 일지사, 1986.

_____, 『20세기 한국시 연구』, 새문사, 1989.

_____, 『한국 현대시 분석적 읽기』, 고려대학교출판부, 1998.

_____, 『한국현대시인연구』, 월인, 2003.

오탁번, 『오탁번 시화』, 나남출판, 2007.

유성호, 「1950년대 후반 시에서의 '참여'의 의미」, 『민족문학사연구』 10, 1997. 3.

_____, 「신동문 시의 연구」, 『현대문학의 연구』 7, 1996. 12.

_____, 『한국 현대시의 형상과 논리』, 국학자료원, 1997.

_____, 『근대의 심층과 한국 시의 미학』, 태학사, 2020.

유종호, 「사·에·라—1960년의 시」, 『사상계』, 1960. 12.

_____, 「시의 자유와 관습의 굴레」, 『김수영의 문학』, 민음사, 1983.

_____, 『서정적 진실을 찾아서』, 민음사, 2001.

_____, 『다시 읽는 한국 시인』, 문학동네, 2002.

_____, 『한국근대시사』, 민음사, 2011.

윤치호, 김상태 편역, 『물 수 없다면 짖지도 마라』(제2판), 산처럼, 2013.

이광수, 「신문예의 가치」, 『동아일보』, 1925. 11. 2~1925. 12. 5.

이규상 엮음, 『끝나지 않은 전쟁 6·25』, 눈빛, 2020.

이동하, 「70년대의 시와 현실의식」, 『현대시』 1, 문학세계사, 1984. 5.

이숭원, 『정지용 시의 심층적 탐구』, 태학사, 1999.

_____, 『백석을 만나다』, 태학사, 2008.

_____, 『영랑을 만나다』, 태학사, 2009.

_____, 『미당과의 만남』, 태학사, 2013.

_____, 『한국 현대시 연구의 맥락』, 태학사, 2014.

_____, 「김종삼 시의 정본 비정批正을 위하여」, 『문학·선』, 2015. 봄호.

이승하, 『한국의 현대시와 풍자의 미학』, 문예출판사, 1997.

이태진, 「국민 탄생의 역사—3·1독립만세운동의 배경」, 『3·1독립만세운동과 식
　　　민지배체제』, 지식산업사, 2019. 3.

이희중, 『기억의 지도』, 하늘연못, 1998.

장석원, 「교지 '휘문'의 오장환」, 『Journal of Korean Culture』 23, 2013. 6.

정과리,『뫼비우스 분면을 떠도는 한국문학을 위한 안내서』, 문학과지성사, 2016.

_____,『문신공방 둘』, 역락, 2018.

_____,『'한국적 서정'이라는 환幻을 좇아서』, 문학과지성사, 2020.

정진석,『전쟁기의 언론과 문학』, 소명출판, 2012.

정한모,『한국현대시문학사』, 일지사, 1974.

정효구,『20세기 한국시와 비평정신』, 새미, 1997.

차기벽,『한국 민족주의의 이념과 실태』, 까치, 1978.

최동호,『현대시의 정신사』, 열음사, 1985.

_____,『하나의 도에 이르는 시학』, 고려대학교출판부, 1997.

_____,『정지용 시와 비평의 고고학』, 2013.

최백산,「호방한 시인 정운삼」,『현대문학』, 1963. 2.

최현식,『서정주 시의 근대와 반근대』, 소명출판, 2003.

최호빈,「해방 후 한국 현대시론의 형성 과정 연구」, 고려대학교 박사학위논문, 2017. 2.

_____,「전봉래의 문학적인 삶과 삶의 문학화」,『한국시학연구』63, 2020. 8.

황동규,『나의 시의 빛과 그늘』, 중앙일보사, 1994.

황현산,『황현산의 현대시 산고』, 난다, 2020.